普通高等教育"十三五"规划教材
大学本科数学类专业基础课程系列丛书
兰州大学 110 周年校庆纪念文库

应用随机过程

焦桂梅　编著

科学出版社
北　京

内 容 简 介

随机过程是研究随机现象的数量规律性的一个数学分支学科,也是构造随机模型的基础理论之一. 本书是在兰州大学数学与统计学院本科生、统计专业硕士生、萃英学院拔尖人才数学班的讲义基础上,经过反复调整、修改而成. 全书共 7 章,主要内容包括基本概念、泊松过程、更新理论、马尔可夫链、离散鞅引论、布朗运动与平稳过程、连续参数马尔可夫链. 本书着重揭示概念的来源与应用背景,用生动的例子刻画随机过程的特性.

本书可作为普通高等院校数学类、统计类以及金融和经济管理类专业本科生的教材,也可作为教师的教学参考书.

图书在版编目(CIP)数据

应用随机过程/焦桂梅编著. —北京:科学出版社,2019.8
(兰州大学 110 周年校庆纪念文库)
ISBN 978-7-03-062015-6

I. ①应⋯ II. ①焦⋯ III. ①随机过程 IV. ①O211.6

中国版本图书馆 CIP 数据核字(2019) 第 161579 号

责任编辑:胡海霞 李 萍/责任校对:杨聪敏
责任印制:吴兆东/封面设计:黄华斌

科学出版社 出版
北京东黄城根北街 16 号
邮政编码:100717
http://www.sciencep.com

北京中石油彩色印刷有限责任公司 印刷
科学出版社发行 各地新华书店经销
*

2019 年 8 月第 一 版 开本:787×1092 1/16
2024 年 3 月第五次印刷 印张:16 3/4
字数:410 000
定价:59.00 元
(如有印装质量问题,我社负责调换)

《兰州大学110周年校庆纪念文库》编委会

主　　任　袁占亭　严纯华

副主任　吴国生　徐生诚

委　　员　李玉民　沙勇忠　许鹏飞

　　　　　石兆俊　安　娴

序

　　萃英立根本，昆仑写精神.2019年9月17日，兰州大学将迎来110周年校庆.百十年来，一代代兰大人与国家、民族同呼吸、共命运，屹立西部大地，蕴育时代精英，为世界、为祖国培养了一大批活跃在各行各业的优秀人才，有力地支持了国家特别是祖国西部地区的建设发展.

　　长期以来，兰州大学始终坚持正确办学方向，落实立德树人根本任务，立足地域特色，发挥科研优势，深度融入参与国家发展战略，主动对接服务地方经济社会发展，"将论文写在中国大地上"，赢得了国内外的广泛认可；熔铸成以"自强不息，独树一帜"为核心的兰大精神，形成了"勤奋，求实，创新"的良好学风，探索走出了一条在西部地区创办高水平大学的成功之路，为中国高校扎根祖国大地创办世界一流大学提供了重要借鉴.

　　值110周年校庆之际，我校策划组织出版《兰州大学110周年校庆纪念文库》，旨在展现奋战在教学科研一线的兰大人的家国情怀、理论思考和学术积累.丛书作者中有致力于教书育人的教学名师，也有在科研一线硕果累累的科学大家，更有长期坚守在教学科研一线、受学生爱戴的"普通"教师.丛书内容丰富，涵盖理、工、农、医、人文、社科等诸多学科，其中观点颇多见解.恕我才识单调，难以一一点评.在此，谨付梓以供学界参考指正.

　　新时代新起点，所有兰大人将汇聚成推动兰州大学事业蓬勃发展的强大合力.面向未来，全体兰大人将继续坚守奋斗，以矢志不渝的信念、时不我待的精神、担当奉献的情怀投身中国特色世界一流大学建设，为实现中华民族伟大复兴贡献兰大力量！

　　是为序.

中国科学院院士、兰州大学校长
2019年3月26日

前　言

近若干年来, 本书的初稿曾在兰州大学数学与统计学院本科生和统计专业硕士生、萃英学院本科拔尖人才数学班的教学中多次使用, 并根据广大学生的反馈意见, 反复调整、充实和修改. 此次的出版稿就是在这个基础上形成的.

随机过程是研究随机现象的数量规律性的一个数学分支学科, 也是构造随机模型的基础理论之一. 近几十年来, 由于实际问题的需要, 随机过程无论是在理论上还是在实际应用上都有了很大的发展, 它的基础知识、理论和方法, 不仅为数学、概率统计专业所必需, 也在自然科学、工程技术、经济管理和生物信息等领域有广泛的应用. 本书没有从严格的测度论的角度来介绍随机过程, 而是从较为直观、便于理解的角度来处理它, 我们使用实际生活中的许多生动的例子揭示概念的来源、应用背景和随机过程的特性, 寄希望于培养学生对本学科的直觉, 引发读者对随机过程学习和探究的兴趣, 使他们能从概率论的角度思考问题, 提高应用随机过程解决实际问题的能力.

鉴于随机过程这门学科发展迅速, 内容十分丰富, 作为一本大学本科生使用的教材, 不可能面面俱到, 包含其全部内容, 因此, 我们主要介绍随机过程的基础知识、基本方法以及它们在实际研究中的应用, 并配有大量实际问题的例子, 尽量回避与测度论相关的严格证明. 因为条件数学期望是研究随机过程的有力工具, 本书尽可能使用初等的、便于直观理解的方法陈述其定义和重要性质. 相对于同类教材, 本书增加了关于股票期权定价的一节, 因为随着现代金融数学和金融工程理论的发展, 鞅和布朗 (Brown) 运动被广泛应用于一些金融衍生品的研究中.

读者只要具有高等数学和初等概率论的基础知识便可阅读本书. 本书可作为大学本科数学类、统计类以及金融和经济管理类专业本科生的教材, 也可作为教师的教学参考书.

衷心感谢兰州大学中央高校基本科研业务费专项资金资助 (编号 lzujbky-2019-sp17), 兰州大学教务处和兰州大学萃英学院为本书的撰写和出版所给予的建设基金资助和出版基金资助, 也衷心感谢兰州大学数学与统计学院为本书的撰写和出版所给予的热情鼓励和大力支持. 感谢 "教育部基础学科拔尖学生培养试验计划" 的研究课题 "拔尖学生知识积累过程中的能力培养" (编号: 20180706) 基金的资助.

特别感谢郭聿琦教授一直以来的关心、鼓励, 以及对本书出版的热情支持! 感谢科学出版社胡海霞编辑对作者的鼓励和为本书的出版所给予的细致入微的编辑加工! 也向承担助教工作和部分助教工作的硕士研究生陈晓莉、杨敬萍、牛彦、尚琦、邵苗苗、逯瑶瑶、李雨诗、王予涵、高阳等同学致谢, 感谢她 (他) 们提出了若干修订建议, 特别在各章后的习题设置上提出了很多建议, 并承担了书稿的录入和校对工作.

限于作者的水平, 本书的不妥之处在所难免, 欢迎批评指正.

焦桂梅 (兰州大学)

2019 年 3 月 26 日

目 录

序
前言

第 1 章　基本概念 1
　1.1　概率空间 1
　1.2　条件概率及概率的三大重要公式 4
　1.3　随机变量及分布函数 5
　1.4　随机向量、随机变量的独立性 7
　1.5　期望、矩母函数、特征函数和拉普拉斯变换 13
　1.6　条件数学期望 25
　1.7　指数分布、无记忆性及失效率函数 36
　1.8　随机过程的概念 37
　1.9　随机过程的分类 39
　习题 1 41

第 2 章　泊松过程 45
　2.1　时齐泊松过程的定义及其背景 45
　2.2　时齐泊松过程的基本性质 48
　2.3　时齐泊松过程到达间隔与等待时间的分布 49
　2.4　时齐泊松过程与指数分布的关系 50
　2.5　时齐泊松过程到达时刻的条件分布 54
　2.6　时齐泊松过程的模拟、检验及参数估计 60
　2.7　非时齐泊松过程 66
　2.8　复合泊松过程 70
　2.9　条件泊松过程 73
　习题 2 75

第 3 章　更新理论 77
　3.1　引言与准备知识 77
　3.2　$N(t)$ 的分布 78
　3.3　极限定理及其应用 78
　3.4　更新函数、更新方程与关键更新定理 84
　3.5　延迟更新过程及更新报酬过程 97
　习题 3 106

第 4 章　马尔可夫链 109
　4.1　定义与例子 109
　4.2　C-K 方程与转移概率矩阵 116

4.3 状态的分类 ··· 117
4.4 状态空间的分解 ··· 123
4.5 转移概率矩阵的极限性态与平稳分布 ····································· 125
4.6 一些应用 ·· 131
4.7 马尔可夫链–蒙特卡罗方法 ·· 139
4.8 隐马尔可夫链 ·· 142
4.9 离散时间的位相型分布及其反问题 ······································· 147
4.10 首达目标模型与其他模型的关系 ··· 150
习题 4 ··· 154

第 5 章 离散鞅引论 ··· 158
5.1 定义与例子 ··· 158
5.2 上、下鞅与分解定理 ·· 163
5.3 停时与停时定理 ·· 168
5.4 鞅收敛定理 ··· 179
5.5 连续参数鞅 ··· 182
习题 5 ··· 185

第 6 章 布朗运动与平稳过程 ·· 188
6.1 随机游动与布朗运动的定义 ·· 188
6.2 击中时刻、最大随机变量和赌徒破产问题 ······························ 193
6.3 漂移布朗运动 ·· 196
6.4 几何布朗运动 ·· 199
6.5 股票期权的定价 ·· 201
6.6 白噪声 ··· 210
6.7 高斯过程 ·· 212
习题 6 ··· 215

第 7 章 连续参数马尔可夫链 ·· 219
7.1 定义与若干基本概念 ·· 219
7.2 转移率矩阵——Q 矩阵及其概率意义 ··································· 222
7.3 柯尔莫哥洛夫向前向后微分方程 ·· 225
7.4 生灭过程 ·· 227
7.5 强马尔可夫性与嵌入马尔可夫链 ·· 229
7.6 连续参数马尔可夫链的随机模拟 ·· 232
7.7 可逆马尔可夫链 ·· 233
7.8 马尔可夫更新过程与半马尔可夫过程 ···································· 235
7.9 连续时间与离散时间马尔可夫链首达目标模型间的关系 ············ 237
7.10 首达时间与首达目标积分型泛函的特性及其反问题 ················· 241
习题 7 ··· 247

参考文献 ··· 252
索引 ··· 253

第 1 章 基本概念

随机过程通常被视为概率论的动态部分. 在概率论中, 研究的随机现象, 都是在概率空间 $(\Omega, \mathcal{F}, P)$ 上的一个或有限多个随机变量的规律性; 讨论中心极限定理也不过是对随机变量序列的讨论. 但在实际问题中, 我们还需要研究一些随机现象的发展和变化过程, 即随时间不断变化的随机变量, 而且, 所涉及的随机变量通常是无限多个, 这就是随机过程所要研究的对象. 随机过程以概率论作为其主要的基础知识, 为此, 首先简要介绍本书中常用的概率基础知识.

本章乃至全书的讨论要使用一些概率论的语言, 因此, 我们在 1.1 节先回顾概率空间的一些最基本的概念, 并尽量将它们精确化.

1.1 概 率 空 间

概率空间是概率论的基础, 概率的严格定义基于这个概念. 1933 年, 苏联数学家柯尔莫哥洛夫(Kolmogorov) 提出了概率论的公理化结构, 使概率论成为严谨的数学分支. 在这个公理化结构中, 称三元总体 $(\Omega, \mathcal{F}, P)$ 为概率空间, 其中 Ω 是样本空间, $\mathcal{F}$ 是事件域, P 是概率, 它们都被认为是预先给定的, 并以此为出发点来讨论各种问题.

概率论是研究**随机现象**数量规律性的科学分支. 随机现象有其偶然性的一面, 但在大量重复随机试验中, 随机事件的出现具有频率稳定性, 即一个随机事件出现的频率常在某个固定的常数附近摆动, 我们称之为统计规律性.

对随机现象的研究必然要联系到对客观事物进行"调查"、"观察"或"实验", 我们称之为**随机试验** (trial), 随机试验的结果事先不能准确预言, 但具有如下三个特性:

(1) 可以在相同的条件下重复进行;
(2) 每次试验的结果不止一个, 但预先知道试验所有可能出现的结果;
(3) 每次试验前不能确定哪个结果会出现.

把随机试验所有可能出现的结果构成的集合称为该试验的样本空间 (sample space), 记为 Ω, 每个可能的试验结果称为样本点 (sample point), 记为 $\omega_i, i = 1, 2, \cdots$. 由单个的样本点 ω_i 构成的集合称为基本事件, 一个样本点就是一个基本事件. 样本空间 Ω 称为必然事件, 在每次试验中一定会发生; 空集 $\varnothing$ 称为不可能事件, 在每次试验中都不会发生. 样本空间 Ω 的子集 A 由一些基本事件构成, 称为随机事件, 简称事件. 称事件 A 发生, 当且仅当事件 A 所包含的一个样本点出现.

1.1.1 事件的关系与运算

事件是由样本点构成的集合, 因此所有关于集合的关系与运算都可以移植到事件的关系与运算里来, 下面我们逐一说明.

(1) **事件的包含** 若事件 A 发生必然导致事件 B 发生, 则称事件 A 包含于事件 B, 也可称事件 B 包含事件 A, 记作 $A \subset B$. 从集合论的观点看, 就是事件 A 的每一个样本点都包含在事件 B 中.

(2) **事件的相等** 若 $A \subset B$ 且 $B \subset A$, 则称事件 A 与事件 B 相等, 记作 $A = B$. 从集合论的观点看, 就是事件 A 与事件 B 所包含的样本点一模一样.

(3) **事件 A 的逆事件 (对立事件)** 若事件 A 不发生, 记作 $\overline{A}$. 从集合论的观点看, 事件 $\overline{A}$ 表示由所有不包含在 A 中的样本点构成的集合. 显然, A 和 $\overline{A}$ 互为对立事件.

(4) **事件的交 (积)** $A \cap B (AB)$ 事件 AB 表示事件 A 与事件 B 同时发生. 从集合论的观点看, 事件 AB 表示同时属于事件 A 与事件 B 的所有样本点构成的集合.

(5) **事件的并 (和)** $A \cup B$ $A \cup B$ 表示事件 A 与事件 B 中至少有一个发生. 从集合论的观点看, $A \cup B$ 表示由属于事件 A 或事件 B 的所有样本点构成的集合.

(6) **事件的差** $A - B$ $A - B$ 表示事件 A 发生而事件 B 不发生. 从集合论的观点看, $A - B$ 表示由属于事件 A 而不属于事件 B 的所有样本点构成的集合.

(7) **互不相容事件** 若 $AB = \varnothing$, 则表示事件 A 与事件 B 不可能同时发生, 称事件 A 与事件 B 互不相容. 对互不相容的事件 A 与事件 B, 称它们的并为和.

(8) **有限或可数个事件的交 (积)** $\bigcap_{i=1}^{n} A_i$ 表示有限个事件 $A_1, A_2, \cdots, A_n$ 同时发生, 从集合论的观点看, 事件 $\bigcap_{i=1}^{n} A_i$ 表示同时属于事件 $A_1, A_2, \cdots, A_n$ 的所有样本点构成的集合. $\bigcap_{i=1}^{\infty} A_i$ 表示可数个事件 $A_1, A_2, \cdots, A_n, \cdots$ 同时发生, 从集合论的观点看, 事件 $\bigcap_{i=1}^{\infty} A_i$ 表示同时属于事件 $A_1, A_2, \cdots$ 的所有样本点构成的集合.

(9) **有限或可数个事件的并 (和)** $\bigcup_{i=1}^{n} A_i$ 表示有限个事件 $A_1, A_2, \cdots, A_n$ 至少发生其一, 从集合论的观点看, 事件 $\bigcup_{i=1}^{n} A_i$ 表示由至少属于 $A_i, i = 1, 2, \cdots, n$ 中某个事件的所有样本点构成的集合. $\bigcup_{i=1}^{\infty} A_i$ 表示可数个事件 $A_1, A_2, \cdots, A_n, \cdots$ 至少发生其一, 从集合论的观点看, 事件 $\bigcup_{i=1}^{\infty} A_i$ 表示由至少属于 $A_i, i = 1, 2, \cdots$ 中某个事件的所有样本点构成的集合.

(10) **完备事件组** 对有限个或可数个事件 $A_1, A_2, \cdots, A_n, \cdots$, 如果 $A_i A_j = \varnothing, i \neq j$, 且 $\bigcup_{i=1}^{\infty} A_i = \Omega$, 则称 $A_1, A_2, \cdots, A_n, \cdots$ 为一个完备事件组.

1.1.2 事件的关系与运算的性质

(1) $\varnothing \subset A \subset \Omega$;

(2) $A - B = A\overline{B} = A - AB$;

(3) $\overline{A} = \Omega - A$;

(4) $A \cup B = A + (B - A) = (A - B) + (B - A) + AB$;

(5) $\overline{\overline{A}} = A$.

1.1.3 运算律

(1) **交换律** $A \cup B = B \cup A, A \cap B = B \cap A$;

(2) 结合律 $A \cup (B \cup C) = (A \cup B) \cup C$, $A \cap (B \cap C) = (A \cap B) \cap C$;
(3) 分配律 $A \cap (B \cup C) = (A \cap B) \cup (A \cap C)$, $A \cup (B \cap C) = (A \cup B) \cap (A \cup C)$;
(4) 德摩根 (De Morgan) 对偶律 $\overline{\bigcup_{i=1}^{\infty} A_i} = \bigcap_{i=1}^{\infty} \overline{A_i}$, $\overline{\bigcap_{i=1}^{\infty} A_i} = \bigcup_{i=1}^{\infty} \overline{A_i}$.

1.1.4 概率的定义

定义 1.1.1 若用 $\mathcal{F}$ 记事件的全体, 它是由 Ω 的一些子集构成的集类, 满足以下三个条件:

(1) $\Omega \in \mathcal{F}$;
(2) 若 $A \in \mathcal{F}$, 则 $\overline{A} \in \mathcal{F}$;
(3) 若 $A_n \in \mathcal{F}, n = 1, 2, \cdots$, 则 $\bigcup_{i=1}^{\infty} A_i \in \mathcal{F}$,

则称 $\mathcal{F}$ 为 σ 域, 亦称为 σ 代数.

定义 1.1.2 若 $\mathcal{F}$ 是由样本空间 Ω 的一些子集构成的一个 σ 域, 则称 $\mathcal{F}$ 为事件域 (event field), $\mathcal{F}$ 中的元素称为事件, Ω 称为必然事件, $\varnothing$ 称为不可能事件.

定义 1.1.3 (概率的公理化定义) 定义在事件域 $\mathcal{F}$ 上的一个集合函数 P 称为概率, 如果它满足以下三个条件:

(1) 非负性 $P(A) \geqslant 0$, 对一切 $A \in \mathcal{F}$;
(2) 规范性 $P(\Omega) = 1$;
(3) 可列可加性或完全可加性 若 $A_n \in \mathcal{F}, n = 1, 2, \cdots$, 且 $A_i A_j = \varnothing \ (i \neq j)$, 则

$$P\left(\bigcup_{i=1}^{\infty} A_i\right) = \sum_{i=1}^{\infty} P(A_i).$$

1.1.5 概率的基本性质

(1) $P(\varnothing) = 0$.
(2) $0 \leqslant P(A) \leqslant 1$.
(3) 概率的有限可加性 对有限个事件 $A_1, A_2, \cdots, A_n$, 如果 $A_i A_j = \varnothing, i \neq j$, 则

$$P\left(\bigcup_{i=1}^{n} A_i\right) = \sum_{i=1}^{n} P(A_i).$$

(4) 对任何事件 A, 有 $P(\overline{A}) = 1 - P(A)$.
(5) 如果 $A \supset B$, 则 $P(A - B) = P(A) - P(B)$ 且 $P(A) \geqslant P(B)$.
更一般地, 有 $P(A - B) = P(A) - P(AB)$.
(6) $P(A \cup B) = P(A) + P(B) - P(AB)$, 因此有

$$P(A \cup B) \leqslant P(A) + P(B),$$

$$P(AB) \geqslant P(A) + P(B) - 1.$$

(7) 一般加法公式 若 $A_1, A_2, \cdots, A_n$ 为 n 个事件, 则

$$P\left(\bigcup_{i=1}^{n} A_i\right) = \sum_{i=1}^{n} P(A_i) - \sum_{i<j, i,j=1,2,\cdots,n} P(A_i A_j)$$
$$+ \sum_{i<j<k, i,j,k=1,2,\cdots,n} P(A_i A_j A_k) - \cdots + (-1)^{n-1} P(A_1 A_2 \cdots A_n).$$

(8) **概率的下连续性** 若记 $S_n = \sum_{i=1}^{n} A_i$, 则 $S_n \in \mathcal{F}, n = 1, 2, \cdots$, 且 $S_n \subset S_{n+1}$, 即 S_n 是 $\mathcal{F}$ 中一个单调不减的集序列, 则有

$$\lim_{n\to\infty} P(S_n) = P\left(\lim_{n\to\infty} S_n\right) = P\left(\bigcup_{n=1}^{\infty} S_n\right).$$

(9) **概率的上连续性** 若 $B_n \in \mathcal{F}, n = 1, 2, \cdots$, 且 $B_n \supset B_{n+1}$, 即 B_n 是 $\mathcal{F}$ 中一个单调不增的集序列, 则有

$$\lim_{n\to\infty} P(B_n) = P\left(\lim_{n\to\infty} B_n\right) = P\left(\bigcap_{n=1}^{\infty} B_n\right).$$

定理 1.1.1 设 P 为 $\mathcal{F}$ 上满足 $P(\Omega) = 1$ 的非负集合函数, 则 P 具有可列可加性的充要条件是 P 具有有限可加性并且是下连续的.

定义 1.1.4 若 $A_n \in \mathcal{F}, i = 1, 2, \cdots$, 所有属于无穷多个集合 A_n 的 ω 的集合事件称为 A_n 的上极限, 记为 $\overline{\lim_{n\to\infty}} A_n$, 可以证明

$$\overline{\lim_{n\to\infty}} A_n = \bigcap_{k=1}^{\infty} \bigcup_{n=k}^{\infty} A_n.$$

定义 1.1.5 若 $A_n \in \mathcal{F}, i = 1, 2, \cdots$, 除有限个集合 A_i 外, 属于无穷多个集合 A_n 的 ω 的集合事件称为 A_n 的下极限, 记为 $\underline{\lim_{n\to\infty}} A_n$, 它表示 A_n 最多有有限个不发生, 可以证明

$$\underline{\lim_{n\to\infty}} A_n = \bigcup_{k=1}^{\infty} \bigcap_{n=k}^{\infty} A_n.$$

$\omega \in \bigcap_{k=1}^{\infty} \bigcup_{n=k}^{\infty} A_n$ 当且仅当 ω 属于无穷多个 A_n.

类似地, $\omega \in \bigcup_{k=1}^{\infty} \bigcap_{n=k}^{\infty} A_n$ 当且仅当存在一个正整数 N, 使得 $\omega \in \bigcap_{n=N}^{\infty} A_n$.

1.2 条件概率及概率的三大重要公式

1.2.1 条件概率

定义 1.2.1 设 $(\Omega, \mathcal{F}, P)$ 是一个概率空间, $A \in \mathcal{F}$, 而且 $P(A) > 0$, 则对任意的 $B \in \mathcal{F}$, 记

$$P(B|A) = \frac{P(AB)}{P(A)}. \tag{1.1}$$

称 $P(B|A)$ 为**在事件 A 发生的条件下事件 B 发生的条件概率**(conditional probability).

如果 $P(A) = 0$, 此时 $P(AB)$ 也必为 0, 因此 $P(B|A)$ 为待定型, 进一步的研究在这里不做介绍. 以后出现 $P(B|A)$ 时, 都假设 $P(A) > 0$.

1.2.2 概率的三大重要公式

1. 乘法公式

若 $P(A) > 0$, 则
$$P(AB) = P(A)P(B|A), \tag{1.2}$$

这个公式称为乘法公式, 若 $P(B) > 0$, 乘法公式也可以写成
$$P(AB) = P(B)P(A|B). \tag{1.3}$$

乘法公式可以推广到任意 n 个事件的情形:
$$P(A_1 A_2 \cdots A_n) = P(A_1)P(A_2|A_1)P(A_3|A_1 A_2)\cdots P(A_n|A_1 A_2 \cdots A_{n-1}), \tag{1.4}$$

这里要求 $P(A_1 A_2 \cdots A_{n-1}) > 0$.

2. 全概率公式

设事件 $A_1, A_2, \cdots, A_n, \cdots$ 是一个完备事件组, 即 $A_i A_j = \varnothing (i \neq j)$, 且 $\sum\limits_{n=1}^{\infty} A_n = \Omega$. 此时 $B = \sum\limits_{n=1}^{\infty} A_n B$, 则
$$P(B) = \sum_{n=1}^{\infty} P(A_n) P(B|A_n). \tag{1.5}$$

在很多实际问题中, 上式只含有限项.

证明 $P(B) = P(B\Omega) = P\left(B \sum\limits_{n=1}^{\infty} A_n\right) = P\left(\sum\limits_{n=1}^{\infty} BA_n\right)$
$= \sum\limits_{n=1}^{\infty} P(BA_n) = \sum\limits_{n=1}^{\infty} P(A_n) P(B|A_n).$ □

3. 贝叶斯 (Bayes) 公式

设事件 $A_1, A_2, \cdots, A_n, \cdots$ 是一个完备事件组, 即 $A_i A_j = \varnothing (i \neq j)$, 若事件 B 能且只能与两两互不相容的事件 $A_1, A_2, \cdots, A_n, \cdots$ 之一同时发生, 且 $\sum\limits_{n=1}^{\infty} A_n = \Omega$, 此时 $B = \sum\limits_{n=1}^{\infty} A_n B$, 则
$$P(A_i|B) = \frac{P(A_i)P(B|A_i)}{\sum\limits_{i=1}^{\infty} P(A_i)P(B|A_i)}. \tag{1.6}$$

证明 $P(A_i|B) = \dfrac{P(A_i B)}{P(B)} = \dfrac{P(A_i)P(B|A_i)}{\sum\limits_{i=1}^{\infty} P(A_i)P(B|A_i)}.$ □

1.3 随机变量及分布函数

概率论主要研究能用随机变量描述的随机现象, 而分布函数完整地描述了随机变量的统计规律性, 因此分布函数起着非常重要的作用.

定义 1.3.1 设 $X(\omega)$ 是定义于概率空间 $(\Omega, \mathcal{F}, P)$ 上的单值实函数, 如果对于直线上任一博雷尔 (Borel) 点集 $\mathcal{B}$, 有

$$\{\omega : X(\omega) \in \mathcal{B}\} \in \mathcal{F}, \tag{1.7}$$

则称 $X(\omega)$ 为**随机变量**, 而 $P(X(\omega) \in \mathcal{B})$ 称为随机变量 $X(\omega)$ 的**概率分布**.

特别地, 若取 $\mathcal{B} = (-\infty, x]$, 则有 $P(X(\omega) \leqslant x) \in \mathcal{F}$, 因此 $P(X(\omega) \leqslant x)$ 有定义, 且有

$$P(a < X(\omega) \leqslant b) = P(X(\omega) \leqslant b) - P(X(\omega) \leqslant a). \tag{1.8}$$

定义 1.3.2 称 $F(x) = P(X(\omega) \leqslant x)(-\infty < x < +\infty)$ 为随机变量 $X(\omega)$ 的**分布函数**. 如果有非负可积函数 $f(x)$, 满足 $F(x) = \int_{-\infty}^{x} f(x)\mathrm{d}x$, 则称 $f(x)$ 为随机变量 X 或分布函数 $F(x)$ 的**分布密度函数**(density function). 如果 X 具有分布密度函数, 则称 X 为连续型随机变量, 如果 X 最多以正概率取可数多个值, 则称 X 为离散型随机变量.

显然, 若 X 为连续型随机变量, 则 $f(x) = F'(x)$.

由分布函数的性质可知, $f(x)$ 应该满足

$$f(x) \geqslant 0 \quad 且 \quad \int_{-\infty}^{+\infty} f(x)\mathrm{d}x = 1. \tag{1.9}$$

定理 1.3.1 分布函数 $F(x)$ 具有下列性质:

(1) 单调性 若 $a < b$, 则 $F(a) \leqslant F(b)$;
(2) $\lim\limits_{x \to -\infty} F(x) = 0$, $\lim\limits_{x \to +\infty} F(x) = 1$;
(3) 右连续性 $F(x+0) = F(x)$.

证明 (1) 因为 $a < b$, 则 $F(b) - F(a) = P(a < X \leqslant b) \geqslant 0$, 故 $F(a) \leqslant F(b)$;

(2) 因为 $F(x)$ 单调有界, 所以 $\lim\limits_{x \to -\infty} F(x)$ 和 $\lim\limits_{x \to +\infty} F(x)$ 都存在, 设事件 $A_n = \{\omega : X(\omega) \leqslant -n\}$, 则事件 $A_n \downarrow$ (表示单调下降趋向于) $\varnothing$, 由概率的上连续性可得

$$F(-\infty) = \lim_{x \to -\infty} F(x) = \lim_{n \to +\infty} F(-n) = \lim_{n \to +\infty} P(A_n) = P(\varnothing) = 0.$$

又设事件 $B_n = \{\omega : X(\omega) \leqslant n\}$, 则事件 $B_n \uparrow$ (表示单调上升趋向于) Ω, 由概率的下连续性可得

$$F(+\infty) = \lim_{x \to +\infty} F(x) = \lim_{n \to +\infty} F(n) = \lim_{n \to +\infty} P(B_n) = P(\Omega) = 1;$$

(3) 因事件 $\{X \leqslant x\} = \bigcap\limits_{n=1}^{\infty} \left\{X \leqslant x + \dfrac{1}{n}\right\}$, 且 $\left\{X \leqslant x + \dfrac{1}{n}\right\} \downarrow$ (关于 n), 由概率的上连续性可得

$$F(x) = P(X \leqslant x) = P\left(\bigcap_{n=1}^{\infty} \left\{X \leqslant x + \frac{1}{n}\right\}\right) = P\left(\lim_{n \to +\infty} \left\{X \leqslant x + \frac{1}{n}\right\}\right)$$
$$= \lim_{n \to +\infty} P\left(X \leqslant x + \frac{1}{n}\right) = \lim_{n \to +\infty} F\left(x + \frac{1}{n}\right) = F(x+0). \qquad \square$$

有了分布函数, 随机变量 $X(\omega)$ 的许多概率都能方便算出, 例如

$$P(X < b) = F(b-0), \quad P(X > b) = 1 - F(b),$$

$$P(X \geqslant b) = 1 - F(b-0), \quad P(X = b) = F(b) - F(b-0).$$

一般地, 随机变量 $X(\omega)$ 落在任一博雷尔集 B 中的概率可以写成

$$P(X(\omega) \in B) = \int_B \mathrm{d}F(x), \quad 其中 B \in \mathcal{B}.$$

特别地, 若 X 为连续型随机变量, 则

$$P(a < X \leqslant b) = F(b) - F(a) = \int_a^b f(x)\,\mathrm{d}x.$$

若 X 为离散型随机变量, 概率分布律为 $p_k = P(X = x_k), k = 1, 2, \cdots$, 则其概率分布函数可以表示为

$$F(x) = \sum_{x_k \leqslant x} P(X = x_k) = \sum_{x_k \leqslant x} p_k.$$

若 X 为连续型随机变量, 密度函数为 $f(x)$, 则其概率分布函数可以表示为

$$F(x) = \int_{-\infty}^x f(t)\,\mathrm{d}t.$$

分布函数是一种分析性质良好的函数, 给定了分布函数, 各种事件的概率都可以用分布函数表示出来, 因此求解各种事件的概率问题就可以转化为数学分析中函数的运算问题, 借助数学分析中的许多结论可以进一步研究概率问题.

1.4 随机向量、随机变量的独立性

1.4.1 随机向量及其分布

在有些随机现象中, 每次试验的结果不能只用一个随机向量来描述, 而要同时用几个随机向量来描述, 例如对于钢的成分, 需要同时指出它的含碳量、含硫量、含磷量等. 这样, 对应于每个样本点 ω, 试验的结果将是一个向量 $(\xi_1(\omega), \xi_2(\omega), \cdots, \xi_n(\omega))$, 这个向量取值于 n 维欧几里得空间 $\mathbb{R}^n$.

定义 1.4.1 若随机变量 $\xi_1(\omega), \xi_2(\omega), \cdots, \xi_n(\omega)$ 定义在同一概率空间 $(\Omega, \mathcal{F}, P)$ 上, 则称

$$\xi(\omega) = (\xi_1(\omega), \xi_2(\omega), \cdots, \xi_n(\omega))$$

构成一个 n **维随机向量**, 亦称 n **维随机变量**. 显然, 一维随机向量即随机变量.

固然可以对随机向量的每个分量分别研究, 但是我们马上就会看到, 把它们作为一个向量, 不但可以研究各个分量的性质, 而且还可以考察它们之间的联系, 对许多问题来说, 这是十分必要的.

对于任意的 n 个实数 $x_1, x_2, \cdots, x_n$,

$$\{\xi_1(\omega) \leqslant x_1, \xi_2(\omega) \leqslant x_2, \cdots, \xi_n(\omega) \leqslant x_n\} = \bigcap_{i=1}^n \{\xi_i(\omega) \leqslant x_i\} \in \mathcal{F},$$

亦即对于 $\mathbb{R}^n$ 中的 n 维矩形 $C_n = \prod_{i=1}^{n}(-\infty, x_i]$，有

$$\{\xi(\omega) \in C_n \in \mathcal{F}\}.$$

利用测度论的方法还可以证明，若 B_n 为 $\mathbb{R}^n$ 上任一博雷尔点集，也有

$$\{\xi(\omega) \in B_n \in \mathcal{F}\}.$$

类似于一维的情形，我们引进如下定义．

定义 1.4.2 称 n 元函数

$$F(x_1, x_2, \cdots, x_n) = P\{\xi_1(\omega) \leqslant x_1, \xi_2(\omega) \leqslant x_2, \cdots, \xi_n(\omega) \leqslant x_n\}$$

为随机向量 $\xi(\omega) = (\xi_1(\omega), \xi_2(\omega), \cdots, \xi_n(\omega))$ 的 **(联合) 分布函数**．

性质 1.4.1 多元分布函数 $F(x_1, x_2, \cdots, x_n)$ 具有下列性质：

(1) 单调性　分布函数 $F(x_1, x_2, \cdots, x_n)$ 对每个变量都是单调非降的；

(2) 右连续性　分布函数 $F(x_1, x_2, \cdots, x_n)$ 对每个变量都是右连续的；

(3)
$$\lim_{x_i \to -\infty, i=1,2,\cdots,n} F(x_1, x_2, \cdots, x_n) = 0,$$

$$\lim_{x_i \to +\infty, i=1,2,\cdots,n} F(x_1, x_2, \cdots, x_n) = 1;$$

(4) 设 $x_i < y_i, i = 1, 2, \cdots, n$，则有

$$P(x_1 < X_1 \leqslant y_1, \cdots, x_n < X_n \leqslant y_n) = \Delta_1 \Delta_2 \cdots \Delta_n F(x_1, x_2, \cdots, x_n) \geqslant 0,$$

这里 $\Delta_i F(x_1, x_2, \cdots, x_n) = F(x_1, x_2, \cdots, x_{i-1}, y_i, x_{i+1}, \cdots, x_n) - F(x_1, x_2, \cdots, x_n)$，表示对第 i 个变量作差分运算．其中 $n \geqslant 1, x_i \in R, 1 \leqslant i \leqslant n$．

特别地，当 $n = 2$ 时，

$$F(x_1, x_2) = P(X_1 \leqslant x_1, X_2 \leqslant x_2),$$

$$P(x_1 < X_1 \leqslant y_1, x_2 < X_2 \leqslant y_2) = \Delta_1 \Delta_2 F(x_1, x_2)$$
$$= F(y_1, y_2) - F(x_1, y_2) - F(y_1, x_2) + F(x_1, x_2).$$

一般地，随机向量 $X = (X_1, X_2, \cdots, X_n)$ 落在任一 σ 域 B_n 中的概率可以写成

$$P(X(\omega) \in B_n) = \int \cdots \int_{B_n} \mathrm{d}F(x_1, x_2, \cdots, x_n), \quad 其中 B_n \in \mathcal{B}_n.$$

随机向量 $\xi = (\xi_1, \xi_2, \cdots, \xi_n)$ 或者 $F(x_1, x_2, \cdots, x_n)$ 的边际分布定义为

$$F(x_{k_1}, x_{k_2}, \cdots, x_{k_m}) = F(\infty, \cdots, \infty, x_{k_1}, \infty, \cdots, \infty, x_{k_2}, \infty, \cdots, \infty, x_{k_m}, \infty, \cdots, \infty),$$

这里 $1 \leqslant k_1 < k_2 < \cdots < k_m \leqslant n$．

类似的结论对 n 元情形也成立.

随机向量也有不同类型, 最常见的也是离散型与连续型两类.

在离散情形, 概率分布集中在有限或可列个点上. 重要的多元离散型分布有多项分布与多元超几何分布, 它们分别是二项分布与超几何分布在多元情形的推广.

例 1.4.1 (多项分布) 在试验中, 若每次试验的可能结果为 $A_1, A_2, \cdots, A_r$, 而 $P(A_i) = p_i, i = 1, 2, \cdots, r$, 且 $p_1 + p_2 + \cdots + p_r = 1$, 重复这种试验 n 次, 并假定这些试验是相互独立的, 若以 $\xi_1, \xi_2, \cdots, \xi_r$ 分别记为 $A_1, A_2, \cdots, A_r$ 出现的次数, 则

$$P\{\xi_1 = k_1, \xi_2 = k_2, \cdots, \xi_r = k_r\} = \frac{n!}{k_1! k_2! \cdots k_r!} p_1^{k_1} p_2^{k_2} \cdots p_r^{k_r},$$

这里整数 $k_i \geqslant 0$, 且仅当 $k_1 + k_2 + \cdots + k_r = n$ 时上式才成立, 否则为 0.

例 1.4.2 (多元超几何分布) 袋中装有 i 号球 N_i 只, $i = 1, 2, \cdots, r, N_1 + N_2 + \cdots + N_r = N$, 从中随机摸出 n 只, 若以 $\xi_1, \xi_2, \cdots, \xi_r$ 分别记为 $1, 2, \cdots, r$ 号球的出现次数, 则

$$P\{\xi_1 = n_1, \xi_2 = n_2, \cdots, \xi_r = n_r\} = \frac{\binom{N_1}{n_1}\binom{N_2}{n_2}\cdots\binom{N_r}{n_r}}{\binom{N}{n}},$$

这里整数 $n_i \geqslant 0$, 且仅当 $n_1 + n_2 + \cdots + n_r = n$ 时上式才成立, 否则为 0.

以上两个分布在抽样中常用, 前者用于有放回情形, 后者则用于不放回情形.

在连续情形, 若 $X = (X_1, X_2, \cdots, X_n)$ 为连续型随机向量, **密度函数**为 $f(x_1, x_2, \cdots, x_n)$, 则其概率分布函数可以表示为

$$F(x_1, x_2, \cdots, x_n) = \int_{-\infty}^{x_1} \cdots \int_{-\infty}^{x_n} f(y_1, y_2, \cdots, y_n) \, \mathrm{d}y_1 \cdots \mathrm{d}y_n.$$

密度函数 $f(x_1, x_2, \cdots, x_n)$ 有下列性质:

(1) $f(x_1, x_2, \cdots, x_n) \geqslant 0$;

(2) $\int_{-\infty}^{\infty} \cdots \int_{-\infty}^{\infty} f(x_1, x_2, \cdots, x_n) \mathrm{d}x_1 \mathrm{d}x_2 \cdots \mathrm{d}x_n = 1$;

(3) $f(x_1, x_2, \cdots, x_n) = \dfrac{\partial^n F(x_1, x_2, \cdots, x_n)}{\partial x_1 \partial x_2 \cdots \partial x_n}$;

(4) $P(x_1 < X_1 \leqslant y_1, \cdots, x_n < X_n \leqslant y_n) = \int_{x_1}^{y_1} \cdots \int_{x_n}^{y_n} f(x_1, x_2, \cdots, x_n) \mathrm{d}x_1 \mathrm{d}x_2 \cdots \mathrm{d}x_n.$

例 1.4.3 (均匀分布) 若 G 为 $\mathbb{R}^n$ 中有限区域, 其测度 $S > 0$, 则由密度函数

$$f(x_1, x_2, \cdots, x_n) = \begin{cases} \dfrac{1}{S}, & (x_1, x_2, \cdots, x_n) \in G, \\ 0, & (x_1, x_2, \cdots, x_n) \notin G \end{cases}$$

给出的分布称为 G 上的**均匀分布**.

例 1.4.4 (多元正态分布) 若 $\Sigma = (\Sigma_{ij})$ 是 n 阶正定对称矩阵, 以 $\Sigma^{-1} = (\gamma_{ij})$ 表示 Σ 的逆阵; $\det \Sigma$ 表示 Σ 的行列式的值. $\mu = (\mu_1, \cdots, \mu_n)$ 是任意实值行向量, 则由密度函数

$$p(x_1, x_2, \cdots, x_n) = \frac{1}{(2\pi)^{\frac{n}{2}} (\det \Sigma)^{\frac{1}{2}}} \exp\left\{-\frac{1}{2} \sum_{j,k=1}^{n} r_{jk}(x_j - \mu_j)(x_k - \mu_k)\right\}$$

定义的分布称为 n 元正态分布, 简记为 $N(\mu, \Sigma)$.

这个密度函数也可以写成如下向量形式:

$$p(x) = \frac{1}{(2\pi)^{\frac{n}{2}} (\det \Sigma)^{\frac{1}{2}}} \exp\left\{-\frac{1}{2}(x-\mu)\Sigma^{-1}(x-\mu)^{\mathrm{T}}\right\},$$

这里 $x = (x_1, x_2, \cdots, x_n), (x-\mu)^{\mathrm{T}}$ 表示行向量 $(x-\mu)$ 的转置.

1.4.2 边际分布

一般地, 若 (ξ, η) 是二维随机向量, 其分布函数为 $F(x, y)$, 我们能由 $F(x, y)$ 得出 ξ 或 η 的分布函数. 事实上,

$$F_1(x) = P\{\xi \leqslant x\} = F(x, +\infty), \quad F_2(y) = P\{\eta \leqslant y\} = F(+\infty, y).$$

$F_1(x)$ 及 $F_2(y)$ 称为 $F(x, y)$ 的**边际分布函数**.

若 $F(x, y)$ 是连续型分布函数, 有密度函数 $f(x, y)$, 那么

$$F_1(x) = \int_{-\infty}^{x} \int_{-\infty}^{\infty} f(u, y) \,\mathrm{d}u\mathrm{d}y.$$

因此 $F_1(x)$ 是连续型分布函数, 其密度函数为

$$f_1(x) = \int_{-\infty}^{\infty} f(x, y) \,\mathrm{d}y.$$

同理 $F_2(y)$ 是连续型分布函数, 其密度函数为

$$f_2(y) = \int_{-\infty}^{\infty} f(x, y) \,\mathrm{d}x.$$

$f_1(x)$ 及 $f_2(y)$ 称为 $f(x, y)$ 的**边际分布密度函数**.

例 1.4.5 (二元正态分布的密度函数)

$$f(x, y) = \frac{1}{2\pi \sigma_1 \sigma_2 \sqrt{1-\rho^2}}$$
$$\times \exp\left\{-\frac{1}{2(1-\rho^2)}\left[\frac{(x-\mu_1)^2}{\sigma_1^2} - 2\rho\frac{(x-\mu_1)(y-\mu_2)}{\sigma_1\sigma_2} + \frac{(y-\mu_2)^2}{\sigma_2^2}\right]\right\}$$

称为**二元正态分布的密度函数**, 简记为 $N(\mu_1, \mu_2, \sigma_1^2, \sigma_2^2, \rho)$, 这里 $\mu_1, \mu_2, \sigma_1, \sigma_2, \rho$ 为常数, $\sigma_1 > 0, \sigma_2 > 0, |\rho| < 1$.

显然, 这是 n 元正态分布当 $n = 2$ 时的特殊情况, 相应地,

$$\Sigma = \begin{pmatrix} \sigma_1^2 & \rho\sigma_1\sigma_2 \\ \rho\sigma_1\sigma_2 & \sigma_2^2 \end{pmatrix}, \quad \mu = (\mu_1, \mu_2).$$

对于 n 维情形可以类似讨论其边际分布, 值得提醒的是, 对 n 维分布而言, 存在 $(n-1)$ 维, $(n-2)$ 维, $\cdots$, 2 维, 1 维的边际分布.

1.4.3 条件分布

对于多个随机事件可以讨论它们的条件概率, 同样地, 对于多个随机变量也可以讨论它们的条件分布, 并由此得出重要结果.

仍对二维的情形进行讨论. 也还是先从离散型开始.

若已知 $\xi = x_i(p_i(x_i) > 0)$, 则事件 $\{\eta = y_j\}$ 的条件概率为

$$P\{\eta = y_j \mid \xi = x_i\} = \frac{P\{\eta = y_j, \xi = x_i\}}{P\{\xi = x_i\}} = \frac{f(x_i, y_j)}{f_1(x_i)}.$$

上式定义了随机变量 η 关于随机变量 ξ 的**条件分布**. 在一般情况下, 它不同于 $p_2(y_j)$, 这表示从 ξ 的取值可以得出关于 η 的部分信息, 反之亦然.

对于一般随机向量 (ξ, η), 我们也想定义条件分布函数 $P\{\eta < y \mid \xi = x\}$, 但是由于会出现 $P\{\xi = x\} = 0$, 因此不能像上式那样简单地定义.

自然会想到可以用

$$\begin{aligned} P\{\eta \leqslant y \mid \xi = x\} &= \lim_{\Delta x \to 0} P\{\eta \leqslant y \mid x - \Delta x < \xi \leqslant x\} \\ &= \lim_{\Delta x \to 0} \frac{P\{x - \Delta x < \xi \leqslant x, \eta < y\}}{P\{x - \Delta x < \xi \leqslant x\}} \\ &= \lim_{\Delta x \to 0} \frac{F(x, y) - F(x - \Delta x, y)}{F(x, +\infty) - F(x - \Delta x, +\infty)} \end{aligned} \quad (1.10)$$

来定义.

特别是对于有连续密度函数的情形, 该定义导出

$$P\{\eta \leqslant y | \xi = x\} = \lim_{\Delta x \to 0} \frac{\int_{x-\Delta x}^{x} \int_{-\infty}^{y} f(u, v) \, \mathrm{d}u \mathrm{d}v}{\int_{x-\Delta x}^{x} \int_{-\infty}^{\infty} f(u, v) \, \mathrm{d}u \mathrm{d}v}.$$

若把上式的分子分母分别除以 Δx, 再令 $\Delta x \to 0$ 取极限, 则当 $f_1(x) \neq 0$ 时,

$$P\{\eta < y \mid \xi = x\} = \frac{\int_{-\infty}^{y} f(x, v) \, \mathrm{d}v}{f_1(x)} = \int_{-\infty}^{y} \frac{f(x, v)}{f_1(x)} \mathrm{d}v.$$

因此在给定 $\xi = x$ 的条件下, η 的分布密度函数为

$$f(y \mid x) = \frac{f(x, y)}{f_1(x)}.$$

同理可得, 在给定 $\eta = y$ 的条件下, ξ 的分布密度函数为

$$f(x \mid y) = \frac{f(x, y)}{f_2(y)},$$

这里当然也要求 $f_2(y) \neq 0$.

1.4.4 随机变量的独立性

定义 1.4.3 设 $\xi_1,\cdots,\xi_n$ 为 n 个随机变量,若对于任意的 $x_1,\cdots,x_n$ 成立

$$P\{\xi_1 \leqslant x_1,\cdots,\xi_n \leqslant x_n\} = P\{\xi_1 \leqslant x_1\}\cdots P\{\xi_n \leqslant x_n\}, \tag{1.11}$$

则称 $\xi_1,\cdots,\xi_n$ 是**相互独立的**.

若 ξ_i 的分布函数为 $F_i(x), i = 1, 2, \cdots, n$,它们的联合分布函数为 $F(x_1,\cdots,x_n)$,则式 (1.11) 等价于对一切 $x_1,\cdots,x_n$ 成立

$$F(x_1,\cdots,x_n) = F_1(x_1)\cdots F_n(x_n).$$

在这种情形,由每个随机变量的 (边际) 分布函数可以唯一地确定联合分布函数. 而且由式 (1.10) 可以看到,这时条件分布化为无条件分布

$$P\{\eta \leqslant y \mid \xi = x\} = P\{\eta \leqslant y\},$$

即由 ξ 的取值不能得出任何关于 η 的信息.

对于离散型随机变量,式 (1.11) 等价于对任何一组可能取值 $(x_1,\cdots,x_n)$ 成立

$$P\{\xi_1 = x_1,\cdots,\xi_n = x_n\} = P\{\xi_1 = x_1\}\cdots P\{\xi_n = x_n\}.$$

随机变量 $\xi_1,\xi_2,\cdots,\xi_n$ 相互独立的充要条件是对一切一维博雷尔点集 $A_1, A_2, \cdots, A_n$ 成立

$$P\{\xi_1 \in A_1, \xi_2 \in A_2, \cdots, \xi_n \in A_n\} = P\{\xi_1 \in A_1\} P\{\xi_2 \in A_2\} \cdots P\{\xi_n \in A_n\}.$$

上述论断的证明要用到测度论,已超出本课程范围,故不再给出证明过程.

当然也可以建立 n 维随机向量 ξ 与 m 维随机向量 η 相互独立的概念,这时要求成立

$$P\{\xi \in A, \eta \in B\} = P\{\xi \in A\} P\{\eta \in B\},$$

其中 A, B 分别是任意一个 n 维及 m 维的博雷尔点集.

显然,若 ξ 与 η 独立,则 ξ 的子向量与 η 的子向量是独立的.

此外,注意到若 $\xi_1, \xi_2, \cdots, \xi_n$ 相互独立,则其中的任意 $r(2 \leqslant r < n)$ 个随机变量也相互独立. 例如,我们证明 $\xi_1, \xi_2, \cdots, \xi_{n-1}$ 相互独立.

$$\begin{aligned}
&P\{\xi_1 \leqslant x_1, \cdots, \xi_{n-1} \leqslant x_{n-1}\} \\
=& P\{\xi_1 \leqslant x_1, \cdots, \xi_{n-1} \leqslant x_{n-1}, \xi_n \leqslant \infty\} \\
=& P\{\xi_1 \leqslant x_1\} \cdots P\{\xi_{n-1} \leqslant x_{n-1}\} P\{\xi_n \leqslant \infty\} \\
=& P\{\xi_1 \leqslant x_1\} \cdots P\{\xi_{n-1} \leqslant x_{n-1}\}.
\end{aligned}$$

最后,称无穷多个随机变量是相互独立的,如果其中任意有限多个随机变量都是相互独立的.

随机变量的独立性概念是概率论中最基本的概念之一,也是最重要的概念之一,关于独立随机变量的研究构成了概率论的重要课题.

1.5 期望、矩母函数、特征函数和拉普拉斯变换

1.5.1 数学期望的定义

随机变量的期望值或称期望,就是随机变量概率的平均值——这里所谓的"平均值"是依概率分布做加权平均而求得的. 对于一个概率分布, 可以认为其期望就是该分布的中心的一个度量, 就好比平均值通常被认为中间值. 我们根据概率分布为随机变量的不同取值赋以不同权重, 依此得到随机变量观测值的期望, 这个值就是该随机变量最具代表性的取值.

定义 1.5.1 设离散型随机变量 X 的分布列为
$$p(x_i) = P(X = x_i), \quad i = 1, 2, \cdots, n, \cdots.$$

如果 $\sum\limits_{i=1}^{\infty} |x_i| p(x_i)$ 收敛, 则称
$$EX = \sum_{i=1}^{\infty} x_i p(x_i)$$

为随机变量 X 的**数学期望**, 或称为该分布的数学期望, 简称**期望**或**均值**. 若级数 $\sum\limits_{k=1}^{\infty} |x_k| p(x_k)$ 不收敛, 则称 X 的数学期望不存在.

以上定义中, 要求级数 $\sum\limits_{i=1}^{\infty} x_i p(x_i)$ 绝对收敛的目的在于使数学期望唯一. 因为随机变量的取值可正可负, 取值次序可先可后, 由无穷级数的理论知, 如果此无穷级数绝对收敛, 则可保证其和不受次序变动的影响. 由于有限项的和不受次序变动的影响, 故有限个可能值的随机变量的数学期望总是存在的.

连续型随机变量数学期望的定义和含义完全类似于离散型随机变量的情形, 只要将分布列 $p(x_i)$ 改为密度函数、将求和改为求积分即可.

定义 1.5.2 设连续型随机变量 X 的密度函数为 $p(x)$. 如果
$$\int_{-\infty}^{\infty} |x| p(x) \mathrm{d}x < \infty,$$

则称
$$EX = \int_{-\infty}^{\infty} x p(x) \mathrm{d}x$$

为 X 的**数学期望**, 或称为该分布 $p(x)$ 的数学期望, 简称**期望**或**均值**. 若 $\int_{-\infty}^{\infty} |x| p(x) \mathrm{d}x$ 不收敛, 则称 X 的数学期望不存在.

数学期望 EX 的物理解释是重心.

若把概率 $p(x_i) = P(X = x_i)$ 看作点 x_i 上的质量, 概率分布看作质量在 x 轴上的分布, 则 X 的数学期望 EX 就是该质量分布的重心所在位置. 数学期望的理论意义是深刻的, 它是消除随机性的主要手段.

数学期望在实际中应用广泛, EX 常作为 X 分布的代表 (一种统计指标) 参与同类指标的比较. 如一盘磁带上的缺陷数有多有少, 有随机性, 不好比较, 但多盘磁带上的平均缺陷数 (期望值) 可以比较, 其越少越好.

例 1.5.1 (均匀分布)　设 X 服从区间 $[a,b]$ 上的均匀分布, 求 EX.

$$p(x) = \begin{cases} \dfrac{1}{b-a}, & a \leqslant x \leqslant b, \\ 0, & \text{其他}. \end{cases}$$

所以

$$EX = \int_a^b x \cdot \dfrac{1}{b-a}\,\mathrm{d}x = \dfrac{1}{b-a} \cdot \dfrac{x^2}{2}\bigg|_a^b = \dfrac{a+b}{2}.$$

这个结果是可以理解的, 因为 X 在区间 $[a,b]$ 上的取值是均匀的, 所以它的平均取值当然应该是 $[a,b]$ 的"中点", 即 $\dfrac{a+b}{2}$.

例 1.5.2 (柯西 (Cauchy) 分布)　柯西分布的数学期望不存在, 因为柯西分布的密度函数为

$$p(x) = \dfrac{1}{\pi}\dfrac{1}{1+x^2}, \quad -\infty < x < +\infty.$$

所以由

$$\int_{-\infty}^{+\infty} |x| \cdot \dfrac{1}{\pi}\dfrac{1}{1+x^2}\,\mathrm{d}x = +\infty$$

知 EX 不存在.

定义 1.5.3　随机变量 X 的分布列或密度函数用 $f_X(x)$ 表示, 则 X 的某一函数 $g(X)$ 的数学期望或均值记作 $Eg(X)$, 定义为 (假定下式中的积分或求和存在)

$$Eg(X) = \begin{cases} \displaystyle\int_{-\infty}^{+\infty} g(x)f_X(x)\,\mathrm{d}x, & \text{若 } X \text{ 是连续型随机变量}, \\ \displaystyle\sum_{x \in \mathscr{X}} g(x)f_X(x) = \sum_{x \in \mathscr{X}} g(x)P(X=x), & \text{若 } X \text{ 是离散型随机变量}. \end{cases}$$

如果 $E|g(X)| = +\infty$, 则称 $Eg(X)$ 不存在, x 为 X 的所有可能取值构成的集合.

例 1.5.3 (指数分布的期望)　设 X 服从参数为 $\dfrac{1}{\lambda}$ 的指数分布, 即 X 的概率密度函数为

$$f_X(x) = \dfrac{1}{\lambda}\mathrm{e}^{-\frac{x}{\lambda}}, \quad 0 \leqslant x < +\infty,\ \lambda > 0.$$

则

$$\begin{aligned}
EX &= \int_0^{+\infty} \dfrac{1}{\lambda} x \mathrm{e}^{-\frac{x}{\lambda}}\,\mathrm{d}x \\
&= -x\mathrm{e}^{-\frac{x}{\lambda}}\bigg|_0^{+\infty} + \int_0^{+\infty} \mathrm{e}^{-\frac{x}{\lambda}}\,\mathrm{d}x \quad \text{(根据分部积分法)} \\
&= \int_0^{+\infty} \mathrm{e}^{-\frac{x}{\lambda}}\,\mathrm{d}x = \lambda.
\end{aligned}$$

例 1.5.4　设 X 服从二项分布, 其概率分布律为

$$P(X=x) = \binom{n}{x} p^x (1-p)^{n-x}, \quad x = 0, 1, \cdots, n, \tag{1.12}$$

其中 n 是正整数，$0 \leqslant p \leqslant 1$，且对任意指定的 n 和 p，该分布律全体取值之和等于 1. 而该随机变量的期望为

$$EX = \sum_{x=0}^{n} x \binom{n}{x} p^x (1-p)^{n-x} = \sum_{x=1}^{n} x \binom{n}{x} p^x (1-p)^{n-x}$$

($x=0$ 对应的项为 0). 利用等式 $x\binom{n}{x} = n\binom{n-1}{x-1}$，有

$$\begin{aligned}
EX &= \sum_{x=1}^{n} n \binom{n-1}{x-1} p^x (1-p)^{n-x} \\
&= \sum_{y=0}^{n-1} n \binom{n-1}{y} p^{y+1} (1-p)^{n-(y+1)} \quad \text{(作变量替换 } y = x-1\text{)} \\
&= np \sum_{y=0}^{n-1} \binom{n-1}{y} p^y (1-p)^{n-1-y} \\
&= np.
\end{aligned}$$

注意，上式中最后一个求和号是对参数为 $(n-1, p)$ 的二项分布概率分布律的全体取值求和，故结果为 1.

求期望的运算是线性运算，即 X 的线性函数的期望可以用下列方法统一求得：对任意常数 a, b，

$$E(aX + b) = aEX + b. \tag{1.13}$$

例如，如果 X 服从参数为 (n, p) 的二项分布，$EX = np$，则

$$E(X - np) = EX - np = np - np = 0.$$

随机变量的期望有许多有助于简化计算的性质，其中大部分都是依据积分或求和的性质而得到的，我们将其总结成下面的定理.

定理 1.5.1 设 X 为随机变量，a, b, c 为常数，$g_1(X), g_2(X)$ 的期望存在，则

(1) $E(ag_1(X) + bg_2(X) + c) = aEg_1(X) + bEg_2(X) + c$；
(2) 若对任意 x 都有 $g_1(x) \geqslant 0$，则 $Eg_1(X) \geqslant 0$；
(3) 若对任意 x 都有 $g_1(x) \geqslant g_2(x)$，则 $Eg_1(X) \geqslant Eg_2(X)$；
(4) 若对任意 x 都有 $a \leqslant g_1(x) \leqslant b$，则 $a \leqslant Eg_1(X) \leqslant b$.

证明 假定 X 为连续型随机变量，X 为离散型随机变量时可类似证明. 根据期望的定义及积分的可加性，有

$$\begin{aligned}
&E(ag_1(X) + bg_2(X) + c) \\
&= \int_{-\infty}^{+\infty} (ag_1(x) + bg_2(x) + c) f_X(x) \mathrm{d}x \\
&= \int_{-\infty}^{+\infty} ag_1(x) f_X(x) \mathrm{d}x + \int_{-\infty}^{+\infty} bg_2(x) f_X(x) \mathrm{d}x + \int_{-\infty}^{+\infty} cf_X(x) \mathrm{d}x.
\end{aligned}$$

注意 a, b, c 是常数, 故可以提至各积分符号之外, 即得

$$\begin{aligned}&E(ag_1(X)+bg_2(X)+c)\\&=a\int_{-\infty}^{+\infty}g_1(x)f_X(x)\mathrm{d}x+b\int_{-\infty}^{+\infty}g_2(x)f_X(x)\mathrm{d}x+c\int_{-\infty}^{+\infty}f_X(x)\mathrm{d}x\\&=aEg_1(X)+bEg_2(X)+c.\end{aligned}$$

这就证得性质 (1). 其余三条性质可类似证明. □

1.5.2 矩母函数

概率分布的矩是一类重要的期望.

定义 1.5.4 (k 阶矩) 设 X 为随机变量, k 为正整数. 如果以下的数学期望都存在, 则称

$$\mu_k = E(X^k)$$

为 X 的 k 阶原点矩. 称

$$v_k = E(X - E(X))^k$$

为 X 的 k 阶中心矩.

定义 1.5.5 (方差) 设 X 为随机变量, 若 X 的二阶中心距存在, 则称

$$\mathrm{Var}X = E(X - E(X))^2$$

为 X 的方差.

显然, 一阶原点矩就是数学期望, 二阶中心距就是**方差**. 由于 $|X|^{k-1} \leqslant |X|^k + 1$, 故 k 阶矩存在时, $(k-1)$ 阶矩也存在, 从而低于 k 的各阶矩都存在.

在离散型随机变量中, 那些只取非负整数值 $0, 1, 2, \cdots$ 的占有重要地位. 事实上, 我们所遇到的离散型分布如二项分布、超几何分布、泊松分布、几何分布、帕斯卡分布、负二项分布等都是取非负整数值的.

例 1.5.5 (指数分布的方差) 设 X 同例 1.5.3, 服从参数为 $\dfrac{1}{\lambda}$ 的指数分布. 例 1.5.3 中已求得 $EX = \lambda$, 现在计算 X 的方差:

$$\begin{aligned}\mathrm{Var}X &= E(X-\lambda)^2 = \int_{-\infty}^{+\infty}(x-\lambda)^2\frac{1}{\lambda}\mathrm{e}^{-\frac{x}{\lambda}}\mathrm{d}x\\&=\int_0^{+\infty}(x^2-2x\lambda+\lambda^2)\frac{1}{\lambda}\mathrm{e}^{-\frac{x}{\lambda}}\mathrm{d}x.\end{aligned}$$

为计算上述积分, 我们可以分别对每一项进行积分, 并对包含 x 或 x^2 的项应用分部积分法. 最后的结果为 $\mathrm{Var}X = \lambda^2$.

定理 1.5.2 设 X 是一随机变量且其方差有限, 则对任意常数 a, b, 有

$$\mathrm{Var}(aX+b) = a^2\mathrm{Var}X.$$

证明 根据定义, 有

$$\begin{aligned}
\operatorname{Var}(aX+b) &= E((aX+b) - E(aX+b))^2 \\
&= E(aX - aEX)^2 \quad (E(aX+b) = aEX + b) \\
&= a^2 E(X - EX)^2 \\
&= a^2 \operatorname{Var} X.
\end{aligned}$$

有时利用方差的下列替代公式可以简化计算:

$$\operatorname{Var} X = EX^2 - (EX)^2. \tag{1.14}$$

上式可由下述过程推导得出:

$$\begin{aligned}
\operatorname{Var} X &= E(X - EX)^2 = E\left[X^2 - 2XEX + (EX)^2\right] \\
&= EX^2 - 2(EX)^2 + (EX)^2 \\
&= EX^2 - (EX)^2,
\end{aligned}$$

其中利用了 $E(XEX) = (EX)(EX) = (EX)^2$ 的事实 (因为 EX 是常数). □

下面讨论离散分布情形如何计算矩的问题.

例 1.5.6 (二项分布的方差) 设 X 服从参数为 (n,p) 的二项分布, 即

$$P(X = x) = \binom{n}{x} p^x (1-p)^{n-x}, \quad x = 0, 1, \cdots, n.$$

已知 $EX = np$. 现在计算 $\operatorname{Var} X$, 我们先求 EX^2. 事实上, 有

$$EX^2 = \sum_{x=0}^{n} x^2 \binom{n}{x} p^x (1-p)^{n-x}. \tag{1.15}$$

为求上述级数之和, 仿照 (例 1.5.4) 求 EX 时对二项式系数的处理, 有

$$x^2 \binom{n}{x} = x \frac{n!}{(x-1)!(n-x)!} = xn \binom{n-1}{x-1}, \tag{1.16}$$

式 (1.15) 中对应于 $x = 0$ 的被加数为 0, 于是根据式 (1.16), 有

$$\begin{aligned}
EX^2 &= n \sum_{x=1}^{n} x \binom{n-1}{x-1} p^x (1-p)^{n-x} \\
&= n \sum_{y=0}^{n-1} (y+1) \binom{n-1}{y} p^{y+1} (1-p)^{n-1-y} \quad (\diamondsuit\ y = x-1) \\
&= np \sum_{y=0}^{n-1} y \binom{n-1}{y} p^y (1-p)^{n-1-y} + np \sum_{y=0}^{n-1} \binom{n-1}{y} p^y (1-p)^{n-1-y}.
\end{aligned}$$

易见上式右端第一个和式结果为 $(n-1)p$ (注意此项恰好是参数为 $(n-1,p)$ 的二项分布的期望), 第二个和式结果为 1. 故

$$EX^2 = n(n-1)p^2 + np. \tag{1.17}$$

再由式 (1.14) 即得

$$\mathrm{Var} X = n(n-1)p^2 + np - (np)^2 = -np^2 + np = np(1-p).$$

高阶矩的计算方法与方差类似, 不过常常要利用更多的数学技巧和方法. 3 阶矩和 4 阶矩在实际应用中有时还有意义, 但更高阶矩在统计学中几乎就没有考察的必要了.

下面介绍一类与概率分布有关的新的函数——**矩母函数**. 顾名思义, 矩母函数可以用于求矩, 不过在大多数情形下直接计算矩比用矩母函数更为简单. 事实上, 矩母函数的主要用处不在于求矩, 而是它能够唯一地确定概率分布——如果使用得当, 这个性质将非常有用.

定义 1.5.6 设随机变量 X 的概率分布函数为 F_X. X(或 F_X) 的**矩母函数**(moment generating funcion, 简记为 mgf) 记作 $M_X(t)$, 定义为

$$M_X(t) = E\mathrm{e}^{tX},$$

这里假定当 t 在 0 的某邻域内时上式中的期望存在, 即存在 $h > 0$ 使得对任意 $-h < t < h$, $E\mathrm{e}^{tX}$ 都存在. 如果在 0 的任意邻域内该期望都不存在, 则称矩母函数不存在.

我们可以将 X 的矩母函数更准确地表示为

$$M_X(t) = \int_{-\infty}^{+\infty} \mathrm{e}^{tx} f_X(x)\mathrm{d}x, \quad \text{如果 } X \text{ 是连续型随机变量}$$

或

$$M_X(t) = \sum_x \mathrm{e}^{tx} P(X = x), \quad \text{如果 } X \text{ 是离散型随机变量}.$$

利用矩母函数计算矩的方法很简单, 我们将其总结为下面的定理.

定理 1.5.3 设 X 的矩母函数为 $M_X(t)$, 则

$$EX^n = M_X^{(n)}(0),$$

其中

$$M_X^{(n)}(0) = \left.\frac{\mathrm{d}^n}{\mathrm{d}t^n} M_X(t)\right|_{t=0},$$

即 X 的 n 阶矩等于 $M_X(t)$ 在 $t = 0$ 处的 n 阶导数.

证明 假设可以将求导运算提至积分符号内, 则有

$$\begin{aligned}
\frac{\mathrm{d}}{\mathrm{d}t} M_X(t) &= \frac{\mathrm{d}}{\mathrm{d}t} \int_{-\infty}^{+\infty} \mathrm{e}^{tx} f_X(x)\mathrm{d}x \\
&= \int_{-\infty}^{+\infty} \left(\frac{\mathrm{d}}{\mathrm{d}t} \mathrm{e}^{tx}\right) f_X(x)\mathrm{d}x \\
&= \int_{-\infty}^{+\infty} (x\mathrm{e}^{tx}) f_X(x)\mathrm{d}x \\
&= E(X\mathrm{e}^{tX}),
\end{aligned}$$

故
$$\frac{\mathrm{d}}{\mathrm{d}t}M_X(t)\bigg|_{t=0} = E(Xe^{tX})|_{t=0} = EX.$$

同理可证
$$\frac{\mathrm{d}^n}{\mathrm{d}t^n}M_X(t)\bigg|_{t=0} = E(X^n e^{tX})|_{t=0} = EX^n. \qquad \square$$

例 1.5.7 (伽马分布的矩母函数) 一般的**伽马** (Gamma) 分布的概率密度函数如下:
$$f(x) = \frac{1}{\Gamma(\alpha)\beta^\alpha} x^{\alpha-1} e^{-x/\beta}, \quad 0 < x < +\infty,\ \alpha > 0,\ \beta > 0,$$

其中 $\Gamma(\alpha)$ 为伽马函数. 对应的矩母函数为

$$\begin{aligned}
M_X(t) &= \frac{1}{\Gamma(\alpha)\beta^\alpha} \int_0^{+\infty} e^{tx} x^{\alpha-1} e^{-x/\beta} \mathrm{d}x \\
&= \frac{1}{\Gamma(\alpha)\beta^\alpha} \int_0^{+\infty} x^{\alpha-1} e^{-(\frac{1}{\beta}-t)x} \mathrm{d}x \\
&= \frac{1}{\Gamma(\alpha)\beta^\alpha} \int_0^{+\infty} x^{\alpha-1} e^{-x/(\frac{\beta}{1-\beta t})} \mathrm{d}x,
\end{aligned} \tag{1.18}$$

式 (1.18) 的被积函数显然是另一个伽马概率密度函数的核 (所谓核, 是指忽略函数中常量后余下的主体部分). 现在利用一个重要的事实: 对任意大于 0 的常数 a, b,
$$f(x) = \frac{1}{\Gamma(a)b^a} x^{a-1} e^{-\frac{x}{b}}$$

都是某随机变量的概率密度函数, 于是
$$\int_0^{+\infty} \frac{1}{\Gamma(a)b^a} x^{a-1} e^{-\frac{x}{b}} \mathrm{d}x = 1,$$

亦即
$$\int_0^{+\infty} x^{a-1} e^{-\frac{x}{b}} \mathrm{d}x = \Gamma(a) b^a, \tag{1.19}$$

将式 (1.19) 代入式 (1.18), 即得: 当 $t < \dfrac{1}{\beta}$ 时, 有
$$M_X(t) = \frac{1}{\Gamma(\alpha)\beta^\alpha} \Gamma(\alpha) \left(\frac{\beta}{1-\beta t}\right)^\alpha = \left(\frac{1}{1-\beta t}\right)^\alpha.$$

当 $t \geqslant \dfrac{1}{\beta}$ 时, 式 (1.18) 的被积函数中的 $\dfrac{1}{\beta} - t$ 小于等于零, 因而式 (1.19) 的积分结果为无穷. 所以, 仅当 $t < \dfrac{1}{\beta}$ 时伽马分布存在矩母函数.

伽马分布的期望为
$$EX = \frac{\mathrm{d}}{\mathrm{d}t} M_X(t) \bigg|_{t=0} = \frac{\alpha\beta}{(1-\beta t)^{\alpha+1}} \bigg|_{t=0} = \alpha\beta.$$

其他的矩可类似求得.

例 1.5.8 (二项分布的矩母函数) 作为求矩母函数的第二个例子, 我们考察一个离散分布: 二项分布, 参数为 (n,p) 的二项概率分布律由式 (1.12) 给出, 故

$$M_X(t) = \sum_{x=0}^n e^{tx} \binom{n}{x} p^x (1-p)^{n-x} = \sum_{x=0}^n \binom{n}{x} (pe^t)^x (1-p)^{n-x}.$$

根据二项式定理

$$\sum_{x=0}^n \binom{n}{x} u^x v^{n-x} = (u+v)^n, \tag{1.20}$$

令其中 $u = pe^t, v = 1-p$, 则有

$$M_X(t) = \left[pe^t + (1-p) \right]^n.$$

如前文所言, 矩母函数的主要作用并不是求矩, 而在于在大多数情况下它能够唯一地确定概率分布. 与此相对照, 下面我们将说明仅仅凭矩是无法确定概率分布的.

矩母函数如果存在, 则必然确定了全部 (无穷多个) 矩. 那么一个很自然的问题是: 确定了全部 (无穷多个) 矩是否意味着能够唯一确定概率分布? 很遗憾, 答案是否定的, 这是因为存在两个不同分布的随机变量, 他们具有完全相同的矩.

例 1.5.9 (矩的不唯一性) 考察下面两个概率密度函数 (其中 f_1 是对数正态概率密度函数).

$$f_1(x) = \frac{1}{\sqrt{2\pi} x} e^{-\frac{(\ln x)^2}{2}}, \qquad 0 \leqslant x < +\infty,$$

$$f_2(x) = f_1(x) \left[1 + \sin(2\pi \ln x) \right], \qquad 0 \leqslant x < +\infty.$$

可以证明, 若 $X_1 \sim f_1(x)$, 则

$$EX_1^r = e^{\frac{r^2}{2}}, \quad r = 0, 1, \cdots,$$

即 X_1 的任意阶矩都存在.

若 $X_2 \sim f_2(x)$, 则

$$EX_2^r = \int_0^{+\infty} x^r f_1(x) \left[1 + \sin(2\pi \ln x) \right] dx$$

$$= EX_1^r + \int_0^{+\infty} x^r f_1(x) \sin(2\pi \ln x) dx,$$

作变量替换 $y = \ln x - r$, 可将上式最后的积分变成奇函数在区间 $(-\infty, +\infty)$ 上的积分, 故对 $r = 0, 1, \cdots$, 该积分都等于 0. 于是, 尽管 X_1 和 X_2 有不同的概率密度函数, 对任意 r, 它们的 r 阶矩都相同.

定理 1.5.4 设 $F_X(x), F_Y(y)$ 是两个概率分布函数, 且其对应的全部矩都存在.

(1) 如果 X 和 Y 的支集 (即 X 和 Y 的取值范围) 有界, 则对任意 u 有 $F_X(u) = F_Y(u)$ 当且仅当对任意整数 $r = 0, 1, 2, \cdots$ 都有 $EX^r = EY^r$;

(2) 如果 X 和 Y 的矩母函数都存在, 并且对 0 的某邻域内的任意 t, 都有 $M_X(t) = M_Y(t)$, 则对任意 u 都有 $F_X(U) = F_Y(U)$.

以下是矩母函数非常有用的一个结论.

定理 1.5.5 对任意常数 a, b, 随机变量 $aX + b$ 的矩母函数为

$$M_{aX+b}(t) = e^{bt} M_X(at).$$

证明 由矩母函数的定义, 有

$$\begin{aligned}
M_{aX+b}(t) &= E(e^{(aX+b)t}) \\
&= E(e^{(aX)t} e^{bt}) \quad \text{(根据指数的性质)} \\
&= e^{bt} E(e^{(at)X}) \quad \text{(因为 } e^{bt} \text{ 是常数)} \\
&= e^{bt} M_X(at) \quad \text{(根据矩母函数的定义)}.
\end{aligned}$$ □

1.5.3 特征函数

数字特征只反映了概率分布的某些侧面, 一般并不能通过它们来完全确定分布函数, 下面将引进特征函数, 既能完全决定分布函数, 又具有良好的分析性质.

为了定义特征函数, 我们需要稍微拓广一下随机变量的概念, 引进复随机变量.

定义 1.5.7 如果 ξ 与 η 都是概率空间 $(\Omega, \mathcal{F}, P)$ 上的实值随机变量, 则称 $\zeta = \xi + i\eta$ 为**复随机变量**.

从定义知道, 对复随机变量的研究本质上是对二维随机向量的研究. 这里举一个例子: 如果二维向量 (ξ_1, η_1) 与 (ξ_2, η_2) 是独立的, 则称复随机变量 $\zeta_1 = \xi_1 + i\eta_1$ 与 $\zeta_2 = \xi_2 + i\eta_2$ 是独立的.

定义一个复随机变量 $\zeta = \xi + i\eta$ 的数学期望为

$$E\zeta = E\xi + iE\eta.$$

对复随机变量也可以类似于实随机变量建立起一系列结果. 例如, 若 $\zeta_1, \zeta_2, \cdots, \zeta_n$ 是相互独立的, 则

$$E(\zeta_1 \zeta_2 \cdots \zeta_n) = E\zeta_1 E\zeta_2 \cdots E\zeta_n.$$

又如, 若 $g(x)$ 是一个一元博雷尔可测函数, 而 $\eta = g(\xi)$, 则成立佚名统计学家公式

$$E e^{it\eta} = E e^{itg(\xi)} = \int_{-\infty}^{+\infty} e^{itg(x)} dF_\xi(x).$$

这里使用欧拉公式 $e^{i\theta} = \cos\theta + i\sin\theta$.

以后将随时引用这类结果而不再加以说明.

下面引进随机变量 ξ 的特征函数.

定义 1.5.8 若随机变量 ξ 的概率分布函数为 $F_\xi(x)$, 则称

$$f_\xi(t) = E e^{it\xi} = \int_{-\infty}^{+\infty} e^{itx} dF_\xi(x)$$

为 ξ 的**特征函数**.

特征函数是一个实变量的复值函数, 由于 $|\mathrm{e}^{\mathrm{i}tx}|=1$, 所以它对一切实数 t 都有意义. 对于离散型随机变量, 若其分布列为

ξ	x_1	x_2	$\cdots$	x_n	$\cdots$
P	p_1	p_2	$\cdots$	p_n	$\cdots$

则其特征函数为

$$f(t) = \sum_{j=1}^{\infty} p_j \mathrm{e}^{\mathrm{i}tx_j}.$$

特别地, 对于整值随机变量, 若其母函数为 $P(s)$, 则 $f(t) = P(\mathrm{e}^{\mathrm{i}t})$.

对于连续型随机变量, 若其分布密度函数为 $p(x)$, 则其特征函数为

$$f(t) = \int_{-\infty}^{+\infty} \mathrm{e}^{\mathrm{i}tx} p(x) \mathrm{d}x.$$

这时, 特征函数是密度函数 $p(x)$ 的傅里叶 (Fourier) 变换.

一般情况下的特征函数可以看作这种傅里叶变换的推广. 傅里叶分析是数学中一种非常有力的工具, 它在许多数学分支中都起了重大作用, 以后我们将会看到, 它在概率论中也占有突出的地位.

下面给出一些重要分布的特征函数.

例 1.5.10 退化分布 $I_c(x)$ 的特征函数为

$$f(t) = \mathrm{e}^{\mathrm{i}ct}.$$

例 1.5.11 二项分布 $B(n,p)$ 的特征函数为

$$f(t) = (p\mathrm{e}^{\mathrm{i}t} + q)^n.$$

例 1.5.12 泊松分布 $P(\lambda)$ 的特征函数为

$$f(t) = \mathrm{e}^{\lambda(\mathrm{e}^{\mathrm{i}t}-1)}.$$

例 1.5.13 Γ 分布 $\Gamma(r,\lambda)$ 的特征函数为

$$\begin{aligned}f(t) &= \int_0^{\infty} \mathrm{e}^{\mathrm{i}tx} \frac{\lambda^r}{\Gamma(r)} x^{r-1} \mathrm{e}^{-\lambda x} \mathrm{d}x \\ &= \int_0^{\infty} \frac{\lambda^r}{\Gamma(r)} x^{r-1} \mathrm{e}^{-\lambda(1-\frac{\mathrm{i}t}{\lambda})x} \mathrm{d}x \\ &= \left(1 - \frac{\mathrm{i}t}{\lambda}\right)^{-r}.\end{aligned}$$

特别地, 参数为 λ 的指数分布 $\exp(\lambda)$, 即 $\Gamma(1,\lambda)$ 的特征函数为

$$f(t) = \left(1 - \frac{\mathrm{i}t}{\lambda}\right)^{-1}.$$

1.5 期望、矩母函数、特征函数和拉普拉斯变换

同样地, 参数为 n 的 χ^2 分布, 即 $\Gamma\left(\dfrac{n}{2}, \dfrac{1}{2}\right)$ 的特征函数为

$$f(t) = (1 - 2\mathrm{i}t)^{-\frac{n}{2}}.$$

性质 1.5.1 特征函数 $f(t)$ 有如下性质:

$$f(0) = 1,$$
$$|f(t)| \leqslant f(0),$$
$$f(-t) = \overline{f(t)}.$$

证明

$$f(0) = \int_{-\infty}^{+\infty} 1 \mathrm{d}F(x) = 1,$$
$$|f(t)| \leqslant \int_{-\infty}^{+\infty} |\mathrm{e}^{\mathrm{i}tx}| \mathrm{d}F(x) = 1 = f(0),$$
$$f(-t) = \int_{-\infty}^{+\infty} \mathrm{e}^{-\mathrm{i}tx} \mathrm{d}F(x) = \overline{\int_{-\infty}^{+\infty} \mathrm{e}^{\mathrm{i}tx} \mathrm{d}F(x)} = \overline{f(t)}. \qquad \square$$

性质 1.5.2 特征函数在 $(-\infty, \infty)$ 上一致连续.

证明 因为

$$|f(t+h) - f(t)| = \left| \int_{-\infty}^{\infty} (\mathrm{e}^{\mathrm{i}(t+h)x} - \mathrm{e}^{\mathrm{i}tx}) \mathrm{d}F(x) \right|$$
$$\leqslant \int_{-\infty}^{\infty} |\mathrm{e}^{\mathrm{i}hx} - 1| \mathrm{d}F(x) \leqslant 2 \int_{|x| \geqslant A} \mathrm{d}F(x) + \int_{-A}^{A} |\mathrm{e}^{\mathrm{i}hx} - 1| \mathrm{d}F(x)$$
$$= 2 \int_{|x| \geqslant A} \mathrm{d}F(x) + 2 \int_{-A}^{A} \left| \sin \frac{hx}{2} \right| \mathrm{d}F(x),$$

注意上式右边已与 t 无关; 可选足够大的 A 使 $\displaystyle\int_{|x| \geqslant A} \mathrm{d}F(x)$ 任意小, 对选定的 A 再选充分小的 $|h|$ 可使第二个积分也任意小, 从而证明了结论. $\qquad \square$

性质 1.5.3 对于任意的正整数 n, 任意实数 $t_1, t_2, \cdots, t_n$ 及复数 $\lambda_1, \lambda_2, \cdots, \lambda_n$, 成立

$$\sum_{k=1}^{n} \sum_{j=1}^{n} f(t_k - t_j) \lambda_k \bar{\lambda}_j \geqslant 0.$$

证明

$$\sum_{k=1}^{n} \sum_{j=1}^{n} f(t_k - t_j) \lambda_k \bar{\lambda}_j = \sum_{k=1}^{n} \sum_{j=1}^{n} E \mathrm{e}^{\mathrm{i}(t_k - t_j)\xi} \lambda_k \bar{\lambda}_j$$
$$= E \left\{ \sum_{k=1}^{n} \sum_{j=1}^{n} \mathrm{e}^{\mathrm{i}(t_k - t_j)\xi} \lambda_k \bar{\lambda}_j \right\}$$
$$= E \left\{ \left(\sum_{k=1}^{n} \mathrm{e}^{\mathrm{i}t_k \xi} \lambda_k \right) \left(\sum_{j=1}^{n} \mathrm{e}^{-\mathrm{i}t_j \xi} \bar{\lambda}_j \right) \right\}$$

$$= E\left|\sum_{k=1}^{n} e^{it_k\xi}\lambda_k\right|^2 \geqslant 0.$$

这个性质称为特征函数的**非负定性**, 以后我们将会看到, 这是特征函数最本质的性质之一. □

性质 1.5.4 两个互相独立的随机变量之和的特征函数等于它们的特征函数之积.

证明 设 ξ_1 与 ξ_2 是两个相互独立的随机变量, 而 $\eta = \xi_1 + \xi_2$, 由 ξ_1 与 ξ_2 的独立性不难推得复随机变量 $e^{it\xi_1}$ 与 $e^{it\xi_2}$ 也是独立的, 因此

$$Ee^{it\eta} = Ee^{it(\xi_1+\xi_2)} = Ee^{it\xi_1}Ee^{it\xi_2}.$$

性质 1.5.4 可用归纳法推广到 n 个独立随机变量之和的情形.

应当着重指出, 正是性质 1.5.4 才使特征函数在概率论中占有重要地位. 由于这个性质, 独立随机变量和的特征函数可以方便地用各个特征函数相乘来求得, 而独立随机变量和的分布密度要通过卷积这种复杂的运算才能得到, 相比之下, 用特征函数来处理独立随机变量和问题就有力得多. 独立随机变量和问题在概率论的古典问题中占有 "中心" 地位, 而这些问题的解决大大依赖于特征函数的引进与使用. □

性质 1.5.5 设随机变量 ξ 有 n 阶矩存在, 则它的特征函数可微分 n 次, 且当 $k \leqslant n$ 时, 有

$$f^{(k)}(0) = i^k E\xi^k.$$

证明
$$\left|\frac{d^k}{dt^k}(e^{itx})\right| = |i^k x^k e^{itx}| \leqslant |x|^k,$$

由于 ξ 的 k 阶矩存在, 故 $\int_{-\infty}^{\infty} |x|^k dF(x) < \infty$, 因而可作下列积分号下的微分

$$f^{(k)}(t) = \int_{-\infty}^{\infty} \frac{d^k}{dt^k}(e^{itx})dF(x) = i^k \int_{-\infty}^{\infty} x^k e^{itx} dF(x),$$

取 $t = 0$ 即可得 $f^{(k)}(0) = i^k E\xi^k$.

性质 1.5.5 可以使我们方便地求得随机变量的各阶矩. □

性质 1.5.6 设 $\eta = a\xi + b$, 这里 a, b 为常数, 则

$$f_\eta(t) = e^{ibt} f_\xi(at).$$

证明 $f_\eta(t) = Ee^{it\eta} = Ee^{it(a\xi+b)} = e^{itb}Ee^{ita\xi} = e^{itb}f_\xi(at).$ □

例 1.5.14 求正态分布 $N(\mu, \sigma^2)$ 的特征函数.

先讨论 $N(0,1)$ 的情形:

$$f(t) = \frac{1}{\sqrt{2\pi}}\int_{-\infty}^{\infty} e^{itx}e^{-\frac{x^2}{2}} dx = \frac{1}{\sqrt{2\pi}}\int_{-\infty}^{\infty} \cos tx \cdot e^{-\frac{x^2}{2}} dx,$$

由于正态分布一阶矩存在, 可对上式求导, 得

$$f'(t) = \frac{1}{\sqrt{2\pi}} \int_{-\infty}^{\infty} (-x) \sin tx \cdot \mathrm{e}^{-\frac{x^2}{2}} \,\mathrm{d}x = \frac{1}{\sqrt{2\pi}} \int_{-\infty}^{\infty} \sin tx \,\mathrm{d}\mathrm{e}^{-\frac{x^2}{2}}$$
$$= \left(\frac{1}{\sqrt{2\pi}} \sin tx \cdot \mathrm{e}^{-\frac{x^2}{2}} \right) \Big|_{-\infty}^{\infty} - \frac{1}{\sqrt{2\pi}} \int_{-\infty}^{\infty} t \cos tx \cdot \mathrm{e}^{-\frac{x^2}{2}} \,\mathrm{d}x$$
$$= -tf(t),$$

因此

$$\ln f(t) = -\frac{t^2}{2} + c.$$

由于 $f(0) = 1$, 所以 $c = 0$. 这样一来,

$$f(t) = \mathrm{e}^{-\frac{t^2}{2}},$$

一般 $N(\mu, \sigma^2)$ 的情形, 利用性质 1.5.6 即得

$$f(t) = \mathrm{e}^{\mathrm{i}\mu t - \frac{1}{2}\sigma^2 t^2}.$$

性质 1.5.7 (唯一性定理) 随机变量的分布函数与特征函数有一一对应的关系, 即给定 $F(x)$ 可唯一决定 $f(t)$; 反之, 给定 $f(t)$ 可唯一决定 $F(x)$.

1.5.4　拉普拉斯变换

在处理只取非负值的随机变量时, 使用拉普拉斯 (Laplace) 变换比起特征函数来有时更为方便.

定义 1.5.9　分布 F 的拉普拉斯变换定义为

$$\widehat{F}(s) = \int_0^{\infty} \mathrm{e}^{-sx} \,\mathrm{d}F(x).$$

对复数 $s = a + \mathrm{i}b$, 其中 $a \geqslant 0$, 这个积分存在. 正如特征函数的拉普拉斯变换唯一决定分布 F. 我们也可以对任意函数定义拉普拉斯变换如下: 函数 g 的拉普拉斯变换, 记作 $\widetilde{g}$, 定义为

$$\widetilde{g}(s) = \int_0^{\infty} \mathrm{e}^{-sx} \,\mathrm{d}g(x),$$

倘若此积分存在. 能证明 $\widetilde{g}$ 可确定 g, 只相差一个常数.

1.6　条件数学期望

条件数学期望是随机过程中最基本、最重要的概念之一. 为了直观地对此概念有正确的理解, 我们先从离散型随机变量入手, 再讨论连续型随机变量情形, 然后推广到多元随机变量的情形.

1.6.1 离散型随机变量的情形

设两随机事件 A, B, 若 $P(B) > 0$, 称

$$P(A|B) = \frac{P(AB)}{P(B)}$$

为事件 B 发生时事件 A 的**条件概率**(若 $P(B) = 0$, 则 $P(A|B)$ 没定义或规定为 0).

设 (X, Y) 为两个离散型随机变量, 若联合分布律为 $p_{ij} = P(X = x_i, Y = y_i) \geqslant 0$, $i, j = 1, 2, \cdots, \sum_i \sum_j p_{ij} = 1$, 若 $P(Y = y_j) = \sum_i p_{ij} \triangleq p_{\cdot j} > 0$, 称

$$P(X = x_i | Y = y_j) = \frac{P(X = x_i, Y = y_j)}{P(Y = y_j)} = \frac{p_{ij}}{p_{\cdot j}}$$

为给定 $Y = y_j$ 时 X 的**条件分布律**. 称

$$E[X | Y = y_j] \triangleq \sum_i x_i P(X = x_i | Y = y_j)$$

为给定 $Y = y_j$ 时 X 的**条件数学期望**.

比较 (无条件) 数学期望 $EX = \sum_i x_i P(X = x_i)$ 与条件数学期望 $E(X|Y = y_j)$ 的异同: EX 是对所有 $\omega \in \Omega, X(\omega)$ 取值全体的加权平均; 而 $E(X|Y = y_j)$ 是局限在 $\omega \in \{\omega : Y(\omega) = y_j\} \triangleq B_j$ 时, $X(\omega)$ 取值局部 $(\omega \in B_j)$ 的加权平均. 这是因为: 记 $B_j = \{\omega : Y = y_j\}, A_i = \{\omega : X = x_i\}$, 于是整个样本空间 Ω 按 Y 的不同取值分为 $B_1, \cdots, B_j, \cdots$ 等互不相容的事件 $\left(\Omega = \sum_j B_j\right)$. 而 Ω 又按 X 的不同取值分为 $A_1, \cdots, A_i, \cdots$ 等互不相容的事件 $\left(\Omega = \sum_i A_i\right)$.

当 $A_i B_j = \varnothing$ 时, $P(X = x_i, Y = y_j) = 0, P(X = x_i | Y = y_j) = 0$, 于是

$$E(X|Y = y_j) = \sum_i x_i P(X = x_i | Y = y_j) = \sum_{i : A_i B_j \neq \varnothing} x_i P(X = x_i | Y = y_j).$$

因此 $E(X|Y = y_j)$ 是 $\omega \in B_j$ 时 $X(\omega)$ 的局部加权平均.

显然, $E(X|Y=y_1), \cdots, E(X|Y = y_j), \cdots$ 依赖于 $Y = y_j$, 即依赖于 $\omega \in B_j = \{\omega : Y = y_j\}$, 这样, 从全局样本空间 Ω 及对 $\omega \in \Omega$ 可以变化的观点看, 有必要引进一个新的随机变量, 记为 $E(X|Y)$. 对这个随机变量 $E(X|Y)$, 当 $\omega \in B_j$ 时 (即 $Y = y_j$ 时), 它的取值为 $E(X|Y = y_j)$, 称随机变量 $E(X|Y)$ 为随机变量 X 关于随机变量 Y 的条件数学期望.

为给出 $E(X|Y)$ 的确切定义及表示式, 引进事件的示性函数如下: 记

$$I_{B_j}(\omega) = \begin{cases} 1, & \omega \in B_j = \{\omega : Y(\omega) = y_j\}, \\ 0, & \omega \notin B_j = \{\omega : Y(\omega) = y_j\}. \end{cases}$$

显然 $I_{B_j}(\omega) = 1 \leftrightarrow Y(\omega) = y_j$ 发生, 亦记 $I_{B_j}(\omega) = I_{(Y = y_j)}(\omega)$.

定义 1.6.1 记
$$E(X|Y) \triangleq \sum_j I_{(Y=y_j)}(\omega) E(X|Y=y_j),$$

称 $E(X|Y)$ 为 X 关于 Y 的条件数学期望.

$E(X|Y)$ 的定义包含如下的直观意义:

(1) 条件期望 $E(X|Y)$ 是随机变量 Y 的函数, 当 $\omega \in \{\omega : Y = y_j\}$ 时 $E(X|Y)$ 的取值为 $E(X|Y = y_j)$. 事实上, 它是局部平均 $\{E(X|Y = y_j), j \in \mathbb{N}\}$ 的统一表达式.

(2) 当 $E(X|Y = y_j) \neq E(X|Y = y_k)(j \neq k)$ 时,
$$P\{E(X|Y) = E(X|Y = y_j)\} = P(Y = y_j);$$

否则, 令 $D_j = \{k : E(X|Y = y_k) = E(X|Y = y_j)\}$, 则
$$P\{E(X|Y) = E(X|Y = y_j)\} = \sum_{k \in D_j} P(Y = y_k).$$

(3) 由于条件期望 $E(X|Y)$ 是随机变量 Y 的函数, 故它的数学期望应为
$$E(E(X|Y)) = \sum_j E(X|Y = y_j) P(Y = y_j).$$

1.6.2 连续型随机变量 (X, Y) 的情形

设 (X, Y) 的联合概率密度函数 (jointly probability density function) 为 $f(x, y)$, Y 的概率密度函数为 $f_Y(y) = \int_{-\infty}^{+\infty} f(x, y) \mathrm{d}x$, 设 $f_Y(y) > 0, E|X| < \infty$, 给定 $Y = y$ 时 X 的条件概率密度函数为
$$f_{X|Y=y}(x|y) = \frac{f(x, y)}{f_Y(y)},$$

条件分布函数为
$$F_{X|Y=y}(x|y) = P(X \leqslant x | Y = y) = \int_{-\infty}^{x} \frac{f(u, y)}{f_Y(y)} \mathrm{d}u,$$

条件数学期望为
$$E(X|Y=y) = \int_{-\infty}^{+\infty} x f_{X|Y=y}(x|y) \mathrm{d}x = \int_{-\infty}^{+\infty} x \frac{f(x, y)}{f_Y(y)} \mathrm{d}x.$$

令 $D \in \mathcal{B}$, 考虑 $Y \in D$ 下, 若 $P(Y \in D) > 0$, X 的条件分布函数为
$$F(x|D) = P\{X \leqslant x | Y \in D\} = \frac{P\{X \leqslant x, Y \in D\}}{P\{Y \in D\}} = \frac{\int_{-\infty}^{x} \left(\int_{y \in D} f(x, y) \mathrm{d}y \right) \mathrm{d}x}{\int_{y \in D} f_Y(y) \mathrm{d}y}.$$

在 $y \in D$ 下, X 的条件概率密度函数为
$$f_{X|D}(x|D) = \frac{\int_{y \in D} f(x, y) \mathrm{d}y}{P\{Y \in D\}},$$

于是在 $Y \in D$ 下, X 的条件数学期望定义为

$$E(X|Y \in D) \triangleq \int_{-\infty}^{+\infty} x f_{X|D}(x|D) \mathrm{d}x = \frac{1}{P\{Y \in D\}} \int_{y \in D} \left(\int_{-\infty}^{+\infty} x f(x,y) \, \mathrm{d}x \right) \mathrm{d}y.$$

由上式定义, 有

$$E(X|Y \in D) = \frac{1}{P\{Y \in D\}} \int_{y \in D} \left(\int_{-\infty}^{+\infty} x \frac{f(x,y)}{f_Y(y)} \, \mathrm{d}x \right) f_Y(y) \, \mathrm{d}y$$

$$= \frac{1}{P\{Y \in D\}} \int_{y \in D} E(X|Y=y) f_Y(y) \, \mathrm{d}y.$$

显然, 条件数学期望 $E(X|Y=y)$ 是 y 的函数. 这样, 从整个样本空间 Ω 及 $\omega(\in \Omega)$ 可以变化的情形上看, 可以且有必要定义一个随机变量 $E(X|Y)$, 使其在 $Y=y$ 时, $E(X|Y)$ 的取值为 $E(X|Y=y)$.

定义 1.6.2 设 (X,Y) 具有联合概率密度函数 $f(x,y)$, Y 的概率密度函数为 $f_Y(y) > 0, E|X| < \infty$, 若随机变量 $E(X|Y)$ 满足

(1) $E(X|Y)$ 是随机变量 Y 的函数, 当 $Y=y$ 时, 它的取值为 $E(X|Y=y)$;

(2) 对任意 $D \in \mathcal{B}$, 有

$$E\{E(X|Y)|Y \in D\} = E(X|Y \in D).$$

称随机变量 $E(X|Y)$ 为 X 关于 Y 的条件数学期望.

由 (1) 知, 由于 $E(X|Y)$ 是随机变量 Y 的函数, 故它的数学期望应为

$$E[E(X|Y)] = \int_{-\infty}^{+\infty} E(X|Y=y) f_Y(y) \, \mathrm{d}y.$$

而由 (2) 知, 当取 $D = \mathbb{R} = (-\infty, +\infty)$ 时

$$EX = E\{X|Y \in (-\infty,+\infty)\} = E\{E(X|Y)|Y \in (-\infty,\infty)\}$$

$$= E[E(X|Y)] = \int_{-\infty}^{+\infty} E(X|Y=y) f_Y(y) \, \mathrm{d}y.$$

例 1.6.1 (X,Y) 是二维正态分布, 即 $(X,Y) \sim N(\mu_1,\mu_2,\sigma_1^2,\sigma_2^2,\rho)$, 则联合概率密度函数为

$$f(x,y) = \frac{1}{2\pi\sigma_1\sigma_2(1-\rho^2)^{\frac{1}{2}}} \exp\left\{-\frac{1}{2(1-\rho^2)} \left[\frac{(x-\mu_1)^2}{\sigma_1^2} - 2\rho\frac{(x-\mu_1)(y-\mu_2)}{\sigma_1\sigma_2} + \frac{(y-\mu_2)^2}{\sigma_2^2}\right]\right\},$$

则

$$f_{Y|X=x}(y|x) = \frac{f(x,y)}{f_X(x)}$$

$$= \frac{1}{\sqrt{2\pi}\sigma_2(1-\rho^2)^{\frac{1}{2}}} \exp\left\{-\frac{1}{2\sigma_2^2(1-\rho^2)} \left[y - \mu_2 - \rho\frac{\sigma_2}{\sigma_1}(x-\mu_1)\right]^2\right\}$$

$$\sim N\left(\mu_2 + \rho\frac{\sigma_2}{\sigma_1}(x-\mu_1), \sigma_2^2(1-\rho^2)\right).$$

故

$$E(Y|X=x) = \mu_2 + \rho\frac{\sigma_2}{\sigma_1}(x-\mu_1); \quad E(Y|X) = \mu_2 + \rho\frac{\sigma_2}{\sigma_1}(X-\mu_1).$$

此时 $E(X|Y)$ 是 X 的线性函数, 这是正态分布的重要性质.

1.6.3 一般随机变量的情形

设 (X,Y) 为一般随机变量, 其联合分布函数为 $P(X \leqslant x, Y \leqslant y)$. 以下假设 $E|X| < \infty$, 分两种情况讨论.

定义 1.6.3 设 $D \in \mathcal{B}, P(Y \in D) > 0, \forall x \in \mathbb{R}$, 称

$$P(X \leqslant x|Y \in D) = P(X \leqslant x, Y \in D)/P(Y \in D)$$

为 X 关于事件 $\{Y \in D\}$ 的条件分布函数.

容易证明, 若 X 与 Y 独立, 则对 $\forall x \in \mathbb{R}, \forall D \in \mathcal{B}, P(X \leqslant x|Y \in D) = P(X \leqslant x)$. 称

$$E(X|Y \in D) = \int_{\mathbb{R}} x \, \mathrm{d}P(X \leqslant x|Y \in D)$$

为 X 关于 $\{Y \in D\}$ 的条件数学期望.

在许多问题中常常需要考虑 D 为单点集 $\{y\}$ 的情形. 若 $P(Y=y) > 0$, 这时定义条件分布同上. 问题是当 $P(Y=y) = 0$ 时, 如何定义 $P(X \leqslant x|Y=y)$.

定义 1.6.4 设 $(x,y) \in \mathbb{R}^2$, 对充分小的 $h > 0$, 有 $P(y-h < Y \leqslant y) > 0$. 若

$$P(X \leqslant x|Y=y) \triangleq \lim_{h \to 0} P(X \leqslant x|y-h < Y \leqslant y)$$

存在, 则称 $P(X \leqslant x|Y=y)$ 为 X 关于 $\{Y=y\}$ 的条件分布函数, 称

$$E(X|Y=y) = \int_{\mathbb{R}} x \, \mathrm{d}P(X \leqslant x|Y=y)$$

为 X 关于 $\{Y=y\}$ 的条件数学期望.

若随机变量 $E(X|Y)$ 满足:

(1) $E(X|Y)$ 是随机变量 Y 的函数, 当 $Y=y$ 时, 它的取值为 $E(X|Y=y)$;

(2) 对于 $\forall D \in \mathcal{B}, E\{E(X|Y)|Y \in D\} = E(X|Y \in D)$,

则称随机变量 $E(X|Y)$ 为 X 关于 Y 的条件数学期望.

从该定义的 (1) 知, $E(X|Y)$ 是随机变量 Y 的函数, 则它的数学期望为

$$E[E(X|Y)] = \int_{\mathbb{R}} E(X|Y=y) \, \mathrm{d}P(Y \leqslant y).$$

但是由 (2) 知, 当取 $D = \mathbb{R} = (-\infty, +\infty)$ 时, 有

$$EX = E(X|Y \in (-\infty, +\infty)) = E\{E(X|Y)|Y \in (-\infty, +\infty)\} = E\{E(X|Y)\},$$

故有 $EX = E\{E(X|Y)\}$,即

$$EX = \int_{\mathbb{R}} E(X|Y=y) \, \mathrm{d}P(Y \leqslant y).$$

上式可看作数学期望形式的全概率公式, 也称为全期望公式.

1.6.4 条件概率与条件分布函数

设随机变量 (X,Y) 及任一随机事件 $B \in \mathcal{F}$, 记

$$I_B(\omega) = \begin{cases} 1, & \omega \in B, \\ 0, & \omega \notin B, \end{cases}$$

即 I_B 是 B 的示性函数. 显然

$$P(B) = E(I_B(\omega)).$$

称

$$E(I_B(\omega)|Y) \triangleq P(B|Y)$$

为事件 B 关于随机变量 Y 的条件概率. 此时 $P(B|Y)$ 是随机变量且是 Y 的函数, 对于 $\forall x \in \mathbb{R}$, 取 $B = (\omega : X \leqslant x)$, 称

$$F(x|Y) \triangleq P(X \leqslant x|Y) = E(I_{(X \leqslant x)}|Y)$$

为 X 关于 Y 的条件分布函数.

于是有关条件概率、条件分布函数均可用条件数学期望的概念及性质来处理.

1.6.5 条件数学期望的基本性质

两个随机变量 Z_1, Z_2, 如果 $P(Z_1 = Z_2) = 1$, 称 Z_1, Z_2 几乎处处 (或称几乎必然) 相等, 记作 $Z_1 = Z_2$, a.s..

设 $X, Y, X_i (1 \leqslant i \leqslant n)$ 为随机变量, $g(x), h(y)$ 为一般函数, 且 $E|X|, E|X_i| < \infty (1 \leqslant i \leqslant n), E|g(X)h(Y)| < \infty, E|g(X)| < \infty$, 则有

(1) **双期望公式** 设 $E|X| < \infty$, 则

$$EX = E(E(X|Y)). \tag{1.21}$$

证明 仅证离散型情形, 连续型情形类似可证.

记 $E(X|Y) = G(Y)$, 则

$$\begin{aligned} E[E(X|Y)] = E[G(Y)] &= \sum_y G(y) \cdot P(Y=y) \\ &= \sum_y E(X|Y=y) \cdot P(Y=y) \\ &= \sum_y \sum_x x \cdot P(X=x, Y=y) \end{aligned}$$

1.6 条件数学期望

$$= \sum_x x \sum_y P(X=x, Y=y)$$
$$= \sum_x x P(X=x)$$
$$= E(X). \qquad \square$$

(2) 条件数学期望的线性性 设 $E|X_i| < \infty (1 \leqslant i \leqslant n)$, $\alpha_i (1 \leqslant i \leqslant n)$ 为常数, 则

$$E\left(\sum_{i=1}^n \alpha_i X_i | Y\right) = \sum_{i=1}^n \alpha_i E(X_i|Y), \quad \text{a.s..} \tag{1.22}$$

(3) 条件数学期望的平滑性 设 $E|g(X)| < \infty$, $E|g(X)h(Y)| < \infty$, 则有

$$E[g(X)h(Y)|Y] = h(Y)E(g(X)|Y), \quad \text{a.s..} \tag{1.23}$$

特别地, 有

$$E(X|X) = X, \quad \text{a.s..} \tag{1.24}$$

$$E[g(X)h(Y)] = E[h(Y)E(g(X)|Y)]. \tag{1.25}$$

证明 我们只对离散型随机变量变给出式 (1.23) 的证明, 连续型随机变量类似可证. 因为

$$E[g(X)h(Y)|Y=y] = E[g(X)h(y)|Y=y] = h(y)E(g(X)|Y=y),$$

所以式 (1.23) 得证.

我们只对连续型随机变量给出式 (1.25) 的证明, 离散型随机变量类似可证.

设 $(X,Y) \sim f(x,y)$, 则

$$E(g(X)h(Y)) = \int_{-\infty}^{+\infty} \int_{-\infty}^{+\infty} g(x)h(y)f(x,y)\mathrm{d}x\mathrm{d}y$$
$$= \int_{-\infty}^{+\infty} \left[\int_{-\infty}^{+\infty} g(x)\frac{f(x,y)}{f_Y(y)}\mathrm{d}x\right] h(y)f_Y(y)\,\mathrm{d}y$$
$$= \int_{-\infty}^{+\infty} E(g(X)|Y=y)h(y)f_Y(y)\,\mathrm{d}y$$
$$= E[h(Y)E(g(X)|Y)].$$

由上面倒数第二式, 有

$$E(g(X)h(Y)) = \int_{-\infty}^{+\infty} E(g(X)|Y=y)h(y)f_Y(y)\mathrm{d}y. \tag{1.26}$$

特别地, 取 $g(X) = I_A(\omega), h(y) = 1$ 时, 得

$$P(A) = \int_{-\infty}^{+\infty} P(A|Y=y) f_Y(y)\,\mathrm{d}y.$$

式 (1.26) 是全概率公式的推广. □

(4) 如果 X, Y 相互独立, 则

$$E(X|Y) = EX. \tag{1.27}$$

这是由于在变量独立的情况下, 条件期望等于无条件期望.

(5) 设 g 是 $\mathcal{X}$ 上的实值函数, $\mathcal{X}$ 是 m 维空间 $\mathbb{R}^m$ 上的非空开集, 则

$$E\left\{[Y - g(X)]^2\right\} = E[\mathrm{Var}(Y|X)] + E\left\{[E(Y|X) - g(X)]^2\right\}. \tag{1.28}$$

证明 我们只对离散型的情形给出 (1.28) 式的证明, 连续型的情形类似可证. 因为

$$E(Y-C)^2 = \mathrm{Var}Y + (EY-C)^2,$$

令 $C = g(x)$, 即得

$$E(Y-g(x))^2 = \mathrm{Var}Y + [EY - g(x)]^2,$$

因此, 对条件数学期望成立

$$E\left\{\left[(Y-g(X))^2\right]|X=x\right\} = \mathrm{Var}(Y|X=x) + \{E[(Y-g(X))|X=x]\}^2.$$

记

$$\mu(x) = E(Y|X=x), \quad \sigma^2(x) = \mathrm{Var}(Y|X=x),$$

则

$$E[(Y-g(X))|X=x] = E[Y|X=x] - E[g(X)|X=x] = \mu(x) - g(x),$$

$$\mu(X) = E(Y|X), \quad \sigma^2(X) = \mathrm{Var}(Y|X),$$

于是对任意的 $x \in \mathcal{X}$, 有

$$\sum_y [y - g(x)]^2 P(Y=y|X=x) = \sigma^2(x) + [\mu(x) - g(x)]^2,$$

因此

$$\begin{aligned}
E[Y - g(X)]^2 &= \sum_x \sum_y [y - g(x)]^2 P(X=x, Y=y) \\
&= \sum_x \sum_y [y - g(x)]^2 P(Y=y|X=x) P(X=x) \\
&= \sum_x \left\{\sigma^2(x) + [\mu(x) - g(x)]^2\right\} P(X=x) \\
&= E\sigma^2(X) + E[\mu(X) - g(X)]^2 \\
&= E[\mathrm{Var}(Y|X)] + E[E(Y|X) - g(X)]^2.
\end{aligned}$$

□

(6) 设 Y 有有限方差, 则

$$\text{Var} Y = E[\text{Var}(Y|X)] + \text{Var}[E(Y|X)]. \tag{1.29}$$

证明 在性质 (5) 中令 $g(X) = EY = E[E(Y|X)]$ 即得所证. □

1.6.6 多元随机变量的条件数学期望

1. 离散型随机变量

设三个随机变量 (X, Y, Z), 其中 (Y, Z) 为离散型随机变量, 称随机变量 $E(X|Y, Z)$ 是 X 关于 Y, Z 的条件数学期望, 若它满足:

(1) $E(X|Y, Z)$ 是 Y, Z 的二元函数, 当 $Y = y_j, Z = z_k$ 时, $E(X|Y, Z)$ 的取值为 $E(X|Y = y_j, Z = z_k)$;

(2) 对任意 $D_i \in \mathbb{R}^1, D_k \in \mathbb{R}^1$, 有

$$E[E(X|Y, Z)|Y \in D_j, Z \in D_k] = E(X|Y \in D_j, Z \in D_k),$$

用示性函数表示, 即

$$E(X|Y, Z) \triangleq \sum_j \sum_k I_{(Y=y_j, Z=z_k)}(\omega) E(X|Y = y_j, Z = z_k).$$

当 $E|X| < \infty$ 时, 有迭代期望公式

$$E[E(X|Y, Z)|Y] = E[X|Y] = E[E(X|Y)|Y, Z]. \tag{1.30}$$

以下对迭代期望公式进行证明.

证明 为了证式 (1.30) 的 $E[E(X|Y, Z)|Y] = E[X|Y]$, 固定 $Y = y$, 我们先证

$$E[E(X|Y, Z)|Y = y] = E[X|Y = y].$$

为了方便, 记 $E(X|Y = y, Z) = H(Z)$, 则

$$H(z) = E(X|Y = y, Z = z) = \sum_x x P(X = x|Y = y, Z = z),$$

于是

$$E[E(X|Y, Z)|Y = y] = E[E(X|Y = y, Z)|Y = y] = E[H(Z)|Y = y]$$
$$= \sum_z H(z) P(Z = z|Y = y)$$
$$= \sum_z \left[\sum_x x P(X = x|Y = y, Z = z) \right] P(Z = z|Y = y)$$
$$= \sum_z \sum_x x P(X = x|Y = y, Z = z) P(Z = z|Y = y)$$
$$= \sum_x x \sum_z \frac{P(X = x, Y = y, Z = z)}{P(Y = y, Z = z)} \cdot \frac{P(Y = y, Z = z)}{P(Y = y)}$$

$$= \sum_x x \sum_z \frac{P(X=x, Y=y, Z=z)}{P(Y=y)}$$
$$= \sum_x x \frac{P(X=x, Y=y)}{P(Y=y)}$$
$$= \sum_x x P(X=x|Y=y)$$
$$= E(X|Y=y),$$

因此, $E[E(X|Y,Z)|Y] = E[X|Y]$ 成立.

类似可证 $E[E(X|Y)|Y,Z] = E[X|Y]$. 固定 $Y=y, Z=z$, 则有

$$E[E(X|Y)|Y=y, Z=z] \xrightarrow{\text{代入原理}} E[E(X|Y=y)|Y=y, Z=z]$$
$$= E(X|Y=y),$$

因为固定 $Y=y$ 时, $E(X|Y=y)$ 已变为非随机 (相当于一个常数), 设为 $M(y)$, 即常数的条件数学期望还是常数. 因此结论得证. □

2. 连续型随机变量

设 (X,Y,Z) 为连续型随机变量, 联合概率密度函数为 $f(x,y,z)$, (Y,Z) 的联合概率密度函数为 $f_{Y,Z}(y,z)$, X 关于 $Y=y, Z=z$ 的条件概率密度函数为

$$f_{X|(Y,Z)=(y,z)}(x|y,z) = \frac{f(x,y,z)}{f_{Y,Z}(y,z)},$$

设 $E|X| < \infty, f_{Y,Z}(y,z) > 0$, 且随机变量 $E(X|Y,Z)$ 满足:

(1) $E(X|Y,Z)$ 是 Y,Z 的函数, 当 $Y=y, Z=z$ 时, 它们取值为

$$E(X|Y=y, Z=z).$$

(2) 对任意 $D_1 \in \mathbb{R}^1, D_2 \in \mathbb{R}^1$, 有

$$E\{(E(X|Y,Z)|Y \in D_1, Z \in D_2)\} = E(X|Y \in D_1, Z \in D_2),$$

称 $E(X|Y,Z)$ 为 X 关于 (Y,Z) 的条件数学期望.

3. n 元随机变量

对离散型随机变量 $\{X, Y_k, 1 \leqslant k \leqslant n\}$ 的情况, 称

$$E(X|Y_1, \cdots, Y_n) \triangleq \sum_{j_1} \cdots \sum_{j_n} I_{(Y_k = j_k, 1 \leqslant k \leqslant n)}(\omega) \times E(X|Y_1 = j_1, Y_2 = j_2, \cdots, Y_n = j_n)$$

为 X 关于 $(Y_1, \cdots, Y_n)$ 的条件数学期望. 类似可定义一般多元随机变量作为条件的数学期望.

若 $E|X|, E|X_i| < \infty, 1 \leqslant i \leqslant 2, E|g(Y_1, \cdots, Y_n)| < \infty$, 则类似有

(1) $E(\alpha_1 X_1 + \alpha_2 X_2 | Y_1, \cdots, Y_n) = \sum_{i=1}^{2} \alpha_i E(X_i | Y_1, \cdots, Y_n)$,   a.s.;

(2) $E[g(Y_1, \cdots, Y_n) X | Y_1, \cdots, Y_n] = g(Y_1, \cdots, Y_n) E(X | Y_1, \cdots, Y_n)$,   a.s.;

(3) 如 X 与 $Y_1, \cdots, Y_n$ 独立, 则 $E(X | Y_1, \cdots, Y_n) = EX$,   a.s..

1.6.7 条件乘法公式与条件独立性

1. 条件概率的乘法公式

设 A, B 为两个随机事件, 由条件概率的定义可知

$$P(AB) = P(A)P(B|A).$$

与上面的概率乘法公式类似, 条件概率的乘法公式如下.

命题 1.6.1 设 A, B, C 为三个随机事件, 则

$$P(BC|A) = P(B|A)P(C|AB). \tag{1.31}$$

证明 按条件概率的定义, 当 $P(AB) > 0$ 时,

$$P(BC|A) = \frac{P(ABC)}{P(A)} = \frac{P(AB)}{P(A)} \frac{P(ABC)}{P(AB)} = P(B|A)P(C|AB).$$

因此按对条件概率的等式的有关约定, 式 (1.31) 成立. □

2. 条件独立性

当两个随机事件 A, B 独立时, 有 $P(AB) = P(A)P(B)$, 即 $P(A|B) = P(A)$. 同样, 与上面的独立性概念类似, 条件独立性的定义如下.

定义 1.6.5 设 A, B, C 为三个随机事件, 称事件 A, C 关于事件 B **条件独立**, 若满足

$$P(C|AB) = P(C|B). \tag{1.32}$$

对于条件独立性有如下结论.

命题 1.6.2 设 A, B, C 为三个随机事件, 则事件 A, C 关于事件 B 条件独立的充要条件为

$$P(AC|B) = P(A|B)P(C|B).$$

证明 **必要性** 由命题 1.6.1,

$$P(AC|B) = P(A|B)P(C|AB),$$

当 $P(AB) = 0$ 时, $P(A|B) = 0$, 因此式 (1.32) 两边均为 0, 而当 $P(AB) > 0$ 时, 将式 (1.31) 代入上式即得式 (1.32).

充分性 只需考虑 $P(AB) > 0$ 的情形, 由命题 1.6.1 及式 (1.32) 可得

$$P(C|AB) = \frac{P(AC|B)}{P(A|B)} = P(C|B). \qquad \Box$$

1.7 指数分布、无记忆性及失效率函数

1.7.1 指数分布的密度函数和分布函数

若随机变量 X 的密度函数为

$$p(x) = \begin{cases} \lambda e^{-\lambda x}, & x \geqslant 0, \\ 0, & x < 0, \end{cases}$$

则称 X 服从**指数分布**，记作 $X \sim \mathrm{Exp}(\lambda)$，其中参数 $\lambda > 0$. 指数分布的分布函数为

$$F(x) = \begin{cases} 1 - e^{-\lambda x}, & x \geqslant 0, \\ 0, & x < 0. \end{cases}$$

指数分布是一种偏态分布，由于指数分布的随机变量只可能取非负实数，所以指数分布常被用作各种"寿命"分布，譬如电子元器件的寿命、动物的寿命、电话的通话时间、随机服务系统中的服务时间等都可以假定服从指数分布. 指数分布在可靠性与排队论中都有着广泛的应用.

1.7.2 指数分布的数学期望和方差

设随机变量 $X \sim \mathrm{Exp}(\lambda)$，则

$$\begin{aligned} E(X) &= \int_0^\infty x\lambda e^{-\lambda x}\,\mathrm{d}x = \int_0^\infty x\,\mathrm{d}(-e^{-\lambda x}) \\ &= -xe^{-\lambda x}\Big|_0^\infty + \int_0^\infty e^{-\lambda x}\,\mathrm{d}x = -\frac{1}{\lambda}e^{-\lambda x}\Big|_0^\infty = \frac{1}{\lambda}. \end{aligned}$$

在指数分布中，有时记 $\theta = \dfrac{1}{\lambda}$，则 θ 为指数分布的数学期望. 又因为

$$\begin{aligned} E(X^2) &= \int_0^\infty x^2 \lambda e^{-\lambda x}\,\mathrm{d}x = \int_0^\infty x^2\,\mathrm{d}(-e^{-\lambda x}) \\ &= -x^2 e^{-\lambda x}\Big|_0^\infty + 2\int_0^\infty xe^{-\lambda x}\,\mathrm{d}x = \frac{2}{\lambda^2}, \end{aligned}$$

$$\mathrm{Var}(X) = E(X^2) - [E(X)]^2 = \frac{2}{\lambda^2} - \frac{1}{\lambda^2} = \frac{1}{\lambda^2}.$$

譬如，某电子元件的寿命 X 服从指数分布 $\mathrm{Exp}(\lambda)$，其中 $\lambda = 0.001$，则平均寿命为 1000 (h)，方差为 10^6 (h^2). 寿命数据的方差通常是很大的.

1.7.3 指数分布的无记忆性

下面给出指数分布在连续型分布类中所特有的一个性质.

定理 1.7.1 (指数分布的无记忆性) 如果随机变量 $X \sim \mathrm{Exp}(\lambda)$, 则对任意 $s > 0, t > 0$ 有
$$P(X > s + t \mid X > s) = P(X > t).$$

上式的含义为: 记 X 是某种产品的使用寿命, 若 X 服从指数分布, 那么已知此产品使用了 s 没发生故障, 则再能使用 t 而不发生故障的概率与已使用的 s 无关, 只相当于重新开始使用 t 的概率, 即对已使用的过去的 s 没有记忆.

证明 因为 $X \sim \mathrm{Exp}(\lambda)$, 所以 $P(X > s) = \mathrm{e}^{-\lambda s}, s > 0$. 又因为
$$\{X > s + t\} \subseteq \{X > s\},$$
于是条件概率
$$P(X > s + t \mid X > s) = \frac{P(X > s + t)}{P(X > s)} = \frac{\mathrm{e}^{-\lambda(s+t)}}{\mathrm{e}^{-\lambda s}} = \mathrm{e}^{-\lambda t} = P(X > t).$$
得证. □

1.7.4 失效率函数

现在假设寿命分布是指数分布, 那么由无记忆性, 一个 t 岁的元件的剩余寿命的分布与一个新元件的寿命分布相同. 因此 $\lambda(t)$ 应当是常数. 这从下式可得证.
$$\lambda(t) = \frac{\lambda \mathrm{e}^{-\lambda t}}{\mathrm{e}^{-\lambda t}} = \lambda.$$

于是指数分布的失效率函数是常数. 参数 λ 常称为分布的**速率**.

失效率函数 $\lambda(t)$ 唯一决定分布 F. 为证明此事, 我们注意到
$$\lambda(t) = \frac{-\frac{\mathrm{d}}{\mathrm{d}t}\bar{F}(t)}{\bar{F}(t)},$$
积分得
$$\ln \bar{F}(t) = -\int_0^t \lambda(t)\,\mathrm{d}t + k$$
或
$$\bar{F}(t) = c \cdot \exp\left\{-\int_0^t \lambda(t)\,\mathrm{d}t\right\},$$
令 $t = 0$, 得 $c = 1$, 因而
$$\bar{F}(t) = \exp\left\{-\int_0^t \lambda(t)\,\mathrm{d}t\right\}.$$

1.8 随机过程的概念

在概率论中, 研究了随机变量和 n 维随机向量. 在极限定理中, 涉及了无穷多个随机变量, 但局限在它们之间是相互独立的情形. 将上述情形加以推广, 即研究一族无穷多个、相互有关的随机变量, 这就是随机过程.

1.8.1 概念

设对每一个参数 $t \in T, X(t, \omega)$ 是一随机变量, 称随机变量族 $X_T = \{X(t, \omega), t \in T\}$ 为**一随机过程**(stochastic process) 或随机函数, 其中 $T \subset \mathbb{R}$ 是一实数集, 称为指标集.

用映射来表示 X_T,
$$X(t, \omega) : T \times \Omega \to \mathbb{R},$$
即 $X(\cdot, \cdot)$ 是定义在 $T \times \Omega$ 上的二元单值函数, 固定 $t \in T, X(t, \cdot)$ 是定义在样本空间 Ω 上的函数, 即为一随机变量. 对于 $\omega \in \Omega, X(\cdot, \omega)(t$ 在 T 中顺序变化) 是参数 $t \in T$ 的一般函数, 通常称 $X(\cdot, \omega)$ 为样本函数, 或称随机过程的一个实现, 或者说是一条轨道. 记号 $X(t, \omega)$ 有时也写为 $X_t(\omega)$ 或简记为 $X(t)$ 或 X_t.

参数 $t \in T$ 一般表示时间或空间, 参数集 T 常用的有三种: ① $T_1 = N_0 = \{0, 1, 2, \cdots\}$; ② $T_2 = \mathbb{Z} = \{\cdots, -2, -1, 0, 1, 2, \cdots\}$; ③ $T_3 = [a, b]$, 其中 a 可以取 $-\infty$ 或 0, b 可以取 $+\infty$. 当 T 取可列集 (T_1 或 T_2) 时, 通常称 X_T 为随机序列.

X_T 的取值也可以是复数、$\mathbb{R}^n$ 或更一般的抽象空间. $X_t (t \in T)$ 可能取值的全体构成的集合称为**状态空间**, 记作 S, S 中的元素称为状态.

1.8.2 例子

(1) 质点在直线上的随机游动, 设一质点在时刻 $t = 0$ 时处于位置 a(整数), 以后每隔单位时间, 分别以概率 p 及 $q = 1 - p$ 向正的或者负的方向随机移动一个单位, 记 X_n 为质点在时刻 $t = n$ 的位置. 固定 n, X_n 是随机变量. 考虑不同的 n 时, $\{X_n, n \geqslant 0\}$ 是一随机序列.

(2) 考虑某"服务站"在 $[0, t]$ 内来的"顾客"数, 记为 $N(t)$, 固定 t, $N(t)$ 就是一随机变量. 因此 $\{N(t), t \geqslant 0\}$ 是一随机过程. 这里的"顾客"可以是电话的"呼唤"、通信设备中的"信号"、一个系统的"更换设备"、放射性物质衰变的"粒子"等.

(3) 在外界是随机载荷条件下, 某零件 t 时刻的应力 $X(t)$ 是随机的, 故 $\{X(t), t \in T\}$ 是一随机过程, $X(t)$ 亦可表示某电路中的电压、设备的温度、河流的径流量 (或水位) 以及气体的压力等.

(4) 考虑某输入输出系统, 例如最简单的 R-C 电路, 设输入端有一个干扰信号电压, 记为 $\xi(t)$, 记 $Q(t)$ 为 t 时电路的电量, 则它满足
$$R \frac{\mathrm{d}Q(t)}{\mathrm{d}t} + \frac{1}{C} Q(t) = \xi(t).$$
由于 $\{\xi(t), t \in T\}$ 是一随机过程, 容易理解 $\{Q(t), t \in T\}$ 也是一随机过程, 上式是一个最简单的随机微分方程.

1.8.3 随机过程的数字特征及有限维分布函数族

设 $\{X(t), t \in T\}$ 是一随机过程, 为了刻画它的概率特征, 通常用到随机过程的均值函数、方差函数、协方差函数 (相关函数) 以及有限维分布函数族及特征函数族等概念.

(1) **均值函数** 随机过程 $\{X(t), t \in T\}$ 的**均值函数**定义为 (以下均假定右端存在)
$$m(t) \triangleq E(X(t)).$$

(2) **方差函数** 随机过程 $\{X(t), t \in T\}$ 的**方差函数**定义为

$$\mathrm{Var}(X(t)) \triangleq E(X(t) - m(t))^2.$$

(3) **协方差函数** 随机过程 $\{X(t), t \in T\}$ 的**协方差函数**定义为

$$R(s,t) \triangleq \mathrm{cov}(X(s), X(t)).$$

(4) **相关函数** 随机过程 $\{X(t), t \in T\}$ 的**相关函数**定义为

$$\rho(X(s), X(t)) \triangleq \frac{\mathrm{cov}(X(s), X(t))}{\sqrt{\mathrm{Var}(t)\mathrm{Var}(s)}}.$$

(5) **有限维分布族** 设 $t_i \in T, 1 \leqslant i \leqslant n$ (n 为任意正整数), 记

$$F(t_1, t_2, \cdots, t_n; x_1, x_2, \cdots, x_n)$$
$$= P(X(t_1) \leqslant x_1, X(t_2) \leqslant x_2, \cdots, X(t_n) \leqslant x_n),$$

其全体

$$\{F(t_1, t_2, \cdots, t_n; x_1, x_2, \cdots, x_n), t_1, t_2, \cdots, t_n \in T, n \geqslant 1\}$$

称为随机过程的**有限维分布族**. 它具有以下两个性质:

i) **对称性** 对 $(1, 2, \cdots, n)$ 的任一排列 $(j_1, j_2, \cdots, j_n)$, 有

$$F(t_{j_1}, t_{j_2}, \cdots, t_{j_n}; x_{j_1}, x_{j_2}, \cdots, x_{j_n}) = F(t_1, t_2, \cdots, t_n; x_1, x_2, \cdots, x_n).$$

ii) **相容性** 对 $m < n$, 有

$$F(t_1, t_2, \cdots, t_m, t_{m+1}, \cdots, t_n; x_1, x_2, \cdots, x_m, \infty, \infty, \cdots, \infty)$$
$$= F(t_1, t_2, \cdots, t_m; x_1, x_2, \cdots, x_m).$$

一个随机过程的概率特性完全由其有限维分布族决定.

(6) **特征函数** 记

$$\phi(t_1, t_2, \cdots, t_n; \theta_1, \theta_2, \cdots, \theta_n)$$
$$= E\{\exp\{\mathrm{i}[\theta_1 X(t_1) + \theta_2 X(t_2) + \cdots + \theta_n X(t_n)]\}\}$$
$$= \int_{-\infty}^{+\infty} \cdots \int_{-\infty}^{+\infty} \exp\{\mathrm{i}[\theta_1 x_1 + \theta_2 x_2 + \cdots + \theta_n x_n]\} \times F(t_1, t_2, \cdots, t_n; \mathrm{d}x_1, \mathrm{d}x_2, \cdots, \mathrm{d}x_n),$$

称 $\{\phi(t_1, t_2, \cdots, t_n; \theta_1, \theta_2, \cdots, \theta_n \in T\})$ 为随机过程 $\{X(t), t \in T\}$ 的有限维特征函数族.

1.9 随机过程的分类

设 $X_T = \{X_t, t \in T\}$ 为随机过程, 按其概率特征, 分类如下.

1.9.1 独立增量过程

对 $t_1 < t_2 < \cdots < t_n, t_i \in T, 1 \leqslant i \leqslant n$, 若增量

$$X_{t_1}, X_{t_2} - X_{t_1}, X_{t_3} - X_{t_2}, \cdots, X_{t_n} - X_{t_{n-1}}$$

相互独立, 则称 $X_T = \{X_t, t \in T\}$ 为**独立增量过程**. 若对一切 $0 \leqslant s < t$, 增量 $X_t - X_s$ 的分布只依赖于 $t - s$, 则称 X_T 有平稳增量, 有平稳增量的独立增量过程简称为独立平稳增量过程.

1.9.2 马尔可夫过程

粗略地说, 一随机过程, 若已知现在 t 时刻的状态 X_t, 那么将来状态 $X_\mu(\mu > t)$ 取值 (或取某些状态) 的概率与过去状态 $X_s(s < t)$ 取值无关, 或更简单地说, 已知现在、将来与过去无关 (条件独立), 则称此性质为马尔可夫 (Markov) 性 (无后效性或简称为马氏性). 具有这种马尔可夫性的过程称为马尔可夫过程. 精确定义为:

随机过程 $X_T = \{X_t, t \in T\}$, 若对任意 $t_1 < t_2 < \cdots < t_n < t, x_i, 1 \leqslant i \leqslant n$ 及 $A \subset \mathbb{R}$, 总有

$$P(X_t \in A | X_{t_1} = x_1, X_{t_2} = x_2, \cdots, X_{t_n} = x_n) = P(X_t \in A | X_{t_n} = x_n),$$

则称此过程为**马尔可夫过程**, 简称马氏过程.

称 $P(s, x; t, A) = P(X_t \in A | X_s = x)(s < t)$ 为转移概率函数.

X_t 取值全体构成的集合记为 S, 称为状态空间. 对于马尔可夫过程 $X_T = \{X_t, t \in T\}$, 当 $S = \{1, 2, 3, \cdots\}$ 为可列无限集或有限集时, 通常称为**马尔可夫链**, 简称马氏链.

样本函数是连续的马尔可夫链 $\{X_t, t \in [0, \infty]\}$ 称为**扩散过程**. 泊松过程是一个最简单的连续时间马尔可夫链, 而布朗运动则是一个最简单的扩散过程.

1.9.3 平稳过程及二阶矩过程

(1) **宽平稳过程** (或协方差平稳过程)　一随机过程 X_T, 若对 $\forall \tau, t \in T, \text{Var} X_t$ 存在且

$$EX_t = m, \quad \text{Cov}(X_t, X_{t+\tau}) = R(\tau)$$

仅依赖 τ, 则称 X_T 为**宽平稳过程**, 即它的协方差不随时间推移而改变.

(2) **二阶矩过程**　一随机过程 X_T, 若对 $\forall t \in T, \text{Var} X_t$ 存在, 则称为**二阶矩过程**.

(3) **严平稳过程**　一随机过程 X_T, 若对 $\forall t_1, t_2, \cdots, t_n \in T$ 及 $h > 0, (X_{t_1}, X_{t_2}, \cdots, X_{t_n})$ 与 $(X_{t_1+h}, X_{t_2+h}, \cdots, X_{t_n+h})$ 有相同的联合分布, 则称该过程为**严平稳过程**. 严平稳过程的一切有限维分布对时间的推移保持不变. 特别地, X_t, X_s 的二维分布只依赖于 $t - s$.

尽管从实际应用的角度来看, 要求追溯到无穷的过去似乎有点不现实, 但为数学讨论方便, 平稳过程 (包括宽、严两种情况) 的指标集应取为 $(-\infty, +\infty)$ 或全体整数 (离散时间情形).

1.9.4 鞅

若对 $\forall t \in T, E|X_t| < \infty$. 且对 $\forall t_1 < t_2 < \cdots < t_n < t_{n+1}$, 有

$$E(X_{t_{n+1}} | X_{t_1}, X_{t_2}, \cdots, X_{t_n}) = X_{t_n}, \quad \text{a.s.},$$

则称 $\{X_t, t \in T\}$ 为鞅.

1.9.5 更新过程

设 $(X_k, k \geqslant 1)$ 为独立同分布的非负随机变量序列, 对 $\forall t > 0$, 令 $S_0 = 0, S_n = \sum\limits_{k=1}^{n} X_k$, 并定义
$$N(t) = \max\{n, n \geqslant 0, S_n \leqslant t\},$$
称 $\{N(t), t \geqslant 0\}$ 为更新过程.

$N(t)$ 可以解释为 $[0,t]$ 内更换零件的个数或系统来的信号 (粒子) 数, 或 "服务站" 来的 "顾客数" 等.

1.9.6 点过程 (或称计数过程)

一个随机过程 $\{N(A), A \subset T\}$ 是一点过程, 若 $N(A)$ 表示在集合 A 中 "事件" 发生的总数, 即它满足:

(1) 对 $\forall A \subset T, N(A)$ 是一取非负整数值的随机变量 $(N(\varnothing) = 0)$;

(2) 对 $\forall A_1, A_2 \subset T$, 若 $A_1 A_2 = \varnothing$, 则对每一个样本都有 $N(A_1 \cup A_2) = N(A_1) + N(A_2)$.

注 1.9.1 参数集 T 可以是 $\mathbb{R}^n$, 也可以是任意一抽象非空集.

泊松过程是简单的点过程.

习 题 1

1. 试用概率的公理化定义证明概率的以下性质:

(1) $P(\varnothing) = 0; \forall A \in \mathcal{F}, P(\bar{A}) = 1 - P(A)$;

(2) $\forall A, B \in \mathcal{F}, 1 \leqslant k \leqslant n$, 且 $A_i A_j = \varnothing, j \notin i$, 则 $P\left(\bigcup\limits_{i=1}^{n} A_i\right) = \sum\limits_{i=1}^{n} P(A_i)$;

(3) $\forall A, B \in \mathcal{F}, P(A \cup B) = P(A) + P(B) - P(AB), P(A - B) = P(A) - P(AB)$;

(4) (若尔当公式) 设 $A_k \in \mathcal{F}, 1 \leqslant k \leqslant n$, 有
$$P\left(\bigcup_{i=1}^{n} A_i\right) = \sum_{i=1}^{n} P(A_i) - \sum_{1 \leqslant i < j \leqslant n} P(A_i A_j) + \sum_{1 \leqslant i < j < k \leqslant n} P(A_i A_j A_k) - \cdots$$
$$+ (-1)^{n+1} P(A_1 A_2 \cdots A_n),$$
$$P\left(\bigcup_{i=1}^{n} A_i\right) \leqslant \sum_{i=1}^{n} P(A_i).$$

2. 设 Ω 为样本空间, $A, B \in \Omega$, 集类 $\mathcal{A} = \{A, B\}$. 试写出由 $\mathcal{A}$ 生成的 σ 域中所有的元素, 即写出 $\sigma(\mathcal{A})$ 中的全部元素.

3. 设集类 $\mathcal{A}_1 = \{(-\infty, a] : a \in \mathbb{R}\}, \mathcal{A}_2 = \{(a, b] : a, b \in \mathbb{R}\}, \mathcal{A}_3 = \{(a, b) : a, b \in \mathbb{R}\}, \mathcal{A}_4 = \{[a, b) : a, b \in \mathbb{R}\}, \mathcal{A}_5 = \{[a, b] : a, b \in \mathbb{R}\}$.

(1) 记 $A = \{x : x \leqslant a\}, A_n = \left\{x : x < a + \dfrac{1}{n}\right\}, B = \{x : x < a\}, B_n = \left\{x : x \leqslant a - \dfrac{1}{n}\right\}, n \geqslant 1$. 证明 $A = \bigcap\limits_{n=1}^{\infty} A_n, B = \bigcup\limits_{n=1}^{\infty} B_n$;

(2) 证明 $\mathcal{A}_i \subset \sigma(\mathcal{A}_2), \mathcal{A}_2 \subset \sigma(\mathcal{A}_1)$, 从而 $\sigma(\mathcal{A}_1) = \sigma(\mathcal{A}_2)$;

(3) 证明 $B \equiv \sigma(\mathcal{A}_1) = \sigma(\mathcal{A}_i), 2 \leqslant i \leqslant 5$.

4. 设 X, Y, Z 相互独立, 且 X 为离散型随机变量. 试证明 $X+Y, X-Y, XY, X/Y(Y \neq 0)$ 均与 Z 独立.

5. 设事件序列 $\{B_n, n \geqslant 1\}$ 是 Ω 的一个分解. $A, C \in \mathcal{F}$ 且 $P(B_nC) > 0$. 试证明

$$P(A|C) = \sum_{n=1}^{\infty} P(B_n|C)P(A|B_nC).$$

6. 若 X 是一连续随机变量, 其分布函数为 $F(x)$. 证明 $Y = F(X)$ 是 $[0,1]$ 上均匀分布的随机变量.

7. 如果 U 是 $[0,1]$ 上均匀分布的随机变量, $F(x)$ 是一给定的分布函数, 则 $Z = F^{-1}(U)$ 的分布函数为 $F(x)$, 其中 F^{-1} 为 F 的反函数.

8. 设 $X \sim N(\mu, \sigma^2)$, 求 X 在 $X \geqslant 0$ 下的条件概率密度函数及当 $\mu = 2, \sigma = 1$ 时的 $E(X|X \geqslant 0)$.

9. 设 $X_1, X_2, \cdots$ 独立同分布, 且 X_i 是 $[0,t]$ 上的均匀分布, 求其顺序统计量 $X_{(1)} \leqslant X_{(2)} \leqslant \cdots \leqslant X_{(n)}$ 的联合概率密度.

10. 设 $X_1, X_2, \cdots, X_n, \cdots$ 独立同 0-1 分布, 且有 $P(X_n = 1) = p = 1 - P(X_n = 0), 0 < p < 1, N$ 是参数为 λ 的泊松分布, 且与 $\{X_n\}$ 独立. $\xi = \sum_{i=1}^{N} X_i$, 求 ξ 的分布, $E\xi$ 及 $\mathrm{Var}\xi$.

11. 设 N_1, N_2, N_3 独立, N_i 是参数为 λ_i 的泊松分布, $i = 1, 2, 3$.
(1) 求 $P(N_1 + N_2 = n), n \in \mathbb{N}$;
(2) 求 $P(N_1 = k | N_1 + N_2 = n), 0 \leqslant k \leqslant n$;
(3) 证明 $N_1 + N_2$ 与 N_3 独立;
(4) 求 $E(N_1 | N_1 + N_2)$ 及 $E(N_1 + N_2 | N_1)$.

12. 设事件 A, B, C, 证明:
(1) $EI_A = E(E(I_A|I_B))$;
(2) $E(I_A|I_B) = E\{E(I_A|I_B, I_C)|I_B\}$;
(3) $E(I_A|I_B) = E\{E(I_A|I_B)|I_B, I_C\}$.

13. 在一次集会上, n 个人把他们的帽子放到房间的中央混合在一起, 而后每个人随机地选取一顶帽子, 求拿到自己的帽子的人数 X 的均值与方差.

14. 设 $X_1, X_2, \cdots, X_n, \cdots$ 是独立同分布且取值非负的随机变量序列, 记 $X_0 = 0$, 若 $X_n > \max\{X_0, X_1, \cdots, X_{n-1}\}$, 称在 n 时刻一个新纪录发生.
(1) 记 N_n 为 n 时刻 (包括 n 时刻) 创新纪录的次数, 求 EN_n 及 $\mathrm{Var}N_n$;
(2) 记 $T_Y = \min\{n : X_n > y\}$ 为创纪录超过 y 的时刻, 求 $P(T_y = n)$ $(n = 2, 3)$.

15. 设 $\{X, Y\}$ 独立同分布, $X \sim N(0, 1^2)$. 令 $X = \rho \cos\theta, Y = \rho \sin\theta$, 其中, $\rho \geqslant 0, \theta \in [0, 2\pi]$. 试求 (ρ, θ) 的联合概率密度, 并证明 ρ 与 θ 相互独立.

16. 设 X, Y 独立, $X \sim B(n, p), Y \sim N(\mu, \sigma^2)$. 试求 $Z = X + Y$ 的概率密度函数.

17. 设 X 与 Y 独立且 $P(X = i) = f(i), P(Y = j) = g(j)$, $f(i), g(j) > 0, i, j \in \mathbb{N}, \sum_{i=0}^{\infty} f(i) = \sum_{j=0}^{\infty} g(j) = 1$. 设

$$P(X = k \mid X + Y = l) = \begin{cases} C_l^k p^k (1-p)^{l-k}, & 0 \leqslant k \leqslant l, \\ 0, & k > l. \end{cases}$$

(1) 证明

$$f(i) = \frac{(\theta\alpha)^i}{i!} \exp(-\theta\alpha), \quad g(j) = \frac{\theta^j}{j!} \exp(-\theta), \quad i, j \in \mathbb{N},$$

其中 $\alpha = \dfrac{p}{1-p}$, 且 $\theta > 0$ 为任意实数.

(2) 令 $F(s) = \sum\limits_{i=0}^{\infty} f(i)s^i$, $G(s) = \sum\limits_{j=0}^{\infty} g(j)s^j$, 证明
$$F(u)F(v) = F(vp + (1-p)u)G(vp + (1-p)u),$$
且 p 满足条件 $G\left(\dfrac{1}{1-p}\right) = \dfrac{1}{f(0)}$.

18. 设 N 为取非负整数值的随机变量, 证明
$$EN = \sum_{n=1}^{\infty} P(N \geqslant n) = \sum_{n=0}^{\infty} P(N > n).$$

19. 设 X 是非负随机变量, 具有分布函数 $F(x)$, 证明
$$EX = \int_0^{\infty}(1-F(x))\mathrm{d}x, \quad E(X^n) = \int_0^{\infty} nx^{n-1}(1-F(x))\mathrm{d}x \quad (n \geqslant 1).$$

20. 一名矿工陷进一个有三扇门的矿井中, 第一扇门通到一个隧道, 走两小时后他可到达安全区. 第二扇门通到又一个隧道, 走三个小时会使他回到该矿井中. 第三扇门通到再一个隧道, 走五个小时后, 也会使他回到矿井中. 假定该矿工总是等可能地在三扇门中选择一扇, 计算矿工到达安全区的时间 X 的矩母函数.

21. 设 (X, Y) 是取非负整数值的二维随机变量, 其联合母函数为
$$\phi_{X,Y}(s, t) = \sum_{i,j=0}^{\infty} s^i t^j P(X = i, Y = j), \quad |s|, |t| < 1,$$
各自的母函数为
$$\phi_X(s) = \sum_{i=0}^{\infty} s^i P(X = i),$$
$$\phi_Y(t) = \sum_{j=0}^{\infty} t^j P(Y = j),$$
证明: X, Y 独立的充要条件是
$$\phi_{X,Y}(s, t) = \phi_X(s)\phi_Y(t), \quad \forall |s| < 1, \ |t| < 1.$$

22. 设 $\{X_t, t \geqslant 0\}$ 是取整数值的独立增量过程, 证明它是一马尔可夫过程.

23. 设 $\{X_n, n \geqslant 1\}$ 是独立同分布的, 而且 $EX_n = 0, E|X_n| < +\infty$. 令 $S_n = \sum\limits_{k=1}^{n} X_k$, 证明 $\{S_n, n \geqslant 1\}$ 关于自身是鞅.

24. 设 $\{\varepsilon_n, n \geqslant 1\}$ 独立同分布, $\varepsilon_n \sim N(0, \sigma^2), X_0 = 0, X_n = aX_{n-1} + \varepsilon_n\ (n \geqslant 1, |a| < 1)$. 试求:

(1) $\mathrm{Var} X_n$, $\rho_{X_n, X_m} = \dfrac{\mathrm{Cov}(X_n, X_m)}{\sqrt{\mathrm{Var}X_n \mathrm{Var}X_m}}\ (m \geqslant n)$ 及 $\lim\limits_{n \to \infty} \mathrm{Var} X_n$.

(2) $E(X_n | X_1, X_2, \cdots, X_{n-1})$ 及 $E(X_4 | X_1, X_2)$.

25. 设随机过程 $\{X_i(t), t \geqslant 0\}$ 分别为

(1) $X_1(t) = Y_1 + Y_2 t$, 其中 Y_1, Y_2 独立同分布, $Y_1 \sim N(0, 1)$;

(2) $X_2(t) = \xi \cos(\omega t + \phi)$, 其中 $\omega > 0$ 为常数, ξ, ϕ 为独立随机变量, $\xi \sim N(0, \sigma^2), \phi \sim U[0, 2\pi]$;

(3) $X_3(t) = \sum\limits_{k=-\infty}^{+\infty} \xi_k \mathrm{e}^{\mathrm{i}\lambda_k t}$, 其中 $\mathrm{i} = \sqrt{-1}, \lambda_k > 0$ 为常数, ξ_k 为随机变量, 且 $E\xi_k = 0, E\xi_k \xi_l = 0\ (k \neq l), E\xi_k^2 = \sigma_k^2 > 0$. 求:

(i) $m_i(t) = EX_i(t)$, $D_i(t) = \text{Var} X_i(t)$, $R_i(t_1, t_2) = \text{Cov}(X_i(t_1), X_i(t_2)) (i = 1, 2, 3)$;

(ii) $X_1(t)$ 的一维与二维分布.

26. 设随机过程 $\{B(t), t \geqslant 0\}$ 是独立增量过程, 且 $\forall s, t \geqslant 0, B(s+t) - B(s) \sim N(0, t)$.

(1) 令 $X_1(t) = tB\left(\dfrac{1}{t}\right) I_{(t>0)}$. 求证 $\{X_1(t), t > 0\}$ 为独立增量过程, 并求它的一维与二维分布;

(2) 令 $X_2(t) = I_{\{B(t) \geqslant x\}} (x \in \mathbb{R}^1)$ ($x \in \mathbb{R}^1$ 为给定常数), 求 $EX_2(t)$ 与 $R(t_1, t_2)$.

27. 设 N_1, N_2, N_3 相互独立, 且 $N_i \sim P(\lambda_i)$ 是参数为 $\lambda_i (i = 1, 2, 3)$ 的泊松分布. 记 $X = N_1 + N_3$, $Y = N_2 + N_3$, 试求 (X, Y) 的联合分布律.

第 2 章 泊 松 过 程

2.1 时齐泊松过程的定义及其背景

定义 2.1.1 随机过程 $\{N(t), t \geqslant 0\}$ 表示 $(0, t]$ 内已经发生的事件总数, 且满足:
(1) $N(0) = 0$;
(2) $N(t), t \geqslant 0$ 取大于等于 0 的非负整数值;
(3) 若 $s < t$, 则 $N(s) \leqslant N(t)$;
(4) 当 $s < t$ 时, $N(t) - N(s)$ 表示区间 $(s, t]$ 中事件发生的个数,
则称 $\{N(t), t \geqslant 0\}$ 为一个**计数过程**.

泊松过程 (Poisson process) 是计数过程的最重要的类型之一, 最早由法国数学家泊松引入, 在随机服务系统和排队论里有很重要的应用.

定义 2.1.2 强度为 $\lambda(\lambda > 0)$ 的计数过程 $\{N(t), t \geqslant 0\}$ 称为**时齐泊松过程**, 若满足:
(1) $N(0) = 0$;
(2) $N(t)$ 具有独立增量性;
(3) 在任一长度为 t 的区间中事件发生的个数服从均值为 λt 的泊松分布, 即对任意的 $s, t \geqslant 0$,

$$P\{N(t+s) - N(s) = n\} = \frac{(\lambda t)^n}{n!} e^{-\lambda t}, \quad n = 0, 1, \cdots.$$

定义 2.1.3 强度为 $\lambda(\lambda > 0)$ 的计数过程 $\{N(t), t \geqslant 0\}$ 称为**时齐泊松过程**, 若满足:
(1) $N(0) = 0$;
(2) $N(t)$ 具有独立增量性. 若任取 $0 < t_1 < t_2 < \cdots < t_n$, 则 $N(t_1), N(t_2) - N(t_1), \cdots, N(t_n) - N(t_{n-1})$ 相互独立;
(3) $N(t)$ 具有平稳增量性. 若取任意的 $s, t \geqslant 0, n \geqslant 0$, 则 $P[N(s+t) - N(s) = n] = P[N(t) = n]$;
(4) 对任意小的 $h > 0$, 有

$$P[N(h) = 1] = \lambda h + o(h), \quad P[N(h) \geqslant 2] = o(h),$$

其中 $o(h)$ 是关于 h 的高阶无穷小, 即 $\lim\limits_{h \to 0} \frac{o(h)}{h} = 0$.

定理 2.1.1 时齐泊松过程的定义 2.1.2 与定义 2.1.3 等价.

证明 首先我们证明由定义 2.1.3 可以推出定义 2.1.2. 为此设

$$P_n(t) = P(N(t) = n).$$

(1) 当 $n = 0$ 时, 对任意小的 $h > 0$, 有

$$P_0(t+h) = P\{N(t+h) = 0\}$$

$$= P\{N(t) = 0, N(t+h) - N(t) = 0\}$$
$$= P\{N(t) = 0\}P\{N(t+h) - N(t) = 0\}$$
$$= P\{N(t) = 0\}P\{N(h) = 0\}$$
$$= P_0(t)P_0(h).$$

另一方面,
$$P_0(h) = P\{N(h) = 0\}$$
$$= 1 - P\{N(h) = 1\} - P\{N(h) \geqslant 2\}$$
$$= 1 - [\lambda h + o(h)],$$

因此可得 $P_0(t+h) = P_0(t)[1 - \lambda h + o(h)]$, 于是
$$\frac{P_0(t+h) - P_0(t)}{h} = -\lambda P_0(t) + \frac{o(h)}{\lambda},$$

令 $h \to 0$, 可得 $P_0'(t) = -\lambda P_0(t)$.

这是一阶线性常微分方程, 解之得 $P_0(t) = K\mathrm{e}^{-\lambda t}$.

显然 $P_0(0) = P(N(0) = 0) = 1$, 得 $K = 1$, 于是 $P_0(t) = \mathrm{e}^{-\lambda t}$.

(2) 当 $n = 1$ 时, 可得
$$P_1(t+h) = P\{N(t+h) = 1\}$$
$$= P\{N(t) = 1, N(t+h) - N(t) = 0\}$$
$$\quad + P\{N(t) = 0, N(t+h) - N(t) = 1\}$$
$$= P\{N(t) = 1\}P\{N(t+h) - N(t) = 0\}$$
$$\quad + P\{N(t) = 0\}P\{N(t+h) - N(t) = 1\}$$
$$= P\{N(t) = 1\}P\{N(h) = 0\} + P\{N(t) = 0\}P\{N(h) = 1\}$$
$$= P_1(t)P_0(h) + P_0(t)P_1(h),$$

于是
$$\frac{P_1(t+h) - P_1(t)}{h} = -\lambda P_1(t) + \lambda P_0(t) + \frac{o(h)}{h},$$

令 $h \to 0$, 有 $P_1'(t) = -\lambda P_1(t) + \lambda P_0(t)$.

将上式两边乘以 $\mathrm{e}^{\lambda t}$, 移项后得
$$\mathrm{e}^{\lambda t}[P_1'(t) + \lambda P_1(t)] = \lambda \mathrm{e}^{\lambda t} P_0(t),$$

因此 $\dfrac{\mathrm{d}}{\mathrm{d}t}[\mathrm{e}^{\lambda t} P_1(t)] = \lambda \mathrm{e}^{\lambda t} P_0(t)$, 即 $\dfrac{\mathrm{d}}{\mathrm{d}t}[\mathrm{e}^{\lambda t} P_1(t)] = \lambda$, 解得 $P_1(t) = (\lambda t + C)\mathrm{e}^{-\lambda t}$.

又因 $P_1(0) = P(N(0) = 1) = 0$, 可得 $C = 0$, 于是 $P_1(t) = \lambda t \mathrm{e}^{-\lambda t}$.

(3) 当 $n > 1$ 时, 类似可得
$$P_n(t+h) = P\{N(t+h) = n\}$$

$$= P\{N(t) = n, N(t+h) - N(t) = 0\}$$
$$+ P\{N(t) = n - 1, N(t+h) - N(t) = 1\}$$
$$+ \sum_{k \geqslant 2}^{n} P\{N(t) = n - k, N(t+h) - N(t) = k\}$$
$$= P\{N(t) = n\}P\{N(t+h) - N(t) = 0\}$$
$$+ P\{N(t) = n - 1\}P\{N(t+h) - N(t) = 1\} + o(h)$$
$$= P\{N(t) = n\}P\{N(h) = 0\} + P\{N(t) = n - 1\}P\{N(h) = 1\} + o(h)$$
$$= P_n(t)P_0(h) + P_{n-1}(t)P_1(h) + o(h).$$

将 $P_0(h) = 1 - [\lambda h + o(h)]$, $P_1(h) = P[N(h) = 1] = \lambda h + o(h)$ 代入整理可得

$$\frac{P_n(t+h) - P_n(t)}{h} = -\lambda P_n(t) + \lambda P_{n-1}(t) + \frac{o(h)}{h},$$

令 $h \to 0$, 有 $P_n'(t) = -\lambda P_n(t) + \lambda P_{n-1}(t)$.

将上式两边乘以 $e^{\lambda t}$, 移项后得

$$e^{\lambda t}[P_n'(t) + \lambda P_n(t)] = \lambda e^{\lambda t} P_{n-1}(t).$$

因此 $\dfrac{d}{dt}[e^{\lambda t} P_n(t)] = \lambda e^{\lambda t} P_{n-1}(t)$, 且满足初始条件 $P_n(0) = P(N(0) = n) = 0$.

为了证明 $P_n(t) = \dfrac{(\lambda t)^n}{n!} e^{-\lambda t}$, 我们用数学归纳法. 当 $n = 0$ 和 $n = 1$ 时已经证明了它成立, 假定 $n - 1$ 时它成立, 即 $P_{n-1}(t) = \dfrac{(\lambda t)^{n-1}}{(n-1)!} e^{-\lambda t}$, 由

$$\frac{d}{dt}[e^{\lambda t} P_n(t)] = \lambda e^{\lambda t} \frac{(\lambda t)^{n-1}}{(n-1)!} e^{-\lambda t} = \frac{\lambda(\lambda t)^{n-1}}{(n-1)!}$$

可解得

$$e^{\lambda t} P_n(t) = \frac{(\lambda t)^n}{n!} e^{-\lambda t} + C.$$

因为 $P_n(0) = P(N(0) = n) = 0$, 得 $C = 0$, 所以有

$$P_n(t) = \frac{(\lambda t)^n}{n!} e^{-\lambda t}.$$

由平稳增量性可得

$$P\{N(t+s) - N(s) = n\} = P\{N(t) = n\} = \frac{(\lambda t)^n}{n!} e^{-\lambda t}, \quad n = 0, 1, \cdots.$$

至此我们证明了由定义 2.1.3 可以推出定义 2.1.2.

下面证明由定义 2.1.2 可以推出定义 2.1.3. 显然只需要证明由定义 2.1.2 的 (3) 可以推出定义 2.1.3 的 (3) 和 (4) 即可. 首先, 由定义 2.1.2 的 (3) 可知 $N(t)$ 具有平稳增量性, 即

$$P\{N(t+s) - N(s) = n\} = P\{N(t) - N(0) = n\} = \frac{(\lambda t)^n}{n!} e^{-\lambda t}, \quad n = 0, 1, \cdots.$$

其次, 对任意小的 $h > 0$, 有

$$P\{N(h) = n\} = P\{N(h) - N(0) = n\} = \frac{(\lambda h)^n}{n!} e^{-\lambda h}, \quad n = 0, 1, \cdots.$$

令 $n = 1$, 可得 $P\{N(h) = 1\} = \lambda h e^{-\lambda h} = \lambda h[1 - \lambda h + o(h)] = \lambda h + o(h)$.
令 $n = 0$, 可得 $P\{N(h) = 0\} = e^{-\lambda h} = 1 - \lambda h + o(h)$.
故

$$P\{N(h) \geqslant 2\} = 1 - P\{N(h) = 0\} - P\{N(h) = 1\} = o(h). \qquad \Box$$

2.2 时齐泊松过程的基本性质

由泊松分布的数字特征可得如下性质:

(1) 均值 $E(N(t)) = \lambda t$. 改写为 $\lambda = E\left(\frac{N(t)}{t}\right) = \frac{1}{t}E[N(t)]$, 可以看出, λ 表示单位时间内事件发生的次数, 即出现的频率.

(2) 方差 $\text{Var}(N(t)) = E[N(t) - \lambda t]^2 = \lambda t$.

(3) 特征函数 $\psi_{N(t)}(x) = E[e^{-iN(t)x}] = e^{\{\lambda t(e^{ix}-1)\}}, i^2 = -1$.

(4) $E([N(t)]^2) = \lambda t + (\lambda t)^2$.

(5) 自相关函数 $R(t+\tau, t) = E\{N(t+\tau)N(t)\} = \lambda t + \lambda^2 t^2 + \lambda^2 t \quad \tau(\tau > 0)$.

(6) 协方差函数 $C(t+\tau, t) = \text{Cov}(N(t+\tau), N(t)) = \lambda t$.

我们只证明 (5) 和 (6), 其他四条由泊松分布的定义易得.

证明 (5) $E\{N(t+\tau)N(t)\} = E\{[N(t+\tau) - N(t) + N(t)]N(t)\}$

$$= E\{[N(t+\tau) - N(t)]N(t)\} + E[N(t)]^2$$
$$= E\{N(t+\tau) - N(t)\}EN(t) + E[N(t)]^2 \quad \text{(独立增量性)}$$
$$= EN(\tau)EN(t) + E[N(t)]^2 \quad \text{(平稳增量性)}$$
$$= \lambda^2 t\tau + (\lambda t)^2 + \lambda t$$
$$= \lambda^2 t^2 + \lambda t + \lambda^2 t\tau \quad (\tau > 0).$$

(6) $C(t+\tau, t) = \text{Cov}\{N(t+\tau), N(t)\}$

$$= E\{N(t+\tau)N(t)\} - E\{N(t+\tau)\}E\{N(t)\}$$
$$= \lambda^2 t^2 + \lambda t + \lambda^2 t\tau - \lambda(t+\tau)\lambda t$$
$$= \lambda t. \qquad \Box$$

注 2.2.1 性质 (5) 表明, 时齐泊松过程不是平稳过程.

定义 2.2.1 设 $X_1, X_2, \cdots, X_n, \cdots$ 是一随机变量序列, T 为取非负整数值的随机变量, 若 $\{T = n\}$ 仅依赖于 $X_1, X_2, \cdots, X_n$, 即 $\{T = n\} \in \sigma(X_1, X_2, \cdots, X_n)$, 而与 X_{n+1} 无关, 则称 T 关于 X_n 是**停时**.

例 2.2.1 $\{N(t), t \geqslant 0\}$ 是参数为 λ 的时齐泊松过程, $S_0 = 0, S_n$ 为第 n 个事件发生的时刻, 则 $N(t)$ 关于 $\{S_n, n \geqslant 0\}$ 不是停时, 但是 $N(t) + 1$ 关于 $\{S_n, n \geqslant 0\}$ 是停时.

解 事实上,
$$\{N(t)=n\}=\{S_n\leqslant t<S_{n+1}\}=\{S_n\leqslant t\}-\{S_{n+1}\leqslant t\},$$

从而 $\{N(t)=n\}$ 可由 $\{S_0,S_1,\cdots,S_{n+1}\}$ 所构成的事件表示, 由此可知 $N(t)$ 关于 $\{S_n,n\geqslant 0\}$ 不是停时. 但是

$$\{N(t)+1=n\}=\{N(t)=n-1\}=\{S_{n-1}\leqslant t<S_n\}=\{S_{n-1}\leqslant t\}-\{S_n\leqslant t\},$$

因此 $N(t)+1$ 关于 $\{S_n,n\geqslant 0\}$ 是停时. □

2.3 时齐泊松过程到达间隔与等待时间的分布

设 $\{N(t),t\geqslant 0\}$ 是一计数过程, $N(t)$ 表示在 $(0,t]$ 内事件发生的个数 (或顾客到达的个数), 令 $S_0=0$, S_n 表示第 n 个事件发生的时刻, $X_n=S_n-S_{n-1}(n\geqslant 1)$ 表示第 n 个事件与第 $n-1$ 个事件发生的时间间隔, 有 $S_0=0$, $S_n=\inf\{t:N(t)=n\}, n\geqslant 1$. 相应的 $N(t)$ 可以表示为 $N(t)=\sum_{n=1}^{\infty}I_{[0,t]}(S_n)$.

其中 $I_A(\omega)$ 表示集合 A 的示性函数:

$$I_A(\omega)=\begin{cases}1,&\omega\in A,\\0,&\omega\notin A.\end{cases}$$

注 2.3.1 对于 $t\geqslant 0$, $\{N(t),t\geqslant 0\}$ 和 $\{S_n\}$ 之间存在以下两个等价关系:
(i) $\{N(t)\geqslant n\}=\{S_n\leqslant t\}$;
(ii) $\{N(t)=n\}=\{S_n\leqslant t<S_{n+1}\}=\{S_n\leqslant t\}-\{S_{n+1}\leqslant t\}$.

命题 2.3.1 等待时间 S_n 服从参数为 n,λ 的 Γ 分布.

证明 S_n 的分布函数为
当 $t<0$ 时, $P(S_n\leqslant t)=0$;
当 $t>0$ 时, 有

$$P(S_n\leqslant t)=P(N(t)\geqslant n)=1-\sum_{k=0}^{n-1}\frac{(\lambda t)^k}{k!}\mathrm{e}^{-\lambda t},$$

于是两边对 t 求导可得 S_n 的概率密度函数为

$$\begin{aligned}f_{S_n}(t)&=-\sum_{k=n}^{\infty}\frac{(\lambda t)^k}{k!}\lambda\mathrm{e}^{-\lambda t}+\sum_{k=n}^{\infty}\frac{(\lambda t)^{k-1}}{(k-1)!}\lambda\mathrm{e}^{-\lambda t}\\&=\frac{\lambda(\lambda t)^{n-1}}{(n-1)!}\mathrm{e}^{-\lambda t}I_{(t\geqslant 0)},\end{aligned}$$

于是命题 2.3.1 成立. □

特别地, 当 $n=1$ 时, 由命题 2.3.1, 有

$$P(X_1 \leqslant t) = P(S_1 \leqslant t) = (1-\mathrm{e}^{-\lambda t})I_{(t \geqslant 0)},$$

即 X_1 服从参数为 λ 的指数分布 $\mathrm{Exp}(\lambda)$. 那么 $X_n(n>1)$ 是不是也服从参数为 λ 的指数分布?

下面来求 $X_n(n>1)$ 的概率分布.

首先, 求 X_2 的概率分布, 由全概率公式, 有

$$P(X_2 > t) = \int_0^\infty P(X_2 > t | X_1 = s) f_{X_1}(s) \mathrm{d}s,$$

因为

$$\begin{aligned} P(X_2 > t | X_1 = s) &= P\{(s, s+t] \text{内没有事件发生} | X_1 = s\} \\ &= P\{(s, s+t] \text{内没有事件发生}\} \quad (\text{独立增量性}) \\ &= \mathrm{e}^{-\lambda t} \quad (\text{平稳增量性}), \end{aligned}$$

从而有

$$P(X_2 > t) = \int_0^\infty \mathrm{e}^{-\lambda t} f_{X_1}(s) \mathrm{d}s = \mathrm{e}^{-\lambda t}.$$

同理, 由归纳法可以证明 $X_n(n \geqslant 2)$ 也服从参数为 λ 的指数分布, 其均值为 $\dfrac{1}{\lambda}$.

注 2.3.2 从上面的证明过程中可以看出 X_2 与 X_1 是相互独立的, 这是因为在给定 X_1 的条件下, X_2 的条件分布与 X_1 无关. 由此可以推断: $X_n(n=1,2,\cdots)$ 是独立同指数分布的, 其均值为 $\dfrac{1}{\lambda}$.

2.4 时齐泊松过程与指数分布的关系

定理 2.4.1 计数过程是时齐泊松过程的充分必要条件是 $\{X_n, n \geqslant 1\}$ 是独立同指数分布的.

证明 必要性 具体证明步骤如下.

第一步, 求 $(S_1, S_2, \cdots, S_n)$ 的联合概率密度, 令 $0 < t_1 < t_2 < \cdots < t_n$, 取充分小的 $h > 0$, 使得

$$t_1 - \frac{h}{2} < t_1 < t_1 + \frac{h}{2} < t_2 - \frac{h}{2} < t_2 < t_2 + \frac{h}{2} < \cdots < t_{n-1} + \frac{h}{2} < t_n - \frac{h}{2} < t_n < t_n + \frac{h}{2},$$

由于事件

$$\left\{ t_1 - \frac{h}{2} < S_1 \leqslant t_1 + \frac{h}{2} < t_2 - \frac{h}{2} < S_2 \leqslant t_2 + \frac{h}{2} < \cdots < t_n - \frac{h}{2} < S_n \leqslant t_n + \frac{h}{2} \right\}$$

等价于事件

$$\left\{ N\left(t_1 - \frac{h}{2}\right) = 0, N\left(t_1 + \frac{h}{2}\right) - N\left(t_1 - \frac{h}{2}\right) = 1, \right.$$

2.4 时齐泊松过程与指数分布的关系

$$N\left(t_2-\frac{h}{2}\right)-N\left(t_1+\frac{h}{2}\right)=0, N\left(t_2+\frac{h}{2}\right)-N\left(t_2-\frac{h}{2}\right)=1,\cdots,$$
$$N\left(t_n-\frac{h}{2}\right)-N\left(t_{n-1}+\frac{h}{2}\right)=0, N\left(t_n+\frac{h}{2}\right)-N\left(t_n-\frac{h}{2}\right)=1\bigg\},$$

可得相应的概率为

$$P\left\{t_1-\frac{h}{2}<S_1\leqslant t_1+\frac{h}{2}<t_2-\frac{h}{2}<S_2\leqslant t_2+\frac{h}{2}<\cdots<t_n-\frac{h}{2}<S_n\leqslant t_n+\frac{h}{2}\right\}$$
$$=P\bigg\{N\left(t_1-\frac{h}{2}\right)=0, N\left(t_1+\frac{h}{2}\right)-N\left(t_1-\frac{h}{2}\right)=1,$$
$$N\left(t_2-\frac{h}{2}\right)-N\left(t_1+\frac{h}{2}\right)=0, N\left(t_2+\frac{h}{2}\right)-N\left(t_2-\frac{h}{2}\right)=1,\cdots,$$
$$N\left(t_n-\frac{h}{2}\right)-N\left(t_{n-1}+\frac{h}{2}\right)=0, N\left(t_n+\frac{h}{2}\right)-N\left(t_n-\frac{h}{2}\right)=1\bigg\}$$
$$=(\lambda h)^n e^{-\lambda\left(t_n+\frac{h}{2}\right)}+o(h^n)$$
$$=\lambda^n e^{-\lambda t_n}h^n e^{\frac{-\lambda h}{2}}+o(h^n),$$

从而可知 $(S_1, S_2, \cdots, S_n)$ 的联合密度函数为

$$g(t_1,t_2,\cdots,t_n)=\begin{cases}\lambda^n e^{-\lambda t_n}, & 0<t_1<t_2<\cdots<t_n,\\ 0, & \text{其他}.\end{cases} \tag{2.1}$$

第二步,求 $(X_1, X_2, \cdots, X_n)$ 的联合概率密度.

因为 $X_n = S_n - S_{n-1}$,令 $x_n = t_n - t_{n-1}$,则变换的雅可比行列式为

$$J=\frac{\partial(t_1,t_2,\cdots,t_n)}{\partial(x_1,x_2,\cdots,x_n)}=\begin{vmatrix}1 & 0 & 0 & \cdots & 0\\ 1 & 1 & 0 & \cdots & 0\\ 1 & 1 & 1 & \cdots & 0\\ \vdots & \vdots & \vdots & \ddots & \vdots\\ 1 & 1 & 1 & \cdots & 1\end{vmatrix}=1,$$

于是 $(X_1, X_2, \cdots, X_n)$ 的联合概率密度为

$$f(x_1,x_2,\cdots,x_n)=\begin{cases}\lambda^n e^{-\lambda(x_1+x_2+\cdots+x_n)}, & 0<x_1<x_2<\cdots<x_n,\\ 0, & \text{其他}.\end{cases} \tag{2.2}$$

可以看出 $(X_1, X_2, \cdots, X_n)$ 的联合概率密度是可分离变量的,因此可得 $X_1, X_2, \cdots, X_n$ 独立同分布,且 X_k 的概率密度为

$$f_k(x_k)=\lambda e^{-\lambda x_k},\quad x_k\geqslant 0,\ 1\leqslant k\leqslant n,$$

于是

$$f(x_1,x_2,\cdots,x_n)=\prod_{k=1}^{n}f_k(x_k),$$

即证明了 $X_1, X_2, \cdots, X_n$ 独立同指数分布.

充分性 设 $\{X_k, k=1,2,\cdots,n\}$ 独立同分布, 令 $S_0=0, S_1=X_1,\cdots, S_n=\sum_{k=1}^n X_k$, 对任意的 $t>0$, 定义 $N(t)=\sum_{n=1}^\infty I(S_n\leqslant t)$, 可验证 $N(t)$ 是一个计数过程, 下面分三步证明 $N(t)$ 为一个泊松过程.

第一步, 求 $\{S_1, S_2,\cdots, S_n\}$ 的联合概率密度和 $N(t)$ 的概率分布.

显然, 它和证必要性的第二步的过程互逆, 其结果也成立, 即由 $X_1, X_2, \cdots, X_n$ 的联合概率密度

$$f(x_1, x_2, \cdots, x_n) = \begin{cases} \lambda^n e^{-\lambda(x_1+x_2+\cdots+x_n)}, & 0<x_1<x_2<\cdots<x_n, \\ 0, & \text{其他} \end{cases} \tag{2.3}$$

和变量替换公式可得 $(S_1, S_2, \cdots, S_n)$ 的联合概率密度为

$$g(t_1, t_2, \cdots, t_n) = \begin{cases} \lambda^n e^{-\lambda t_n}, & 0<t_1<t_2<\cdots<t_n, \\ 0, & \text{其他}. \end{cases} \tag{2.4}$$

由式 (2.4) 可得 S_n 的概率分布为

$$P(S_n\leqslant t) = P(N(t)\geqslant n) = \int_0^t \int_0^{t_n} \cdots \int_0^{t_2} \lambda^n e^{-\lambda t_n}\, dt_1 dt_2\cdots dt_n = 1 - e^{-\lambda t}\sum_{k=0}^{n-1}\frac{(\lambda t)^k}{k!}.$$

所以 $P(N(t)=n) = P(S_n\leqslant t < S_{n+1}) = \dfrac{(\lambda t)^n}{n!}e^{-\lambda t}$.

第二步, 证明平稳性. 对任意的 $s, t \geqslant 0$, 这里只给出对 $n\geqslant 1$ 的证明.

$$P(N(s+t) - N(s) = n) = \sum_{k=0}^\infty P(N(s)=k, N(s+t)-N(s)=n)$$

$$=\sum_{k=0}^\infty P(N(s)=k, N(s+t)=n+k)$$

$$=\sum_{k=0}^\infty P(S_k\leqslant s < S_{k+1} < S_{n+k}\leqslant s+t < S_{n+k+1}) \quad (\text{等价事件替换})$$

$$= P(s<S_1<S_n\leqslant s+t<S_{n+1})$$

$$+\sum_{k=1}^\infty \int_0^s P(S_k\leqslant s<S_{k+1}<S_{n+k}\leqslant s+t<S_{n+k+1}|S_k=u)\,dP(S_k\leqslant u).$$

由于

$$P(S_k\leqslant s<S_{k+1}<S_{n+k}\leqslant s+t<S_{n+k+1}|S_k=u)$$

$$=P\left(u\leqslant s<u+X_{k+1}<u+\sum_{i=k+1}^{n+k}X_i\leqslant s+t<u+\sum_{i=k+1}^{n+k+1}X_i\bigg|S_k=u\right)$$

$$=P\left(u\leqslant s<u+X_{k+1}<u+\sum_{i=k+1}^{n+k}X_i\leqslant s+t<u+\sum_{i=k+1}^{n+k+1}X_i\right) \quad (\text{独立性})$$

2.4 时齐泊松过程与指数分布的关系

$$= P\left(u \leqslant s < u + X_1 < u + \sum_{i=1}^{n} X_i \leqslant s+t < u + \sum_{i=1}^{n+1} X_i\right) \quad \text{(同分布性)}$$
$$= P(s-u < S_1 < S_n \leqslant s+t-u < S_{n+1}),$$

因此

$$P(N(s+t) - N(s) = n) = P(s < S_1 < S_n \leqslant s+t < S_{n+1})$$
$$+ \sum_{k=1}^{\infty} \int_0^s P(s-u < S_1 < S_n < s+t-u < S_{n+1}) \mathrm{d}P(S_k \leqslant u),$$

利用 $S_n = \sum_{k=1}^{n} X_k$ 的表达式和 $\{X_k, k=1,2,\cdots,n\}$ 之间的独立同分布性可得

$$P\{s < S_1 < S_n \leqslant s+t < S_{n+1}\}$$
$$= \int_s^{s+t} P\left(s < u < u + \sum_{i=2}^{n} X_i \leqslant s+t < u + \sum_{i=2}^{n+1} X_i \Big| X_1 = u\right) \lambda \mathrm{e}^{-\lambda u} \mathrm{d}u$$
$$= \int_s^{s+t} P\left(\sum_{i=2}^{n} X_i \leqslant s+t-u < \sum_{i=2}^{n+1} X_i \Big| X_1 = u\right) \lambda \mathrm{e}^{-\lambda u} \mathrm{d}u$$
$$= \int_s^{s+t} P\left(\sum_{i=2}^{n} X_i \leqslant s+t-u < \sum_{i=2}^{n+1} X_i\right) \lambda \mathrm{e}^{-\lambda u} \mathrm{d}u \quad \text{(独立性)}$$
$$= \int_s^{s+t} P\left(\sum_{i=1}^{n-1} X_i \leqslant s+t-u < \sum_{i=1}^{n} X_i\right) \lambda \mathrm{e}^{-\lambda u} \mathrm{d}u \quad \text{(同分布性)}$$
$$= \int_s^{s+t} P(S_{n-1} \leqslant s+t-u < S_n) \lambda \mathrm{e}^{-\lambda u} \mathrm{d}u$$
$$= \int_s^{s+t} P\{N(s+t-u) = n-1\} \lambda \mathrm{e}^{-\lambda u} \mathrm{d}u$$
$$= \int_s^{s+t} \frac{[\lambda(s+t-u)]^{n-1}}{(n-1)!} \mathrm{e}^{-\lambda(s+t-u)} \lambda \mathrm{e}^{-\lambda u} \mathrm{d}u$$
$$= \frac{(\lambda t)^n}{n!} \mathrm{e}^{-\lambda(s+t)}.$$

类似可得

$$P(s-u < S_1 < S_n < s+t-u < S_{n+1}) = \frac{(\lambda t)^n}{n!} \mathrm{e}^{-\lambda(s+t-u)}.$$

从而可得

$$P\{N(s+t) - N(s) = n\}$$
$$= \frac{(\lambda t)^n}{n!} \mathrm{e}^{-\lambda(s+t)} + \int_0^s \frac{(\lambda t)^n}{n!} \mathrm{e}^{-\lambda(s+t-u)} \lambda \left(\sum_{k=1}^{\infty} \frac{(\lambda u)^{k-1}}{(k-1)!} \mathrm{e}^{-\lambda u}\right) \mathrm{d}u$$
$$= \frac{(\lambda t)^n}{n!} \mathrm{e}^{-\lambda t} = P\{N(t) = n\}.$$

对 $n=0$ 的情况类似可证.

第三步, 证明增量的独立性.

事实上, 只需要证明对任意的 $s,t > 0$, $N(s)$ 与 $N(s+t) - N(s)$ 相互独立, 它等价于证明对任意的 $n,m \geqslant 0$, 有

$$P(N(s) = m, N(s+t) - N(s) = n) = P(N(s) = m)P(N(s+t) - N(s) = n).$$

下面给出 $n \geqslant 1, m \geqslant 1$ 的情形的证明, 其他情况类似可证.

$$\begin{aligned}
&P\{N(s) = m, N(s+t) - N(s) = n\} \\
&= P(S_m \leqslant s < S_{m+1} < S_{m+n} \leqslant s+t < S_{m+n+1}) \\
&= \int_0^s P\left(s-u < X_{m+1} \leqslant \sum_{i=1}^n X_{m+i} \leqslant s+t-u < \sum_{i=1}^{n+1} X_{m+i} \Big| S_m = u\right) \mathrm{d}P(S_m \leqslant u) \\
&= \int_0^s P(s-u < S_1 \leqslant S_n \leqslant s+t-u < S_{n+1}) \mathrm{d}P(S_m \leqslant u) \\
&= \int_0^s \frac{(\lambda t)^n}{n!} \mathrm{e}^{-\lambda(s+t-u)} \lambda \frac{(\lambda u)^{m-1}}{(m-1)!} \mathrm{e}^{-\lambda u} \mathrm{d}u \\
&= \frac{(\lambda s)^m}{m!} \mathrm{e}^{-\lambda s} \frac{(\lambda t)^n}{n!} \mathrm{e}^{-\lambda t} \\
&= P\{N(s) = m\} P\{N(s+t) - N(s) = n\}.
\end{aligned}$$

充分性得证. □

2.5 时齐泊松过程到达时刻的条件分布

本节主要讨论在给定 $N(t) = n$ 的条件下, $S_1, S_2, \cdots, S_n$ 的条件分布及相关性质等.

定理 2.5.1 设 $\{N(t), t \geqslant 0\}$ 是时齐泊松过程, 则对任意的 $0 < s < t$, 有

$$P(X_1 \leqslant s | N(t) = 1) = \frac{s}{t} \quad (\text{条件均匀分布}).$$

证明
$$\begin{aligned}
P\{X_1 \leqslant s | N(t) = 1\} &= \frac{P\{X_1 \leqslant s, N(t) = 1\}}{P\{N(t) = 1\}} \\
&= \frac{P\{N(s) = 1, N(t) - N(s) = 0\}}{P\{N(t) = 1\}} \\
&= \frac{P\{N(s) = 1\} P\{N(t) - N(s) = 0\}}{P\{N(t) = 1\}} \\
&= \frac{\lambda s \mathrm{e}^{-\lambda s} \mathrm{e}^{-\lambda(t-s)}}{\lambda t \mathrm{e}^{-\lambda t}} \\
&= \frac{s}{t}.
\end{aligned}$$
□

此定理表明, 在已知 $(0, t]$ 上有一个事件发生的条件下, 事件发生的时间在 $(0, t]$ 上是等可能的, 即它的条件分布是 $(0, t]$ 上的均匀分布. 我们自然要问:

(1) 这个性质是否可以推广到 $\{N(t) = n, n > 1\}$ 的情况呢?
(2) 这个性质是否是时齐泊松过程特有的?

为回答 (1), 先讨论顺序统计量的性质.

2.5 时齐泊松过程到达时刻的条件分布

引理 2.5.1 设 $Y_1, Y_2, \cdots, Y_n$ 是独立同分布的非负连续型随机变量，其概率密度为 $f(y)$，则其顺序统计量 $Y_{(1)}, Y_{(2)}, \cdots, Y_{(n)}$ 的联合概率密度为

$$f(y_1, y_2, \cdots, y_n) = \begin{cases} n! \prod_{k=1}^{n} f(y_k), & 0 < y_1 < y_2 < \cdots < y_n, \\ 0, & \text{其他}. \end{cases}$$

特别地，当 $Y_1, Y_2, \cdots, Y_n$ 为 $[0, t]$ 上独立同分布的均匀分布随机变量时，相应的顺序统计量 $Y_{(1)}, Y_{(2)}, \cdots, Y_{(n)}$ 的联合分布密度函数为

$$f(y_1, y_2, \cdots, y_n) = \begin{cases} \dfrac{n!}{t^n}, & 0 < y_1 < y_2 < \cdots < y_n, \\ 0, & \text{其他}. \end{cases}$$

证明 为了求出 $(Y_{(1)}, Y_{(2)}, \cdots, Y_{(n)})$ 的联合概率密度，对 $0 < y_1 < y_2 < \cdots < y_n$，取充分小的 $h > 0$，使得

$$0 < y_1 < y_1 + h < y_2 < y_2 + h < \cdots < y_{n-1} + h < y_n < y_n + h,$$

则

$$\{y_1 < Y_{(1)} \leqslant y_1 + h, y_2 < Y_{(2)} \leqslant y_2 + h, \cdots, y_n < Y_{(n)} \leqslant y_n + h\}$$
$$= \bigcup_{(i_1, i_2, \cdots, i_n)} \{y_1 < Y_{i_1} \leqslant y_1 + h, y_2 < Y_{i_2} \leqslant y_2 + h, \cdots, y_n < Y_{i_n} \leqslant y_n + h\},$$

由独立性可得

$$\lim_{h \to 0} \frac{P\{y_1 < Y_{(1)} \leqslant y_1 + h, y_2 < Y_{(2)} \leqslant y_2 + h, \cdots, y_n < Y_{(n)} \leqslant y_n + h\}}{h^n}$$
$$= \lim_{h \to 0} n! \frac{P\{y_1 < Y_{i_1} \leqslant y_1 + h, y_2 < Y_{i_2} \leqslant y_2 + h, \cdots, y_n < Y_{i_n} \leqslant y_n + h\}}{h^n},$$

因此可得顺序统计量 $Y_{(1)}, Y_{(2)}, \cdots, Y_{(n)}$ 的联合概率密度为

$$f(y_1, y_2, \cdots, y_n) = \begin{cases} n! \prod_{k=1}^{n} f(y_k), & 0 < y_1 < y_2 < \cdots < y_n, \\ 0, & \text{其他}. \end{cases} \qquad \Box$$

定理 2.5.2 设 $\{N(t), t \geqslant 0\}$ 为时齐泊松过程，则在给定 $N(t) = n$ 时事件相继发生的时刻 $S_1, S_2, \cdots, S_n$ 的条件概率密度为

$$f(t_1, t_2, \cdots, t_n) = \begin{cases} \dfrac{n!}{t^n}, & 0 < t_1 < t_2 < \cdots < t_n, \\ 0, & \text{其他}. \end{cases} \tag{2.5}$$

证明 对任意的 $0 = t_0 < t_1 < t_2 < \cdots < t_n < t_{n+1} = t$，取 $h_0 = h_{n+1} = 0$ 及充分小的 $h_i > 0$，使得 $t_i + h_i < t_{i+1}$，$1 \leqslant i \leqslant n$，则有

$$P\{t_i < S_i \leqslant t_i + h, 1 \leqslant i \leqslant n | N(t) = n\}$$

$$= \frac{P\{N(t_i+h_i)-N(t_i)=1, 1\leqslant i\leqslant n, N(t_{j+1})-N(t_j+h_j)=0, 1\leqslant j\leqslant n\}}{P(N(t)=n)},$$

$$= \frac{(\lambda h_1)\mathrm{e}^{-\lambda h_1}\cdots(\lambda h_n)\mathrm{e}^{-\lambda h_n}\mathrm{e}^{-\lambda(t-h_1-h_2-\cdots-h_n)}}{\dfrac{(\lambda t)^n}{n!}\mathrm{e}^{-\lambda t}}$$

$$= \frac{n!}{t^n}h_1 h_2 \cdots h_n,$$

因此

$$\frac{P\{t_i<S_i\leqslant t_i+h, 1\leqslant i\leqslant n|N(t)=n\}}{h_1 h_2\cdots h_n}=\frac{n!}{t^n},$$

令 $h_1 h_2 \cdots h_n \to 0$,两边取极限可得所要结论. $\square$

注 2.5.1 定理 2.5.2 说明在 $N(t)=n$ 的条件下,$S_1, S_2, \cdots, S_n$ 的条件分布密度与 n 个在 $[0,t]$ 上相互独立同均匀分布的顺序统计量的分布密度相同. 正因如此,实际问题中的很多随机现象可以用时齐泊松过程来刻画.

注 2.5.2 定理 2.5.2 说明在概率分布的意义下,下列等式成立:

$$g(S_1,S_2,\cdots,S_n|N(t)=n)\stackrel{\mathrm{d}}{=}g(Y_{(1)},Y_{(2)},\cdots,Y_{(n)})\stackrel{\mathrm{d}}{=}g(Y_1,Y_2,\cdots,Y_n),$$

其中 $g(x_1,x_2,\cdots,x_n)$ 是关于其变元 $x_1,x_2,\cdots,x_n$ 的非负对称函数.

下面利用这个性质讨论几个具体的例子.

例 2.5.1 乘客按照强度为 λ 的时齐泊松过程来到某火车站,火车在时刻 t 启程,求在时刻 t 到达的乘客等待时间的总和的期望值.

解 设 $N(t)$ 为在 $(0,t]$ 时刻内到达车站的乘客数,S_i 为第 i 个乘客到达某火车站的时刻,则在 $(0,t]$ 内到达车站的乘客等待时间总和为

$$S(t)=\sum_{i=1}^{N(t)}(t-S_i).$$

下面用两种方法来求 $S(t)$.

方法一 设 $\{Y_j, 1\leqslant j\leqslant n\}$ 为 $[0,t]$ 上独立同均匀分布的随机变量,则由全期望公式可得

$$ES(t)=E\left\{\sum_{i=1}^{N(t)}(t-S_i)\right\}$$

$$=\sum_{n=1}^{\infty}P\{N(t)=n\}E\left\{\sum_{i=1}^{N(t)}(t-S_i)\bigg|N(t)=n\right\}$$

$$=\sum_{n=1}^{\infty}P\{N(t)=n\}E\left\{\sum_{i=1}^{n}(t-S_i)\bigg|N(t)=n\right\}$$

$$=\sum_{n=1}^{\infty}P\{N(t)=n\}\left\{nt-E\left[\sum_{i=1}^{n}S_i\bigg|N(t)=n\right]\right\}$$

$$= \sum_{n=1}^{\infty} P\{N(t) = n\} \left\{ nt - E\sum_{i=1}^{n} Y_{(i)} \right\}$$

$$= \sum_{n=1}^{\infty} P\{N(t) = n\} \left\{ nt - E\sum_{i=1}^{n} Y_i \right\}$$

$$= \sum_{n=1}^{\infty} P\{N(t) = n\} \left\{ nt - \frac{nt}{2} \right\}$$

$$= \frac{t}{2} \sum_{n=1}^{\infty} nP\{N(t) = n\}$$

$$= \frac{t}{2} EN(t) = \frac{\lambda t^2}{2}.$$

方法二 如同前面的计算, 可先算得

$$E\{S(t)|N(t) = n\} = E\left\{ \sum_{i=1}^{N(t)} (t - S_i) \Big| N(t) \right\} = \frac{nt}{2},$$

因此

$$E\{S(t)|N(t)\} = \frac{t}{2} N(t),$$

再由双期望公式可得

$$ES(t) = E\{E[S(t)|N(t)]\} = E\left\{ \frac{t}{2} N(t) \right\} = \frac{t}{2} EN(t) = \frac{\lambda t^2}{2}. \quad \square$$

例 2.5.2 假设某系统工作时会受到冲击而引起损伤. 冲击按照强度为 λ 的时齐泊松过程来到. 设 S_i 为第 i 次冲击来到的时刻, $N(t)$ 为 $(0,t]$ 内系统承受的冲击次数, 第 i 次冲击造成的损伤为 D_i, 假定 $\{D_i, i \geqslant 1\}$ 为相互独立同分布的随机变量序列, 且与 $\{N(t), t \geqslant 0\}$ 独立. 又假设冲击造成的损伤随时间按负指数衰减, 即 $t = 0$ 时, 损失为 D, 在 t 时刻的损伤为 $De^{-\alpha t}$ ($\alpha > 0$ 为常数).

进一步假定损失是可以叠加的, 则在时刻 t 的损伤 $D(t)$ 可以表示为

$$D(t) = \sum_{i=1}^{N(t)} D_i e^{-\alpha(t - S_i)},$$

试求 $ED(t)$.

解 方法一 仍记 $\{Y_j, 1 \leqslant j \leqslant n\}$ 为 $[0,t]$ 上独立同均匀分布的随机变量, 则由全期望公式可得

$$ED(t) = \sum_{n=1}^{\infty} P\{N(t) = n\} E\{D(t)|N(t) = n\}$$

$$= \sum_{n=1}^{\infty} P\{N(t) = n\} E\left\{ \sum_{i=1}^{N(t)} D_i e^{-\alpha(t - S_i)} \Big| N(t) = n \right\}$$

$$= \mathrm{e}^{-\alpha t} \sum_{n=1}^{\infty} P\{N(t)=n\} E\left\{\sum_{i=1}^{n} D_i \mathrm{e}^{\alpha S_i} \bigg| N(t)=n\right\}$$

$$= \mathrm{e}^{-\alpha t} \sum_{n=1}^{\infty} P\{N(t)=n\} \sum_{i=1}^{n} E\{D_i|N(t)=n\} E\{\mathrm{e}^{\alpha S_i}|N(t)=n\}$$

$$= \mathrm{e}^{-\alpha t} ED_1 \sum_{n=1}^{\infty} P\{N(t)=n\} E\left\{\sum_{i=1}^{n} \mathrm{e}^{\alpha S_i} \bigg| N(t)=n\right\}$$

$$= \mathrm{e}^{-\alpha t} ED_1 \sum_{n=1}^{\infty} P\{N(t)=n\} E \sum_{i=1}^{n} \mathrm{e}^{\alpha Y_i}$$

$$= \mathrm{e}^{-\alpha t} ED_1 \sum_{n=1}^{\infty} P\{N(t)=n\} E \sum_{i=1}^{n} \mathrm{e}^{\alpha Y_i}$$

$$= \mathrm{e}^{-\alpha t} ED_1 \sum_{n=1}^{\infty} n P\{N(t)=n\} E \mathrm{e}^{\alpha Y_1}$$

$$= \mathrm{e}^{-\alpha t} ED_1 EN(t) E \mathrm{e}^{\alpha Y_1}$$

$$= \mathrm{e}^{-\alpha t} ED_1 EN(t) \int_0^t \mathrm{e}^{\alpha x} \frac{1}{t} \mathrm{d}x$$

$$= \mathrm{e}^{-\alpha t} ED_1 EN(t) \frac{\mathrm{e}^{\alpha t}-1}{\alpha t}$$

$$= \frac{\lambda ED_1}{\alpha}(1-\mathrm{e}^{-\alpha t}).$$

方法二 如同方法一, 先算得

$$E(D(t)|N(t)=n) = \frac{nED_1}{\alpha t}(1-\mathrm{e}^{-\alpha t}),$$

因此

$$E(D(t)|N(t)) = \frac{N(t)ED_1}{\alpha t}(1-\mathrm{e}^{-\alpha t}),$$

再由双期望公式可得

$$ED(t) = E\{E[D(t)|N(t)]\} = E\left\{\frac{N(t)ED_1}{\alpha t}(1-\mathrm{e}^{-\alpha t})\right\} = \frac{\lambda ED_1}{\alpha}(1-\mathrm{e}^{-\alpha t}). \qquad \square$$

定理 2.5.3 设 $\{N(t), t \geqslant 0\}$ 是泊松过程, 则对任意的 $0 < s < t, k \leqslant n$, 有

$$P\{S_k \leqslant s | N(t)=n\} = \sum_{m=k}^{n} \frac{n!}{m!(n-m)!}\left(\frac{s}{t}\right)^m\left(1-\frac{s}{t}\right)^{n-m}, \tag{2.6}$$

特别地, 当 $k=n$ 时, 有 $P\{S_k \leqslant s | N(t)=n\} = \left(\frac{s}{t}\right)^n$.

证明
$$P\{S_k \leqslant s | N(t)=n\}$$
$$= \frac{P\{S_k \leqslant s, N(t)=n\}}{P\{N(t)=n\}}$$
$$= \frac{\sum_{m=k}^{n} P\{N(s)=m, N(t)=n\}}{P\{N(t)=n\}}$$

2.5 时齐泊松过程到达时刻的条件分布

$$= \frac{\sum_{m=k}^{n} P\{N(s) = m, N(t) - N(s) = n - m\}}{P\{N(t) = n\}}$$

$$= \frac{\sum_{m=k}^{n} P\{N(s) = m\} P\{N(t) - N(s) = n - m\}}{P\{N(t) = n\}} \quad \text{(独立增量型)}$$

$$= \frac{\sum_{m=k}^{n} P\{N(s) = m\} P\{N(t-s) = n - m\}}{P\{N(t) = n\}} \quad \text{(平稳增量型)}$$

$$= \frac{\sum_{m=k}^{n} \frac{(\lambda s)^m}{m!} e^{-\lambda s} \frac{\{\lambda(t-s)\}^{n-m}}{(n-m)!} e^{-\lambda(t-s)}}{\frac{(\lambda t)^n}{n!} e^{-\lambda t}}$$

$$= \sum_{m=k}^{n} \frac{n!}{m!(n-m)!} \left(\frac{s}{t}\right)^m \left(1 - \frac{s}{t}\right)^{n-m},$$

当 $k = n$ 时, 显然有 $P\{S_k \leqslant s | N(t) = n\} = \left(\frac{s}{t}\right)^n$. □

定理 2.5.4 设 $\{N(t), t \geqslant 0\}$ 是时齐泊松过程, 则对任意的 $0 < s < t, m \leqslant n$, 有

$$P\{N(s) = m | N(t) = n\} = C_n^m \left(\frac{s}{t}\right)^m \left(1 - \frac{s}{t}\right)^{n-m}, \tag{2.7}$$

特别地, 当 $m = n$ 时, 有 $P\{N(s) = n | N(t) = n\} = \left(\frac{s}{t}\right)^n$.

这个定理说明, 对时齐泊松过程, 当 $0 < s < t$ 时, 在 $N(t) = n$ 的条件下, $N(s)$ 服从二项分布 $B\left(n, \frac{s}{t}\right)$.

证明

$$P\{N(s) = m | N(t) = n\}$$

$$= \frac{P\{N(s) = m, N(t) = n\}}{P\{N(t) = n\}}$$

$$= \frac{P\{N(s) = m, N(t) - N(s) = n - m\}}{P\{N(t) = n\}}$$

$$= \frac{P\{N(s) = m\} P\{N(t) - N(s) = n - m\}}{P\{N(t) = n\}} \quad \text{(独立增量型)}$$

$$= \frac{P\{N(s) = m\} P\{N(t-s) = n - m\}}{P\{N(t) = n\}} \quad \text{(平稳增量型)}$$

$$= \frac{\frac{(\lambda s)^m}{m!} e^{-\lambda s} \frac{\{\lambda(t-s)\}^{n-m}}{(n-m)!} e^{-\lambda(t-s)}}{\frac{(\lambda t)^n}{n!} e^{-\lambda t}}$$

$$= C_n^m \left(\frac{s}{t}\right)^m \left(1 - \frac{s}{t}\right)^{n-m},$$

当 $m = n$ 时, 显然有 $P\{N(s) = m | N(t) = n\} = \left(\frac{s}{t}\right)^n$. □

由时齐泊松过程的定义可知, 对任意的 $0 \leqslant s < t$, $N(t) - N(s) \geqslant 0$, 即 $N(t) \geqslant N(s)$, 说明时齐泊松过程的样本函数 $N(t)$ 是 t 的单调非降函数. 由 $\{N(t) = n\} = \{S_n \leqslant t < S_{n+1}\} = \{S_n \leqslant t\} - \{S_{n+1} \leqslant t\}$ 知 $N(t)$ 是跳跃函数, 即当 $S_n \leqslant t < S_{n+1}$ 时, $N(t) = n$ 是一常数, 而仅在 $t = S_n$ $(n = 1, 2, \cdots)$ 处跳跃, 且相邻的两次跳跃时间间隔 $\{X_n, n \geqslant 1\}$ 相互独立且服从参数为 $\lambda > 0$ 的指数分布. 这就为时齐泊松过程的计算机模拟及其统计检验提供了理论基础和方法.

2.6 时齐泊松过程的模拟、检验及参数估计

2.6.1 模拟

当使用分析方法对随机系统进行研究过于复杂时, 人们可以利用随机模拟方法直接求得所关心问题的解. 由于这种方法使用起来比较便捷, 所以经常得到实际工作者的偏爱. 由前面讨论知, 时齐泊松过程的样本轨道是单调不减的跳跃函数, 相邻两次的跳跃间隔 $X_n (n \geqslant 1)$ 独立同指数分布 (参数 $\lambda > 0$). 因此, 时齐泊松过程的样本函数可用下述步骤模拟:

(1) 产生 $[0,1]$ 上均匀分布且相互独立的一串随机数, 记为 $\{U_n, n \geqslant 1\}$. 这在计算机上是可以实现的.

(2) 令 $X_k = -\lambda^{-1} \ln U_k$ (λ 为已知参数), 易证 $\{X_n, n \geqslant 1\}$ 是独立同指数分布随机变量. 并设 $S_0 = 0, S_n = \sum_{k=1}^{n} X_k$.

(3) 定义 $N(t)$ 如下: 如果 $0 \leqslant t < S_1$, 则 $N(t) = 0$; 如果 $S_n \leqslant t < S_{n+1}$, 则 $N(t) = n; \cdots$ 如此继续下去, 即 $N(t) = \sum_{n=1}^{\infty} I_{(S_n \leqslant t)}$, 这样就得到 $\{N(t), t \geqslant 0\}$ 的一条轨道.

在实际中, 存在另一种非常有效的模拟时齐泊松过程的方法. 假设我们要模拟强度为 λ 的时齐泊松过程的前 t 个时间单位. 为此我们可以首先模拟到时刻 t 为止发生的事件个数 $N(t)$, 然后在给定 $N(t)$ 的值时, $N(t)$ 个事件发生时间的分布正如 n 个独立的 $(0, t)$ 上均匀随机变量的分布. 因此, 我们从模拟一个均值为 λt 的泊松随机变量 $N(t)$ 开始. 如果 $N(t) = n$, 则生成一个新的包含 n 个随机数的集合 (记为 $U_1, \cdots, U_n$), 且 $\{tU_1, \cdots, tU_n\}$ 将表示 n 个事件发生的时间, 如果能够在此停止, 这将比模拟指数分布的到达间隔时间更为有效. 然而, 我们通常要求事件发生的时间具有增加的次序, 例如, 对于 $s < t$,

$$N(s) = U_i \text{的个数} : tU_i \leqslant s,$$

所以在计算 $N(s)(s \leqslant t)$ 时, 最好在乘 t 之前首先将 $U_1, \cdots, U_n$ 排序. 这样做的时候, 我们需要考虑被排序的元素来自 $(0,1)$ 均匀总体. 这样的 n 个 $(0,1)$ 均匀变量的一个排序算法如下: 不考虑长度为 n 的单个列表的排序, 而考虑 n 个有序的 (或相关联的) 随机大小的列表. 将值 U 放在列表 i, 如果它的值在 $(i-1)/n$ 与 i/n 之间, 则将 U 放在列表 $[nU] + 1$ 中. 单个的列表就这样被排序, 而所有列表的全部连接就是所要求的次序. 因为几乎所有 n 个列表都相对较小 (例如, 如果 $n = 1000$, 列表大小大于 4 的平均数近似等于 $1000 \left(1 - \dfrac{65}{24} e^{-1}\right) \approx 4$), 单个列表的排序是很快的, 所以这个算法的运行时间与 n 成比例 (比最好的通用排序算法的 $n \ln n$ 更好).

2.6 时齐泊松过程的模拟、检验及参数估计

建模中一个极其重要的计数过程是非时齐泊松过程 (2.7 节). 它放宽了泊松过程的平稳增量假定. 这样允许到达率不是常数而是可以随时间变化. 现在介绍模拟具有强度函数 $\lambda(t)(0 \leqslant t < \infty)$ 的非时齐泊松过程的三种方法.

1. **抽样一个泊松过程**

模拟强度函数 $\lambda(t)$ 的非时齐泊松过程的前 T 个时间单位. 令 λ 使得

$$\lambda(t) \leqslant \lambda, \quad \text{对于所有 } t \leqslant T.$$

这个强度函数 $\lambda(t)$ 的非时齐泊松过程可以由速率 λ 的泊松过程的事件发生时间经过一个随机的选取生成. 就是说, 如果速率 λ 的泊松过程在时刻 t 发生的一个事件以概率 $\lambda(t)/\lambda$ 被计数, 那么被计数的事件是一个强度函数为 $\lambda(t)(0 \leqslant t \leqslant T)$ 的非时齐泊松过程. 因此, 通过模拟一个泊松过程, 然后随机地计数这个事件, 我们可以生成所要的非时齐泊松过程. 于是, 有下面的程序:

生成独立随机变量 $X_1, U_1, X_2, U_2, \cdots$, 其中 X_i 是速率为 λ 的指数随机变量, 而 U_i 是随机数, 停止在

$$N = \min\left\{n : \sum_{i=1}^{n} X_i > T\right\}.$$

现在对于 $j = 1, \cdots, N-1$, 令

$$I_j = \begin{cases} 1, & U_j \leqslant \lambda\left(\sum_{i=1}^{j} X_i\right)^{①} \Big/ \lambda, \\ 0, & \text{其他}, \end{cases}$$

并且令

$$J = \{j : I_j = 1\},$$

于是, 在时间集合 $\left\{\sum\limits_{i=1}^{j} X_i : j \in J\right\}$ 发生事件的这个计数过程构成所要的过程.

上面的程序被称为减弱算法, 当 $\lambda(t)$ 在整个区间上接近 λ 时, 显然在被拒绝的事件次数最少的意义下是最有效的. 于是, 一个明显的改进是将区间分割为子区间, 然后在每个子区间上用这个程序. 就是说, 确定合适的值 $k, 0 < t_1 < t_2 < \cdots < t_k < T, \lambda_1, \cdots, \lambda_{k+1}$ 使得

$$\lambda(s) \leqslant \lambda_i, \quad \text{其中 } t_{i-1} \leqslant s < t_i, \ i = 1, \cdots, k+1, \ t_0 = 0, \ t_{k+1} = T.$$

现在, 在区间 (t_{i-1}, t_i) 内通过生成速率为 λ 的指数随机变量, 并且以概率 $\lambda(s)/\lambda_i$ 接受在时刻 $s(s \in (t_{i-1}, t_i))$ 发生的事件以模拟非时齐泊松过程. 由于指数随机变量的无记忆性质, 以及一个指数随机变量的速率可以通过乘以一个常数改变, 所以, 从一个子区间到下一个子区间并没有损失有效性. 换句话说, 如果在 $t \in [t_{i-1}, t_i)$ 时生成一个速率为 λ_i 的指数随机变量 X, 使得 $t + X > t_i$, 那么可以用 $\lambda_i[X - (t_i - t)]/\lambda_{i+1}$ 作为下一个速率为 λ_{i+1} 的指数随机变量. 于是, 得到前 t 个单位时间的强度函数 $\lambda(s)$ 的非时齐泊松过程的下述算法. 在此算法中, t 表示目前的时间, 且 I 是目前的区间 (当 $t_{i-1} \leqslant t < t_i$ 时, $I = i$).

---

① $\lambda\left(\sum\limits_{i=1}^{j} X_i\right)$ 表示在时刻 $\left(\sum\limits_{i=1}^{j} X_i\right)$ 处的强度函数.

步骤 1: $t=0, I=1$.

步骤 2: 生成一个速率为 λ_i 的指数随机变量 X.

步骤 3: 如果 $t+X < t_I$, 重置 $t=t+X$, 生成一个随机数 U. 如果 $U \leqslant \lambda(t)/\lambda_I$, 那么接受事件的时间 t. 返回步骤 2.

步骤 4: (在 $t+X \geqslant t_I$ 时到达的步骤) 若 $I=k+1$, 则停止. 否则, 重置 $X=\lambda_I[X-(t_I-t)]/\lambda_{I+1}$. 重置 $t=t_I$ 和 $I=I+1$, 转向步骤 3.

现在假设在某个子区间 (t_{i-1}, t_i) 上有 $\underline{\lambda}_i > 0$, 其中

$$\underline{\lambda}_i \equiv \inf\{\lambda(s): t_{i-1} \leqslant s < t_i\},$$

在这种情形下, 我们不应该直接用减弱算法, 而更应该先模拟强度为 $\underline{\lambda}_i$ 的时齐泊松过程, 再在 $s \in (t_{i-1}, t_i)$ 时模拟强度函数为 $\lambda(s) - \underline{\lambda}_i$ 的非时齐泊松过程. 两个过程的叠加就产生了在这个区间上所要的过程. 这样做的原因是, 对于平均事件数为 $\underline{\lambda}_i(t_i - t_{i-1})$ 的泊松分布数, 会节省必需的均匀随机变量. 例如, 考虑情形

$$\lambda(s) = 10 + s, \quad 0 < s < 1,$$

以 $\lambda = 11$ 用减弱算法将生成 11 个事件, 每一个都需要一个随机数以决定是否接受它. 另一方面, 生成一个强度为 10 的泊松过程, 然后合并一个强度函数为 $\lambda(s) = s, 0 < s < 1$ 的非时齐泊松过程, 将产生等分布的事件数, 但是需要检查是否决定接受的期望次数等于 1.

2. 到达时间的条件分布

回想一下强度为 λ 的泊松过程的结果, 给定直到时刻 T 为止的事件数时, 事件发生的时间集合是独立同分布于 $(0, T)$ 上的均匀随机变量. 现在假设这些事件中在时刻 t 发生的每一个事件都以概率 $\lambda(t)/\lambda$ 计数. 因此, 在给定被计数的事件数时, 可以推出这些被计数事件发生的时间是独立的, 具有相同的分布 $F(s)$, 其中

$$\begin{aligned}F(s) &= P\{\text{时间} \leqslant s | \text{被计数}\} \\ &= \frac{P\{\text{时间} \leqslant s, \text{被计数}\}}{P\{\text{被计数}\}} \\ &= \frac{\int_0^T P\{\text{时间} \leqslant s, \text{被计数} | \text{时间} = x\} \mathrm{d}x/T}{P\{\text{被计数}\}} \\ &= \frac{\int_0^s \lambda(x)\mathrm{d}x}{\int_0^T \lambda(x)\mathrm{d}x},\end{aligned}$$

上面的推理表明, 给定非时齐泊松过程直到时刻 T 为止的 n 个事件, 这 n 个事件发生的时间是独立的, 具有相同的密度函数

$$f(s) = \frac{\lambda(s)}{m(T)}, \quad 0 < s < T, \quad m(T) = \int_0^T \lambda(s)\mathrm{d}s.$$

由于直至时刻 T 为止的事件数 $N(T)$ 是均值为 $m(T)$ 的泊松分布, 我们模拟非时齐泊松过程可以通过首先模拟 $N(T)$, 然后由密度 $f(s)$ 模拟 $N(T)$ 个随机变量来完成.

3. 模拟事件的时间

现在来介绍模拟具有强度函数 $\lambda(t)(t \geqslant 0)$ 的非时齐泊松过程的第三种方法, 这可能是最基本的方法, 即模拟相继事件发生的时间. 所以将这种过程的相继事件发生的时间记为 $X_1, X_2, \cdots$, 因为这些随机变量是相依的, 所以利用条件分布方法作模拟. 因此, 我们需要知道在给定 $X_1, \cdots, X_{i-1}$ 时 X_i 的条件分布.

注意, 如果一个事件发生在时刻 x, 那么与 x 之前发生的事件无关, 直至下一个事件发生的时间有分布 F_x.

$$\begin{aligned}\overline{F}_x(t) &= P\{在 (x, x+t) 中有 0 个事件发生 \mid 在 x 发生一个事件\} \\ &= P\{在 (x, x+t) 中有 0 个事件发生\} \quad (由独立增量) \\ &= \exp\left\{-\int_0^t \lambda(x+y)\mathrm{d}y\right\},\end{aligned}$$

通过对 $F_x(t)$ 关于 t 求导得到对应的密度函数为

$$f_x(t) = \lambda(x+t)\exp\left\{-\int_0^t \lambda(x+y)\mathrm{d}y\right\}.$$

我们现在可以这样来模拟事件发生时间 $X_1, X_2, \cdots$: 通过从 F_0 模拟 X_1; 如果 X_1 的模拟值是 x_1, 用从 F_{x_1} 生成的一个值加上 x_1 模拟 X_2, 且如果 X_2 的模拟值是 x_2, 用从 F_{x_2} 生成的一个值加上 x_2 模拟 X_3, 如此等等.

例 2.6.1 假设 $\lambda(x) = \dfrac{1}{x+a}, x \geqslant 0$, 那么

$$\int_0^t \lambda(x+y)\mathrm{d}y = \ln\frac{x+a+t}{x+a},$$

因此

$$F_x(t) = 1 - \frac{x+a}{x+a+t} = \frac{t}{x+a+t},$$

从而

$$F_x^{-1}(u) = (x+a)\frac{u}{1-u},$$

所以, 可以通过生成 $U_1, U_2, \cdots$, 而后令

$$X_1 = \frac{aU_1}{1-U_1}, \quad X_2 = (X_1+a)\frac{U_2}{1-U_2} + X_1,$$

一般地, 以

$$X_j = (X_{j-1}+a)\frac{U_j}{1-U_j} + X_{j-1}, \quad j \geqslant 2$$

模拟相继事件发生的时间 $X_1, X_2, \cdots$.

2.6.2 检验

在实际应用中,人们常常对他们感兴趣的现象进行观测,然后用某种概率模型拟合所得的观测数据,并且根据这些数据对不能直接观测的模型参数作出统计推断,从而能够对被研究对象的统计特性有一个较全面的了解. 当我们选用时齐泊松过程作模型时,可以利用前面已经得到的有关这类过程的一些特性进行统计检验. 下面就介绍几种常用的简单检验方法.

(1) 我们已经知道强度为 λ 的时齐泊松过程在任意长度等于 t 的区间中发生的点数服从参数为 λt 的泊松分布. 因为泊松分布的数学期望和方差是相等的, 故它们的比值等于 1. 于是, 人们常常利用时齐泊松过程和泊松分布的这种特点对用时齐泊松过程模拟观测数据的合理性进行初步的检验. 这就是说, 首先根据观测数据算出在一定长度区间中发生点数的数学期望和方差的估计值, 然后看看这两者的比值是否接近 1, 如果算出的比值和 1 相差较大, 我们就要对使用时齐泊松过程作模型的合理性进行进一步的检验. 当 $\dfrac{\text{方差}}{\text{数学期望}}$ 的估计值小于 1 时, 我们说被观测的点过程下偏时齐泊松过程, 这表明被观测到的点发生现象比时齐泊松过程要规则, 当这个估计比值大于 1 时, 我们说被观测点过程上偏时齐泊松过程, 这意味着被观测到的点发生现象比时齐泊松过程更分散.

(2) 我们可以利用如下的散度指标检验泊松过程的时间齐次性. 设 $n_1,\cdots,n_k$ 是离散型随机变量 N 的 k 个观测值, $\overline{n} = \dfrac{n_1+\cdots+n_k}{k}$ 是样本平均值. 于是, 统计量

$$d = \sum_{i=1}^{k}\frac{(n_i-\overline{n})^2}{\overline{n}}$$

可以用来检验这 k 个观测值是否来自具有同一参数 μ 的泊松总体. 已经知道当这 k 个观测值确是来自同一泊松总体时, 自由度为 $k-1$ 的 χ^2 分布是统计量 d 的一个很好的渐近分布. 因为时齐泊松过程具有时齐性质, 即若把观测区间分为 k 个有相等长度 $t=T/k$ 的子区间, 则强度为 λ 的时齐泊松过程在这 k 个区间上发生的点数都有参数为 $\mu=\lambda t$ 的泊松分布. 如果我们记录到过程在这 k 个子区间中发生的点数是 $n_1,\cdots,n_k$, 则可以利用散度指标对过程是强度为 λ 的时齐泊松过程这一假设作统计检验.

(3) 检验 $\{T_n, n \geqslant 1\}$ 是否独立同指数分布. 设 $T_1, T_2, T_3, \cdots$ 为点数的来到间隔, 作

$$N(t) = \begin{cases} 0, & t < T_1, \\ n, & \sum_{i=1}^{n} T_i < t \leqslant \sum_{i=1}^{n+1} T_i, \end{cases}$$

若 $T_1, T_2, T_3, \cdots$ 相互独立, 均服从参数为 $\lambda(\lambda > 0)$ 的指数分布, 则过程 $\{N(t), t \geqslant 0\}$ 为时齐泊松过程.

要检验由上式定义的过程 $\{N(t), t \geqslant 0\}$ 是否为时齐泊松过程, 即要检验假设 $H_0:\{N(t), t \geqslant 0\}$ 为时齐泊松过程是否成立. 亦即检验 $T_1, T_2, T_3, \cdots$ 是否相互独立地服从同一指数分布. 设 $t_1, t_2, \cdots, t_n$ 是 $T_1, T_2, T_3, \cdots$ 的观察值, 可按如下步骤进行检验: 首先, 用游程检验等方法来评价 $t_1, t_2, \cdots, t_n$ 是否为随机数据 (要求 $n>10$); 其次, 当判明 $t_1, t_2, \cdots, t_n$ 为随机数据后, 用拟合优度 χ^2 检验或 Kolmogorov-Smirnov 检验来评价 $t_1, t_2, \cdots, t_n$ 是否来自同一指数总体.

(4) 给定 $T > 0$, 检验在 $N(T) = n$ 下, $S_1, S_2, \cdots, S_n$ 的条件分布是否与 $[0,T]$ 上 n 个独立同均匀分布的顺序统计量的分布相同. 提出统计假设 $H_0 : \{N(t), t \geqslant 0\}$ 是时齐泊松过程, 令 $\sigma_n = \sum\limits_{k=1}^{n} S_k$. 当 H_0 成立时, 有

$$E\{\sigma_n | N(T) = n\} = E\sum_{i=t}^{n} Y_{(i)} = E\sum_{i=1}^{n} Y_i = \frac{nT}{2},$$

$$\operatorname{Var}\{\sigma_n | N(T) = n\} = \operatorname{Var}\sum_{i=1}^{n} Y_{(i)} = \operatorname{Var}\sum_{i=1}^{n} Y_i = \frac{nT^2}{12},$$

其中 $\{Y_i, 1 \leqslant i \leqslant n\}$ 独立同分布, $Y_i \sim U[0,t]$. $Y_{(1)}, Y_{(2)}, \cdots, Y_{(n)}$ 为其顺序统计量. 利用独立同分布的中心极限定理, 有

$$\lim_{n \to \infty} P\left\{ \frac{\sigma_n - \dfrac{n}{2}T}{T\sqrt{\dfrac{n}{12}}} \leqslant x \,\bigg|\, N(T) = n \right\} = \lim_{n \to \infty} P\left(\frac{\sum\limits_{i=1}^{n} Y_i - \dfrac{n}{2}T}{T\sqrt{\dfrac{n}{12}}} \leqslant x \right)$$

$$= \Phi(x) = \frac{1}{\sqrt{2\pi}} \int_{-\infty}^{x} \mathrm{e}^{-\frac{u^2}{2}} \mathrm{d}u,$$

即对充分大的 n, 有

$$P\left(\frac{\sigma_n}{T} \leqslant \frac{1}{2}\left[n + x\left(\frac{n}{3}\right)^{\frac{1}{2}} \right] \bigg| N(t) = n \right) \approx \Phi(x).$$

若给定检验水平 $\alpha = 0.05$, 则当

$$\frac{\sigma_n}{T} \in \frac{1}{2}\left[n \pm 1.96\left(\frac{n}{3}\right)^{\frac{1}{2}} \right]$$

时, 接受 H_0, 否则拒绝 H_0, 此法优点在于不要求已知 λ.

经过上述检验后, 如接受 H_0, 则认为 $\{N(t), t \geqslant 0\}$ 是时齐泊松过程, 进而解决由已知数据如何估计参数 λ 的问题.

2.6.3 参数 λ 的估计

1. 极大似然估计

设 $\{N(t), t \geqslant 0\}$ 为时齐泊松过程, 给定 T, 若在 $[0,T]$ 上观察到 $S_1, S_2, \cdots, S_n$ 的取值 $t_1, t_2, \cdots, t_n \leqslant T$, 则似然函数为

$$L(t_1, t_2, \cdots, t_n, \lambda) = \lambda^n \mathrm{e}^{-\lambda T}.$$

令 $\dfrac{\mathrm{d}L}{\mathrm{d}\lambda} = 0$, 即得 λ 的极大似然估计为

$$\hat{\lambda}_L = \frac{n}{T}.$$

给定 T 后, 则落在 $[0,T]$ 上的个数 n 是随观察结果而定的.

2. 区间估计

仅讨论固定 n 的情形, 若 $\{N(t), t \geqslant 0\}$ 是时齐泊松过程, 则 $S_n = \sum\limits_{k=1}^{n} X_k$ 的概率密度函数为

$$f_n(t) = \frac{\lambda(\lambda t)^{n-1}}{(n-1)!} e^{-\lambda t} = \frac{\lambda^n}{\Gamma(n)} t^{n-1} e^{-\lambda t} \quad (t \geqslant 0),$$

其中 $\Gamma(\alpha) = \int_0^\infty x^{\alpha-1} e^{-x} dx$ 为 Γ 函数, $\Gamma(n) = (n-1)!$. 因此, $2\lambda S_n$ 的概率密度函数为

$$g_n(t) = \frac{1}{2^{\frac{2n}{2}} \Gamma\left(\frac{2n}{2}\right)} t^{\frac{2n}{2}-1} e^{-\frac{t}{2}} \quad (t \geqslant 0),$$

这与 $\chi^2(2n)$ 的密度相同, 故 $2\lambda S_n = \chi^2(2n)$. 取置信度为 $1-\alpha$, 则

$$P\left(\chi^2_{\frac{\alpha}{2}}(2n) \leqslant 2\lambda S_n \leqslant \chi^2_{1-\frac{\alpha}{2}}(2n)\right) = 1-\alpha,$$

故置信度为 $1-\alpha$ 的 λ 的置信区间为

$$\left[\frac{\chi^2_{\frac{\alpha}{2}}(2n)}{2S_n}, \frac{\chi^2_{1-\frac{\alpha}{2}}(2n)}{2S_n}\right].$$

S_n 由样本数据得到, $\chi^2_{\frac{\alpha}{2}}(2n)$ 及 $\chi^2_{1-\frac{\alpha}{2}}(2n)$ 可查表得到.

在前几节讨论中, 我们看到时齐泊松过程有许多独特的性质, 这与它的定义中加了许多严格限制有关. 许多实际问题中并不都满足这些条件, 因此有必要讨论定义中某些条件放宽后的情形, 这就是它的若干推广情形.

2.7 非时齐泊松过程

当时齐泊松过程的强度 λ 不再是常数, 而与时间 t 有关时, 时齐泊松过程被推广为非时齐泊松过程. 一般来说, 非时齐泊松过程是不具备平稳增量性的. 在实际中, 非时齐泊松过程也是比较常用的, 例如在考虑设备的故障率时, 由于设备使用年限的变化, 出故障的可能性会随之变化; 放射性物质的衰变速度, 会因各种外部条件的变化而随之变化; 昆虫产卵的平均数量随年龄和季节而变化等. 在这样的情况下, 再用时齐泊松过程来描述就不合适了, 于是改用非时齐的泊松过程来处理.

定义 2.7.1 随机过程 $\{N(t), t \geqslant 0\}$ 称为非时齐泊松过程, 若满足:

(1) $N(t)$ 是一计数过程, 且 $N(0) = 0$;

(2) $N(t)$ 具有独立增量性, 即取 $0 < t_1 < t_2 < \cdots < t_n$, 有 $N(t_1), N(t_2) - N(t_1), \cdots, N(t_n) - N(t_{n-1})$ 相互独立;

(3) 对 $\forall t \geqslant 0$ 和充分小的 $\Delta t > 0$, 有

$$P(N(t+\Delta t) - N(t) = 1) = \lambda(t)\Delta t + o(\Delta t),$$

$$P(N(t+\Delta t) - N(t) \geqslant 2) = o(\Delta t),$$

其中 $\{\lambda(t), t \geqslant 0\}$ 称为强度函数, $o(\Delta t)$ 为 Δt 的高阶无穷小.

2.7 非时齐泊松过程

定义 2.7.2 随机过程 $\{N(t), t \geq 0\}$ 称为非时齐泊松过程, 若满足:
(1) $N(0) = 0$;
(2) $N(t)$ 具有独立增量性;
(3) 令 $m(t) = \int_0^t \lambda(s)\mathrm{d}s$, 其中 $\lambda(s) > 0$, 对 $\forall s, t \geq 0$, 有

$$P(N(t+s) - N(t) = n) = \frac{(m(s+t) - m(t))^n}{n!}\mathrm{e}^{-(m(s+t)-m(t))},$$

其中 $\{\lambda(t), t \geq 0\}$ 称为强度函数, $o(\Delta t)$ 为 Δt 的高阶无穷小.

注 2.7.1 此定义中 (3) 的主要特点为

$$E(N(t+s) - N(s)) = m(s+t) - m(s) = \int_s^{s+t} \lambda(s)\mathrm{d}s,$$

由于 $N(t+s) - N(s)$ 服从泊松分布, 所以

$$\mathrm{Var}(N(t+s) - N(s)) = E(N(t+s) - N(s)) = m(s+t) - m(s).$$

两定义的等价性证明:
下面先证定义 2.7.1 $\Longrightarrow$ 定义 2.7.2.
证明 固定 t, 且定义

$$P_n(s) = P(N(t+s) - N(t) = n),$$

则有

$$\begin{aligned}P_0(s+h) &= P(N(t+s+h) - N(t) = 0) \\ &= P(N(t+s) - N(t) = 0, N(t+s+h) - N(t+s) = 0) \\ &= P(N(t+s) - N(t) = 0) P(N(t+s+h) - N(t+s) = 0) \\ &= P_0(s)(1 - \lambda(t+s)h + o(h)),\end{aligned}$$

其中最后第二个等式由定义 2.7.1 的 (2) 独立增量性得到, 最后一个等式由定义 2.7.1 的 (3) 得到. 因此

$$\frac{P_0(s+h) - P_0(s)}{h} = -\lambda(t+s)P_0(s) + \frac{o(h)}{h}.$$

令 $h \to 0$ 得

$$P_0'(s) = -\lambda(t+s)P_0(s)$$

或

$$\ln P_0(s) = -\int_0^s \lambda(t+u)\mathrm{d}u$$

或

$$P_0(s) = \mathrm{e}^{-(m(t+s)-m(t))}.$$

同理

$$P_0(s+h) = P(N(t+s+h) - N(t) = n)$$
$$= P(N(t+s) - N(t) = n, N(t+s+h) - N(t+s) = 0)$$
$$+ P(N(t+s) - N(t) = n-1, N(t+s+h) - N(t+s) = 1)$$
$$+ P(N(t+s) - N(t) = n-2, N(t+s+h) - N(t+s) = 2)$$
$$+ \cdots$$
$$= P_n(s)(1 - \lambda(t+s)h + o(h)) + P_{n-1}(s)(\lambda(t+s)h) + o(h),$$

因此

$$\frac{P_n(s+h) - P_n(s)}{h} = -\lambda(t+s)P_n(s) + \lambda(t+s)P_{n-1}(s) + \frac{o(h)}{h}.$$

令 $h \to 0$ 得

$$P'_n(s) = -\lambda(t+s)P_n(s) + \lambda(t+s)P_{n-1}(s).$$

当 $n = 1$ 时, 有

$$P'_1(s) = -\lambda(t+s)P_1(s) + \lambda(t+s)P_0(s)$$
$$= -\lambda(t+s)P_1(s) + \lambda(t+s)\mathrm{e}^{-(m(t+s)-m(t))}.$$

上式是关于 $P_1(s)$ 的一阶线性微分方程, 利用初始条件 $P_1(0) = 0$, 可解得

$$P_1(s) = (m(t+s) - m(t))\mathrm{e}^{-(m(t+s)-m(t))},$$

再利用归纳法即可得证. □

接下来证明定义 2.7.2 $\Longrightarrow$ 定义 2.7.1.

证明 由定义 2.7.2 中的 (3) 得

$$P(N(t+\Delta t) - N(t) = k) = \frac{(m(\Delta t + t) - m(t))^k}{k!}\mathrm{e}^{-(m(\Delta t+t)-m(t))},$$

于是

$$P\{N(t+\Delta t) - N(t) = 0\} = \mathrm{e}^{-(m(\Delta t+t)-m(t))}$$
$$= 1 - (m(\Delta t + t) - m(t)) + o(\Delta t)$$
$$= 1 - \lambda(t)\Delta t + o(\Delta t),$$
$$P\{N(t+\Delta t) - N(t) = 1\} = (m(\Delta t + t) - m(t))\mathrm{e}^{-(m(\Delta t+t)-m(t))}$$
$$= \lambda(t)\Delta t + o(\Delta t),$$
$$P\{N(t+\Delta t) - N(t) \geqslant 2\} = 1 - P\{N(t+\Delta t) - N(t) = 0\} - P\{N(t+\Delta t) - N(t) = 1\}$$
$$= o(\Delta t).$$

定义 2.7.1 中的 (3) 得证. □

事实上, 非时齐泊松过程与时齐泊松过程可通过变换进行相互转化.

2.7 非时齐泊松过程

定理 2.7.1 设 $\{N(t), t \geqslant 0\}$ 是具有强度函数 $\{\lambda(t) > 0, t \geqslant 0\}$ 的非时齐泊松过程, 令 $m(t) = \int_0^t \lambda(s)\mathrm{d}s$, $m^{-1}(t)$ 是 $m(t)$ 的反函数, 即

$$m^{-1}(u) = \inf\{t, t > 0, m(t) \geqslant u, u \geqslant 0\},$$

记 $M(u) = N\left(m^{-1}(u)\right)$, 则 $\{M(u), u \geqslant 0\}$ 是时齐泊松过程.

证明 首先由 $\{\lambda(s) > 0, s \geqslant 0\}$ 知, $m(t) = \int_0^t \lambda(s)\mathrm{d}s > 0$ 且单调增加, 所以 $m^{-1}(t)$ 存在且单调增加, 为证明定理, 只需证明 $\{M(u), u \geqslant 0\}$ 满足时齐泊松过程的条件 (1)—(4), 其中 (1), (2) 不难由 $N(t)$ 的相应性质得到, 下面证明它满足 (3), (4). 记 $v(u) = m^{-1}(u)$, 则

$$M(u) = N\left(m^{-1}(u)\right) = N(v(u)).$$

设 $v = m^{-1}(u), v + h' = m^{-1}(u+h)$, 则由

$$\begin{aligned} h &= m(v + h') - m(v) \\ &= \int_v^{v+h'} \lambda(s)\mathrm{d}s \\ &= \lambda(v)h' + o(h') \end{aligned}$$

可得

$$\begin{aligned} &\lim_{h \to 0^+} \frac{P(M(u+h) - M(u) = 1)}{h} \\ &= \lim_{h' \to 0^+} \frac{P(N(v+h') - N(v) = 1)}{\lambda(v)h' + o(h')} \\ &= \lim_{h' \to 0^+} \frac{\lambda(v)h' + o(h')}{\lambda(v)h' + o(h')} = 1, \end{aligned}$$

即

$$P(M(u+h) - M(u) = 1) = h + o(h),$$

同理可得

$$P(M(u+h) - M(u) \geqslant 2) = o(h).$$

所以, $\{M(u), u \geqslant 0\}$ 是时齐泊松过程. □

定理 2.7.2 设 $\{M(u), u \geqslant 0\}$ 是时齐泊松过程, 参数 $\lambda = 1$, 若给定强度函数 $\{\lambda(s) > 0, s \geqslant 0\}$, 令 $m(t) = \int_0^t \lambda(s)\mathrm{d}s$, $N(t) = M(m(t))$, 则 $\{N(t), t \geqslant 0\}$ 是具有强度函数 $\{\lambda(s) > 0, s \geqslant 0\}$ 的非时齐泊松过程.

例 2.7.1 设某设备的使用期限为 10 年, 在 5 年内它平均 2.5 年需要维修一次, 后 5 年平均 2 年需维修一次. 试求它在使用期内只维修过一次的概率.

解 用非时齐泊松过程考虑, 强度函数

$$\lambda(t) = \begin{cases} \dfrac{1}{2.5}, & 0 \leqslant t \leqslant 5, \\ \dfrac{1}{2}, & 5 \leqslant t \leqslant 10. \end{cases} \qquad m(10) = \int_0^{10} \lambda(t)\mathrm{d}t = \dfrac{9}{2}.$$

因此
$$P(N(10)-N(0)=1)=\frac{9}{2}\mathrm{e}^{-\frac{9}{2}}.\qquad \square$$

2.8 复合泊松过程

定义 2.8.1 称随机过程 $\{X(t), t \geqslant 0\}$ 为复合泊松过程, 如果对于 $t \geqslant 0, X(t)$ 可以表示为
$$X(t)=\sum_{i=1}^{N(t)}Y_i,$$
其中 $\{N(t), t \geqslant 0\}$ 是一个泊松过程, $Y_i(i=1,2,\cdots)$ 是一族独立同分布的随机变量, 并且与 $\{N(t), t \geqslant 0\}$ 也是独立的.

例 2.8.1 保险公司接到的索赔次数服从一个泊松过程 $\{N(t)\}$, 每次要求索赔的金额 Y_i 都相互独立, 且有同分布 F, 每次的索赔数额与它发生的时刻无关, 则在 $[0, t]$ 时间内保险公司需要赔付的总金额 $\{X(t)\}$ 就是一个复合泊松过程, 其中
$$X(t)=\sum_{i=1}^{N(t)}Y_i.$$

例 2.8.2 (顾客成批到达的排队系统) 设顾客到达某服务系统的时间 $S_1, S_2, \cdots$ 形成一强度为 λ 的泊松过程, 在每个时刻 $S_n(n=1,2,\cdots)$ 可以同时有多名顾客到达. Y_n 表示在时刻 S_n 到达的顾客人数, 假定 $Y_n(n=1,2,\cdots)$ 相互独立, 并且与 $\{S_n\}$ 也独立, 则在 $[0, t]$ 时间内到达服务系统的顾客总人数也可用一复合泊松过程来描述.

事实上, 如果 $\{N(t), t \geqslant 0\}$ 表示粒子流, $N(t)$ 表示 $[0, t]$ 内到达的粒子数, Y_i 表示第 i 个到达粒子的能量, 则 $X(t)$ 表示 $[0, t]$ 内到达粒子的总能量.

为求 $X(t)$ 的矩, 先求它的矩母函数.

$$\begin{aligned}\phi_t(u) &= E[\exp\{uX(t)\}] \\ &= \sum_{n=0}^{\infty} E[\exp\{uX(t)\}|N(t)=n]P\{N(t)=n\} \\ &= \sum_{n=0}^{\infty} E[\exp\{u(Y_1+\cdots+Y_n)\}|N(t)=n]\mathrm{e}^{-\lambda t}\frac{(\lambda t)^n}{n!} \\ &= \sum_{n=0}^{\infty} E[\exp\{u(Y_1+\cdots+Y_n)\}]\mathrm{e}^{-\lambda t}\frac{(\lambda t)^n}{n!} \\ &= \sum_{n=0}^{\infty} (E[\exp\{uY_1\}])^n \mathrm{e}^{-\lambda t}\frac{(\lambda t)^n}{n!} \\ &= \exp\{\lambda t(\phi_{Y_1}(u)-1)\},\end{aligned}$$

其中 $\phi_{Y_1}(u) = E[\exp(uY_1)]$ 为矩母函数.

对上式在 $u=0$ 处求导得
$$E[X(t)] = \lambda t(EY_1),$$

2.8 复合泊松过程

$$\text{Var}[X(t)] = \lambda t E(Y_1^2).$$

如果 Y_i 是取值为正整数的随机变量, 则称 $\{X(t), t \geqslant 0\}$ 为平稳无后效流.

例 2.8.3 证明: $E[X(t)] = \lambda t(EY_1), \text{Var}[X(t)] = \lambda t E(Y_1^2)$.

证明 因为

$$E[X(t)] = E\left\{E\left[\sum_{i=1}^{N(t)} Y_i \bigg| N(t)\right]\right\}$$

$$= \sum_{n=1}^{\infty} n E(Y_i) P\{N(t) = n\}$$

$$= E(Y_1) \sum_{n=1}^{\infty} n P\{N(t) = n\}$$

$$= E Y_1 \cdot E[N(t)]$$

$$= \lambda t(EY_1),$$

$$E[X^2(t)] = E\left\{E\left[\left(\sum_{i=1}^{N(t)} Y_i\right)^2 \bigg| N(t)\right]\right\}$$

$$= \sum_{n=1}^{\infty} E\left\{\sum_{i=1}^{n} Y_i\right\}^2 P\{N(t) = n\}$$

$$= \sum_{n=1}^{\infty} \left[\sum_{i=1}^{n} E Y_i^2 + \sum_{i \neq j} E(Y_i Y_j)\right] P\{N(t) = n\}$$

$$= E(Y_1^2) \sum_{n=1}^{\infty} n P\{N(t) = n\} + E^2(Y_1) \sum_{n=1}^{\infty} n(n-1) P\{N(t) = n\}$$

$$= \lambda t E(Y_1^2) + E^2(Y_1)[E(N^2(t)) - E(N(t))]$$

$$= \lambda t E(Y_1^2) + E^2(Y_1)(\lambda t)^2,$$

所以

$$\text{Var}[X(t)] = E[X^2(t)] - [E(X(t))]^2 = \lambda t E(Y_1^2). \qquad \Box$$

例 2.8.4 设飞机场到达的乘客数服从泊松过程, 平均每小时到达的客机数为 5 架, 客机共有 A, B, C 三种类型, 它们能承载的乘客数分别为 180 人、145 人、80 人, 且这三种飞机出现的概率相同, 求在 3h 内到达机场的最多乘客数的数学期望.

解 设 Y_n 表示第 n 架飞机的乘客数, $X(t)$ 表示到达机场的乘客数, 则

$$X(t) = \sum_{n=1}^{N(t)} Y_n,$$

$$E(Y_n) = \frac{1}{3} \times (180 + 145 + 80) = 135,$$

$$E[X(t)] = \lambda t E(Y_n),$$

$$E[X(3)] = 5 \times 3 \times 135 = 2025. \qquad \Box$$

定理 2.8.1 (复合泊松恒等式)　设 $Y = \sum_{k=1}^{N} X_k$ 是复合泊松随机变量, 其中随机变量 N 服从参数为 λ 的泊松分布, 随机变量序列 $\{X_k, k = 1, 2, \cdots\}$ 是独立同分布的, 且与 N 统计独立, 设 $\{X_k, k = 1, 2, \cdots\}$ 的分布函数为 $F(x)$, 其中随机变量 X 与 $\{X_k, k = 1, 2, \cdots\}$ 和 N 统计独立, 它的分布函数也为 $F(x)$, 则对任意的有界函数 $h(x)$ 有

$$E[Yh(Y)] = \lambda E[Xh(Y + X)].$$

证明　因为

$$\begin{aligned}
E[Yh(Y)] &= \sum_{n=0}^{\infty} E[Yh(Y)|N = n]P(N = n) \\
&= \sum_{n=0}^{\infty} \frac{\lambda^n}{n!} \mathrm{e}^{-\lambda} E\left[\sum_{k=1}^{n} X_k h\left(\sum_{k=1}^{n} X_k\right)\right] \\
&= \sum_{n=0}^{\infty} \frac{\lambda^n}{n!} \mathrm{e}^{-\lambda} \left\{\sum_{k=1}^{n} E\left[X_k h\left(\sum_{k=1}^{n} X_k\right)\right]\right\} \\
&= \sum_{n=0}^{\infty} \frac{\lambda^n}{n!} \mathrm{e}^{-\lambda} n E\left[X_n h\left(\sum_{k=1}^{n} X_k\right)\right] \\
&= \sum_{n=1}^{\infty} \frac{\lambda^n}{(n-1)!} \mathrm{e}^{-\lambda} \int_{-\infty}^{\infty} E\left[X_n h\left(\sum_{k=1}^{n} X_k\right)\bigg| X_n = x\right] \mathrm{d}F(x) \\
&= \lambda \sum_{n=1}^{\infty} \frac{\lambda^{n-1}}{(n-1)!} \mathrm{e}^{-\lambda} \int_{-\infty}^{\infty} E\left[xh\left(\sum_{k=1}^{n-1} X_k + x\right)\right] \mathrm{d}F(x) \\
&= \lambda \int_{-\infty}^{\infty} x \sum_{m=0}^{\infty} \frac{\lambda^m}{m!} \mathrm{e}^{-\lambda} E\left[h\left(\sum_{k=1}^{m} X_k + x\right)\right] \mathrm{d}F(x).
\end{aligned}$$

上式中, 令 $m = n - 1$ 进行了指标替换, 则

$$\begin{aligned}
E[Yh(Y)] &= \lambda \int_{-\infty}^{\infty} x \sum_{m=0}^{\infty} E[h(Y + x)|N = m]P(N = m) \mathrm{d}F(x) \\
&= \lambda \int_{-\infty}^{\infty} xE[h(Y + x)] \mathrm{d}F(x) \\
&= \lambda \int_{-\infty}^{\infty} E[xh(Y + x)|X = x] \mathrm{d}F(x) \\
&= \lambda E[Xh(Y + X)].
\end{aligned}$$ □

注 2.8.1　如果随机变量 N 换为时齐泊松过程 $N(t)$, 则相应的恒等式中参数 λ 应为 λt. 同时, 泊松恒等式给出了计算 Y 的各阶统计量的一个迭代算法.

推论 2.8.1　对任何正整数 n, 有

$$E(Y^n) = \lambda \sum_{k=0}^{n-1} \mathrm{C}_{n-1}^{k} E(Y^k) E(X^{n-k}).$$

证明　取 $h(x) = x^{n-1}$, 应用定理 2.8.1 得

$$E(Y^n) = \lambda E[X(Y + X)^{n-1}]$$

$$= \lambda E\left[\sum_{k=0}^{n-1} C_{n-1}^k Y^k X^{n-k}\right]$$
$$= \lambda \sum_{k=0}^{n-1} C_{n-1}^k E(Y^k) E(X^{n-k}).$$
□

2.9 条件泊松过程

泊松过程描述的是一个有着"风险"参数 λ 的个体发生某一事件的频率,如果我们考虑一个总体,其中的个体存在差异,比如发生事故的倾向性因人而异,这时可以把概率分布解释为给定 λ 时, $N(t)$ 的条件分布 $P_{N(t)|\lambda}(t)$.

定义 2.9.1 设 Λ 是一正随机变量,分布函数为 $G(x), x \geqslant 0$, 设 $\{N(t), t \geqslant 0\}$ 是一计数过程,当给定 $\Lambda = \lambda$ 的条件下, $\{N(t), t \geqslant 0\}$ 是强度为 λ 的时齐泊松过程,即 $\forall s, t \geqslant 0, n \in N, \lambda \geqslant 0$, 有
$$P(N(t+s) - N(s) = n | \Lambda = \lambda) = \frac{(\lambda t)^n}{n!} e^{-\lambda t},$$
则 $\{N(t), t \geqslant 0\}$ 是**条件泊松过程**.

注 2.9.1 条件泊松过程 $\{N(t), t \geqslant 0\}$ 不是独立增量过程,且
$$P(N(t+s) - N(s) = n) = \int_0^\infty P(N(t+s) - N(s) = n | \Lambda = \lambda) dG(\lambda)$$
$$= \int_0^\infty \frac{(\lambda t)^n}{n!} e^{-\lambda t} dG(\lambda).$$

定理 2.9.1 设 $\{N(t), t \geqslant 0\}$ 是条件泊松过程, $E(\Lambda^2) < \infty$, 则
(1) $E(N(t+s) - N(t)) = sE(\Lambda)$;
(2) $\text{Var}(N(t+s) - N(t)) = sE(\Lambda) + s^2 \text{Var}(\Lambda)$.

证明 因为
$$E(N(t+s) - N(t))$$
$$= \sum_{n=1}^\infty nP(N(t+s) - N(t) = n)$$
$$= \sum_{n=1}^\infty n \int_0^\infty \frac{(\lambda s)^n}{n!} e^{-\lambda s} dG(\lambda)$$
$$= \int_0^\infty \lambda s \left(\sum_{n=1}^\infty \frac{(\lambda s)^{n-1}}{(n-1)!} e^{-\lambda s}\right) dG(\lambda)$$
$$= s \int_0^\infty \lambda dG(\lambda) = sE(\Lambda),$$
$$E(N(t+s) - N(t))^2$$
$$= \sum_{n=1}^\infty n^2 P(N(t+s) - N(t) = n)$$

$$\begin{aligned}
&= \sum_{n=1}^{\infty} n^2 \int_0^{\infty} \frac{(\lambda s)^n}{n!} e^{-\lambda s} dG(\lambda) \\
&= \int_0^{\infty} \lambda s \left(\sum_{n=1}^{\infty} n \frac{(\lambda s)^{n-1}}{(n-1)!} e^{-\lambda s} \right) dG(\lambda) \\
&= \int_0^{\infty} \lambda s \left(\sum_{n=1}^{\infty} (n-1) \frac{(\lambda s)^{n-1}}{(n-1)!} e^{-\lambda s} \right) dG(\lambda) \\
&\quad + \int_0^{\infty} \lambda s \left(\sum_{n=1}^{\infty} \frac{(\lambda s)^{n-1}}{(n-1)!} e^{-\lambda s} \right) dG(\lambda) \\
&= \int_0^{\infty} (\lambda s)^2 \left(\sum_{n=2}^{\infty} \frac{(\lambda s)^{n-2}}{(n-2)!} e^{-\lambda s} \right) dG(\lambda) + sE(\Lambda) \\
&= s^2 \int_0^{\infty} \lambda^2 dG(\lambda) + sE(\Lambda) = s^2 E(\Lambda^2) + sE(\Lambda),
\end{aligned}$$

于是

$$\begin{aligned}
\mathrm{Var}[N(t+s) - N(t)] &= E[(N(t+s) - N(t))^2] - [E(N(t+s) - N(t))]^2 \\
&= sE(\Lambda) + s^2 \mathrm{Var}(\Lambda).
\end{aligned}$$ $\square$

例 2.9.1 设意外事故的发生频率受某种未知因素影响有两种可能 λ_1, λ_2, 且 $P(\Lambda = \lambda_1) = p, P(\Lambda = \lambda_2) = 1 - p = q, 0 < p < 1$ 为已知. 已知到时刻 t 已经发生了 n 次事故, 求下一次事故在 $t+s$ 之前不会到来的概率. 另外, 这个发生频率为 λ_1 的概率是多少?

解 事实上, 不难计算

$$\begin{aligned}
&P\{(t, t+s) \text{内无事故} | N(t) = n\} \\
&= \frac{\sum_{i=1}^{2} P(\Lambda = \lambda_i) P(N(t) = n, N(t+s) - N(t) = 0 | \Lambda = \lambda_i)}{\sum_{i=1}^{2} P(\Lambda = \lambda_i) P(N(t) = n | \Lambda = \lambda_i)} \\
&= \frac{p(\lambda_1 t)^n e^{-\lambda_1(s+t)} + (1-p)(\lambda_2 t)^n e^{-\lambda_2(s+t)}}{p(\lambda_1 t)^n e^{-\lambda_1 t} + (1-p)(\lambda_2 t)^n e^{-\lambda_2 t}} \\
&= \frac{p\lambda_1^n e^{-\lambda_1(s+t)} + q\lambda_2^n e^{-\lambda_2(s+t)}}{p\lambda_1^n e^{-\lambda_1 t} + q\lambda_2^n e^{-\lambda_2 t}},
\end{aligned}$$

以及

$$\begin{aligned}
P(\Lambda = \lambda_1 | N(t) = n) &= \frac{p e^{-\lambda_1 t} (\lambda_1 t)^n}{p e^{-\lambda_1 t} (\lambda_1 t)^n + (1-p)(\lambda_2 t)^n e^{-\lambda_2 t}} \\
&= \frac{p e^{-\lambda_1 t} \lambda_1^n}{p e^{-\lambda_1 t} \lambda_1^n + q e^{-\lambda_2 t} \lambda_2^n}.
\end{aligned}$$ $\square$

习 题 2

1. 设 $\{N(t), t \geqslant 0\}$ 为点过程,S_n 为第 n 个事件发生的时刻,且 $R(t) = S_{N(t)+1} - t$. 下列事件有什么关系? 试指出并说明理由.

(1) $(N(t) < n)$ 与 $(S_n > t)$;

(2) $(N(t) \leqslant n)$ 与 $(S_n \geqslant t)$;

(3) $(N(t) > n)$ 与 $(S_n < t)$;

(4) $(R(t) > x)$ 与 $(N(t+s) - N(t) = 0)$.

2. 设 $(N(t), t \geqslant 0)$ 为时齐泊松过程,参数为 λ.

(1) 求 $E[N(t)N(s+t)]$;

(2) 求 $E(N(s+t)|N(s))$ 的分布律;

(3) 证明任给 $0 \leqslant s \leqslant t$,有 $P(N(s) \leqslant N(t)) = 1$;

(4) 证明任给 $0 \leqslant s \leqslant t$,有 $\lim_{t \to s} P(N(t) - N(s) > \varepsilon) = 0$.

3. 设某单行公路上汽车流服从参数为 $\lambda > 0$ 的泊松分布,第 k 辆汽车将选择速度 V_k 通过此路, 假定汽车的速度变量 $\{V_k, k \geqslant 1\}$ 是独立同分布的,其分布函数为 $F(x)$, 试讨论在时刻 t 汽车处于路段 (a, b) 的分布情况 (假定汽车超越不需花费其他时间).

4. $N(t)$ 是参数为 $\lambda > 0$ 的时齐泊松过程,$S_n (n \geqslant 1)$ 表示第 n 个事件发生的时刻,求

(1) $P(S_1 \leqslant x, N(t) = n)$;

(2) $P(S_2 \leqslant x, N(t) = n)$;

(3) $P(S_{n-1} \leqslant x, N(t) = n)$.

5. 设 $N(t)(t \geqslant 0)$ 是参数为 λ 的时齐泊松过程,对指定的常数 $a > b > 0$, 定义

$$Y(t) = \frac{N(t+a) - N(t+b)}{a - b},$$

求 $Y(t)$ 的自相关函数 $R(t_1, t_2)$.

6. 设 Λ 是一正的随机变量,分布函数为 $G(x), x \geqslant 0$, 设 $\{N(t), t \geqslant 0\}$ 是一计数过程,且当给定 $\Lambda = \lambda$ 的条件下,$\{N(t), t \geqslant 0\}$ 是一时齐泊松过程, 即 $\forall s, t \geqslant 0, n \in N, \lambda \geqslant 0$, 有

$$P(N(s+t) - N(s) = n | \Lambda = \lambda) = \frac{(\lambda t)^n}{n!} e^{-\lambda t},$$

求 $E[N(s+t) - N(s)]^3$.

7. 设 $N(t), t \geqslant 0$ 为参数为 λ 的时齐泊松过程,S_n 为第 n 个事件发生的时间,$Y(t)$ 为满足如下条件的随机过程:

$$Y(t) = \sum_{i=1}^{N(t)} (t^2 + 3t - S_i)^2,$$

求 $E[Y(t)]$.

8. 设 $\{N_1(t)\}$ 和 $\{N_2(t)\}$ 分别是参数为 λ_1, λ_2 的时齐泊松过程,令 $X(t) = N_1(t) - N_2(t)$, 问 $\{X(t)\}$ 是否为时齐泊松过程,为什么?

9. 一队同学顺次等候体检,设每人体检所需要的时间服从均值为 2 分钟的指数分布并且与其他人所需时间是相互独立的,则 1 小时内平均有多少同学接受过体检,在这 1 小时内最多有 40 名同学接受过体检的概率是多少 (设学生非常多, 医生不会空闲).

10. 设 $\{N(t), t \geqslant 0\}$ 是强度函数为 $\lambda(t)$ 的非时齐泊松过程,$X_1, X_2, \cdots$ 是事件的到达间隔时间,问:

(1) X_i 是否独立?

(2) X_i 是否同分布?

11. 设 $N(t), t \geqslant 0$ 为参数为 λ 的时齐泊松过程,$S_n = \inf\{t : N(t) = n\}$,对任意的正整数 $k < n$,求

(1) S_k, S_n 的联合分布;

(2) $S_n - S_k$ 的分布密度函数.

12. 设 $W = \sum\limits_{i=1}^{N} X_i$,其中随机变量 N 服从均值为 $\lambda > 0$ 的泊松分布,随机变量序列 $\{X_i\}$ 是独立同分布的,服从 $N(\mu, \sigma^2)$,求 $E(W), E(W^2), E(W^3), E(W^4)$.

第 3 章 更新理论

3.1 引言与准备知识

我们已经看到,对于时齐泊松过程,到达间隔时间是独立同分布 (independent identical distribution, 简记为 i.i.d.) 的指数随机变量. 一个自然的推广是考虑这样的计数过程,其到达间隔时间是独立同分布的,但是允许分布任意,而不必局限为指数分布,这样得到的计数过程称为**更新过程**.

定义 3.1.1 设 $\{X_n, n = 1, 2, \cdots\}$ 是独立同分布的非负随机变量序列,有相同分布 $F(x)$,为避免平凡情形,假设 $F(0) = P\{X_n = 0\} < 1$,并将 X_n 解释为在第 $(n-1)$ 个事件与第 n 个事件发生时刻之间的时间间隔. 令

$$S_0 = 0, \quad S_n = \sum_{i=1}^{n} X_i, \ n \geqslant 1,$$

可知 S_n 是第 n 个事件发生的时刻. 记

$$N(t) = \sup\{n : S_n \leqslant t\} \tag{3.1}$$

或者

$$N(t) = \sum_{n=1}^{\infty} I_{(S_n \leqslant t)}, \tag{3.2}$$

则称计数过程 $\{N(t), t \geqslant 0\}$ 为**更新过程**.

以

$$\mu = E[X_n] = \int_0^\infty x \mathrm{d}F(x)$$

记相继发生的两事件的间隔的均值,且注意到由假设 $X_n \geqslant 0$ 和 $F(0) < 1$ 可以推出 $0 < \mu \leqslant \infty$.

$N(t) = \sup\{n : S_n \leqslant t\}$ 表示到时刻 t 为止已经发生的事件数,等于使第 n 个事件在时刻 t 之前或在时刻 t 发生的最大的 n 值.

我们将交替地使用术语**事件**和**更新**,故而我们说第 n 个更新在时刻 S_n 发生. 因为到达时间间隔是独立同分布的,所以在各个更新时刻过程在概率意义上重新开始.

举一个更新过程的例子. 假设我们有无穷多个灯泡,它们的寿命是独立同分布的. 再假设在某个时间我们使用一个灯泡,而当它失效时,就立刻换上一个新的. 在这些条件下,用 $N(t)$ 表示直到时刻 t 为止失效的灯泡个数,则 $\{N(t), t \geqslant 0\}$ 是一个更新过程.

我们想要回答的第一个问题是,在有限时间中是否可能有无穷多次更新发生. 即对于 t 的某个 (有限) 值, $N(t)$ 能否是无穷? 为了说明这并不可能,首先注意到,由强大数定律可知,以概率 1,当 $n \to \infty$ 时,有

$$\frac{S_n}{n} \to \mu.$$

但是,由于 $\mu > 0$,这意味着,当 $n \to \infty$ 时 S_n 必须趋向于无穷. 于是至多只有有限个 n 值使 S_n 小于或等于 t,因此由式 (3.1) 可知 $N(t)$ 必须是有限的,且 $N(t)$ 可以写成

$$N(t) = \max\{n : S_n \leqslant t\}. \tag{3.3}$$

3.2 $N(t)$ 的分布

至少可以在理论上得到 $N(t)$ 的分布,为此,首先注意两个重要的等价事件关系:

(1) 直到 t 为止的更新次数大于或等于 n,当且仅当第 n 次更新发生在时刻 t 之前或在时刻 t,即

$$\{N(t) \geqslant n\} \iff \{S_n \leqslant t\}. \tag{3.4}$$

由式 (3.4) 得到

$$\begin{aligned} P\{N(t) = n\} &= P\{N(t) \geqslant n\} - P\{N(t) \geqslant n+1\} \\ &= P\{S_n \leqslant t\} - P\{S_{n+1} \leqslant t\}. \end{aligned} \tag{3.5}$$

(2) 直到 t 为止的更新次数等于 n,当且仅当第 n 次更新发生在时刻 t 之前或在时刻 t,第 $n+1$ 次更新发生在时刻 t 之后,即

$$\{N(t) = n\} \iff \{S_n \leqslant t < S_{n+1}\}. \tag{3.6}$$

现在,由于随机变量 $X_i (i \geqslant 1)$ 是独立的且具有相同的分布 F,故而 $S_n = \sum_{i=1}^{n} X_i$ 和 F 与其自身的 n 重卷积 F_n 同分布,所以由式 (3.5) 得

$$P\{N(t) = n\} = F_n(t) - F_{n+1}(t). \tag{3.7}$$

令

$$m(t) = E[N(t)],$$

$m(t)$ 称为更新函数,而更新理论的很多内容涉及确定更新函数 $m(t)$ 的性质,3.4 节会详细讨论.

3.3 极限定理及其应用

若以 $N(\infty) = \lim_{t \to \infty} N(t)$ 记发生的更新总数,因为发生的更新总次数 $N(\infty)$ 是有限的唯一途径使到达间隔时间中的一个为无穷大,所以

$$\begin{aligned} 0 \leqslant P(N(\infty) < \infty) &= P\{\text{对于某个} n, X_n = \infty\} \\ &= P\left\{\bigcup_{n=1}^{\infty} \{X_n = \infty\}\right\} \\ &\leqslant \sum_{n=1}^{\infty} P\{X_n = \infty\} = 0. \end{aligned}$$

3.3 极限定理及其应用

显然以概率 1 有
$$N(\infty) = \infty.$$

于是当 t 趋于无穷时,$N(t)$ 趋于无穷. 然而,我们感兴趣的是 $N(t)$ 趋于无穷的速率. 就是说,我们要对 $\lim\limits_{t\to\infty}\dfrac{N(t)}{t}$ 说点什么.

作为确定 $N(t)$ 增长速率的前奏,让我们首先考虑随机变量 $S_{N(t)}$. 换言之,这个随机变量表示什么呢? 为归纳地说明它,我们假设 $N(t) = 3$,那么 $S_{N(t)} = S_3$ 表示第 3 个事件发生的时刻. 因为到时刻 t 为止已发生的事件只有 3 个,所以 S_3 也表示在 t 之前或在时刻 t,最后一个事件发生的时刻. 事实上,$S_{N(t)}$ 所表示的是在 t 之前或在时刻 t,最后一次更新发生的时刻. 类似的推理可得,$S_{N(t)+1}$ 表示时刻 t 后的第一次更新发生的时刻.

现在我们已经做好证明下述定理的准备.

命题 3.3.1 当 $t\to\infty$ 时,以概率 1 成立
$$\frac{N(t)}{t} \to \frac{1}{\mu}. \tag{3.8}$$

证明 由于 $S_{N(t)}$ 是在 t 之前或在时刻 t 最后的更新发生的时刻,而 $S_{N(t)+1}$ 是时刻 t 后的第一次更新发生的时刻,所以有
$$S_{N(t)} \leqslant t < S_{N(t)+1},$$

从而
$$\frac{S_{N(t)}}{N(t)} \leqslant \frac{t}{N(t)} < \frac{S_{N(t)+1}}{N(t)},$$

然而,由于 $\dfrac{S_{N(t)}}{N(t)} = \sum\limits_{i=1}^{N(t)} \dfrac{X_i}{N(t)}$ 是 $N(t)$ 个独立同分布的随机变量的平均值,由强大数定律推出当 $N(t) \to \infty$ 时,$\dfrac{S_{N(t)}}{N(t)} \to \mu$. 但是,因为当 $t\to\infty$ 时,$N(t) \to \infty$,所以

$$当 t \to \infty 时, \quad \frac{S_{N(t)}}{N(t)} \to \mu.$$

另外,对于
$$\frac{S_{N(t)+1}}{N(t)} = \frac{S_{N(t)+1}}{N(t)+1} \cdot \frac{N(t)+1}{N(t)},$$

由上面相同的推理以及
$$当 t \to \infty 时, \quad \frac{N(t)+1}{N(t)} \to 1,$$

有 $\dfrac{S_{N(t)+1}}{N(t)+1} \to \mu$. 因此
$$当 t \to \infty 时, \quad \frac{S_{N(t)+1}}{N(t)} \to \mu.$$

由于 $\dfrac{t}{N(t)}$ 介于两个随机变量之间,当 $t\to\infty$ 时它们都收敛到 μ,由两边夹法则可知,结论成立.

命题 3.3.1 说明, 经过长时间后更新发生的速率将以概率 1 等于 $\frac{1}{\mu}$, 因此 $\frac{1}{\mu}$ 被称为**更新过程的速率**.

我们要说明更新的平均速度的期望 $\frac{m(t)}{t}$ 也收敛于 $\frac{1}{\mu}$, 在给出证明之前, 需要先讨论一下停时和 Wald 等式.

3.3.1 Wald 等式

定义 3.3.1 设 $X_1, X_2, \cdots$ 为独立随机变量序列, N 是取非负整值的随机变量, 如果对一切 $n = 1, 2, \cdots$, 事件 $\{N = n\}$ 与 $X_{n+1}, X_{n+2}, \cdots$ 独立, 则称 N 是随机变量序列 $X_1, X_2, \cdots$ 的**停时**.

直观地, 我们依次观察诸 X_n, 以 N 记在停止观测之前所观察的次数. 若 $N = n$, 那么在观察 $X_1, \cdots, X_n$ 之后, 在观察 $X_{n+1}, X_{n+2}, \cdots$ 之前停止观察.

例 3.3.1 设 $X_n, n = 1, 2, \cdots$ 相互独立, 具有相同的分布

$$P\{X_n = 0\} = P\{X_n = 1\} = \frac{1}{2},$$

那么

$$N = \min\{n : X_1 + \cdots + X_n = 10\}$$

是一个停时. 我们可以将 N 看作连续抛掷一枚均匀硬币的试验的停时, 试验在正面出现次数达到 10 次时停止.

例 3.3.2 设 $X_n, n = 1, 2, \cdots$ 相互独立, 具有相同的分布

$$P\{X_n = -1\} = P\{X_n = 1\} = \frac{1}{2},$$

那么

$$N = \min\{n : X_1 + \cdots + X_n = 1\}$$

是一个停时. 用赌博的语言, N 是一个赌徒参加"公平"赌博的一个"策略". 他以相同的概率 $\frac{1}{2}$, 每次赢得 1 元或输 1 元. 那么 $X_1 + X_2 + \cdots + X_n$ 表示他总共赢得的钱的总和. 而 N 表示他的策略是第一次赢得 1 元时就停止赌博.

这一策略的优劣可由 ES_N 来表示. ES_N 较大的那个 N 就是较好的策略. 这类问题在实际中是很重要的. 已构成新的概率论分支: 最优停止理论. 该理论的一般性结果已在 20 世纪 40 年代后期由 Wald, Blackwell 等人在研究序贯统计决策问题时得到, 近年来最优停止理论得到迅速发展.

定理 3.3.1 (Wald 等式) 若 $X_1, X_2, \cdots$ 是具有有限期望的独立同分布随机变量, 而 N 关于 $X_1, X_2, \cdots$ 是停时, 满足 $E[N] < \infty$, 则

$$E\sum_{n=1}^{N} X_n = EX_1 EN.$$

证明 令

$$I_n = \begin{cases} 1, & N \geqslant n, \\ 0, & N < n, \end{cases}$$

有

$$\sum_{n=1}^{N} X_n = \sum_{n=1}^{\infty} X_n I_n.$$

由于 $\{I_n = 0\} \iff \{N < n\} \iff \left\{\bigcup_{k=1}^{n-1}\{N=k\}\right\}$ 仅依赖于 $X_1, X_2, \cdots, X_{n-1}$, 而与 $X_n, X_{n+1}, \cdots$ 独立, 且 $\{I_n = 1\} \iff \overline{\left\{\bigcup_{k=1}^{n-1}\{N=k\}\right\}}$ 也与 $X_n, X_{n+1}, \cdots$ 独立, 因此 I_n 与 X_n 独立, 于是 $E(X_n I_n) = EX_n EI_n$, 故

$$\begin{aligned} E\left(\sum_{n=1}^{N} X_n\right) &= E\left(\sum_{n=1}^{\infty} X_n I_n\right) = \sum_{n=1}^{\infty} E(X_n I_n) \\ &= \sum_{n=1}^{\infty} EX_n EI_n = EX_1 \sum_{n=1}^{\infty} EI_n \\ &= EX_1 \sum_{n=1}^{\infty} P(N \geqslant n) = EX_1 EN. \end{aligned} \quad (3.9)$$

□

注 3.3.1 在 (3.9) 式中, 我们未说明理由就交换了期望与和号的顺序. 为论证其可交换性, 以 X_i 的绝对值替换 X_i, 此时因各项都非负, 交换顺序是合理的. 然而, 根据勒贝格控制收敛定理, 这就蕴含了原来的交换顺序是允许的.

对于例 3.3.1, Wald 等式蕴含了

$$E(X_1 + X_2 + \cdots + X_N) = \frac{1}{2} EN,$$

然而, 由 N 的定义 $X_1 + X_2 + \cdots + X_N = 10$, 从而 $EN = 20$.

将 Wald 等式的结论应用于例 3.3.2, 会得出 $E(X_1 + X_2 + \cdots + X_n) = ENEX$. 而 $X_1 + X_2 + \cdots + X_n = 1$, $EX = 0$, 所以此例不能应用 Wald 等式, 因为它导致 $EN = \infty$.

3.3.2 回到更新理论

以 $X_1, X_2, \cdots$ 记一个更新过程的到达间隔时间. 让我们在 t 之后的首次更新即 $N(t)+1$ 次更新时刻停止. 为了验证 $N(t)+1$ 确实是序列 X_i 的停时, 注意到

$$\begin{aligned} \{N(t)+1 = n\} &\iff \{N(t) = n-1\} \\ &\iff \{X_1 + \cdots + X_{n-1} \leqslant t,\ X_1 + \cdots + X_n > t\}. \end{aligned}$$

于是, 事件 $\{N(t)+1 = n\}$ 只依赖于 $\{X_1, \cdots, X_n\}$, 故与 $\{X_{n+1}, X_{n+2}, \cdots\}$ 独立, 因此 $N(t)+1$ 是 $\{X_1, X_2, \cdots\}$ 的一个停时. 由定理 3.3.1 得到, 当 $EX < \infty$ 时,

$$E\left(X_1 + \cdots + X_{N(t)+1}\right) = EX_1 E\left(N(t)+1\right).$$

或等价地有下述结论.

命题 3.3.2 若 $\mu < \infty$, 则

$$E\left(S_{N(t)+1}\right) = \mu\left(m(t)+1\right).$$

现在我们能证明下述定理.

定理 3.3.2 (基本更新定理) 若 $N(t)$ 为更新过程, $\mu = EX_n$, 则
$$\lim_{t\to\infty} \frac{m(t)}{t} = \frac{1}{\mu}.$$

证明 首先假设 $\mu < \infty$, 由于
$$\{N(t)+1=n\} \iff \{N(t)=n-1\}$$
$$\iff \{X_1+\cdots+X_{n-1}\leqslant t,\ X_1+\cdots+X_n>t\},$$

可推知 $\{N(t)+1=n\}$ 只依赖于 $\{X_1,\cdots,X_n\}$, 而与 $\{X_{n+1},X_{n+2},\cdots\}$ 独立, 即 $\{N(t)+1\}$ 是关于 $\{X_1,X_2,\cdots\}$ 的停时. 因此由定理 3.3.1 有
$$E\left(X_1+\cdots+X_{N(t)+1}\right) = EX_1 E\left(N(t)+1\right),$$
即
$$E\left(S_{N(t)+1}\right) = \mu\left(m(t)+1\right).$$

对于不等式 $S_{N(t)+1} > t$, 两边求期望可得
$$\mu[m(t)+1] > t,$$
于是
$$\frac{m(t)}{t} + \frac{1}{t} > \frac{1}{\mu},$$
令 $t\to\infty$, 可得
$$\varliminf_{t\to\infty} \frac{m(t)}{t} \geqslant \frac{1}{\mu}. \tag{3.10}$$

另一方面, 对固定的常数 M, 令
$$\overline{X_n} = \begin{cases} X_n, & X_n \leqslant M, \\ M, & X_n > M, \end{cases} \tag{3.11}$$

$\overline{S}_n = \sum_{i=1}^n \overline{X_n}$, $\overline{N}(t) = \sup\{n, \overline{S}_n \leqslant t\}$, 得到一个新的更新过程 $\overline{N}(t)$, 它满足 $\overline{X_n} \leqslant M, n = 1, 2, \cdots$, 于是有
$$\overline{S}_{\overline{N}(t)+1} \leqslant t+M.$$

记 $\overline{m}(t) = E\overline{N}(t), \mu_M = E\overline{X_n}$, 与上面同样推理可得
$$\mu_M\left(\overline{m}(t)+1\right) \leqslant t+M,$$
从而有
$$\varlimsup_{t\to\infty} \frac{\overline{m}(t)}{t} \leqslant \frac{1}{\mu_M}.$$

因为 $\overline{S}_n \leqslant S_n$, 故 $\overline{N}(t) \geqslant N(t)$, $\overline{m}(t) \geqslant m(t)$. 于是

$$\overline{\lim_{t\to\infty}} \frac{m(t)}{t} \leqslant \overline{\lim_{t\to\infty}} \frac{\overline{m}(t)}{t} \leqslant \frac{1}{\mu_M}. \tag{3.12}$$

令 $M \to \infty$, 可得

$$\overline{\lim_{t\to\infty}} \frac{m(t)}{t} \leqslant \frac{1}{\mu}, \tag{3.13}$$

由式 (3.10) 和 (3.13) 就得

$$\lim_{t\to\infty} \frac{m(t)}{t} = \frac{1}{\mu}.$$

如果 $\mu = \infty$, 由式 (3.12), 令 $M \to \infty$, 可知

$$0 \leqslant \varliminf_{t\to\infty} \frac{m(t)}{t} \leqslant \varlimsup_{t\to\infty} \frac{m(t)}{t} = 0,$$

命题仍然成立. □

注 3.3.2 初看起来, 仿佛基本更新定理应该是命题 3.3.1 的一个简单推论. 也就是平均更新速率以概率 1 收敛于 $\frac{1}{\mu}$, 这不就蕴含了平均更新速率的期望也收敛于 $\frac{1}{\mu}$ 吗? 然而事实并非如此, 请看以下例子.

例 3.3.3 设 U 是 $(0,1)$ 上均匀分布的随机变量. 定义随机变量 $\{Y_n, n \geqslant 1\}$ 如下:

$$Y_n = \begin{cases} 0, & U > \frac{1}{n}, \\ n, & U \leqslant \frac{1}{n}. \end{cases}$$

因为以概率 1, U 大于 0, 故对一切充分大的 n, Y_n 将等于 0, 即对一切大到使 $\frac{1}{n} < U$ 的 n, Y_n 将为 0. 因此, 以概率 1, $n \to \infty$ 时,

$$Y_n \to 0,$$

然而

$$EY_n = nP\left(U \leqslant \frac{1}{n}\right) = n \cdot \frac{1}{n} = 1,$$

所以, 即使随机变量序列 $\{Y_n, n \geqslant 1\}$ 收敛于 0, $\{Y_n\}$ 的期望值却恒等于 1.

例 3.3.4 贝弗莉有一台使用单个电池的收音机. 一旦电池失效, 贝弗莉立刻换上新电池. 如果电池的寿命 (h) 在区间 $(30, 60)$ 上服从均匀分布, 那么贝弗莉以什么速率更换电池?

若以 $N(t)$ 记到时刻 t 为止失效的电池的个数, 由命题 3.3.1, 得到贝弗莉更换电池的速率为

$$\lim_{t\to\infty} \frac{N(t)}{t} = \frac{1}{\mu} = \frac{1}{45},$$

即长远来看, 贝弗莉必须每 45 小时更换一次电池.

例 3.3.5 假设在例 3.3.4 中, 贝弗莉手头没有任何多余的电池, 而每次失效发生时, 她必须去购买新电池. 如果她去买新电池花费的时间在 $(0,1)$ 上均匀分布, 那么贝弗莉更换电池的平均速率是什么?

在这种情形, 两次更换之间的平均时间由 $\mu = EU_1 + EU_2$ 给出, 其中 U_1 在 $(30, 60)$ 上均匀分布, 而 U_2 在 $(0, 1)$ 上均匀分布. 因此

$$\mu = 45 + \frac{1}{2} = \frac{91}{2},$$

所以长远来看, 贝弗莉以速率 $\frac{91}{2}$ 放进 1 节新电池. 即她将在每 91 小时放进 2 节新电池.

例 3.3.6 假设潜在顾客按速率为 λ 的泊松过程来到只有一个服务窗口的银行. 然而, 假设潜在顾客只在服务窗口有空时才能进入银行. 即如果在银行中已经有一个顾客, 那么后来者并不进入银行而转身回家. 如果我们假定进入银行的顾客在银行停留的时间是一个具有分布 G 的随机变量, 那么

(1) 顾客进入银行的速率是多少?
(2) 潜在的顾客确实进入银行的比例是多少?

要回答这些问题, 我们假设在时刻 0 恰好有一个顾客进入银行 (即我们定义过程在第一个顾客进入银行时开始). 如果以 μ_G 记平均服务时间, 那么由泊松过程的无记忆性质推出, 进入的顾客之间的间隔时间的均值是

$$\mu = \mu_G + \frac{1}{\lambda},$$

因此, 进入银行的顾客的速率由

$$\frac{1}{\mu} = \frac{\lambda}{1 + \lambda \mu_G}$$

给出. 另一方面, 由潜在的顾客将以速率 λ 到达, 推出进入银行的顾客的比例将由

$$\frac{1}{1 + \lambda \mu_G}$$

给出. 特别地, 如果 $\lambda = 2$, 而 $\mu_G = 2$, 那么 5 个顾客中只有 1 个将确定进入这个系统.

3.4 更新函数、更新方程与关键更新定理

3.4.1 更新函数

由前面 $N(t)$ 的分布可以计算出 $E[N(t)]$, 记 $m(t) = E[N(t)]$, 称 $m(t)$ 为**更新函数**, $m(t)$ 与随机变量 X_i 的分布函数 F 之间的关系由下述命题给出.

命题 3.4.1 对任意的 $t \geqslant 0$, 有

$$m(t) = \sum_{n=1}^{\infty} F_n(t), \tag{3.14}$$

这里 $F_n(t)$ 是 $F(t)$ 与其自身的 n 重卷积.

证明 因为

$$N(t) = \sum_{n=1}^{\infty} I_{(S_n \leqslant t)},$$

3.4 更新函数、更新方程与关键更新定理

其中

$$I_{(S_n \leqslant t)} = \begin{cases} 1, & \text{若在 } [0,t] \text{ 中有 } n \text{ 个更新发生}, \\ 0, & \text{否则}, \end{cases}$$

因此, 由式 (3.5) 可得

$$m(t) = E[N(t)] = \sum_{n=0}^{\infty} nP\{N(t) = n\}$$

$$= \sum_{n=1}^{\infty} n[P\{N(t) \geqslant n\} - P\{N(t) \geqslant n+1\}]$$

$$= \sum_{n=1}^{\infty} P\{N(t) \geqslant n\} = \sum_{n=1}^{\infty} P\{S_n \leqslant t\} = \sum_{n=1}^{\infty} F_n(t),$$

其中求期望与求和的交换是由 $I_{(S_n \leqslant t)}$ 的非负性得到的. □

推论 3.4.1 对任意的 $t \geqslant 0$, $F(t) < 1$, 有

$$m(t) \leqslant F(t)(1 - F(t))^{-1}. \tag{3.15}$$

证明 由归纳法可得 $F_n(t) \leqslant (F(t))^n$, 再由 (3.14) 式即得. □

下一个性质说明 $N(t)$ 具有有限期望.

命题 3.4.2 对一切的 $0 \leqslant t < \infty$, 有

$$m(t) < \infty.$$

证明 因为 $P(X_n = 0) < 1$, 由概率的连续性推出, 存在一个 $\alpha > 0$ 使 $P\{X_n \geqslant \alpha\} > 0$, 现在由

$$\overline{X_n} = \begin{cases} 0, & X_n < \alpha, \\ \alpha, & X_n \geqslant \alpha \end{cases}$$

定义一个有关的更新过程 $\{\overline{X_n}, n \geqslant 1\}$, 且令 $\overline{N}(t) = \sup\{n : \overline{X_1} + \cdots + \overline{X_n} \leqslant t\}$. 那么易见对此过程, 更新只能发生在时刻 $t = n\alpha (n = 0, 1, \cdots)$, 且在这些时刻的更新次数是独立的几何随机变量, 具有均值

$$\frac{1}{P\{X_1 \geqslant \alpha\}},$$

于是

$$E[\overline{N}(t)] \leqslant \frac{\dfrac{t}{\alpha} + 1}{P\{X_1 \geqslant \alpha\}} < \infty,$$

因为 $\overline{X_n} \leqslant X_n$ 蕴含 $\overline{N}(t) \geqslant N(t)$, 所以推导出结论

$$m(t) = E[N(t)] < \infty,$$

上述证明也说明了对一切 $t \geqslant 0, r \geqslant 0, E[N^r(t)] < \infty$. □

例 3.4.1 考虑一个时间离散的计数过程 $\{N_j, j = 1, 2, \cdots\}$, 在每个时刻独立地做伯努利 (Bernoulli) 试验, 设成功的概率为 p, 失败的概率为 $q = 1 - p$, 以试验成功作为事件 (更新), 则此过程是更新过程, 求它的更新函数 $m(k)$.

解 首先, 易知更新的时间间隔为独立的同几何分布

$$P\{X_i = n\} = q^{n-1}p, \quad i = 1, 2, \cdots, n = 1, 2, \cdots,$$

则第 r 次成功 (更新) 发生的时刻 $S_r = \sum_{i=1}^{r} X_i$, 具有负二项分布 (也称 Pascal 分布)

$$P\{S_r = n\} = \binom{n-1}{r-1} q^{n-r} p^r,$$

由此, 有

$$P\{N_m = r\} = P\{S_r \leqslant m\} - P\{S_{r+1} \leqslant m\}$$

$$= \sum_{n=r}^{m} \binom{n-1}{r-1} q^{n-r} p^r - \sum_{n=r+1}^{m} \binom{n-1}{r} q^{n-r-1} p^{r+1}.$$

所以, 更新函数

$$m(k) = \sum_{r=0}^{k} r P\{N_k = r\}. \qquad \square$$

例 3.4.2 设 $X_i, i = 1, 2, \cdots$ 为相互独立的随机变量, 具有共同分布

$$P\{X_1 = 1\} = q, \quad P\{X_1 = 2\} = p, \quad p + q = 1.$$

易知, $S_n = \sum_{i=1}^{n} X_i = n + S'_n$, 其中 $S'_n = \sum_{i=1}^{n} X'_i$, $P\{X'_i = 1\} = p$, $P\{X'_i = 0\} = q$, 故 S'_n 服从参数为 n 的二项分布. 由此可得 $N(t)$ 的分布. 从而求出 $m(t)$. 下面用另一方法求 $m(t)$.

$$m(t) = E[N(t)] = E[N(t)|X_1 = 1] q + E[N(t)|X_1 = 2] p.$$

但对 $t \geqslant 2$, 有

$$E[N(t)|X_1 = 1] = 1 + m(t-1), \quad E[N(t)|X_1 = 2] = 1 + m(t-2),$$

所以

$$m(t) = qm(t-1) + pm(t-2) + 1.$$

由于 X_i 只取整数值, 故 $N(t) = N([t])$, $[t]$ 表示 t 的整数部分, 故只需要求解差分方程

$$m(n) = qm(n-1) + pm(n-2) + 1,$$

边界条件为 $m(0) = 0, m(1) = q$. 求解可得

$$m(n) = q + \frac{n-1}{1+p} + \frac{p^3 + (-1)^n p^{n+2}}{(1+p)^2},$$

本例的解法导出一个差分方程, 而连续时间情况常常可以导出 $m(t)$ 应满足的一个积分方程, 从而解出 $m(t)$ 来.

3.4.2 更新方程

在 3.4.1 小节中, 我们引入了**更新函数** $m(t)$ 这一重要概念. 在 $m(t)$ 导数存在的条件下, 其导数 $m'(t)$ 称为**更新密度**. 由 $m(t) = \sum\limits_{n=1}^{\infty} F_n(t)$ 两边求导得

$$m'(t) = \sum_{n=1}^{\infty} f_n(t),$$

其中 $f_n(t)$ 是 $F_n(t)$ 的密度函数.

定理 3.4.1 $m(t)$ 和 $m'(t)$ 分别满足积分方程

$$m(t) = F(t) + \int_0^t m(t-s)\mathrm{d}F(s), \tag{3.16}$$

$$m'(t) = f(t) + \int_0^t m'(t-s)f(s)\mathrm{d}s, \tag{3.17}$$

其中 $f(t) = F'(t)$.

证明 首先证明式 (3.16), 由定义可得

$$\begin{aligned} m(t) &= \sum_{n=1}^{\infty} F_n(t) = F(t) + \sum_{n=2}^{\infty} F_n(t) \\ &= F(t) + \sum_{n=2}^{\infty} (F_{n-1} * F)(t) \\ &= F(t) + \left(\sum_{n=1}^{\infty} F_n(t)\right) * F(t) \\ &= F(t) + m(t) * F(t), \end{aligned}$$

由卷积定义知, $m(t) * F(t) = \int_0^t m(t-s)\mathrm{d}F(s)$, 从而式 (3.16) 得证.

式 (3.17) 由式 (3.16) 两边求导数可得. □

定义 3.4.1 (更新方程) 称如下形式的积分方程为**更新方程**

$$K(t) = H(t) + \int_0^t K(t-s)\mathrm{d}F(s), \tag{3.18}$$

其中 $H(t)$, $F(t)$ 为已知, 且当 $t<0$ 时, $H(t)$, $F(t)$ 均为 0. 当 $H(t)$ 在任何区间上有界时, 此方程称为**适定更新方程**, 简称**更新方程**.

可见方程 (3.16), (3.17) 是更新方程中比较特殊的形式. 下面来讨论更新方程 (3.18) 的解的情况.

定理 3.4.2 设更新方程 (3.18) 中的 $H(t)$ 为有界函数, 则方程存在唯一的在有限区间内有界的解

$$K(t) = H(t) + \int_0^t H(t-x)\mathrm{d}m(x), \tag{3.19}$$

其中 $m(t) = \sum\limits_{n=1}^{\infty} F_n(t)$ 是分布函数 $F(t)$ 的更新函数.

证明 我们先证式 (3.19) 确实是式 (3.18) 的解, 并且满足有界性条件. 由 $H(t)$ 有界, $m(t)$ 是更新函数, 根据命题 3.4.2, 可知 $m(t)$ 有界不减, 所以对任何的 $T>0$, 由式 (3.19) 有

$$\sup_{t\in[0,T]}|K(t)| \leqslant \sup_{t\in[0,T]}|H(t)| + \int_0^T \sup_{s\in[0,T]}|H(T-s)|\,\mathrm{d}m(s)$$

$$\leqslant [1+m(T)]\sup_{t\in[0,T]}|H(t)| < \infty,$$

所以在有界区间上 $K(t)$ 是有界的.

再来看它是否满足方程 (3.18). 由式 (3.19) 有

$$K(t) = H(t) + m*H(t)$$

$$= H(t) + \left(\sum_{n=1}^\infty F_n\right)*H(t)$$

$$= H(t) + F*H(t) + \left(\sum_{n=2}^\infty F_n\right)*H(t)$$

$$= H(t) + F*H(t) + \left(\sum_{n=2}^\infty F_{n-1}*F\right)*H(t)$$

$$= H(t) + F*\left[H(t) + \left(\sum_{n=1}^\infty F_n\right)*H(t)\right]$$

$$= H(t) + F*K(t)$$

$$= H(t) + \int_0^t K(t-s)\mathrm{d}F(s).$$

最后要证唯一性, 只需证明方程 (3.18) 的任何解都有式 (3.19) 的形式. 设 $\tilde{K}(t)$ 是方程 (3.18) 的解, 并且满足有界性条件, 则由

$$\tilde{K}(t) = H(t) + F*\tilde{K}(t)$$

连续代换 $\tilde{K}(t)$, 有

$$\tilde{K}(t) = H(t) + F*(H+F*\tilde{K})(t)$$

$$= H(t) + F*H(t) + F*(F*\tilde{K})(t)$$

$$= H(t) + F*H(t) + F_2*\tilde{K}(t)$$

$$= H(t) + F*H(t) + F_2*(H+F*\tilde{K})(t)$$

$$= H(t) + F*H(t) + F_2*H(t) + F_3*\tilde{K}(t)$$

$$= \cdots$$

$$= H(t) + \left(\sum_{k=1}^{n-1}F_k\right)*H(t) + F_n*\tilde{K}(t),$$

注意到对任意 t,

$$|F_n*\tilde{K}(t)| = \left|\int_0^t \tilde{K}(t-x)\mathrm{d}F_n(x)\right| \leqslant \left[\sup_{0\leqslant x\leqslant t}|\tilde{K}(t-x)|\right]F_n(t), \qquad (3.20)$$

3.4 更新函数、更新方程与关键更新定理

由假定 $\sup\limits_{0\leqslant x\leqslant t}|\tilde{K}(t-x)|<\infty$, 并且 $m(t)=\sum\limits_{n=1}^{\infty}F_n(t)<\infty$ 知

$$\forall t,\ \lim_{n\to\infty}F_n(t)=0, \tag{3.21}$$

从而

$$\lim_{n\to\infty}|F_n*\tilde{K}(t)|=0.$$

而

$$\lim_{n\to\infty}\left[\sum_{k=1}^{n-1}F_k*H(t)\right]=\left(\sum_{k=1}^{\infty}F_k\right)*H(t)=M*H(t),$$

于是推出

$$\tilde{K}(t)=H(t)+\lim_{n\to\infty}\left[\sum_{k=1}^{n-1}F_k*H(t)+F_n*\tilde{K}(t)\right]=H(t)+M*H(t), \tag{3.22}$$

与式 (3.19) 一致. □

下面给出 Wald 等式的更新方程证法.

例 3.4.3 (更新方程的应用之一) 设更新过程 $\{N(t),t\geqslant 0\}$ 的到达时间间隔为 X_n, 且 $E|X_n|<\infty, n=1,2,\cdots$, 则

$$E(S_{N(t)+1})=E(X_1+X_2+\cdots+X_{N(t)+1})=EX_1E\left[N(t)+1\right].$$

证明 对第一次更新间隔 X_1 取条件

$$E(S_{N(t)+1}|X_1=x)=\begin{cases}x, & x>t,\\ x+E(S_{N(t-x)+1}), & x\leqslant t,\end{cases} \tag{3.23}$$

记 $K(t)=E(S_{N(t)+1})$, 则有

$$\begin{aligned}K(t)&=E(S_{N(t)+1})=E\left[E(S_{N(t)+1}|X_1)\right]\\ &=\int_0^{\infty}E(S_{N(t)+1}|X_1=x)\mathrm{d}F(x)\\ &=\int_0^t[x+K(t-x)]\,\mathrm{d}F(x)+\int_t^{\infty}x\mathrm{d}F(x)\\ &=EX_1+\int_0^tK(t-x)\mathrm{d}F(x),\end{aligned} \tag{3.24}$$

这是 $K(t)$ 所满足的更新方程, 由定理 3.4.2 知, 更新方程的解为

$$\begin{aligned}K(t)&=EX_1+\int_0^t EX_1\mathrm{d}m(x)\\ &=EX_1\cdot[1+m(t)]\\ &=EX_1\cdot E\left[N(t)+1\right].\end{aligned}$$

□

注 3.4.1 这里给出这个等式的证明仅仅是为了给出更新定理的一个应用. 其实更简单的方法在前面已经证明过, 就是命题 3.3.2 的证明.

例 3.4.4 (更新方程的应用之二) 设 $\{N(t), t \geqslant 0\}$ 为更新过程, $m(t) = E[N(t)]$, $\{N(t), t \geqslant 0\}$ 的到达时间间隔 X_n 的分布函数 $F(t)$ 有局部有界的密度函数 $f(t)$, 即

$$F(t) = \int_0^t f(s)\mathrm{d}s, \quad t \geqslant 0,$$

则有

$$m(t) = \int_0^t g(s)\mathrm{d}s, \quad t \geqslant 0, \tag{3.25}$$

其中

$$g(t) = f(t) + \int_0^t f(t-s)\mathrm{d}m(s), \quad t \geqslant 0. \tag{3.26}$$

证明 式 (3.26) 定义的 $g(t)$ 是更新方程

$$B(t) = f(t) + \int_0^t B(t-s)\mathrm{d}F(s)$$

的局部有界解, 于是有

$$\begin{aligned}\int_0^t g(s)\mathrm{d}s &= \int_0^t f(s)\mathrm{d}s + \int_0^t \mathrm{d}s \int_0^s g(s-r)\mathrm{d}F(r) \\ &= F(t) + \int_0^t \left(\int_r^t g(s-r)\mathrm{d}s\right)\mathrm{d}F(r) \quad (\text{交换积分次序}) \\ &= F(t) + \int_0^t \left(\int_0^{t-r} g(s)\mathrm{d}s\right)\mathrm{d}F(r).\end{aligned}$$

这说明 $\int_0^t g(s)\mathrm{d}s$ 是更新方程 $B = F + B * F$ 的解, 但 $\int_0^t g(s)\mathrm{d}s$ 是局部有界的, 所以由定理 3.4.1 的式 (3.16) 和更新方程解的唯一性有

$$m(t) = \int_0^t g(s)\mathrm{d}s, \quad t \geqslant 0. \qquad \square$$

下面给出当 $t \to \infty$ 时, $N(t)$ 的渐近正态分布.

定理 3.4.3 设更新过程 $\{N(t), t \geqslant 0\}$ 的到达时间间隔 X_n 的均值 μ 和方差 σ^2 都有限, 则当 $t \to \infty$ 时, 有

$$\lim_{t \to \infty} P\left(\frac{N(t) - \dfrac{t}{\mu}}{\sigma\sqrt{\dfrac{t}{\mu^3}}} \leqslant y\right) = \int_0^y \frac{1}{\sqrt{2\pi}} \mathrm{e}^{\frac{-x^2}{2}} \mathrm{d}x.$$

证明 令 $r_t = \dfrac{t}{\mu} + y\sigma\sqrt{\dfrac{t}{\mu^3}}$, $\hat{r}_t = [r_t] + 1$, $[r_t]$ 表示小于等于 r_t 的最大整数, 则

3.4 更新函数、更新方程与关键更新定理

$$P\left(\frac{N(t)-\frac{t}{\mu}}{\sigma\sqrt{\frac{t}{\mu^3}}} \leqslant y\right) = P(N(t) \leqslant [r_t]) = P(N(t) \leqslant \hat{r}_t)$$

$$= P(S_{\hat{r}_t} > t) = P\left(\frac{S_{\hat{r}_t}-\hat{r}_t\mu}{\sigma\sqrt{\hat{r}_t}} > \frac{t-\hat{r}_t\mu}{\sigma\sqrt{\hat{r}_t}}\right).$$

由于当 $t \to \infty$ 时, $r_t \to \infty$, 且 $\lim_{t\to\infty}\frac{\hat{r}_t}{r_t}=1$,

$$\lim_{t\to\infty}\frac{t-\hat{r}_t\mu}{\sigma\sqrt{\hat{r}_t}} = \lim_{t\to\infty}\frac{t-r_t\mu}{\sigma\sqrt{r_t}} = \lim_{t\to\infty}\frac{-y\sigma\sqrt{\frac{t}{\mu}}}{\sigma\sqrt{\frac{t}{\mu}+y\sigma\sqrt{\frac{t}{\mu^3}}}} = -y,$$

由中心极限定理知

$$\lim_{t\to\infty}P\left(\frac{N(t)-\frac{t}{\mu}}{\sigma\sqrt{\frac{t}{\mu^3}}} \leqslant y\right) = 1 - \int_{-\infty}^{-y}\frac{1}{\sqrt{2\pi}}\mathrm{e}^{\frac{-x^2}{2}}\mathrm{d}x = \int_{-\infty}^{y}\frac{1}{\sqrt{2\pi}}\mathrm{e}^{\frac{-x^2}{2}}\mathrm{d}x. \qquad \Box$$

注 3.4.2 定理 3.4.3 是更新过程的中心极限定理: $N(t)$ 是渐近正态分布的, 其渐近均值为 $\frac{t}{\mu}$, 渐近方差为 $\frac{t\sigma^2}{\mu^3}$.

3.4.3 关键更新定理

一个非负随机变量 X, 若存在 $d \geqslant 0$, 使 $\sum_{n=1}^{\infty}P(X=nd)=1$, 则 X 称为**格点的**. 即若 X 只取某个非负数 d 的整数倍, 则 X 是格点的. 具有这个性质的最大的 d 称为 X 的周期. 若 X 是格点的, 而且 F 是 X 的分布, 则说 F 是格点的.

我们不加证明地叙述如下定理.

定理 3.4.4 (Blackwell 定理)

(1) 若 F 不是格点的, 则对一切 $a \geqslant 0$, 当 $t \to \infty$ 时, 有

$$m(t+a) - m(t) \to \frac{a}{\mu}.$$

(2) 若 F 是具有周期 d 的格点分布, 则当 $t \to \infty$ 时, 有

$$E\,[\text{在}nd\text{的更新次数}] \to \frac{d}{\mu}.$$

Blackwell 定理说明, 若 F 不是格点的, 则在远离原点的一个长度为 a 的区间中的期望更新次数近似为 $\frac{a}{\mu}$. 这是非常直观的, 因为离原点更远, 看起来初始效应会消失, 故而

$$g(a) = \lim_{t\to\infty}[m(t+a)-m(t)] \tag{3.27}$$

应该存在. 然而, 若上面的极限确实存在, 则作为基本更新定理的简单推论, 此极限必须等于 $\frac{a}{\mu}$. 为了证明这一点, 注意到

$$g(a+b) = \lim_{t \to \infty} (m(t+a+b) - m(t))$$
$$= \lim_{t \to \infty} (m(t+a+b) - m(t+a) + m(t+a) - m(t))$$
$$= g(b) + g(a),$$

然而, $g(a+b) = g(a) + g(b)$ 的唯一递增解是对于某个常数 c,

$$g(a) = ca, \quad a > 0.$$

为了说明 $c = \dfrac{1}{\mu}$, 定义

$$x_1 = m(1) - m(0),$$
$$x_2 = m(2) - m(1),$$
$$\cdots\cdots$$
$$x_n = m(n) - m(n-1),$$
$$\cdots\cdots$$

则

$$\lim_{n \to \infty} x_n = c,$$

蕴含了

$$\lim_{n \to \infty} \frac{x_1 + \cdots + x_n}{n} = c$$

或

$$\lim_{n \to \infty} \frac{m(n)}{n} = c,$$

因此, 由基本更新定理可得 $c = \dfrac{1}{\mu}$.

在 F 是格点的以 d 为周期时, 则式 (3.27) 中的极限不可能存在. 因为此时更新只能在 d 的整数倍处发生. 所以在远离原点的一个区间中的期望更新次数显然就不依赖区间的长度, 而依赖它含有多少个形如 $\{nd, n \geqslant 0\}$ 的点. 于是与格点的情形有关的极限是在 nd 更新的期望次数的极限, 而若 $\lim\limits_{n \to \infty} E [\text{在} nd \text{的更新次数}]$ 存在, 则由基本更新定理可知, 它必须等于 $\dfrac{d}{\mu}$. 若到达时间间隔总是正的, 则 Blackwell 定理的第 (2) 部分说明, 在格点情形, 有

$$\lim_{n \to \infty} P[\text{在} nd \text{更新}] = \frac{d}{\mu}.$$

令 h 是定义在 $[0, \infty]$ 上的函数. 对任意的 $a > 0$, 令 $\overline{m_n}(a)$ 是 h 在区间 $(n-1)a \leqslant t \leqslant na$ 上的上确界, 而 $\underline{m_n}(a)$ 是 h 在区间 $(n-1)a \leqslant t \leqslant na$ 上的下确界. 我们说 h 是直接黎曼 (Riemann) 可积的, 如果对于一切 $a > 0$, $\sum\limits_{n=1}^{\infty} \overline{m_n}(a)$ 和 $\sum\limits_{n=1}^{\infty} \underline{m_n}(a)$ 都有限, 而且

$$\lim_{a \to 0} \sum_{n=1}^{\infty} \overline{m_n}(a) = \lim_{a \to 0} \sum_{n=1}^{\infty} \underline{m_n}(a).$$

h 是直接黎曼可积的一个充分条件是:

(1) 对任意的 $t \geqslant 0$ 有 $h(t) \geqslant 0$;
(2) $h(t)$ 是不增的;
(3) $\int_0^\infty h(t)\mathrm{d}t < \infty$.

下面不加证明地叙述著名的关键更新定理.

定理 3.4.5 (关键更新定理) 若 F 不是格点分布, 且若 $h(t)$ 是直接黎曼可积的, 则

$$\lim_{t\to\infty}\int_0^t h(t-x)\mathrm{d}m(x) = \frac{1}{\mu}\int_0^\infty h(t)\mathrm{d}t,$$

其中

$$m(x) = \sum_{n=1}^\infty F_n(x) \quad \text{和} \quad \mu = \int_0^\infty \overline{F}(t)\mathrm{d}t.$$

下面是关键更新定理的一个等价表述.

定理 3.4.6 记 $\mu = EX_n$, 设函数 $h(t)$, $t \in [0,\infty)$, 满足
(1) $h(t)$ 非负不增;
(2) $\int_0^\infty h(t)\,\mathrm{d}t < \infty$.
$H(t)$ 是更新方程

$$H(t) = h(t) + \int_0^t H(t-x)\,\mathrm{d}F(x)$$

的解. 则
(1) 若 F 不是格点分布, 有

$$\lim_{t\to\infty} H(t) = \begin{cases} \dfrac{1}{\mu}\int_0^\infty h(x)\mathrm{d}x, & \mu < \infty, \\ 0, & \mu = \infty; \end{cases}$$

(2) 若 F 是格点分布, 对于 $0 \leqslant c < d$, 有

$$\lim_{n\to\infty} H(c+nd) = \begin{cases} \dfrac{d}{\mu}\sum_{n=0}^\infty h(c+nd), & \mu < \infty, \\ 0, & \mu = \infty. \end{cases}$$

为了对关键更新定理有一点感性认识, 我们从 Blackwell 定理开始作如下论述: 根据 Blackwell 定理, 有

$$\lim_{t\to\infty} \frac{m(t+a)-m(t)}{a} = \frac{1}{\mu},$$

因此

$$\lim_{a\to 0}\lim_{t\to\infty} \frac{m(t+a)-m(t)}{a} = \frac{1}{\mu}.$$

现在假定可以正确地交换极限次序, 就得

$$\lim_{t\to\infty} \frac{\mathrm{d}m(t)}{\mathrm{d}t} = \frac{1}{\mu},$$

而关键更新定理是以上极限的一种表述.

关键更新定理是非常重要而且有用的结果, 用于计算 $g(t)$ 的极限值的情形, 其中 $g(t)$ 是在时刻 t 的某个概率或者期望. 通常的做法是先取条件早于 t 的最后一次更新的时刻, 由此导出 $g(t)$ 满足的一个更新方程, 这将产生形如

$$g(t) = h(t) + \int_0^t h(t-x)\mathrm{d}m(x)$$

的一个积分方程.

3.4.4 更新过程的剩余寿命与年龄

设 $N(t)$ 表示在 $[0,t]$ 上事件发生的个数, S_n 表示第 n 个事件发生的时刻, 令

$$R(t) = S_{N(t)+1} - t,$$
$$A(t) = t - S_{N(t)},$$

则 $R(t)$ 表示时刻 t 元件或者系统的**剩余寿命**, 即从时刻 t 开始到下次更新剩余的时间, $A(t)$ 为时刻 t 元件或者系统的**年龄**. 由定义可知, 对 $\forall t \geqslant 0$, 有 $R(t) \geqslant 0$, $0 \leqslant A(t) \leqslant t$.

对一般的更新过程, 有以下结论.

定理 3.4.7 若非负随机变量 $\{X_n, n \geqslant 1\}$ 为更新过程 $\{N(t), t \geqslant 0\}$ 的到达间隔, 独立同分布且分布函数为 $F(x)$, 则对任意的 $x \geqslant 0$, $t \geqslant 0$, 有

(1) $P\{R(t) > x\} = 1 - F(x+t) + \int_0^t P\{R(t-u) > x\}\mathrm{d}F(u);$ \hfill (3.28)

(2) $P\{A(t) \leqslant x\} = (1 - F(t))I_{[0,x]}(t) + \int_0^t P\{A(t-y) \leqslant x\}\mathrm{d}F(y).$ \hfill (3.29)

证明 (1) 由条件数学期望

$$P\{R(t) > x\} = \int_0^\infty P\{R(t) > x | X_1 = s\}\mathrm{d}F(s).$$

下面讨论 $P\{R(t) > x | X_1 = s\}$.

(i) 当 $s > t + x$ 时, $P\{R(t) > x | X_1 = s\} = 1$;

(ii) 当 $t < s < t + x$ 时, $P\{R(t) > x | X_1 = s\} = 0$;

(iii) 当 $s < t$ 时, 由 $X_n(n \geqslant 1)$ 独立同分布, 得

$$P\{R(t) > x | X_1 = s\}$$
$$= P(S_{N(t)+1} - t > x | X_1 = s)$$
$$= P\left(\sum_{j=1}^{N(t)+1} X_j - t > x \Big| X_1 = s\right)$$
$$= \sum_{m=1}^\infty P\left(\sum_{j=2}^{N(t)+1} X_j - (t-s) > x, N(t) = m \Big| X_1 = s\right)$$

$$= \sum_{m=1}^{\infty} P\left(\sum_{j=2}^{m+1} X_j - (t-s) > x, \sum_{j=2}^{m} X_j \leqslant t-s < \sum_{j=2}^{m+1} X_j \bigg| X_1 = s\right)$$

$$= \sum_{m=1}^{\infty} P(S_m - (t-s) > x, S_{m-1} \leqslant t-s < S_m)$$

$$= P(S_{N(t-s)+1} - (t-s) > x)$$

$$= P(R(t-s) > x),$$

因此有

$$P(R(t) > x) = \int_0^{\infty} P\{R(t) > x | X_1 = s\} \mathrm{d}F(s)$$

$$= \int_0^t P(R(t-u) > x) \mathrm{d}F(u) + \int_t^{t+x} 0 \mathrm{d}F(u) + \int_{t+x}^{\infty} 1 \mathrm{d}F(u)$$

$$= 1 - F(x+t) + \int_0^t P(R(t-u) > x) \mathrm{d}F(u),$$

于是结论 (1) 得证.

(2) 因为

$$P(A(t) \leqslant x) = P(A(t) \leqslant x, X_1 \leqslant t) + P(A(t) \leqslant x, X_1 > t),$$

观察到

$$P\{A(t) \leqslant x, X_1 > t\} = P\{t - S_{N(t)} \leqslant x, N(t) < 1\}$$

$$= P\{t \leqslant x, S_1 > t\}$$

$$= (1 - F(t)) I_{[0,x]}(t).$$

另一方面

$$P\{A(t) \leqslant x, X_1 \leqslant t\}$$

$$= P\{t - S_{N(t)} \leqslant x, N(t) \geqslant 1\}$$

$$= \sum_{n=1}^{\infty} P\{t - S_n \leqslant x, S_n \leqslant t < S_{n+1}\}$$

$$= \sum_{n=1}^{\infty} \int_0^t P\{t - y - S_{n-1} \leqslant x, S_{n-1} \leqslant t-y < S_n | X_1 = y\} \mathrm{d}F(y)$$

$$= \sum_{m=0}^{\infty} \int_0^t P\{t - y - S_{N(t-y)} \leqslant x, N(t-y) = m\} \mathrm{d}F(y)$$

$$= \int_0^t P\{A(t-y) \leqslant x\} \mathrm{d}F(y),$$

于是有

$$P\{A(t) \leqslant x\} = (1 - F(t)) I_{[0,x]}(t) + \int_0^t P\{A(t-y) \leqslant x\} \mathrm{d}F(y).$$

定理得证. □

例 3.4.5 (剩余寿命与年龄的极限分布)   以 $R(t) = S_{N(t)+1} - t$ 表示时刻 t 的剩余寿命, 即从时刻 t 开始到下次更新剩余的时间, $A(t) = t - S_{N(t)}$ 为 t 时刻的年龄. 我们来求 $R(t)$ 和 $A(t)$ 的极限分布.

证明   令
$$\bar{H}_y(t) = P\{R(t) > y\}, \tag{3.30}$$

对第一次更新的时间间隔 X_1 取条件, 得
$$P\{R(t) > y | X_1 = x\} = \begin{cases} 1, & x > t+y, \\ 0, & t < x \leqslant t+y, \\ \bar{H}_y(t-x), & 0 < x \leqslant t. \end{cases} \tag{3.31}$$

由全概率公式有
$$\begin{aligned} \bar{H}_y(t) &= \int_0^\infty P\{r(t) > y | X_1 = x\} \mathrm{d}F(x) \\ &= \int_{t+y}^\infty \mathrm{d}F(x) + \int_0^t \bar{H}_y(t-x) \mathrm{d}F(x) \\ &= 1 - F(t+y) + \int_0^t \bar{H}_y(t-x) \mathrm{d}F(x), \end{aligned} \tag{3.32}$$

这是一个更新方程. 它的解为
$$\bar{H}_y(t) = 1 - F(t+y) + \int_0^\infty (1 - F(t+y-x)) \mathrm{d}m(x), \tag{3.33}$$

这时仍假设 $\mu = EX_1 < \infty$, 则
$$\mu = \int_0^\infty x \mathrm{d}F(x) = \int_0^\infty (1 - F(x)) \mathrm{d}x < \infty, \tag{3.34}$$

所以
$$\int_0^\infty (1 - F(t+y)) \mathrm{d}t = \int_y^\infty (1 - F(z)) \mathrm{d}z < \infty, \tag{3.35}$$

即 $1 - F(t+y)$ 满足关键更新定理的条件. 于是
$$\begin{aligned} \lim_{t \to \infty} P\{R(t) > y\} &= \lim_{t \to \infty} \bar{H}_y(t) = \frac{1}{\mu} \int_0^\infty (1 - F(x+y)) \mathrm{d}x \\ &= \frac{1}{\mu} \int_y^\infty (1 - F(z)) \mathrm{d}z, \quad z > 0. \end{aligned} \tag{3.36}$$

年龄 $A(t)$ 的分布可由式 (3.36) 导出. 注意到
$$\{R(t) > x, A(t) > y\} \iff \{R(t-y) > x+y\},$$

从而
$$\begin{aligned} \lim_{t \to \infty} P\{R(t) > x, A(t) > y\} &= \lim_{t \to \infty} P\{R(t-y) > x+y\} \\ &= \frac{1}{\mu} \int_{x+y}^\infty (1 - F(z)) \mathrm{d}z. \end{aligned} \tag{3.37}$$

特别地
$$\lim_{t\to\infty} P\{A(t) > y\} = \lim_{t\to\infty} P\{A(t) > y, R(t) > 0\}$$
$$= \frac{1}{\mu} \int_y^\infty (1-F(z))\mathrm{d}z. \tag{3.38}$$

□

注 3.4.3 在应用关键更新定理时, 常常用到例 3.4.5 中的技巧, 先关于某次更新 (一般对第一次或 t 时刻前的最后一次) 取条件而得到一个更新方程, 再利用关键更新定理求出相应的极限分布.

3.5 延迟更新过程及更新报酬过程

3.5.1 延迟更新过程

我们常常需要考虑这样的一种计数过程, 其首个到达间隔时间与其余的到达间隔时间有不同的分布. 例如, 我们可能在某个时刻 $t > 0$ 开始观察一个更新过程. 若并没有更新发生在时刻 t, 则首次观察到更新必须等待的时间的分布将不同于后面其他到达间隔时间分布. 下面给出延迟更新过程的定义.

定义 3.5.1 令 $\{X_n, n = 1, 2, \cdots\}$ 是一列独立的非负随机变量列, X_1 具有分布 G, 而 $\{X_n, n > 1\}$ 具有分布 F. 令 $S_0 = 0, S_n = \sum_{i=1}^n X_i, n \geqslant 1$. 且定义
$$N_D(t) = \sup\{n : S_n \leqslant t\},$$
则将随机过程 $\{N_D(t), t \geqslant 0\}$ 称为**广义更新过程**或者**延迟更新过程**.

当 $G = F$ 时, 延迟更新过程当然就是一个普通的更新过程, 像通常情形一样, 有
$$P\{N_D(t) = n\} = P\{S_n \leqslant t\} - P\{S_{n+1} \leqslant t\}$$
$$= G * F_{n-1}(t) - G * F_n(t).$$

令
$$m_D(t) = E[N_D(t)],$$
则容易证明
$$m_D(t) = \sum_{n=1}^\infty G * F_{n-1}(t), \tag{3.39}$$

而对式 (3.39) 作拉普拉斯变换, 可得
$$\tilde{m}_D(s) = \frac{\tilde{G}(s)}{1 - \tilde{F}(s)}. \tag{3.40}$$

利用通常的更新过程的对应结果, 易证对延迟更新过程存在类似的极限定理.

延迟更新过程最初来源于这样的考虑: 在观察更新元件的初始时刻, 第一个元件已经使用了 t_0 时间, 因此第一个等待时间的分布应修正为

$$G(t) = \frac{F(t+t_0) - F(t_0)}{1 - F(t_0)} = \frac{\bar{F}(t_0) - \bar{F}(t+t_0)}{\bar{F}(t_0)},$$

这里 $\bar{F} = 1 - F$ 称为分布 F 的生存函数. 只要 F 不是指数分布, $G(t)$ 便与 F 不相同, 这就是"延迟"的原意. 我们定义的延迟更新过程更为一般, 适用于更广泛的场合.

延迟更新过程的结构与更新过程并无差别, 故它仍为计数过程, 仍成立两个等价事件关系式

$$\{N(t) \geqslant n\} \iff \{S_n \leqslant t\},$$

$$\{N(t) = n\} \iff \{S_n \leqslant t < S_{n+1}\}$$

等一系列结果. 事实上, 延迟更新过程在第一次更新之后与更新过程就没有区别了. 所以, 可以预料更新过程的许多结果对于延迟更新过程也成立, 也可以用同样的方法 (如更新技巧) 讨论延迟更新过程.

定理 3.5.1 设 $N = \{N(t), t \geqslant 0\}$ 为延迟更新过程, 则对一切 $t \geqslant 0$, $m(t) = E[N(t)] < \infty$, 且 $m(t)$ 是更新方程

$$m(t) = G(t) + \int_0^t m(t-s)\,\mathrm{d}F(s) \tag{3.41}$$

的唯一局部有界解

$$m = G + G * m_F = \sum_{n=1}^{\infty} G * F_{n-1},$$

其中,

$$m_F(t) = \sum_{n=1}^{\infty} F_n(t).$$

证明 对延迟更新仍有

$$m(t) = E[N(t)] = \sum_{n=1}^{\infty} P\{N(t) \geqslant n\}$$

$$= \sum_{n=1}^{\infty} P\{S_n \leqslant t\} = G(t) + \sum_{n=1}^{\infty} G * F_n(t)$$

$$= G(t) + \int_0^t G(t-s)\mathrm{d}m(s),$$

这里只要注意, $G * F_n(t) \leqslant F_n(t), t \geqslant 0$,

$$m(t) = \sum_{n=0}^{\infty} G * F_n \leqslant \sum_{n=0}^{\infty} F_n(t) = 1 + m_F(t) < \infty, \quad t \geqslant 0,$$

由此即知 $m(t)$ 是更新方程 (3.41) 的唯一局部有界解. □

定理 3.5.2 设 $N = \{N(t), t \geqslant 0\}$ 为延迟更新过程, 则以概率 1 有

$$\lim_{t \to \infty} \frac{N(t)}{t} = \frac{1}{\mu},$$

其中 $\mu = EX_2$ 表示到达间隔时间的均值.

3.5.2 延迟更新过程的剩余寿命和年龄

定义 3.5.2 对延迟更新过程 $N = \{N(t), t \geqslant 0\}$，记

$$A(t) = t - S_{N(t)},$$
$$R(t) = S_{N(t)+1} - t,$$
$$T(t) = A(t) + R(t) = S_{N(t)+1} - S_{N(t)},$$

分别称为在时刻 t 正在使用的元件或者系统的年龄、剩余寿命和总寿命.

显然有

$$0 \leqslant A(t) \leqslant t, \quad t \geqslant 0. \tag{3.42}$$

年龄过程与剩余寿命过程之间有下列重要的关系: 对任意的 $x \geqslant 0, 0 \leqslant y \leqslant t$,

$$\begin{aligned}\{R(t) > x, A(t) \geqslant y\} &= \{S_{N(t)+1} - t > x, t - S_{N(t)} \geqslant y\} \\ &= \{S_{N(t)} \leqslant t - y, S_{N(t)+1} > t + x\} \\ &= \{(t-y, t+x) \text{中过程} N \text{无更新}\} \\ &= \{R(t-y) > x + y\} = \{A(t+x) \geqslant x + y\}. \end{aligned} \tag{3.43}$$

在 (3.43) 式中取 $y = 0$ 得

$$\{R(t) > x\} = \{A(t+x) \geqslant x\}, \quad x \geqslant 0. \tag{3.44}$$

下面我们将推导 $A(t), R(t), T(t)$ 的分布及期望公式. 为了方便, 对任意一个定义在 $[0, \infty)$ 上的分布函数 H, 记

$$\overline{H}(t) = 1 - H(t), \ t \geqslant 0,$$
$$\mu_H = \int_0^\infty \overline{H}(t) \mathrm{d}t.$$

定理 3.5.3 对延迟更新过程 $N = \{N(t), t \geqslant 0\}$, 年龄 $A(t)$ 满足下面的积分方程

$$P(A(t) \geqslant x) = \overline{G}(t) + \int_0^{t-x} \overline{F}(t-s) \mathrm{d}m(s), \quad t \geqslant x \geqslant 0. \tag{3.45}$$

证明 设 $X_n, n \geqslant 1$ 为延迟更新过程的到达间隔.

(i) 先证 N 为更新过程的时候结论成立. 令 $B(t) = P(A(t) \geqslant y)$, 用更新技巧

$$B(t) = \int_0^\infty P(A(t) \geqslant y | X_1 = s) \mathrm{d}F(s).$$

$$P(A(t) \geqslant y | X_1 = s) = \begin{cases} I_{(t \geqslant y)}, & s > t, \\ P(A(t-s) \geqslant y), & s \leqslant t. \end{cases} \tag{3.46}$$

当 $s > t, y > t$ 时, 有 $N(t) = 0, A(t) = t < y$;
当 $s > t, y \leqslant t$ 时, $N(t) = 0, A(t) = t \geqslant y$;
当 $s \leqslant t$ 时, 将时间原点移至 s, 过程重新开始.

因此,
$$B(t) = \overline{F}(t)I_{(t\geqslant y)} + \int_0^t B(t-u)\mathrm{d}F(u),$$

即 $B(t)$ 满足更新方程, 于是
$$\begin{aligned}B(t) &= \overline{F}(t)I_{(t\geqslant y)} + \int_0^t \overline{F}(t-u)I_{(t-u\geqslant y)}\mathrm{d}m(u) \\ &= \overline{F}(t)I_{(t\geqslant y)} + \int_0^{t-y} \overline{F}(t-u)\mathrm{d}m(u),\end{aligned}$$

即 (3.45) 式成立.

(ii) 证 N 为一般的延迟更新过程的时候结论也成立. 仍对第一个更新时刻 S_1 取条件期望, 只是现在 S_1 的分布是 G, 对 $x \geqslant 0$,
$$P(A(t) \geqslant x) = \int_0^\infty P(A(t) \geqslant x | S_1 = s)\mathrm{d}G(s),$$

$$P(A(t) \geqslant x | S_1 = s) = \begin{cases} I_{(x\leqslant t)}, & s > t, \\ g(t-s), & s \leqslant t, \end{cases} \tag{3.47}$$

利用前面的结果, 其中
$$g = h + h * m_F, \quad h(t) = \overline{F}(t)I_{(x\leqslant t)}.$$

当 $s > t$ 时, $N(t) = 0$, $A(t) = t$;

当 $s \leqslant t$ 时, 以 s 为时间原点, 重新开始的过程是一个以 F 为等待时间分布的更新过程. 注意到
$$g * G = h * (G + m_F * G) = h * m,$$

所以
$$P(A(t) \geqslant x) = \overline{G}(t)I_{(x\leqslant t)} + \int_0^t \overline{F}(t-s)I_{(x\leqslant t-s)}\mathrm{d}m(s),$$

由此即得 (3.45) 式. □

推论 3.5.1 更新过程是泊松过程的充要条件为对任意 $t \geqslant 0$, $A(t)$ 的分布函数是
$$P(A(t) \leqslant x) = \begin{cases} F(x), & x < t, \\ 1, & x \geqslant t, \end{cases} \tag{3.48}$$

即 $\min\{S_1, t\}$ 的分布函数.

证明 充分性 $B(t) = P(A(t) \geqslant x) = [1 - F(x^-)]I_{(t\geqslant x)}$, 由式 (3.45) 可得
$$\begin{aligned}B(t) &= \overline{F}(t)I_{(t\geqslant x)} + \int_0^{(t-x)^+} \overline{F}(t-s)\mathrm{d}m(s) \\ &= \overline{F}(t)I_{(t\geqslant x)} + \int_0^t \overline{F}(t-s)I_{(t-s\geqslant x)}\mathrm{d}m(s),\end{aligned}$$

所以
$$B(t) = \overline{F}(t)I_{(t\geqslant x)} + \int_0^t B(t-s)\mathrm{d}F(s).$$

因此, 当 $t \geqslant x$ 时,

$$1 - F(x^-) = \overline{F}(t) + \int_0^t \left[1 - F(x^-)\right] I_{(t-s \geqslant x)} \mathrm{d}F(s)$$
$$= \overline{F}(t) + [1 - F(x^-)]F(t-x),$$

于是

$$\left[1 - F(x^-)\right] \overline{F}(t-x) = \overline{F}(t).$$

所以, 当 $x \geqslant 0, y \geqslant 0$ 时,

$$\overline{F}(x+y) = \left[1 - F(x^-)\right] \overline{F}(y),$$

在上式中取右极限得

$$\overline{F}(x+y) = \overline{F}(x)\overline{F}(y), \quad x, y \geqslant 0,$$

由此可知, F 是指数分布. 必要性留给读者自己证明. □

定理 3.5.4 对延迟更新过程 $N = \{N(t), t \geqslant 0\}$, 若 $t, x \geqslant 0, 0 \leqslant y \leqslant t$, 则有

$$P(R(t) > x, A(t) \geqslant y) = \overline{G}(t+x) + \int_0^{t-y} \overline{F}(t+x-s)\mathrm{d}m(s). \tag{3.49}$$

特别地, 若 $t, x \geqslant 0$, 则有

$$P(R(t) > x) = \overline{G}(t+x) + \int_0^t \overline{F}(t-s+x)\mathrm{d}m(s). \tag{3.50}$$

证明 利用 (3.43) 式和 (3.45) 式, 可得

$$P(R(t) > x, A(t) \geqslant y)$$
$$= \overline{G}(t+x)I_{(x+y \leqslant t+x)} + \int_0^{t+x} \overline{F}(t+x-s)I_{(x+y \leqslant t+x-s)}\mathrm{d}m(s)$$
$$= \overline{G}(t+x)I_{(y \leqslant t)} + \int_0^{t+x} \overline{F}(t+x-s)I_{(y \leqslant t-s)}\mathrm{d}m(s).$$

由此即得式 (3.49), 在式 (3.49) 中令 $y = 0$ 即得式 (3.50). □

定理 3.5.5 对延迟更新过程 $N = \{N(t), t \geqslant 0\}$,

$$P\{T(t) > x\} = \overline{F}(\max(t,x)) + \int_0^t \overline{F}(\max((t-y), x))\mathrm{d}m(y), \quad t, x \geqslant 0. \tag{3.51}$$

证明 (i) 先设 N 为更新过程. 令 $B(t) = P(T(t) > x), x \geqslant 0, S_1$ 为第一个更新时刻, 仍使用更新技巧

$$B(t) = \int_0^\infty P(T(t) > x | S_1 = s)\mathrm{d}F(s),$$

这时

$$P(T(t) > x | S_1 = s) = \begin{cases} I_{(s>x)}, & s > t, \\ P(T(t-s) > x), & s \leqslant t. \end{cases} \tag{3.52}$$

当 $s > \max(t,x)$ 时，$N(t) = 0$，$T(t) = s > x$;

当 $\max(t,x) \geqslant s > t$ 时，$N(t) = 0$，$T(t) = s \leqslant x$;

当 $t \geqslant s$ 时，将时间原点移至 s，过程重新开始.

因此
$$B(t) = \overline{G}(\max(t,x)) + \int_0^t B(t-s)\mathrm{d}F(s),$$

由此得式 (3.51).

(ii) 现在讨论一般的延迟更新过程. 对第一个更新时刻 S_1 取条件期望，而 S_1 的分布是 G，
$$B(t) = \int_0^\infty P(T(t) > x | S_1 = s)\mathrm{d}G(s),$$

这时
$$P(T(t) > x | S_1 = s) = \begin{cases} I_{(s>x)}, & s > t, \\ g(t-s), & s \leqslant t, \end{cases} \tag{3.53}$$

其中 $g = h + h * m_F$，$h(t) = \overline{F}(\max(t,x))$. 仍由 $g * G = h * (G + m_F * G) = h * m$ 可得式 (3.51). □

定义 3.5.3 设 $\mu_F = \int_0^\infty [1 - F(t)]\mathrm{d}t < \infty$，称

$$F_e(t) = \begin{cases} \dfrac{1}{\mu_F} \int_0^\infty [1 - F(s)]\mathrm{d}s, & t \geqslant 0, \\ 0, & t < 0 \end{cases} \tag{3.54}$$

为 F 的**平衡分布**. 显然，平衡分布函数 F_e 总是连续的，不管原来的 F 是否连续.

若延迟更新过程 N 的首次更新间隔 S_1 的分布 $G = F_e$，则 N 又称为**稳定更新过程**. 容易看出，指数分布的平衡分布就是自己，因此泊松过程就是稳定更新过程. 下面是有关稳定更新过程的性质.

定理 3.5.6 设 N 为稳定更新过程，则

(1) 对一切 $t \geqslant 0$，$R(t)$ 的分布函数为 F_e;

(2) N 有平稳增量，即对任意的 $n \geqslant 1$ 及 $0 < t_1 < t_2 < \cdots < t_n$，$\{N(t+t_i) - N(t), 1 \leqslant i \leqslant n\}$ 的分布与 t 无关.

证明 (1) 由式 (3.50) 及 $m(t) = \dfrac{t}{\mu_F}$，对一切 $t \geqslant 0, x \geqslant 0$，

$$\begin{aligned} P(R(t) > x) &= \frac{1}{\mu_F} \int_{t+x}^\infty \overline{F}(u)\mathrm{d}u + \frac{1}{\mu_F} \int_0^t \overline{F}(t-s+x)\mathrm{d}s \\ &= \frac{1}{\mu_F} \int_{t+x}^\infty \overline{F}(u)\mathrm{d}u + \frac{1}{\mu_F} \int_x^{t+x} \overline{F}(u)\mathrm{d}u \\ &= \frac{1}{\mu_F} \int_x^\infty \overline{F}(u)\mathrm{d}u, \end{aligned}$$

所以 $R(t)$ 的分布函数是 F_e.

(2) 对任一固定的 $s > 0$, 令 $Y^{(s)} = N(t+s) - N(t)$, 它是一个计数过程, 我们要证明它还是延迟更新过程. 事实上, 它的第一个等待时间是 $R(s)$, 它的分布是 F_e, 接下去的等待时间是 $X_{N(s)+2}, X_{N(s)+3}, \cdots$, 需要证明的是 $R(s), X_{N(s)+2}, X_{N(s)+3}, \cdots$ 相互独立, 且 $X_{N(s)+2}, X_{N(s)+3}, \cdots$ 服从同分布 F.

对任意的 $n \geqslant 1$ 及实数 $x, x_1, \cdots, x_n$,

$$P(R(s) \leqslant x, X_{N(s)+2} \leqslant x_1, \cdots, X_{N(s)+n+1} \leqslant x_n)$$
$$= \sum_{k=1}^{\infty} P(R(s) \leqslant x, N(s)+1 = k, X_{N(s)+2} \leqslant x_1, \cdots, X_{N(s)+n+1} \leqslant x_n)$$
$$= \sum_{k=1}^{\infty} P(S_k - s \leqslant x, S_{k-1} \leqslant s < S_k, X_{k+1} \leqslant x_1, \cdots, X_{k+n} \leqslant x_n)$$
$$= \sum_{k=1}^{\infty} P(S_k - s \leqslant x, S_{k-1} \leqslant s < S_k) F(x_1) \cdots F(x_n)$$
$$= \sum_{k=1}^{\infty} P(R(s) \leqslant x, N(s)+1 = k) F(x_1) \cdots F(x_n)$$
$$= P(R(s) \leqslant x) F(x_1) \cdots F(x_n) = F_e(x) F(x_1) \cdots F(x_n),$$

这样, 我们证明了两个延迟更新过程 $Y^{(s)}$ 与 N 的等待时间的分布完全相同, 因此这两个过程同分布. □

3.5.3 更新报酬过程

类似于复合泊松过程, 设

$$R(t) = \sum_{i=1}^{N(t)} R_i,$$

其中 $\{N(t), t \geqslant 0\}$ 是一个更新过程, $R_n(n=1,2,\cdots)$ 独立同分布且与 $\{N(t), t \geqslant 0\}$ 独立, 则称 $R(t)$ 是一个**更新报酬过程**, 这一名称是由于可以把 R_n 看作第 n 次更新发生时带给我们的报酬. 更一般的更新报酬过程, 可以允许 R_n 依赖于 X_n (即报酬的多少与等待的时间有关), 只要求随机向量列 (X_n, R_n) 独立同分布.

定理 3.5.7 (更新报酬定理) 若更新间隔 $X_1, X_2, \cdots$ 独立同分布, 满足 $EX_1 < \infty$, 每次得到的回报 $\{R_n\}$ 独立同分布, 满足 $ER_1 < \infty$, 则

(1) 以概率 1, 有 $\lim\limits_{t \to \infty} \dfrac{R(t)}{t} = \dfrac{ER_1}{EX_1}$;

(2) $\lim\limits_{t \to \infty} \dfrac{E[R(t)]}{t} = \dfrac{ER_1}{EX_1}$.

定理 3.5.7 (1) 的证明可由强大数定律得到; (2) 的证明可以利用更新方程及更新定理证得.

证明 由于

$$\frac{R(t)}{t} = \frac{\sum_{n=1}^{N(t)} R_n}{t} = \frac{\sum_{n=1}^{N(t)} R_n}{N(t)} \cdot \frac{N(t)}{t},$$

故由强大数定律及更新过程强大数定律, 有

$$\lim_{t\to\infty} \frac{\sum_{n=1}^{N(t)} R_n}{N(t)} = ER_1, \quad \text{a.s.},$$

以及

$$\lim_{t\to\infty} \frac{N(t)}{t} = \frac{1}{EX_1}, \quad \text{a.s.},$$

故知 (1) 成立.

为证 (2), 首先注意到 $\{N(t)+1\}$ 关于 $\{X_n, n \geqslant 1\}$ 是停时, 因而也是 $\{R_n, n \geqslant 1\}$ 的停时, 由 Wald 等式

$$E\left(\sum_{n=1}^{N(t)} R_n\right) = E\left(\sum_{n=1}^{N(t)+1} R_n\right) - E\left(R_{N(t)+1}\right) = (m(t)+1)ER_1 - E\left(R_{N(t)+1}\right),$$

故

$$\frac{ER(t)}{t} = \frac{m(t)+1}{t} ER_1 - \frac{E\left(R_{N(t)+1}\right)}{t},$$

如果能证明, 当 $t \to \infty$ 时, $\frac{E\left(R_{N(t)+1}\right)}{t} \to 0$, 那么, 由基本更新定理即可证得 (2) 成立. 为此, 令 $g(t) = E\left(R_{N(t)+1}\right)$, 用更新技巧:

$$E(R_{N(t)+1}|X_1 = x) = \begin{cases} E(R_1|X_1 = x), & x > t, \\ g(t-x), & x \leqslant t. \end{cases} \tag{3.55}$$

因为 $X_1 = x > t$ 时, $N(t) = 0$; 而 $x \leqslant t$ 时, 将时间原点移至 x, 过程重新开始, 所以

$$g(t) = \int_0^\infty E(R_{N(t)+1}|X_1 = x)\mathrm{d}F(x) = h(t) + \int_0^t g(t-x)\mathrm{d}F(x),$$

其中 $h(t) = \int_t^\infty E(R_1|X_1 = x)\mathrm{d}F(x)$.

事实上, 对一切 t, 有

$$|h(t)| \leqslant \int_t^\infty |E(R_1|X_1 = x)|\mathrm{d}F(x)$$

$$\leqslant \int_t^\infty E(|R_1||X_1 = x)\mathrm{d}F(x)$$

$$\leqslant \int_0^\infty E(R_1|X_1 = x)\mathrm{d}F(x)$$

$$= ER_1 < \infty,$$

从而得当 $t \to \infty$ 时, 有 $h(t) \to 0$, 且对所有 $t \geqslant 0$,

$$h(t) \leqslant E|R_1|.$$

3.5 延迟更新过程及更新报酬过程

因此, 对任意 $\varepsilon > 0$, 存在 $T > 0$, 当 $t > T$ 时, $|h(t)| < \varepsilon$. 于是

$$g(t) = h(t) + \int_0^t h(t-x)\mathrm{d}m(x).$$

利用基本更新定理有

$$\frac{g(t)}{t} \leqslant \frac{|h(t)|}{t} + \int_0^{t-T} \frac{|h(t-x)|\mathrm{d}m(x)}{t} + \int_{t-T}^t \frac{|h(t-x)|\mathrm{d}m(x)}{t}$$

$$\leqslant \frac{\varepsilon}{t} + \frac{\varepsilon m(t-T)}{t} + ER_1 \frac{m(t) - m(t-T)}{t} \quad (t > T)$$

$$\to \frac{\varepsilon}{EX_1} \quad (t \to \infty),$$

由 ε 的任意性, 得 $\lim\limits_{t\to\infty} \dfrac{g(t)}{t} = 0$, 于是 (2) 成立. □

注 3.5.1 定理 3.5.7 说明, 对于长时间运行后求得的期望平均报酬, 等于一个周期内得到的期望报酬除以一个周期的期望时间.

例 3.5.1 (产品保修策略) 设某公司所售出商品采取如下更换策略: 若产品售出后, 在期限 w 内损坏, 则免费更换同样产品. 若在 $(w, w+T]$ 期间损坏, 则按使用时间折价更换新产品. 并且对在 $(0, w]$ 内更换的新产品执行原来的更换期, 而对在 $(w, w+T]$ 内折价更换的新产品, 从更换时刻重新计算更换期. 讨论长期执行此策略对厂家的影响 (即厂家的期望利润是多少), 假定一旦产品损坏, 顾客立刻更换、退换或者购买新的产品.

设 $t = 0$ 时用户购买一个新产品, 售价为 c, 成本 $c_0 < c$, 产品寿命为 X, 它的分布函数为 $F(t)$, $EX = \mu < \infty$. 设用户相邻两次购买 (包括全价购买和折扣更换, 但不包括免费更换) 的时间间隔为 $Y_1, Y_2, \cdots$. 容易求出 $Y_1, Y_2, \cdots$ 独立同分布 (因为每次更换的产品都是新的). 记 Y_i 的分布为 $G(t)$. 以 $N(t)$ 记 $(0, t]$ 时间内的更换次数, S_n 为第 n 次更换时刻, $M(t) = E[N(t)]$.

首先计算用户在 $(0, Y_1]$ 内的期望花费与 EY_1. 由所设条件知道, 对用户而言, 更换策略为

$$\begin{cases} 0, & y \leqslant w, \\ \dfrac{c(y-w)}{T}, & y > w, \end{cases}$$

其中 y 为使用时间, 由 Y_1 的含义知 $Y_1 = w + R_w$ (R_w 指产品在 w 时刻的剩余寿命), $Y_1 = S_{N(w)+1}$, 从而

$$\bar{G}(t) = P\{Y_1 > t\}$$

$$= \begin{cases} 1, & 0 \leqslant t \leqslant w, \\ P\{w + R_w > t\} = \bar{F}(t) + \int_0^w \bar{F}(t-x)\mathrm{d}m(x), & t > w, \end{cases}$$

$$EY_1 = E(S_{N(w)+1}) = \mu(1 + m(w)).$$

设 $(0, Y_1]$ 内用户花费为 c_1, 则

$$c_1 = \begin{cases} c, & Y_1 > w + T, \\ \dfrac{c(Y_1 - w)}{T}, & w < Y_1 \leqslant w + T, \end{cases}$$

从而
$$Ec_1 = c\bar{G}(w+T) + \frac{c}{T}\int_w^{w+T}(t-w)\mathrm{d}G(t),$$
解得
$$Ec_1 = \frac{c}{T}\int_0^T \bar{G}(w+x)\mathrm{d}x = \frac{c}{T}\int_0^T P\{R_w > x\}\mathrm{d}x,$$
于是
$$c(w,T) = 长期平均费用 = \frac{Ec_1}{EY_1} = \frac{c\int_0^T P\{R_w > x\}\mathrm{d}x}{T\mu(1+M(w))}.$$

对公司而言，其利润为用户付费所得收入与成本之差，在 $(0,w]$ 时间内免费更换产品的个数的期望值为 $E[N(w)] = M(w)$. 因此，在一个购买周期 $(0,Y_1]$ 内，公司所付成本为 $c_0[M(w)+1]$，公司从每个用户所得的长期平均利润为

$$c(w,T) - \frac{c_0[1+M(w)]}{\mu[1+M(w)]} = c(w,T) - \frac{c_0}{\mu}.$$

习 题 3

1. 假设更新过程 $\{N(t), t \geqslant 0\}$ 的到达间隔分布是均值为 μ 的泊松分布.
(1) 求 S_n 的分布;
(2) 计算 $P\{N(t) = n\}$.

2. 设 $\{N_1(t), t \geqslant 0\}$, $\{N_2(t), t \geqslant 0\}$ 是独立的更新过程. 令 $N(t) = N_1(t) + N_2(t)$. 请问:
(1) $\{N(t), t \geqslant 0\}$ 的到达间隔时间是否独立?
(2) 它们是否同分布?
(3) $\{N(t), t \geqslant 0\}$ 是否是更新过程?

3. 设更新过程 $\{N(t), t \geqslant 0\}$ 的到达间隔分布有密度函数 $f(x) = \lambda^2 x e^{-\lambda x}$, $x \geqslant 0$. $m(t) = E[N(t)]$ 为更新函数，试证:
$$m(t) = \frac{\lambda t}{2} - \frac{1}{4}(1 - e^{-2\lambda t}).$$

4. 试证更新过程 $\{N(t), t \geqslant 0\}$ 的任意阶矩存在，即对一切 $t > 0$, $r > 0$, 有
$$E[N(t)]^n < \infty.$$
特别地，
$$m(t) = EN(t) < \infty.$$

5. 对更新过程 $\{N(t), t \geqslant 0\}$, 令 $m_k(t) = E[N(t)]^k$, $k \geqslant 1$. 证明: 对 $k \geqslant 2$, $m_k(t)$ 下面更新方程的解
$$z(t) = h_k(t) + \int_0^t z(t-s)\mathrm{d}F(s),$$
其中 $h_k(t) = (-1)^{k-1}\left[F(t) - C_k^1 m_1(t) + \cdots + (-1)^{k-1}C_k^{k-1}m_{k-1}(t)\right]$.

6. 设更新过程 $\{N(t), t \geqslant 0\}$ 的到达间隔为 $X_n(n \geqslant 1)$, $m(t) = E[N(t)]$ 为更新函数，试证:

(1) $\dfrac{1}{E[\min(X_1,t)]} \leqslant \dfrac{1+m(t)}{t} \leqslant \dfrac{2}{E\min(X_1,t)},\ t>0$;

(2) $m(t)-m(t-h) \leqslant 1+m(h), 0 \leqslant h \leqslant t$.

7. 设 $b(t)$ 为局部有界函数, $B(t)$ 是更新方程

$$B(t)=b(t)+\int_0^t B(t-s)\mathrm{d}F(s)$$

的解, 则 $Z(t)=\displaystyle\int_0^t B(s)\mathrm{d}s$ 是更新方程

$$Z(t)=\int_0^t b(s)\mathrm{d}s+\int_0^t Z(t-s)\mathrm{d}F(s)$$

的解.

8. 设 $\{N(t), t \geqslant 0\}$ 为更新过程, $S_0=0$, S_n 为第 n 个事件发生的时刻, $R(t)=S_{N(t)+1}-t$ 表示时刻 t 元件或者系统的剩余寿命, $A(t)=t-S_{N(t)}$ 为时刻 t 元件或者系统的年龄. 求

(1) $P(R(t)>x|A(t)=s)$;

(2) $P\left(R(t)>x \Big| A\left(t+\dfrac{x}{2}\right)=s\right)$;

(3) 若 $\{N(t), t \geqslant 0\}$ 为泊松过程, $P(R(t)>x|A(t+x)=s)$?

9. 设 $\{N(t), t \geqslant 0\}$ 为延迟更新过程, $S_0=0$, S_n 为第 n 个事件发生的时刻, 以 H_t 记 $S_{N(t)}$ 的分布函数, 则

$$H_t(s)=\begin{cases} \bar{G}(t)+\displaystyle\int_0^s \bar{F}(t-y)\mathrm{d}m(y), & t>s \geqslant 0, \\ 1, & t \leqslant s, \end{cases}$$

当 $t>s \geqslant 0$ 时, 上式又可写成

$$\begin{cases} H_t(0)=\bar{G}(t)+\bar{F}(t)m(0)=\bar{G}(t)+\bar{F}(t)\dfrac{G(0)}{1-F(0)}, & s=0, \\ \mathrm{d}H_t(s)=\bar{F}(t-s)\mathrm{d}m(s), & s>0. \end{cases}$$

$$H_t(s)=\begin{cases} \bar{G}(t)+\displaystyle\int_0^s \bar{F}(t-y)\mathrm{d}m(y), & t>s \geqslant 0, \\ 1, & t \leqslant s. \end{cases}$$

10. 设 $\{N(t), t \geqslant 0\}$ 为延迟更新过程, 一切记号同上面第 9 题, $A(t)=t-S_{N(t)}$, $R(t)=S_{N(t)+1}-t$, $T(t)=S_{N(t)+1}-S_{N(t)}$, 试利用对 t 前最后一个更新时刻 $S_{N(t)}$ 取条件概率的全概公式

$$P(A(t) \geqslant x)=\int_0^t P(A(t) \geqslant x|S_{N(t)}=s)\,\mathrm{d}H_t(s),$$

$$P(R(t)>x)=\int_0^t P(R(t)>x|S_{N(t)}=s)\,\mathrm{d}H_t(s),$$

$$P(T(t)>x)=\int_0^t P(T(t)>x|S_{N(t)}=s)\,\mathrm{d}H_t(s)$$

导出 $P(A(t) \geqslant x), P(R(t)>x), P(T(t)>x)$ 的公式.

11. 设 $\{N(t), t \geq 0\}$ 为延迟更新过程, X_n 为事件发生的时间间隔, X_1 的分布为 G, $X_n, n > 1$ 的分布为 F, $\mu_G = EX_1 < \infty$, $\mu_F = EX_2 < \infty$, $T(t) = S_{N(t)+1} - S_{N(t)}$, 则

$$E[T(t)] = \int_t^\infty u\,\mathrm{d}G(u) + \int_0^t \int_{t-s}^\infty u\,\mathrm{d}F(u)\,\mathrm{d}m(s).$$

12. 假设旅客按到达间隔时间的均值为 μ 的一个更新过程到达某火车站. 一旦有 N 个乘客等候在火车站, 就发出一辆火车. 如果火车站在有 n 个乘客等待时会产生速率为每个单位时间 nc 美元的费用, 问火车站产生的平均费用是多少?

13. 假设顾客按速率为 λ 的泊松过程到达一个单服务线的系统. 在到达时必须通过一个通向服务线的门. 然而, 每次有人通过的随后的 t 单位时间内门会锁住. 看到门锁住的顾客将流失并由系统产生一个费用 c. 看到一个未锁定的门的顾客将通过服务线, 如果服务线闲着, 这个顾客就接受服务; 如果服务线在忙, 则顾客不接受服务而离开, 并产生一个费用 K. 如果一个顾客的服务时间是速率为 μ 的指数分布, 求此系统产生的单位时间的平均费用.

14. 史密斯先生一直在做短工. 它的每份工作平均可做 3 个月. 如果他在每份工作前的失业时间是均值为 2 的指数分布, 那么史密斯先生得到一个新工作的速率是什么?

15. 考虑一个平均到达间隔时间为 μ 的更新过程. 假设这个过程的每一个事件以概率 p 被计入. 以 $N_c(t)$ 记到时刻 $t(t > 0)$ 为止被计入的事件数.
    (1) $\{N_c(t), t \geq 0\}$ 是更新过程吗?
    (2) $\lim\limits_{t \to \infty} \dfrac{N_c(t)}{t}$ 是多少?

16. 若 $\{N(t), t \geq 0\}$ 是更新过程, $m(t) = E(N(t))$, 则

$$E(N(t))^2 = m(t) + 2\int_0^t m(t-s)\mathrm{d}m(s).$$

17. 考虑有一条单服务线的银行, 顾客按速率为 λ 的泊松过程到达. 如果顾客到达时, 只在服务线闲着时才进入银行, 而且顾客的服务时间服从分布 G, 那么服务线忙的时间比例是多少?

18. 对于延迟更新过程, 证明下面的更新方程

$$M(t) = G(t) + \int_0^t M(t-s)\,\mathrm{d}F(s).$$

19. 设 X_n 的概率密度 $f(x) = \lambda^2 x e^{-\lambda x}$, $x \geq 0$. 求相应的更新函数 $m(t)$.

20. 每个试验以概率 P_i 出现的结果是数 $i, i = 1, 2, \cdots, n$, $\sum\limits_{i=1}^n P_i = 1$. 观察一系列独立的试验直至同样的结果连续出现 k 次, 则这个结果被宣布为游戏的胜利者. 例如, 如果 $k = 2$, 而且一个结果的序列是 1, 2, 4, 3, 5, 2, 1, 3, 3, 那么我们在 9 个试验后停止, 而且宣布结果 3 是胜利者. 数 $i(i = 1, 2, \cdots, n)$ 是胜利者的概率是多少?

第 4 章 马尔可夫链

经典马尔可夫链理论最初主要讨论状态空间为有限或可数的情况,这已成为本科生和研究生课程的标准内容. 近期有关此方面的研究转向拓扑条件下的一般性状态空间, 在保证空间的拓扑特征基础上仍保持状态空间的概率特性. 有关此方面的发展可以参见 Meyn 和 Tweedie (1993) 的工作. 在讨论马尔可夫链理论之前, 先介绍一下当前马尔可夫链的应用情况.

马尔可夫链在概率方面的经典应用主要体现在排队论、存储模型和更新模型的应用中. 近期, 它又广泛应用于网络流量分析和计算机系统建模, 例如在无线局域网载波侦听与碰撞避免协议分析中就采用了二维马尔可夫模型.

近期发展很快的马尔可夫链研究与应用领域是时间序列分析, 它不但可以处理 AR 模型, 而且可以处理一些非线性模型. 此时, 将传统一维状态描述转化为向量空间描述. 相应的一些近期的研究结果可参见 Meyn 和 Tweedie(1993) 的工作. 在马尔可夫链应用方面另一个近期快速发展的理论是马尔可夫链的计算机仿真算法理论, 如吉布斯 (Gibbs) 抽样、米特罗波利斯–黑斯廷斯 (Metropolis-Hastings) 算法以及更一般性的马尔可夫链–蒙特卡罗方法 (Markov Chain Monte Carlo, 简称 MCMC) 等. 这些方法在贝叶斯后验概率分布计算上取得了革命性的进展. 这方面的情况可以参见 Robert 和 Casella 的工作.

4.1 定义与例子

定义 4.1.1 假设随机序列 $\{X_n, n \geqslant 0\}$ 对任意 $i_0, i_1, \cdots, i_n, \cdots \in S$, S 为状态空间, 有

$$P\{X_0 = i_0, X_1 = i_1, \cdots, X_n = i_n\} > 0,$$

且

$$P\{X_{n+1} = i_{n+1}|X_0 = i_0, X_1 = i_1, \cdots, X_n = i_n\} = P\{X_{n+1} = i_{n+1}|X_n = i_n\}, \tag{4.1}$$

则称 $\{X_n, n \geqslant 0\}$ 为马尔可夫链.

马尔可夫链表示一个随机序列的条件概率只与最近的系统状态有关, 而与先前的系统状态无关. 有时, 马尔可夫性也称为无后效性. 值得注意的是此处定义的马尔可夫链只是一维的情况, 可以推广到多维的情况.

定义 4.1.2 $\forall i, j \in S$, 称 $P\{X_{n+1} = j|X_n = i\} = p_{ij}(n)$ 为 n 时刻的一步转移概率. 若对 $\forall i, j \in S, p_{ij}(n) = p_{ij}$, 即 p_{ij} 与 n 无关, 则称 $\{X_n, n \geqslant 0\}$ 为时齐马尔可夫链. 记 $P = (p_{ij})$, 称 P 为 $\{X_n, n \geqslant 0\}$ 的一步转移概率矩阵.

从马尔可夫链的定义可知, 构造马尔可夫链的关键是如何定义它的状态集.

利用马尔可夫链的定义, 可得

$$P\{X_0 = i_0, X_1 = i_1, \cdots, X_n = i_n, X_{n+1} = i_{n+1}\}$$
$$= P\{X_{n+1} = i_{n+1}|X_n = i_n\}P\{X_n = i_n|X_{n-1} = i_{n-1}\}\cdots P\{X_1 = i_1|X_0 = i_0\}P\{X_0 = i_0\}$$
$$= P\{X_0 = i_0\}\prod_{k=1}^{n+1}P(X_k = i_k|X_{k-1} = i_{k-1}).$$

如果 $\{X_n, n \geqslant 0\}$ 为时齐马尔可夫链, 则

$$P\{X_0 = i_0, X_1 = i_1, \cdots, X_n = i_n, X_{n+1} = i_{n+1}\}$$
$$= P\{X_{n+1} = i_{n+1}|X_n = i_n\}P\{X_n = i_n|X_{n-1} = i_{n-1}\}\cdots P\{X_1 = i_1|X_0 = i_0\}P\{X_0 = i_0\}$$
$$= P\{X_0 = i_0\}\prod_{k=1}^{n+1}p_{i_{k-1}i_k}.$$

这表明时齐马尔可夫链的有限维联合分布可用初始分布概率和一步转移概率矩阵给出.

定理 4.1.1 设随机过程 $\{X_n, n \geqslant 0\}$ 满足:

(1) $X_n = f(X_{n-1}, \xi_n)(n \geqslant 1)$, 其中 $f: S \times S \to S$, 且取值在 S 上;

(2) $\{\xi_n, n \geqslant 1\}$ 为独立同分布随机序列, 且 X_0 与 $\{\xi_n, n \geqslant 1\}$ 也相互独立, 则 $\{X_n, n \geqslant 0\}$ 是马尔可夫链, 而且其一步转移概率为

$$p_{ij} = P\{f(i, \xi_i = j)\}.$$

证明 设 $n \geqslant 1$, 利用定理的条件 (1), 可知 $X_1, X_2, \cdots, X_n$ 是 $\xi_1, \xi_2, \cdots, \xi_n$ 的函数, 因此 ξ_{n+1} 与 $X_1, X_2, \cdots, X_n$ 相互独立, 从而有

$$P\{X_{n+1} = i_{n+1}|X_0 = i_0, X_1 = i_1, \cdots, X_n = i_n\}$$
$$= P\{f(X_n, \xi_{n+1}) = i_{n+1}|X_0 = i_0, X_1 = i_1, \cdots, X_n = i_n\}$$
$$= P\{f(i_n, \xi_{n+1}) = i_{n+1}\}$$
$$= P\{X_{n+1} = i_{n+1}|X_n = i_n\},$$

因此, 利用定义可得定理的结论. 其一步转移概率在上述证明中已给出. □

上述定理已明确告诉我们构造马尔可夫链的一个有效的方法. 值得注意的是, 如果令

$$f(X_n, \xi_{n+1}) = aX_n + b\xi_{n+1} + c,$$

其中, $a \neq 0, b \neq 0, c$ 为常数, 则可以利用迭代公式得到相应的马尔可夫链.

定义 4.1.3 (转移概率) 称条件概率 $P\{X_{n=1} = j|X_n = i\}$ 为马尔可夫链 $\{X_n, n = 0, 1, 2, \cdots\}$ 的一步转移概率, 简称转移概率.

一般情况下, 转移概率与状态 i, j 和时刻 n 有关.

定义 4.1.4 (n 步转移概率) 称条件概率

$$p_{ij}^{(n)} = P\{X_{m+n} = j|X_m = i\}, \quad i, j \in S, m \geqslant 0, n \geqslant 1$$

为马尔可夫链的 n 步转移概率, 相应地, 称 $P^{(n)} = (p_{ij}^{(n)})$ 为 n 步转移概率矩阵.

定义 4.1.5 (时齐马尔可夫链) 当马尔可夫链的转移概率 $P\{X_{n+1}=j|X_n=i\}$ 只与状态 i,j 有关, 而与 n 无关时, 称马尔可夫链为时齐的, 并记 $p_{ij}=P\{X_{n+1}=j|X_n=i\}(n\geqslant 0)$; 否则, 就称为非时齐的.

在本书中, 我们只讨论时齐马尔可夫链, 并且简称为马尔可夫链. 当马尔可夫链的状态为有限时, 称为有限链, 否则称为无限链. 但无论状态是有限还是无限, 都可以将 $p_{ij}(i,j\in S)$ 排成一个矩阵的形式, 令

$$P=(p_{ij})=\begin{pmatrix} p_{00} & p_{01} & p_{02} & p_{03} & \cdots \\ p_{10} & p_{11} & p_{12} & p_{13} & \cdots \\ p_{20} & p_{21} & p_{22} & p_{23} & \cdots \\ p_{30} & p_{31} & p_{32} & p_{33} & \cdots \\ \vdots & \vdots & \vdots & \vdots & \end{pmatrix},$$

称 P 为转移概率矩阵, 一般简称为转移矩阵. 容易看出 $p_{ij}(i,j\in S)$ 有性质:

(1) $p_{ij}\geqslant 0, i,j\in S$; (4.2)

(2) $\sum_{j\in S}p_{ij}=1, i,j\in S$. (4.3)

例 4.1.1 (独立随机变量和的序列) 设 $\{\rho_n, n\geqslant 0\}$ 为独立同分布的随机变量序列, ρ_n 取值为非负整数, $P\{\rho_i=i\}=a_i, a_i\geqslant 0$, 且 $\sum_{i=0}^{\infty}a_i=1$. 令 $X_0=0, X_n=\sum_{k=1}^{n}\rho_k$, 则易证 $\{X_n, n\geqslant 0\}$ 是一马尔可夫链, 且

$$p_{ij}=\begin{cases} a_{j-i}, & j\neq i, \\ 0, & j<i. \end{cases}$$

显然 $\{\rho_n, n\neq 0\}$ 本身也是一马尔可夫链.

例 4.1.2 (带反射壁的随机游动模型) 系统的状态是 0 到 n, 反映赌博者 A 在赌博期间拥有的钱数, 每次以概率 p 赢得 1, 以概率 $q=1-p$ 输掉 1, 当他输光时, 将获得赞助 1 让他继续赌下去, 当他拥有钱数为 n 时, 赌博停止, 就如同一个在直线上做随机游动的球在到达左侧 0 点处就立刻反弹回 1 一样, 这就是一个一侧带有反射壁的随机游动. 此时, 这个系统的一步转移概率矩阵为

$$P=\begin{pmatrix} 0 & 1 & 0 & 0 & \cdots & 0 & 0 & 0 \\ q & 0 & p & 0 & \cdots & 0 & 0 & 0 \\ 0 & q & 0 & p & \cdots & 0 & 0 & 0 \\ \vdots & \vdots & \vdots & \vdots & & \vdots & \vdots & \vdots \\ 0 & 1 & 0 & 0 & \cdots & 0 & 0 & 0 \\ 0 & 1 & 0 & 0 & \cdots & 0 & 0 & 0 \end{pmatrix}.$$

例 4.1.3 (无限制的随机游动模型) 随机游动是指一个质点在直线上的某个范围内随机地逐步移动, 也可以讨论在平面上或空间中的随机游动. 这里我们先讨论直线上的随机游动. 假定质点的位置总在整数点上, 每隔一个单位时间移动一步, 可以移动到左、右相邻的位置,

或停留在原来的位置上, 且转移的概率只与该时刻质点的位置有关, 与该时刻以及质点在以前的位置无关. 以 X_n 表示质点在时刻 n 的位置, 则 $\{X_n, n \geqslant 0\}$ 就是一个马尔可夫链, 称为直线上的随机游动.

如果随机游动的状态空间为 $Z = \{\cdots, -1, 0, 1, \cdots\}$, 转移概率为

$$p_{i,i+1} = p, \quad p_{i,i-1} = q = 1-p, \quad 0 < p < 1, i \in Z,$$

那么称这样的随机游动为 (p, q) 随机游动. 这时游动没有任何范围的限制. 如果 $p = q = \dfrac{1}{2}$, 则称此随机游动是对称的. 容易看出, 每游动一步可看成做一次有两个结果的试验, 这些试验是相互独立的. 因此利用独立试验序列的熟知结果, 我们不难计算 n 步转移概率 $p_{ij}^{(n)}$. 从 i 出发经过 n 步到达 j, 必须向右移动的步数多 $j-i$ 步. 因此这 n 步中必须向右移动 $(n+j-i)/2$ 步, 向左移动 $[n-(j-i)]/2$ 步, $n+j-i$ 必须是偶数. 由此可得到

$$p_{ij}^{(n)} = \begin{cases} \mathrm{C}_n^{(n+j-i)/2} p^{(n+j-i)/2} q^{(n+j-i)/2}, & n+j-i \text{为偶数}, \\ 0, & n+j-i \text{为奇数}. \end{cases}$$

随机游动除了本身具有一定的物理意义外, 它实际上是一个可以描述多种随机现象的数学模型. 许多随机现象都能归结成各种形式的随机游动, 从而引起了研究随机游动的兴趣, 这情况就像在概率论中人们热衷于讨论从罐子中摸球的模型一样. 此外, 随机游动又是形式最为简单的马尔可夫链, 把它作为例子进行详尽的讨论也是自然的.

现在取初始分布为 $P(X_0 = 0) = P(X_0 = 2) = \dfrac{1}{2}, D = \{1, 3\}$, 这时

$$\begin{aligned}
P(X_1 = 1) &= P(X_0 = 0)P(X_1 = 1 | X_0 = 0) + P(X_0 = 2)P(X_1 = 1 | X_0 = 2) \\
&= \frac{1}{2}p + \frac{1}{2}q = \frac{1}{2}, \\
P(X_1 = 3) &= P(X_0 = 2)P(X_1 = 3 | X_0 = 2) = \frac{1}{2}p, \\
P(X_2 = 2 | X_1 \in D) &= \frac{P(X_1 = 1)P(X_2 = 2 | X_1 = 1) + P(X_1 = 3)P(X_2 = 2 | X_1 = 3)}{P(X_1 = 1) + P(X_1 = 3)} \\
&= \frac{\dfrac{1}{2}p + \dfrac{1}{2}q}{\dfrac{1}{2} + \dfrac{1}{2}p} = p\frac{1+q}{1+p}, \\
P(X_2 = 2 | X_0 &= 0, X_1 \in D) = P(X_2 = 2 | X_0 = 0, X_1 = 1) = p.
\end{aligned}$$

因此 $p \neq q$ 时,

$$P(X_2 = 2 | X_0 = 0, X_1 \in D) \neq P(X_2 = 2 | X_1 \in D),$$

这表明在马尔可夫性中要求确切地知道现在的状态, 不能含糊.

例 4.1.4 (赌博模型) 考察两个赌徒甲与乙, 其中甲有赌资 4 美元, 乙有赌资 2 美元, 在每局中甲、乙赢 1 美元的概率均为 p, 输 1 美元的概率均为 q. 如果我们假设两人在有一人破产时离开, 那么甲或乙的财富是一个马尔可夫链, 具有转移概率

$$p_{i,i+1} = p = p_{i,i-1}, \quad i = 1, 2, \cdots, 5, \quad p_{00} = p_{66} = 1,$$

其中, 状态 0 和 6 称为吸收态, 因为一旦进入此状态, 它们就不再离开. 注意上面是一个具有吸收壁 (状态 0 和 6) 的有限状态的随机游动.

其一步转移概率矩阵为

$$P = \begin{pmatrix} 1 & 0 & 0 & 0 & 0 & 0 \\ q & 0 & p & 0 & 0 & 0 \\ 0 & q & 0 & p & 0 & 0 \\ 0 & 0 & q & 0 & p & 0 \\ 0 & 0 & 0 & q & 0 & p \\ 0 & 0 & 0 & 0 & 0 & 1 \end{pmatrix}.$$

例 4.1.5 我们考察在某个容器内某种物质的分子个数的变迁. 设在单位时间内, 容器中每一个分子以概率 p 留在容器内, 以概率 $q = 1 - p$ 逸出, 同时又有新的分子进入容器, 进入的分子数服从参数为 λ 的泊松分布. 假设各个分子的运动是相互独立地进行的, 以 X_n 记时刻 n 容器中的分子数. 由上面的假定容易看出 $\{X_n, n \geqslant 0\}$ 是马尔可夫链. 因为下一个时刻的分子数只取决于现在容器中的分子及新进入的分子数, 这些都与以前容器中分子的个数无关.

我们来计算转移概率 p_{ij}. 记容器中原有的分子中有 k 个留下, 则有 $i - k$ 个逸出. 新进入的分子数为 $j - k$. 容易看到, 应有 $k \leqslant i$ 及 $k \leqslant j$, 所以 k 的变化范围是从 0 到 $\min(i, j)$. 由各分子运动为相互独立的假定得到

$$p_{ij} = \mathrm{e}^{-\lambda} \sum_{k=0}^{\min(i,j)} \mathrm{C}_i^k p^k q^{i-k} \frac{\lambda^{j-k}}{(j-k)!}.$$

例 4.1.6 ($G/M/1$ 排队系统模型) 假设顾客依照一个任意的更新过程来到一个单服务员的服务中心, 来到间隔分布为 G, 服务分布是参数为 μ 的指数分布. 若以 X_n 记第 n 个顾客来到时见到系统中的顾客数, Y_n 记第 $n + 1$ 个顾客来之前服务完的顾客数, 则有 $X_{n+1} = X_n + 1 - Y_n$. 证明 $\{X_n, n \geqslant 1\}$ 是马氏链.

分析 首先, 只要有顾客在接受服务, 则在任意长为 t 的时间中服务完的顾客数是均值为 μt 的泊松随机变量, 这是因为相继的服务时间服从指数分布.

证明 由题目假设与分析得知顾客数与服务时间独立.

$$\begin{aligned}
& P(X_{n+1} = j | X_n = i, X_{n-1} = i_{n-1}, \cdots, X_1 = i_1) \\
= & P(X_n + 1 - Y_n = j | X_n = i, X_{n-1} = i_{n-1}, \cdots, X_1 = i_1) \\
= & P(Y_n = i + 1 - j | X_n = i, X_{n-1} = i_{n-1}, \cdots, X_1 = i_1) \\
= & P(Y_n = i + j - 1 | X_n = i) \\
= & P(Y_n = i + j - 1).
\end{aligned} \tag{4.4}$$

同理, $P(X_{n+1} = j | X_n = i) = P(y_n = i + j - 1)$ \hfill (4.5)

□

例 4.1.7 ($M/G/1$ 排队系统模型) 假设顾客依照参数为 λ 的泊松过程来到一个单服务员的服务中心, 来客发现服务员空着即可得到服务, 其他人排队等待直到轮到他们. 相继的顾客的服务时间假定是独立的随机变量, 具有共同的分布 M, 且也假定他们与来到过程独立. 上述系统称为 $M/G/1$ 排队系统 (字母 M 代表顾客来到间隔的分布为指数分布, G 代表服务时间的分布, 1 代表只有一个服务员), 证明该系统具有马氏性.

分析 若以 $X(t)$ 记时刻 t 系统中的顾客人数, 则 $\{X(t), t \geqslant 0\}$ 不具有马氏性. 在知道时刻 t 系统中的人数后, 那么为了预测未来的状态, 我们不用关心从最近的一位顾客来到后已经过去了多少时间 (来到过程的无记忆性), 但要注意在服务中的顾客已服务多长时间 (服务时间分布 G 是任意的, 故不是无记忆的).

解 记 X_n 为第 n 个顾客走后余下的顾客数, $n \geqslant 1$. 记 Y_n 为第 $n+1$ 个顾客接受服务期间来到的顾客数.

当 $X_n \geqslant 0$ 时, 第 n 个顾客走后余下的顾客数为 X_n, 其中一人进入服务, 而其余 $X_n - 1$ 人排队等待. 因此, 下一个人离去时系统中将包含在排队的 $X_n - 1$ 个顾客以及第 $n+1$ 个顾客接受服务期间来到的顾客, 当 $X_n = 0$ 时可做类似的讨论, 由此可见

$$X_{n+1} = \begin{cases} X_n - 1 + Y_n, & X_n > 0, \\ Y_n, & X_n = 0. \end{cases}$$

由于 $Y_n, n \geqslant 1$ 表示在不相重叠的服务时间区间中来到的人数, 来到过程又是泊松过程, 所以它们互相独立, 且

$$\begin{aligned} A_j &= P(Y_n = j) \\ &= \int_0^\infty P(Y_n = j | Z_{n+1} = X) P(Z_{n+1} = X) \, \mathrm{d}x \\ &= \int_0^\infty P(Y_n = j | Z_{n+1} = X) \, \mathrm{d}G(x) \\ &= \int_0^\infty \frac{(\lambda x)^j \mathrm{e}^{-\lambda x}}{j!} \, \mathrm{d}G(x), \end{aligned}$$

Z_{n+1} 表示第 $n+1$ 个顾客接受服务的时间. □

注 4.1.1 在前面的两随机服务系统中, 我们能够发现一个嵌入的马尔可夫链, 是因为利用指数分布的无记忆性时刻观察过程, 这常常是富有成效的方法.

例 4.1.8 (一个简单的疾病死亡模型, Fix-Neyman(1951)) 考虑一个包含两个健康状态 S_1 和 S_2 以及两个死亡状态 S_3 和 S_4(即由不同原因引起的死亡) 的模型. 若个体病愈, 则认为它处于状态 S_1; 若患病, 则认为它处于 S_2, 个体可以从 S_1, S_2 进入 S_3 和 S_4, 易见这是一个马氏链的模型, 转移矩阵为

$$P = \begin{pmatrix} p_{11} & p_{12} & p_{13} & p_{14} \\ p_{21} & p_{22} & p_{23} & p_{24} \\ 0 & 0 & 1 & 0 \\ 0 & 0 & 0 & 1 \end{pmatrix}.$$

4.1 定义与例子

例 4.1.9 (考虑订货问题) 设某商店使用 (s, S) 订货策略, 每天早上检查某商品的剩余量, 设为 x, 则订购额 Z 为

$$Z = \begin{cases} 0, & x \neq s, \\ S - x, & x < s, \end{cases}$$

假设订货和进货不需要时间, 每天的需求量 Y_n 独立同分布且 $P\{Y_n = j\} = a_j, j = 0, 1, 2, \cdots$. 现在要从上述问题中寻找一个马尔可夫链.

令 X_n 为第 n 天结束时的存货量 (设 X_n 可取负值), 则

$$X_{n+1} = \begin{cases} X_n - Y_{n+1}, & X_n \neq s, \\ S - Y_{n+1}, & X_n < s, \end{cases}$$

因此 $\{X_n, n \geq 1\}$ 是马尔可夫链.

例 4.1.10 (柯西分布) 考虑掷硬币的例子. 硬币的正反面分别记为 U 和 D, 于是状态空间为 $S = \{U, D\}$. 为了书写方便, 令 1 代表 U, 2 代表 D, 假设硬币初始时为正面, 我们一共投掷了 50 次. 在每一次投掷时, 硬币以概率 20% 翻转. 于是转移概率为 $p_{11} = 0.8, p_{12} = 0.2, p_{21} = 0.2, p_{22} = 0.8$, 所以转移矩阵为

$$P = \begin{pmatrix} 0.8 & 0.2 \\ 0.2 & 0.8 \end{pmatrix},$$

计算得

$$P^2 = P \cdot P = \begin{pmatrix} 0.68 & 0.32 \\ 0.32 & 0.68 \end{pmatrix}$$

和

$$P^4 = P^2 \cdot P^2 = \begin{pmatrix} 0.5648 & 0.4352 \\ 0.4352 & 0.5648 \end{pmatrix},$$

从而 $P(X_5 = U) = P(X_1 = U \to X_5 = U) = p_{UU}^{(5)} = 0.5648$.

例 4.1.11 (隐马尔可夫链模型) 我们用简单例子引出隐马尔可夫链模型. 设有两枚硬币, 分别记为 M 和 W, 在任何给定时刻两枚硬币或者为正面或者为反面. 在任何给定时刻只有一枚硬币呈现, 但是有时硬币可能被替换 (M 换成 W 或 W 换成 M) 而不改变其正反面. 硬币 M 具有与例 4.1.10 相同的转移概率, 而硬币 W 具有转移概率

$$P = \begin{pmatrix} 0.9 & 0.1 \\ 0.05 & 0.95 \end{pmatrix},$$

在任何给定时刻硬币被替换的概率为 30%, 替换完成时, 硬币的状态不变. 这一马尔可夫链有 4 个状态, 分别记为 $1: UM; 2: DM; 3: UW; 4: DW$. 状态 1, 3 表示正面 U, 状态 2, 4 表示反面 D, 转移矩阵为 4×4 的矩阵. 我们可以计算转移概率, 比如 $UM \to UM$, 首先有 $U \to U$(无替换), 而后 $M \to M$(无替换). 因此转移概率为 $P(U \to U | M) \cdot P(M \to M) = 0.8 \times 0.7 = 0.56$. 其他转移概率类似可得.

转移概率矩阵为

$$P = \begin{pmatrix} 0.8 \times 0.7 & 0.2 \times 0.7 & 0.8 \times 0.3 & 0.2 \times 0.3 \\ 0.2 \times 0.7 & 0.8 \times 0.7 & 0.2 \times 0.3 & 0.8 \times 0.3 \\ 0.9 \times 0.7 & 0.1 \times 0.7 & 0.9 \times 0.3 & 0.1 \times 0.3 \\ 0.05 \times 0.7 & 0.95 \times 0.7 & 0.05 \times 0.3 & 0.95 \times 0.3 \end{pmatrix},$$

如果我们从状态 UM 出发,要求在第 4 个时间周期后,硬币处于状态 D 的概率,则由于 $2 = DM$ 和 $4 = DW$ 都是状态 D,所以所求概率为 $p_{12}^{(4)} + p_{14}^{(4)}$.

例 4.1.12 (存储模型) 设一家电视机商店最多可存放 S 台电视机. 开始时商店进货进足 S 台电视机. 若在第 n 个月中顾客欲购的电视机台数 (需求量) 为 ξ_n,第 n 个月底盘点时所剩的电视机台数记为 X_n. 盘点后决定是否进货. 决策的方法如下:若 $X_n \leqslant s$,就立即进货至 S 台,若 $X_n > s$,则不进货. 假设 $\{\xi_n, n \geqslant 1\}$ 为 i.i.d. 随机变量序列,其共同分布为 $\{q_k, k \geqslant 0\}$. 这时 $\{X_n, n \geqslant 0\}$ 是马尔可夫链. 事实上,有

$$X_0 = S, \quad X_n = \begin{cases} \max(0, X_{n-1} - \xi_n), & s < X_{n-1} \leqslant S, \\ \max(0, S - \xi_n), & X_{n-1} \leqslant s, \end{cases}$$

其中 $n \geqslant 1$,如果我们定义一个函数:

$$f(a,b) = \begin{cases} \max(0, a-b), & s < a \leqslant S, \\ \max(0, S-b), & a \leqslant s, \end{cases}$$

那么 $\{X_n, n \geqslant 0\}$ 是状态空间为 $\{0, 1, \cdots, S\}$ 的马尔可夫链,转移概率为

$$p_{ij} = \begin{cases} a_s, & j = 0, i \leqslant s, \\ a_i, & j = 0, i > s, \\ q_{s-j}, & 0 < j \leqslant S, i \leqslant s, \\ q_{i-j}, & 0 < j \leqslant i, i > s, \\ 0, & \text{其他}, \end{cases}$$

其中 $a_i = \sum\limits_{j=i}^{\infty} q_j$.

我们所讨论的是一个采取 (s, S) 策略的存储模型. 商店感兴趣的是如何决定 s 的大小. 从加快资金的流动、减少存储保管的费用等因素出发,s 应取得大些,但 s 大,商品就会脱销,减少营业额与利润,对商店也不利. 所以要根据实际所测得的各种因素的数据及利弊的大小,综合决定 s 的值. 显然,掌握马尔可夫链 $\{X_n, n \geqslant 0\}$ 的性质是十分必要的.

4.2 C-K 方程与转移概率矩阵

定义 4.2.1 (随机矩阵) 若一个矩阵 $P = (p_{ij})_{n \times n}$ 的元素满足 $p_{ij} \geqslant 0 (i, j \in S)$,且对任意的 $i \in S, \sum\limits_{j \in S} p_{ij} = 1$,则称矩阵 P 为随机矩阵.

易见随机矩阵每一行元素的和都为 1.

当 $n=1$ 时, $p_{ij}^{(1)} = p_{ij}$, $P^{(1)} = P$. 显然, n 步转移概率 $p_{ij}^{(n)}$ 指的就是系统从状态 i 经过 n 步后转移到 j 的概率, 它对中间的 $n-1$ 步转移经过的状态无要求. 下面的定理给出了 $p_{ij}^{(n)}$ 和 p_{ij} 的关系.

定理 4.2.1 (Chapman-Kolmogorov 方程, 简称为 C-K 方程) 对一切 $n, m \geqslant 0$, $i, j \in S$, 有

(1) $p_{ij}^{(m+n)} = \sum\limits_{k \in S} p_{ik}^{(m)} p_{kj}^{(n)}$;

(2) $P^{(n)} = P \cdot P^{(n-1)} = P \cdot P \cdot P^{(n-2)} = \cdots = P^n$.

证明 (1) $p_{ij}^{(m+n)} = P\{X_{m+n} = j | X_0 = i\}$
$$= \frac{P\{X_{m+n} = j, X_0 = i\}}{P\{X_0 = i\}}$$
$$= \sum_{k \in S} \frac{P\{X_{m+n} = j, X_m = k, X_0 = i\}}{P\{X_0 = i\}}$$
$$= \sum_{k \in S} \frac{P\{X_{m+n} = j, X_m = k, X_0 = i\}}{P\{X_0 = i\}} \frac{P\{X_m = k, X_0 = i\}}{P\{X_m = k, X_0 = i\}}$$
$$= \sum_{k \in S} P\{X_{m+n} = j | X_m = k, X_0 = i\} P\{X_m = k | X_0 = i\}$$
$$= \sum_{k \in S} p_{kj}^{(n)} \cdot p_{ik}^{(m)}$$
$$= \sum_{k \in S} p_{ik}^{(m)} p_{kj}^{(n)}.$$

(2) 因为 (2) 是 (1) 的矩阵形式, 利用矩阵乘法易得. □

由上述内容可知, 马尔可夫链运动规律的概率特性取决于它的转移概率矩阵特性. 这样, 研究前者就可以转化为研究后者.

4.3 状态的分类

本节首先讨论马尔可夫链各个状态之间的关系, 按其概率特性将状态进行分类, 并讨论这些将状态分类的判断准则.

4.3.1 关于马尔可夫链状态的一些基本定义

定义 4.3.1 对 $i, j \in S$, 若存在自然数 n, 使得 $p_{ij}^{(n)} > 0$, 则称从状态 i **可达状态** j, 记为 $i \to j$. 如果 $i \to j$ 且 $j \to i$, 则称状态 i, j **互通**, 记为 $i \leftrightarrow j$. 如果马尔可夫链的任意两个状态都互通, 则称该马尔可夫链为**不可约链**.

定义 4.3.2 对 $i, j \in S$, **首达时间**为
$$T_{ij} = \min\{n, n \geqslant 1, X_n = j, X_0 = i\},$$

如果右边为空集, 则令 $T_{ij} = \infty$, T_{ij} 表示从状态 i 出发首次到达状态 j 的时间, 它是一随机变量. T_{ii} 表示从状态 i 出发**首次**到达 i 的时间.

定义 4.3.3 首达概率为

$$f_{ij}^{(n)} = P(T_{ij}=n|X_0=i) = P(X_n=j, X_k \neq j, 1 \leqslant k \leqslant n-1|X_0=i).$$

$f_{ij}^{(n)}$ 表示从状态 i 出发经过 n 步首次到达状态 j 的概率. $f_{ij} = \sum\limits_{n=1}^{\infty} f_{ij}^{(n)}$ 表示从状态 i 出发, 经有限步首次到达 j 的概率.

定义 4.3.4 若 $f_{ii}=1$, 称状态 i 为**常返态**; 若 $f_{ii}<1$, 称状态 i 为**非常返态**.

定义 4.3.5 若 $f_{ii}=1$, 此时 $f_{ii}^{(n)}$ 可以看作一个对首次返回时间 n 进行统计的概率分布, 定义 $\mu_i = \sum\limits_{n=1}^{\infty} n f_{ii}^{(n)}$, 则 μ_i 表示从状态 i 出发再回到状态 i 的平均回转时间. 若 $\mu_i < \infty$, 称状态 i 为**正常返态**; 若 $\mu = \infty$, 称状态 i 为**零常返态**.

定义 4.3.6 若集合 $\left\{n : p_{ii}^{(n)} > 0, n \geqslant 1\right\} \neq \varnothing$, 则称该集合的最大公约数 $d(i)$ 为状态 i 的周期, 如果 $d(i)>1$, 称状态 i 为**周期的**; 如果 $d(i)=1$, 称状态 i 为**非周期的**.

定义 4.3.7 若状态 i 为正常返态且为非周期的, 则称状态 i 为**遍历状态**.

注 4.3.1 实际上, 马尔可夫链的讨论可以和图论的讨论结合起来. 如果将马尔可夫链的状态看作一个图的顶点, 状态可达看作相应的顶点之间有边相连接, 则整个马尔可夫链可以看作一个有向图, 有些内容可以纳入图论的讨论范畴.

4.3.2 一些基本关系式

定理 4.3.1 对任意的 $i,j \in S, n \geqslant 1$, 有

(1) $p_{ij}^{(n)} = \sum\limits_{k=1}^{n} f_{ij}^{(k)} p_{jj}^{(n-k)}$;

(2) $f_{ij}^{(n)} = \sum\limits_{k \neq j} p_{ik} f_{kj}^{(n-1)} I_{(n>1)} + p_{ij} I_{(n=1)}$.

证明 (1) $p_{ij}^{(n)} = P(X_n = j|X_0=i)$

$$= \sum_{k=1}^{n} P(X_n=j, X_k=j, X_l \neq j, l=1,\cdots,k-1|X_0=i)$$

$$= \sum_{k=1}^{n} P(X_k=j, X_l \neq j, l=1,\cdots,k-1|X_0=i)$$

$$\cdot P(X_n=j|X_k=j, X_l \neq j, l=1,\cdots,k-1, X_0=i)$$

$$= \sum_{k=1}^{n} P(X_k=j, X_l \neq j, l=1,\cdots,k-1|X_0=i)P(X_n=j|X_k=j)$$

$$= \sum_{k=1}^{n} f_{ij}^{(k)} p_{jj}^{(n-k)}.$$

(2) 当 $n=1$ 时, 显然 $f_{ij}^{(1)} = p_{ij}$.

当 $n>1$ 时, 有

$$f_{ij}^{(n)} = P(X_n=j, X_l \neq j, l=1,\cdots,n-1|X_0=i)$$

$$= \sum_{k \neq j} P(X_1=k, X_n=j, X_l \neq j, l=1,\cdots,n-1|X_0=i)$$

$$= \sum_{k \neq j} P(X_n=j, X_l \neq j, l=1,\cdots,n-1|X_1=k, k \neq j, X_0=i)$$

4.3 状态的分类

$$\cdot P(X_1 = k, k \neq j | X_0 = i)$$
$$= \sum_{k \neq j} p(X_n = j, X_l \neq j, l = 1, \cdots, n-1 | X_1 = k) p_{ik}$$
$$= \sum_{k \neq j} p_{ik} f_{kj}^{(n-1)}. \qquad \square$$

1. 定理的基本解释

初始条件:
$$p_{ij}^{(0)} = \begin{cases} 0, & i \neq j, \\ 1, & i = j. \end{cases}$$

2. $p_{ii}^{(n)}$ 与状态常返性判定准则

由定理 4.3.1 可知, 当 $i = j$ 时, 可得

$$p_{ii}^{(n)} = \sum_{k=1}^{n} f_{ii}^{(k)} p_{ii}^{(n-k)}. \tag{4.6}$$

这表明概率序列 $p_{ii}^{(n)}$ 等于其与序列 $f_{ii}^{(n)}$ 关于返回时间的卷积, 记 $p_{ii}^{(n)}$ 与 $f_{ii}^{(n)}$ 的 Z 变换分别为

$$P_i(Z) = \sum_{n=0}^{\infty} p_{ii}^{(n)} Z^{-n}, \quad F_i(Z) = \sum_{n=1}^{\infty} f_{ii}^{(n)} Z^{-n},$$

对式 (4.6) 两端作 Z 变换 (离散卷积的基本工具) 得

$$P_i(Z) = \sum_{n=0}^{\infty} p_{ii}^{(n)} Z^{-n}$$
$$= 1 + \sum_{n=1}^{\infty} \sum_{k=1}^{n} f_{ii}^{(k)} p_{ii}^{(n-k)} Z^{-n}$$
$$= 1 + \sum_{k=1}^{\infty} \sum_{n=k}^{\infty} f_{ii}^{(k)} p_{ii}^{(n-k)} Z^{-n}$$
$$= 1 + \sum_{k=1}^{\infty} f_{ii}^{(k)} Z^{-k} \sum_{n=k}^{\infty} p_{ii}^{(n-k)} \frac{Z^{-n}}{Z^{-k}}$$
$$= 1 + \sum_{k=1}^{\infty} f_{ii}^{(k)} Z^{-k} \sum_{n=k}^{\infty} p_{ii}^{(n-k)} Z^{-(n-k)}.$$

令 $n - k = m$, 当 $n = k, m = 0$ 时, 则

$$P_i(Z) = 1 + \sum_{k=1}^{\infty} f_{ii}^{(k)} Z^{-k} \sum_{m=0}^{\infty} p_{ii}^{(m)} Z^{-m} = 1 + F_i(z) P_i(z),$$

整理得

$$P_i(z) = \frac{1}{1 - F_i(z)}.$$

当 $z \to 1$ 时, $P_i(z) \to \sum\limits_{n=0}^{\infty} p_{ii}^{(n)}$, $F_i(z) \to \sum\limits_{n=1}^{\infty} f_{ii}^{(n)} = f_{ii}$. 于是有

$$\sum_{n=0}^{\infty} p_{ii}^{(n)} = \frac{1}{1-f_{ii}}.$$

由此可得下面的推论.

推论 4.3.1 对任意的 $i \in S, n \geqslant 1$, 有

(1) 当 $f_{ii} < 1$ 时, 状态 i 为非常返的, 且 $\sum\limits_{n=0}^{\infty} p_{ii}^{(n)} = \dfrac{1}{1-f_{ii}} < \infty$;

(2) 当 $f_{ii} = 1$ 时, 状态 i 为常返的, 且 $\sum\limits_{n=0}^{\infty} p_{ii}^{(n)} = \dfrac{1}{1-f_{ii}} = \infty$.

3. $\{p_{ii}^{(n)}\}$ 的物理解释

记

$$I_n(i) = \begin{cases} 0, & X_n \neq i, \\ 1, & X_n = i, \end{cases}$$

$S(i) = \sum\limits_{n=0}^{\infty} I_n(i)$ 为一计数过程, 表示 $\{X_n, n \geqslant 0\}$ 从状态 i 出发经过 n 步到达状态 i 的总次数, 则

$$E(S(i)|X_0 = i) = \sum_{n=0}^{\infty} E(I_n(i)|X_0 = i) = \sum_{n=0}^{\infty} P(X_n = i|X_0 = i) = \sum_{n=0}^{\infty} p_{ii}^{(n)}$$

表示由状态 i 出发返回到 i 的平均次数. 当 i 为常返态时, 从直观上理解应当返回 i, 即平均返回 i 的次数是无穷次, 对于非常返态的情况, 平均返回次数应为有限次.

4. $\{p_{ij}^{(n)}\}$ 与正常返、零常返的关系

当 j 为正常返时, $\mu_j < \infty$, 从而有 $\lim\limits_{n\to\infty} \dfrac{1}{n+1} \sum\limits_{k=0}^{n} p_{ij}^{(k)} = \dfrac{f_{ij}}{\mu_j}$ 为一有限值.

当 j 为零常返时, $\mu_j = \infty$, 从而有 $\lim\limits_{n\to\infty} \dfrac{1}{n+1} \sum\limits_{k=0}^{n} p_{ij}^{(k)} = 0$.

5. $\{p_{ii}^{(n)}\}$ 与正常返、零常返的关系

(1) 若状态 i 是非周期的且正常返的充分必要条件为

$$\lim_{n\to\infty} p_{ii}^{(n)} = \frac{1}{\mu_i} \neq 0,$$

其中 i 表示好状态, j 表示坏状态, i 总是能通过有限步到达 j.

(2) 若状态 i 是零常返的充分必要条件为

$$\lim_{n\to\infty} p_{ii}^{(n)} = \frac{1}{\mu_i} = 0 \quad \text{且} \quad \sum_{k=0}^{\infty} p_{ii}^{(n)} = \infty.$$

(3) 若状态 i 的周期是 T 且正常返的充分必要条件为

$$\lim_{n\to\infty} p_{ii}^{(nT)} = \frac{T}{\mu_i} \neq 0, \quad \lim_{\substack{n\to+\infty \\ 0<k<T}} p_{ii}^{(nT+k)} = 0.$$

零常返时, $\lim_{n\to\infty} p_{ii}^{(nT)} = 0$.

6. 关于 $\{p_{ij}^{(n)}, i\neq j\}$ 与状态 j 正常返与零常返的关系

(1) 当状态 j 是正常返时, 从状态 i 可达状态 j, 则 $\lim_{n\to\infty} p_{ij}^{(n)} = \frac{f_{ij}}{\mu_j} \neq 0$;

(2) 当状态 j 是正常返时, 从状态 i 不可达状态 j, 则 $\lim_{n\to\infty} p_{ij}^{(n)} = 0$;

(3) 当状态 j 是零常返时, 则 $\lim_{n\to\infty} p_{ij}^{(n)} = 0$.

例 4.3.1 设马尔可夫链的状态空间 $S = \{0, 1, 2, \cdots\}$, 转移概率为 $p_{00} = \frac{1}{2}, p_{i,i+1} = \frac{1}{2}$, 计算 $f_{00}^{(i)}$, 说明各个状态的常返性、周期性、遍历性.

解 因为 $p_{00} = \frac{1}{2}, f_{00}^{(2)} = \frac{1}{2^2}, f_{00}^{(3)} = \frac{1}{2^3}, f_{00}^{(n)} = \frac{1}{2^n}$, 所以

$$f_{00} = \sum_{n=1}^{\infty} \frac{1}{2^n} = 1, \quad \mu_0 = \sum_{n=1}^{\infty} n\frac{1}{2^n} < \infty.$$

$f_{ii} = 1$, 所以状态 i 为常返的, 又因为平均回转时间 $\mu_0 = \sum_{n=1}^{\infty} n\frac{1}{2^n} < \infty$, 可状态 0 是正常返态, 显然它是非周期的, 故 0 是遍历状态, 对其他状态 $i > 0$, 由 $i \to 0, 0 \to i$, 故 i 是遍历状态. □

定理 4.3.2 (1) 状态 i 是非周期且正常返的充分必要条件为

$$\lim_{n\to\infty} p_{ii}^{(n)} = \frac{1}{\mu_i} \neq 0.$$

(2) 状态 i 是零常返的充分必要条件为

$$\sum_{k=0}^{\infty} p_{ii}^{(n)} = \infty, \quad \lim_{n\to\infty} p_{ii}^{(n)} = 0.$$

(3) 状态 i 是周期为 T 且正常返的充分必要条件为

$$\lim_{n\to\infty} p_{ii}^{(nT)} = \frac{T}{\mu_i} \neq 0, \quad \lim_{n\to\infty, 0<k<T} p_{ii}^{(nT+k)} = 0.$$

此定理表明: 对零常返的情况, 状态的周期性对极限分布没有影响.

定理 4.3.3 (1) 当状态 j 是正常返时, 则 $\lim_{n\to\infty} p_{ij}^{(n)} = \frac{f_{ij}}{\mu_j}$;

(2) 当状态 j 是正常返时, 从状态 i 可达状态 j, 则 $\lim_{n\to\infty} p_{ij}^{(n)} = \frac{f_{ij}}{\mu_j} \neq 0$;

(3) 当状态 j 是正常返时, 从状态 i 不可达状态 j, 则 $\lim_{n\to\infty} p_{ij}^{(n)} = 0$;

(4) 当状态 j 是零常返时, 则 $\lim_{n\to\infty} p_{ij}^{(n)} = 0$.

注 4.3.2 如果状态 i 与状态 j 是互通的,并且状态 j 是正常返时,则有 $\lim\limits_{n\to\infty} p_{ij}^{(n)} = \dfrac{1}{\mu_j}$. 事实上,如果状态 i 与状态 j 是互通的,并且状态 j 是正常返时,状态 i 也是正常返的,并且有 $f_{ij} = f_{ji} = f_{ii} = f_{jj} = 1$.

4.3.3 状态之间的等价关系

在研究一个系统时,如果此系统的状态数是有限的,那么原则上可以对每个状态加以分析研究. 当系统的状态数是无限时,几乎不可能对每一个状态都加以分析,主要原因在于时间损耗问题. 因此,有必要对状态之间的内在联系加以分析,找出它们之间的等价关系,这样可以对状态进行分类,从而简化相应的系统分析过程. 对于马尔可夫链而言,状态互通是一种等价关系. 可以证明:在状态互通的情况下,状态的非常返性、正常返性、零常返性、周期性是相同的. 下面将此结论以定理的形式给出.

定理 4.3.4 (1) 如果状态 i 是常返的,并且 $i \to j$,则状态 j 也是常返的,并且 $f_{ji} = 1$.

(2) 如果 $i \leftrightarrow j$,则状态 i 与状态 j 同为常返或非常返;若状态 i 为常返态,则它们同为正常返或零常返.

(3) 如果 $i \leftrightarrow j$,则状态 i 与状态 j 有相同的周期.

证明 (1) 因为 $i \to j$,则一定存在一个正整数 N,使得 $p_{ij}^{(N)}$. 另一方面,系统从状态 j 出发永不到达状态 i 的概率为 $1 - f_{ji}$. 因此,系统从状态 i 出发永不返回状态 i 的概率应大于 $p_{ij}^{(N)}(1 - f_{ji})$. 又状态 i 是常返的,所以系统从状态 i 出发永不返回状态 i 的概率是零,从而有 $p_{ij}^{(N)}(1 - f_{ji}) = 0$,即 $f_{ji} = 1$. 它表明从状态 j 可达状态 i,即 $j \to i$.

下面证明状态 j 是常返的.

因为 $i \to j, j \to i$,则一定存在正整数 N_1 和 N_2,使得 $p_{ji}^{(N_1)} = a > 0$ 与 $p_{ij}^{(N_2)} = b > 0$ 成立. 利用 C-K 方程,对任意的自然数 n,有

$$p_{jj}^{(N_1+n+N_2)} \geqslant p_{ji}^{(N_1)} p_{ii}^{(n)} p_{ij}^{(N_2)} = ab\, p_{ii}^{(n)},$$

又因为状态 i 是常返的,所以有 $\sum\limits_{n=0}^{\infty} p_{ii}^{(n)} = \infty$,从而 $\sum\limits_{n=0}^{\infty} p_{jj}^{(n)} = \infty$,即状态 j 是常返的.

(2) "如果 $i \leftrightarrow j$,则状态 i 与状态 j 同为常返或非常返态" 的结论可从 (1) 的证明中直接得到. 下面证明关于零常返的情况.

假设状态 j 是零常返的,因为 $i \leftrightarrow j$,利用类似于 (1) 的证明,则一定存在正整数 N_1 和 N_2,使得 $p_{ji}^{(N_1)} = a > 0$ 与 $p_{ij}^{(N_2)} = b > 0$ 成立. 利用 C-K 方程,对任意的自然数 n,有

$$p_{jj}^{(N_1+n+N_2)} \geqslant p_{ji}^{(N_1)} p_{ii}^{(n)} p_{ij}^{(N_2)} = ab\, p_{ii}^{(n)},$$

又因为状态 j 是零常返的,则有 $\lim\limits_{n\to\infty} p_{jj}^{(n)} = 0$,所以状态 i 也是零常返的.

关于正常返的情况,可用关于零常返的逆否命题得到.

(3) 仍令 $p_{ji}^{(N_1)} = a > 0, p_{ij}^{(N_2)} = b > 0$. 设状态 i 的周期为 d,状态 j 的周期为 h. 由 $p_{jj}^{(N_1+n+N_2)} \geqslant p_{ji}^{(N_1)} p_{ii}^{(n)} p_{ij}^{(N_2)} = ab\, p_{ii}^{(n)}$ 知,对任一使 $p_{ii}^{(n)} > 0$ 的正整数 n,必有 $p_{jj}^{(N_1+n+N_2)} > 0$,从而 h 可除尽 $n + N_1 + N_2$. 同时 $p_{jj}^{(N_1+N_2)} \geqslant p_{ji}^{(N_1)} p_{ij}^{(N_2)} = ab > 0$,它表明 h 可除尽 $N_1 + N_2$. 可见 h 可除尽 n,从而 h 可除尽 d;同理可证,d 能除尽 h. 因此 $d = h$. □

4.4 状态空间的分解

在 4.3 节中, 讨论了状态之间的等价关系, 即状态的互通性. 研究结果表明: 如果两个状态是互通的, 则它们的常返性和周期性都是相同的. 因此, 我们希望通过这种等价关系, 将整个状态空间进行分解, 将每个等价类看作一个子空间, 这样将马尔可夫链的状态空间分解为一系列子空间的并. 在此基础上, 对每个子空间而言, 我们只需要研究其中一个状态的情况, 即可知道整个子空间的情况. 然后, 了解不同子空间之间的关系, 即可了解整个状态空间的情况. 通过这种状态分解技术, 可以大大简化对系统的分析. 本节主要讨论马尔可夫链的状态空间的分解问题.

定义 4.4.1 设 $A \subset S$, 如果对任意 $i \in A$ 及 $j \notin A$, 都有 $p_{ij} = 0$, 则称 A 为闭集. 若 A 的状态是相通的, 则 A 为不可约的.

定理 4.4.1 A 是闭集的充分必要条件为对任意 $i \in A$ 及 $j \notin A$, 都有 $p_{ij}^{(n)} = 0, n \geqslant 1$.

证明 只需证明必要性. 用数学归纳法, 设 A 为闭集, 由定义 4.4.1, 当 $n = 1$ 时结论成立.

假设当 $n = l$ 时, 对任意 $i \in A$ 及 $j \notin A$, 都有 $p_{ij}^{(l)} = 0$. 对于 $n = l+1$, 有

$$p_{ij}^{(l+1)} = \sum_{k \in A} p_{ik}^{(l)} p_{kj} + \sum_{k \notin A} p_{ik}^{(l)} p_{kj} = 0,$$

由上述定义知: 从闭集内的状态是不能到达闭集外的状态的. □

定理 4.4.2 所有常返态构成一闭集.

证明 设 C 表示常返状态组成的集合, S 表示状态空间. 下面分情况进行讨论:

(1) 如果 $C = S$, 显然, 所有的状态都是常返的, 因此, 不存在非常返状态, 那么可以认为从 C 中任一状态到它外面状态的转移概率为零.

(2) 如果 $C \neq S, C \subset S$, 则至少存在一个状态 $j \notin C$, 下面证明对任一状态 $i \in C$, 都有 $p_{ij}^{(n)} = 0, n \geqslant 1$.

用反证法, 假设存在一状态 $i \in C$ 和一个正整数 N_1 满足 $p_{ij}^{(N_1)} > 0$, 此表明 $i \to j$. 又因为状态 i 为常返态, 利用定理 4.3.2 知, 状态 j 为常返态, 即 $j \in C$. 这和假设相矛盾.

综上所述, 可得定理所要的结论. □

定理 4.4.3 (状态空间分解定理) 状态空间 S 可分解为

$$S = T \cup C = T \cup C_1 \cup \cdots \cup C_h \cup \cdots,$$

其中 T 表示非常返状态的集合, $\{C_h\}$ 为基本的常返闭集, 且有

(1) 对任一确定的 k, C_k 中任意两个状态互通;

(2) $C_h \cap C_l = \varnothing, \forall h \neq l$.

证明 先将状态空间中的状态按常返和非常返分成两类, 非常返状态组成的集合记为 T, 常返状态的集合记为 C. 由定理 4.4.2 知 C 是一闭集.

对闭集 C 再按相通关系分类, 在 C 中任取一个状态 i_1, 凡与状态 i_1 相通的状态组成一个集合, 记为 C_1; 如果 $C - C_1 \neq \varnothing$, 再在 $C - C_1$ 中任取一个状态 i_2, 凡与状态 i_2 相通的

状态组成一个集合，记为 C_2；再看 $C - C_1 - C_2$ 是否非空. 如果非空，就在 $C - C_1 - C_2$ 中任选一状态 i_3，凡与状态 i_3 相通的状态组成一个集合，记为 C_3. 如此重复进行下去，直到 $C - C_1 - C_2 - \cdots - C_k - \cdots = \varnothing$ 为止. 这样，就将 C 分解为 $C_1, C_2, \cdots, C_k, \cdots$ 的并.

显然，由 $C_1, C_2, \cdots, C_k, \cdots$ 的构造过程知，它们满足 (1) 和 (2) 给出的性质. □

在许多研究中，系统的状态往往是有限的，因此，我们有必要利用上述空间分解定理对有限状态的马尔可夫链的一些性质进行分析和总结.

定理 4.4.4 有限状态马尔可夫链具有如下性质：

(1) 状态空间 S 可分解为

$$S = T \cup C = T \cup C_1 \cup \cdots \cup C_h,$$

其中 T 表示非常返状态的集合，$\{C_h\}$ 为基本的常返闭集；

(2) 非常返状态的集合 T 一定不是闭集；

(3) 没有零常返状态；

(4) 必有正常返状态；

(5) 不可约马尔可夫链的状态都是正常返态；

(6) 任意闭集 $\{C_h\}$ 上的 n 步转移矩阵为随机矩阵.

证明 (1) 可从状态空间分解定理直接得到.

(2) 采用反证法. 假设非常返状态的集合 T 是一闭集，则对任意的 $i \in T$，有

$$\sum_{j \in T} p_{ij}^{(n)} = 1,$$

因为 T 是非常返状态组成的集合，所以对任意的 $j \in T$，有 $\lim\limits_{n \to \infty} p_{ij}^{(n)} = 0$. 因此，有

$$1 = \lim_{n \to \infty} \sum_{j \in T} p_{ij}^{(n)} = \sum_{j \in T} \lim_{n \to \infty} p_{ij}^{(n)} = 0,$$

矛盾. 即非常返状态的集合 T 一定不是闭集.

(3) 采用反证法. 如果有某个零常返状态 i 存在，且它属于一个基本闭集 C_h，那么利用闭集的性质有

$$\sum_{j \in C_h} p_{ij}^{(n)} = 1,$$

因为 C_h 为零常返状态组成的集合，所以对任意的 $j \in C_h$，有 $\lim\limits_{n \to \infty} p_{ij}^{(n)} = 0$，因此，有

$$1 = \lim_{n \to \infty} \sum_{j \in C_h} p_{ij}^{(n)} = \sum_{j \in C_h} \lim_{n \to \infty} p_{ij}^{(n)} = 0,$$

矛盾. 性质 (3) 得证.

(4) 由转移概率的性质，有

$$\sum_{j \in S} p_{ij}^{(n)} = 1.$$

由于 S 是有限集合, 所以求和号和极限号可以交换运算次序, 于是有

$$\lim_{n\to\infty}\sum_{j\in S}p_{ij}^{(n)}=\sum_{j\in S}\lim_{n\to\infty}p_{ij}^{(n)}=1.$$

这表明不可能对一切的 $j\in S$ 都有 $\lim_{n\to\infty}p_{ij}^{(n)}=0$. 设有一状态 k 使得

$$\lim_{n\to\infty}p_{ik}^{(n)}\neq 0,$$

那么状态 k 就是正常返的.

(5) 可由性质 (4) 直接得到.

(6) 可由性质 (1) 和闭集的性质直接得到. □

4.5 转移概率矩阵的极限性态与平稳分布

在实际应用中, 人们常常关心的问题有两个: 当 $n\to\infty$ 时, $P(X_n=i)=\pi_i(n)$ 的极限是否存在? 若存在, 其极限是否与 i 有关? 对于后者, 实际上是一个平稳分布是否存在的问题. 这两个问题有密切联系.

4.5.1 $P^{(n)}$ 的极限性态

对于 $p_{ij}^{(n)}$ 的极限性态, 在这里, 我们分两种情形进行讨论.

1. j 为非常返状态或零常返状态的情况

定理 4.5.1 若 j 为非常返状态或零常返状态, 则对任意 $i\in S$, 有

$$\lim_{n\to\infty}p_{ij}^{(n)}=0.$$

证明 下面分别讨论 j 为非常返态或零常返态的情况.

(1) 当 j 为非常返态时, 因为

$$p_{ij}^{(n)}=\sum_{l=1}^{n}f_{ij}^{(l)}p_{jj}^{(n-l)},$$

两边对 n 求和得

$$\sum_{n=1}^{N}p_{ij}^{(n)}=\sum_{n=1}^{N}\sum_{l=1}^{n}f_{ij}^{(l)}p_{jj}^{(n-l)}=\sum_{l=1}^{N}\sum_{n=l}^{N}f_{ij}^{(l)}p_{jj}^{(n-l)}$$

$$=\sum_{l=1}^{N}f_{ij}^{(l)}\sum_{m=0}^{N-l}p_{jj}^{(m)}\leqslant\sum_{l=1}^{N}f_{ij}^{(l)}\sum_{m=0}^{N}p_{jj}^{(m)}.$$

令 $N\to\infty$, 则

$$\sum_{n=1}^{\infty}p_{ij}^{(n)}\leqslant\sum_{n=1}^{\infty}f_{ij}^{(l)}\left(1+\sum_{m=1}^{\infty}p_{jj}^{(m)}\right)\leqslant 1+\sum_{m=1}^{\infty}p_{jj}^{(m)}<\infty,$$

因此 $\lim_{n\to\infty} p_{ij}^{(n)} = 0$.

(2) 零常返时, 取 $m < n$, 有

$$p_{ij}^{(n)} = \sum_{l=1}^{n} f_{ij}^{(l)} p_{jj}^{(n-l)} \leqslant \sum_{l=1}^{m} f_{ij}^{(l)} p_{jj}^{(n-l)} + \sum_{l=m+1}^{n} f_{ij}^{(l)},$$

固定 m, 先令 $n \to +\infty$, 由定理 4.3.2 知, $\lim_{n\to+\infty} p_{jj}^{(n)} = 0$, 所以上式右边第一项趋于 0; 再令 $m \to +\infty$, 第二项因而趋于 0. 故结论成立. □

推论 4.5.1 若马尔可夫链有一零常返状态, 则必有无限多个零常返态.

证明 利用反证法. 设马尔可夫链有一零常返态 i, 且零常返的状态数为有限的, 记为 M. 记 C_A 为由与状态 i 互通的状态组成的集合. 显然, C_A 中的状态数小于 M, 并且 C_A 为一闭集. 利用闭集的性质有

$$\sum_{j \in C_A} p_{ij}^{(n)} = 1,$$

从而有

$$1 = \lim_{n\to+\infty} \sum_{j \in C_A} p_{ij}^{(n)} = \sum_{j \in C_A} \lim_{n\to+\infty} p_{ij}^{(n)} = 0,$$

矛盾. 所以推论 4.5.1 得证. □

2. j 为正常返态的情况

关于正常返态的情况, 归纳如下.

定理 4.5.2 (1) 若 j 为常返态, 则对任意 $i \in S$, 有

$$\lim_{n\to+\infty} \frac{1}{n} \sum_{l=1}^{n} p_{ij}^{(l)} = \frac{f_{ij}}{\mu_j};$$

(2) 若 j 为正常返态, 周期为 d, 则对任意 $i \in S$ 及 $0 \leqslant r \leqslant d-1$, 有

$$\lim_{n\to+\infty} p_{ij}^{(nd+r)} = f_{ij}(r) \frac{d}{\mu_j},$$

其中 $f_{ij}(r) : \sum_{m=0}^{\infty} f_{ij}^{(md+r)}, 0 \leqslant r \leqslant d-1$;

(3) 若 j 为遍历状态, 则对任意 $i \in S$, 有

$$\lim_{n\to+\infty} p_{ij}^{(n)} = \frac{f_{ij}}{\mu_j};$$

(4) 若不可约马尔可夫链的状态 j 是常返态, 则对任意的 $i, j \in S$, 有

$$\lim_{n\to+\infty} \frac{1}{n} \sum_{l=1}^{n} p_{ij}^{(l)} = \frac{1}{\mu_j};$$

(5) 对任何不可约的遍历链, 对任意的 $i, j \in S$, 有

$$\lim_{n\to+\infty} p_{ij}^{(n)} = \frac{1}{\mu_j}.$$

证明 关于结论 (2) 的证明如下:

因为当 $n \neq 0 \bmod(d)$ 时, $p_{jj}^{(n)} = 0$, 所以

$$p_{ij}^{(nd+r)} = \sum_{k=0}^{nd+r} f_{ij}^{(k)} p_{jj}^{(nd+r-k)} = \sum_{m=0}^{n} f_{ij}^{(md+r)} p_{jj}^{((n-m)d)},$$

于是, 对 $1 \leqslant N < n$ 有

$$\sum_{m=0}^{N} f_{ij}^{(md+r)} p_{jj}^{((n-m)d)} \leqslant p_{ij}^{(nd+r)} \leqslant \sum_{m=0}^{N} f_{ij}^{(md+r)} p_{jj}^{((n-m)d)} + \sum_{m=N+1}^{\infty} f_{ij}^{(md+r)},$$

在上式中先固定 N, 然后令 $n \to \infty$, 再令 $N \to \infty$, 得

$$f_{ij}^{(r)} \frac{d}{\mu_j} \leqslant \lim_{n \to \infty} p_{ij}^{(nd+r)} \leqslant f_{ij}^{(r)} \frac{d}{\mu_j},$$

因此, 结论 (2) 得证. □

注 4.5.1 定理 4.5.2 的结论 (4) 表明: 若不可约马尔可夫链的状态 j 是常返态, 则前 n 个单位时间内到达 j 的平均次数的极限等于每单位时间内到达 j 的平均次数. 结论 (4) 和结论 (5) 也提供了 μ_j 的近似计算方法. 下面我们将讨论另一种计算 μ_j 的方法.

4.5.2 平稳分布

定义 4.5.1 一个定义在 S 上的概率分布 $\pi = \{\pi_1, \pi_2, \cdots, \pi_i, \cdots\}$ 称为马尔可夫链的平稳分布, 如果有 $\pi = \pi P$, 即

$$\pi_j = \sum_{i \in S} \pi_i p_{ij}.$$

定理 4.5.3 如果马尔可夫链是不可约的遍历链, 则 $\pi_i = \dfrac{1}{\mu_i}$ 是线性方程组

$$x_j = \sum_{i \in S} x_i p_{ij}$$

满足条件 $x_j \geqslant 0, j \in S, \sum_{j \in S} x_j = 1$ 的唯一解.

证明 令 $\pi_i = \dfrac{1}{\mu_i}$, 因为对任意的状态 j, 都有 $\lim\limits_{n \to \infty} p_{ij}^{(n)} = \dfrac{1}{\mu_j} = \pi_j$, 于是对固定的正整数 M, 有

$$\sum_{j=0}^{M} p_{ij}^{(n)} \leqslant 1.$$

当 S 为有限状态时, 取 M 为状态的个数, 上述式子中等号成立; 当 S 为无限状态时, 取 M 为一个足够大的正整数.

先令 $n \to \infty$, 再令 $M \to \infty$, 使它遍历所有的状态, 因此有

$$\sum_{j \in S} \pi_j \leqslant 1.$$

由 C-K 方程

$$p_{ij}^{(n+1)} \geqslant \sum_{k=0}^{M} P_{ik}^{(n)} p_{kj}.$$

同上, 先令 $n \to +\infty$, 再令 $M \to +\infty$, 使它遍历所有的状态, 因此有

$$\pi_j \geqslant \sum_{k \in S} \pi_k p_{kj},$$

倘若上式中有一个 j 使得等号不成立, 经两边对 j 求和, 因为级数 $\sum\limits_{j \in S} \pi_j \leqslant 1$ 收敛, 于是有

$$\sum_{j \in S} \pi_j > \sum_{j \in S} \sum_{k \in S} \pi_k p_{kj} = \sum_{k \in S} \sum_{j \in S} \pi_k p_{kj} = \sum_{k \in S} \pi_k,$$

故上式矛盾. 从而对一切 j 都有

$$\pi_j = \sum_{k \in S} \pi_k p_{kj},$$

即满足线性方程组

$$x_j = \sum_{i \in S} x_i p_{ij}.$$

其次, 反复运用 $\pi_j = \sum\limits_{k \in S} \pi_k p_{kj}$, 可得

$$\pi_j = \sum_{k \in S} \pi_k p_{kj} = \sum_{k \in S} \left(\sum_{i \in S} \pi_i p_{ik} \right) p_{kj} = \sum_{i \in S} \pi_i p_{ij}^{(2)} = \cdots = \sum_{i \in S} \pi_i p_{ij}^{(n)},$$

令 $n \to \infty$ 得

$$\pi_j = \left(\sum_{i \in S} \pi_i \right) \pi_j,$$

从而有

$$\sum_{i \in S} \pi_i = 1.$$

然后证唯一性. 设 $\{\alpha_j\}$ 是满足方程组条件的另一个解, 即 $\alpha_j = \sum\limits_{k \in S} \alpha_k p_{kj}$. 仿照上述证明, 反复运用迭代方法, 得到

$$\alpha_j = \sum_{k \in S} \alpha_k p_{kj}^{(n)},$$

令 $n \to \infty$ 得

$$\alpha_j = \left(\sum_{k \in S} \alpha_k \right) \pi_j. \qquad \square$$

综合上述推导过程, 我们有如下结论.

推论 4.5.2 不可约遍历链恒有唯一的平稳分布, 且

$$\pi_j = \lim_{n \to \infty} p_{ij}^{(n)}.$$

4.5 转移概率矩阵的极限性态与平稳分布

对于一般的马尔可夫链, 其平稳分布是否存在? 若存在, 是否唯一? 下述定理给出一个较为明确的答案.

定理 4.5.4 令 C_+ 为马尔可夫链中全体正常返状态构成的集合, 则有

(1) 平稳分布不存在的充分必要条件为 $C_+ = \varnothing$;

(2) 平稳分布唯一存在的充分必要条件为只有一个基本正常返闭集;

(3) 若马尔可夫链有多于一个基本正常返闭集, 则其平稳分布有无穷多个.

证明 (1) **充分性** 用反证法. 假设该马尔可夫链存在一个平稳分布 $\pi \neq 0$, 则由平稳分布的定义知 $\pi = \pi P$, 可得

$$\pi = \pi P^n = \pi P^{(n)},$$

因为该马尔可夫链的状态均是零常返或非常返, 所以有

$$P^{(n)} \to 0, \quad n \to \infty,$$

这与 $\pi \neq 0$ 矛盾. 所以, 该马尔可夫链不存在一个平稳分布.

必要性 用反证法. 假设 $C_+ \neq \varnothing$, 不妨设 $C_+ = C$ 只有一个正常返的闭集, 则可以证明该马尔可夫链存在一个平稳分布 π_1, 使得 $\pi_1 = \pi_1 P_1$, 其中 P_1 是一步转移概率矩阵 P 限制在 C 上的子矩阵, 通过调整状态的排列次序, 有

$$P = \begin{pmatrix} P_1 & 0 \\ R & Q \end{pmatrix},$$

此时只需取 $\pi = (\pi_1, 0)$, 则有

$$\pi P = (\pi_1, 0) = \begin{pmatrix} P_1 & 0 \\ R & Q \end{pmatrix} = (\pi_1 P_1, 0) = (\pi_1, 0) = \pi.$$

可见 π 是平稳分布, 这与平稳分布不存在矛盾, 故 $C_+ = \varnothing$.

(2) **充分性** 因为只有一个基本正常返闭集, 可以采用类似于不可约遍历链证明平稳分布的唯一性办法, 可证明存在唯一的平稳分布.

必要性 用反证法. 首先因为存在平稳分布, 不妨假设其常返集可以分解为两个基本正常返集的并, $C_+ = C_a \cup C_b$, 则它的一步转移概率矩阵可以写为

$$P = \begin{pmatrix} P_1 & 0 & 0 \\ 0 & P_2 & 0 \\ R_1 & R_2 & Q \end{pmatrix},$$

其中, P_1, P_2 是一步转移概率矩阵 P 限制在 C_a, C_b 上的子矩阵. 可以证明该马尔可夫链分别限制在 C_a 与 C_b 上, 存在一个平稳分布 π_1 和 π_2, 使得 $\pi_1 = \pi_1 P_1, \pi_2 = \pi_2 P_2$. 如取 $\pi_a = (\pi_1, 0, 0), \pi_b = (0, \pi_2, 0)$, 则易知 $\pi_a P = \pi_a, \pi_b P = \pi_b$. 显然 $\pi_a \neq \pi_b$. 这与唯一性矛盾. 故该马尔可夫链只有一个基本正常返闭集.

(3) 类似于结论 (2) 的必要性证明, 不妨假设其常返集可以分解为两个基本正常返集的并, $C_+ = C_a \cup C_b$, 则它的一步转移概率矩阵可以写为

$$P = \begin{pmatrix} P_1 & 0 & 0 \\ 0 & P_2 & 0 \\ R_1 & R_2 & Q \end{pmatrix},$$

其中 P_1, P_2 是一步转移概率矩阵 P 限制在 C_a, C_b 上的子矩阵. 可以证明该马尔可夫链分别限制在 C_a 与 C_b 上, 存在一个平稳分布 π_1 和 π_2, 使得 $\pi_1 = \pi_1 P_1, \pi_2 = \pi_2 P_2$. 取 $\pi_\alpha = (\alpha\pi_1, (1-\alpha)\pi_2, 0)$, 其中 $0 < \alpha < 1$, 易知 $\pi_\alpha = \pi_\alpha P$. 显然 π_α 为一平稳分布. 由于 α 可以取 $(0,1)$ 内的任何实数值, 可见, 该马尔可夫链的平稳分布有无穷多个. □

关于有限状态的马尔可夫链的讨论.

定理 4.5.5 (1) 有限不可约非周期的马尔可夫链存在唯一的平稳分布;

(2) 有限状态马尔可夫链的平稳分布总存在;

(3) 若有多于一个基本正常返闭集, 则其平稳分布有无穷多个.

证明 (1) 可由定理 4.5.4 直接推出;

(2) 因为有限状态马尔可夫链总存在正常返闭集, 因此可以利用定理 4.5.4 的证明, 通过正常返闭集的平稳分布构造一个马尔可夫链的平稳分布;

(3) 它是定理 4.5.4 在有限马尔可夫链的直接应用. □

例 4.5.1 设 $S = \{1, 2\}$,

$$P = \begin{pmatrix} \frac{3}{4} & \frac{1}{4} \\ \frac{5}{8} & \frac{3}{8} \end{pmatrix},$$

求其平稳分布及 $\lim_{n\to\infty} P^{(n)}$.

解 由 $\pi P = \pi$ 得 $\frac{3}{4}\pi_1 + \frac{1}{4}\pi_2 = \pi_1$; 又因为 $\pi_1 + \pi_2 = 1$, 于是可得 $\pi_1 = \frac{5}{7}, \pi_2 = \frac{2}{7}$, 从而 $\pi = \left(\frac{5}{7}, \frac{2}{7}\right)$.

由于 $\lim_{n\to\infty} p_{ij}^{(n)} = \frac{1}{\mu_j} = \pi_j$, 所以有

$$\lim_{n\to\infty} P^{(n)} = \begin{pmatrix} \frac{5}{7} & \frac{2}{7} \\ \frac{5}{7} & \frac{2}{7} \end{pmatrix}.$$ □

例 4.5.2 设马尔可夫链由三个状态组成, 其转移概率矩阵为

$$P = \begin{pmatrix} 0 & 1 & 0 \\ \frac{1}{3} & 0 & \frac{2}{3} \\ 0 & 0 & 1 \end{pmatrix},$$

试给出其平稳分布.

4.6 一些应用

解 由 $\pi P = \pi$ 得 $\frac{1}{3}\pi_2 = \pi_1, \pi_1 = \pi_2, \frac{2}{3}\pi_2 + \pi_3 = \pi_3$ 和 $\pi_1 + \pi_2 + \pi_3 = 1$, 解得 $\pi_1 = \pi_2 = 0, \pi_3 = 1$. 从而
$$\pi = (0, 0, 1).$$
□

4.6 一些应用

4.6.1 赌徒破产问题

考察一个赌徒, 他在每次赌博中以概率 p 赢一个单位, 并以概率 $q = 1 - p$ 输一个单位. 假设各次赌博都是独立的, 赌徒在开始时有 i 个单位, 问他的财富在达到 0 以前先达到 N 的概率是多少?

如果我们以 X_n 记玩家在时间 n 的财富, 那么 $\{X_n, n \geqslant 0\}$ 是一个有转移概率
$$p_{00} = p_{NN} = 1, \quad p_{i,i+1} = p = 1 - p_{i,i-1}, \quad i = 1, 2, \cdots, N-1$$
的马尔可夫链. 此马尔可夫链有三个类, 即 $\{0\}, \{1, 2, \cdots, N-1\}$ 和 $\{N\}$. 第一个类与第三个类是常返的, 而第二个类是暂态的. 因为每个暂态状态只被访问有限次, 由此推出在某个有限的时间后, 此赌徒将达到他的目标 N 或者破产.

以 $P_i(i = 0, 1, \cdots, N)$ 记赌徒在开始时有 i 个单位而且他的财富最终达到 N 的概率. 通过对初始的一次赌博的结果取条件, 得到
$$P_i = pP_{i+1} + qP_{i-1}, \quad i = 1, 2, \cdots, N-1,$$
或者, 由于 $p + q = 1$, 等价地有
$$pP_i + qP_i = pP_{i+1} + qP_{i-1},$$
从而
$$P_{i+1} - P_i = \frac{q}{p}(P_i - P_{i-1}), \quad i = 1, 2, \cdots, N-1.$$
因此, 由于 $P_0 = 0$, 从上一行得到
$$P_2 - P_1 = \frac{q}{p}(P_1 - P_0) = \frac{q}{p}P_1,$$
$$P_3 - P_2 = \frac{q}{p}(P_2 - P_1) = \left(\frac{q}{p}\right)^2 P_1,$$
$$\cdots\cdots$$
$$P_i - P_{i-1} = \frac{q}{p}(P_{i-1} - P_{i-2}) = \left(\frac{q}{p}\right)^{i-1} P_1,$$
$$\cdots\cdots$$
$$P_N - P_{N-1} = \frac{q}{p}(P_{N-1} - P_{N-2}) = \left(\frac{q}{p}\right)^{N-1} P_1,$$
将这些方程的前 $i - 1$ 个相加, 引出
$$P_i - P_1 = P_1\left[\left(\frac{q}{p}\right) + \left(\frac{q}{p}\right)^2 + \cdots + \left(\frac{q}{p}\right)^{i-1}\right],$$

因此
$$P_i = \begin{cases} \dfrac{1-\left(\dfrac{q}{p}\right)^i}{1-\dfrac{q}{p}} P_1, & \dfrac{q}{p} \neq 1, \\ iP_1, & \dfrac{q}{p} = 1. \end{cases}$$

现在, 利用 $P_N = 1$, 得到
$$P_1 = \begin{cases} \dfrac{1-\dfrac{q}{p}}{1-\left(\dfrac{q}{p}\right)^N}, & p \neq \dfrac{1}{2}, \\ \dfrac{1}{N}, & p = \dfrac{1}{2}, \end{cases}$$

因此
$$P_i = \begin{cases} \dfrac{1-\left(\dfrac{q}{p}\right)^i}{1-\left(\dfrac{q}{p}\right)^N}, & p \neq \dfrac{1}{2}, \\ \dfrac{i}{N}, & p = \dfrac{1}{2}, \end{cases} \tag{4.7}$$

注意, 当 $N \to \infty$ 时,
$$P_i \to \begin{cases} 1-\left(\dfrac{q}{p}\right)^i, & p > \dfrac{1}{2}, \\ 0, & p \leqslant \dfrac{1}{2}, \end{cases}$$

因此, 若 $p > \dfrac{1}{2}$, 则存在一个正概率, 赌徒的财富将无限增长; 而若 $p \leqslant \dfrac{1}{2}$, 则赌徒将 (以概率 1) 在对阵一个无限富有的对手时破产.

例 4.6.1 假设麦克斯和帕蒂决定扔硬币, 扔得离墙更近的人赢得一枚硬币. 帕蒂玩得更好, 每次以概率 0.6 获胜.

(1) 若帕蒂以 5 枚硬币开始, 而麦克斯以 10 枚硬币开始, 问帕蒂让麦克斯输光的概率是多少?

(2) 若帕蒂以 10 枚硬币开始, 而麦克斯以 20 枚硬币开始, 情况又如何?

解 (1) 要求的概率是从方程 (4.7) 中置 $i=5, N=15$ 和 $p=0.6$ 得到的. 因此要求的概率是
$$\dfrac{1-\left(\dfrac{2}{3}\right)^5}{1-\left(\dfrac{2}{3}\right)^{15}} \approx 0.87.$$

(2) 要求的概率是
$$\dfrac{1-\left(\dfrac{2}{3}\right)^{10}}{1-\left(\dfrac{2}{3}\right)^{30}} \approx 0.98.$$

4.6 一些应用

将赌徒破产问题应用于药品检验. 假设开发了治疗某种病的两种新药. 药品 i 有治愈率 $P_i, i = 1, 2$, 其含义为每个用药品 i 治疗的病人将以概率 P_i 被治愈. 然而, 治愈率是不知道的, 并且假设我们想要确定是 $P_1 > P_2$ 还是 $P_2 > P_1$. 为此考察如下的检验: 成对的病人相继地接受治疗, 其中的一个成员接受药品 1, 而另一个接受药品 2. 每对的结果是确定的, 在一种药治愈的累计数超过另一种药治愈的累计数某个预定的固定数时, 检验停止. 更为正式地, 令

$$X_j = \begin{cases} 1, & \text{若在第 } j \text{ 对中, 用药品 1 的病人被治愈,} \\ 0, & \text{其他,} \end{cases}$$

$$Y_j = \begin{cases} 1, & \text{若在第 } j \text{ 对中, 用药品 2 的病人被治愈,} \\ 0, & \text{其他.} \end{cases}$$

对于一个预定的正整数 M, 检验于 N 对以后停止, 此处 N 是使

$$X_1 + \cdots + X_n - (Y_1 + \cdots + Y_n) = M$$

或者

$$X_1 + \cdots + X_n - (Y_1 + \cdots + Y_n) = -M$$

的首个 n. 在前一种情形, 我们断言 $P_1 > P_2$, 而在后一种情形, $P_2 > P_1$.

为了确定上面的检验是否是一个好的检验, 我们希望知道导致不正确判断的概率. 即对于给定 $P_1 > P_2$ 的 P_1 和 P_2, 此检验不正确地判断为 $P_2 > P_1$ 的概率是多少? 为确定这个概率, 观察在检查每一对以后, 药品 1 与药品 2 的治愈累计数之差, 或者以概率 $P_1(1-P_2)$ (这是药品 1 治愈而药品 2 没有治愈的概率) 增加 1, 或者以概率 $P_2(1-P_1)$ 减少 1, 或者以概率 $P_1P_2 + (1-P_1)(1-P_2)$ 保持不变. 因此, 如果只考虑累计数的差有改变的那些对, 那么这个差将以概率

$$p = P(\text{增加 } 1|\text{增加 1 或减少 1}) = \frac{P_1(1-P_2)}{P_1(1-P_2) + (1-P_1)P_2}$$

增加 1, 而以概率

$$q = 1 - p = \frac{P_2(1-P_1)}{P_1(1-P_2) + (1-P_1)P_2}$$

减少 1. 因此, 这个检验断言 $P_2 > P_1$ 的概率等于以概率 p 每注赢一个单位的一个赌徒在增长 M 前减少 M 的概率. 在方程 (4.7) 中置 $i = M, N = 2M$ 显示了这个概率由

$$P(\text{检验断定 } P_2 > P_1) = 1 - \frac{1-(q/p)^M}{1-(q/p)^{2M}} = \frac{1}{1+(p/q)^M}$$

给出. 从而, 若 $P_1 = 0.6$ 和 $P_2 = 0.4$, 则当 $M = 5$ 时, 一个不正确判断的概率是 0.017, 而当 $M = 10$ 时减少为 0.0003.

4.6.2 算法有效性的一个模型

下面的优化问题称为一个线性规划:

$$\text{在条件} Ax = b, x \geqslant 0 \text{下, 最小化} c^T x.$$

其中 A 是一个 $m \times n$ 的常数矩阵, $c = (c_1, \cdots, c_n)^{\mathrm{T}}$ 和 $b = (b_1, \cdots, b_m)^{\mathrm{T}}$ 是常数向量, 而 $x = (x_1, \cdots, x_n)^{\mathrm{T}}, x_i \geqslant 0 (i = 1, 2, \cdots, n)$ 是非负实数, c^{T} 表示向量 c 的转置. 要选 x 使 $c^{\mathrm{T}} x \equiv \sum\limits_{i=1}^{n} c_i x_i$ 最小. 假设 $n > m$, 可以证明总能选取到至少有 $(n-m)$ 个分量为 0 的最优值 x, 即 x 总可以取成可行域中的一个所谓极值点.

单纯形法解线性规划是通过从可行域的一个极值点向一个更好的 (通过目标函数 $c^{\mathrm{T}} x$) 极值点 (经过枢轴运算) 移动直至得到最优点. 因为这样的极值点可能有 $N \equiv \binom{n}{m}$ 个, 似乎此方法需要很多次的迭代, 但是事实上并非如此.

为此, 我们考虑一个关于算法如何沿着极值点移动的简单的马尔可夫链模型. 特别地, 假设算法在某一时间处在第 j 个最好的极值点, 那么由算法的有效性可知, 该算法下一步会等可能地到达 $1, 2, \cdots, j-1$ 个中的某一个. 在这个假定下, 我们将证明当 N 很大时, 从第 N 个最好的极值点到最好的端点的时间渐近于均值与方差都等于 N 的对数正态分布.

考虑一个马尔可夫链, 其中 $p_{11} = 1$, 而

$$p_{ij} = \frac{1}{i-1}, \quad j = 1, \cdots, i-1, i > 1,$$

用 T_i 记从状态 i 出发首次转移到状态 1 需要转移的步数. 用双期望公式, 可以得到 ET_i 的一个递推公式

$$ET_i = 1 + \frac{1}{i-1} \sum_{j=1}^{i-1} ET_j,$$

由 $ET_1 = 0$, 我们相继看到

$$ET_2 = 1, \quad ET_3 = 1 + \frac{1}{2}, \quad ET_4 = 1 + \frac{1}{3}\left(1 + 1 + \frac{1}{2}\right) = 1 + \frac{1}{2} + \frac{1}{3},$$

不难猜测及归纳证明

$$ET_i = \sum_{j=1}^{i-1} \frac{1}{j}.$$

然而, 为了得到 T_N 的更为完善的描述, 我们将利用表达式

$$T_N = \sum_{j=1}^{N-1} I_j,$$

其中

$$I_j = \begin{cases} 1, & \text{如果过程最终进入} j, \\ 0, & \text{其他}. \end{cases}$$

上述表达式的重要性源于下面的命题.

命题 4.6.1 $I_1, \cdots, I_{N-1}$ 是独立的, 且

$$P\{I_j = 1\} = \frac{1}{j}, \quad 1 \leqslant j \leqslant N - 1.$$

证明 对于给定的 $I_{j+1}, \cdots, I_N$, 以 $n = \min\{i : i > j, I_i = 1\}$ 记所到达过的大于状态 j 的最小标号. 于是我们知道过程进入状态 n, 而且下一个进入的状态是 $1, 2, \cdots, n-1$ 之一. 因此, 由于从状态 n 到达的下一个状态等可能地为较小标号的状态 $1, 2, \cdots, n-1$ 中的任意一个, 所以

$$P\{I_j = 1 | I_{j+1}, \cdots, I_N\} = \frac{1/(n-1)}{j/(n-1)} = \frac{1}{j},$$

因此 $P\{I_j = 1\} = \dfrac{1}{j}$, 由于上面的条件概率不依赖 $I_{j+1}, \cdots, I_N$, 所以独立性成立. □

推论 4.6.1 (1) $ET_N = \sum\limits_{j=1}^{N-1} \dfrac{1}{j}$.

(2) $\mathrm{Var} T_N = \sum\limits_{j=1}^{N-1} \left(\dfrac{1}{j}\right)\left(1 - \dfrac{1}{j}\right)$.

(3) 对于很大的 N, T_N 渐近于均值为 $\ln N$、方差为 $\ln N$ 的正态分布.

证明 (1) 和 (2) 可由命题 4.6.1 和表达式 $T_N = \sum\limits_{j=1}^{N-1} I_j$ 推得.

(3) 可由中心极限定理推得, 因为

$$\int_1^N \frac{\mathrm{d}x}{x} < \sum_{j=1}^{N-1} \frac{1}{j} < 1 + \int_1^{N-1} \frac{\mathrm{d}x}{x},$$

从而

$$\ln N < \sum_{j=1}^{N-1} \frac{1}{j} < 1 + \ln(N-1),$$

所以

$$\ln N \approx \sum_{j=1}^{N-1} \frac{1}{j}.$$

回到单纯形法, 如果我们假定 n, m 和 $n - m$ 都很大, 用斯特林近似, 有

$$N = \binom{n}{m} \sim \frac{n^{n+\frac{1}{2}}}{(n-m)^{n-m+\frac{1}{2}} m^{m+\frac{1}{2}} \sqrt{2\pi}},$$

所以, 对于 $c = \dfrac{n}{m}$,

$$\ln N \sim \left(mc + \frac{1}{2}\right)\ln(mc) - \left(m(c-1) + \frac{1}{2}\right)\ln(m(c-1)) - \left(m + \frac{1}{2}\right)\ln m - \frac{1}{2}\ln(2\pi),$$

也就是

$$\ln N \sim m\left[c\ln\frac{c}{c-1} + \ln(c-1)\right].$$

因为 $\lim\limits_{x \to \infty} x \ln \dfrac{x}{x-1} = 1$, 当 c 很大时就推出

$$\ln N \sim m[1 + \ln(c-1)],$$

于是，例如，若 $n = 8000$, $m = 1000$, 则必要的转移次数渐近于均值和方差等于 $1000(1+\ln 7) \approx 3000$ 的正态分布. 因此, 必要的转移次数粗略地以 95% 的可能在

$$3000 \pm 2\sqrt{3000} \approx 3000 \pm 110$$

之间. □

4.6.3 用随机游动分析可满足性问题的概率算法

考察一个状态为 $0, 1, \cdots, n$ 的马尔可夫链, 其

$$p_{0,1} = 1, \quad p_{i,i+1} = p, \quad p_{i,i-1} = q = 1-p, \quad 1 \leqslant i < n,$$

并且假设我们想要研究这个链从状态 0 到状态 n 所花的时间. 研究到达状态 n 的平均时间的一种方法是以 m_i 记从状态 i 走到状态 n 的平均时间, $i = 0, \cdots, n-1$. 如果我们取条件于初始转移, 就得到下面的方程:

$$m_0 = 1 + m_1,$$
$$m_i = E[\text{到达 } n \text{ 的时间}|\text{下一个状态是 } i+1]p$$
$$+ E[\text{到达 } n \text{ 的时间}|\text{下一个状态是 } i-1]q$$
$$= (1 + m_{i+1})p + (1 + m_{i-1})q$$
$$= 1 + pm_{i+1} + qm_{i-1} \quad (i = 1, \cdots, n-1)$$

尽管从上面的方程中可以解出 $m_i (i = 0, \cdots, n-1)$ 但是我们并不想要它们的解, 而是想利用这个马尔可夫链的特殊结构得到一组更简单的方程. 首先, 以 N_i 记这个链先进入状态 i 直至进入状态 $i+1$ 所用的附加转移次数. 由马尔可夫性质推出这些随机变量 $N_i (i = 0, \cdots, n-1)$ 是独立的. 此外, 我们可以将这个链从状态 0 进入到状态 n 所用的时间 $N_{0,n}$ 表示为

$$N_{0,n} = \sum_{i=0}^{n-1} N_i. \tag{4.8}$$

令 $\mu_i = EN_i$, 对这个链进入状态 i 后的下一次转移取条件, 对于 $i = 1, \cdots, n-1$ 有

$$\mu_i = 1 + E[\text{到达 } i+1 \text{ 的附加转移次数}|\text{链到 } i-1]q.$$

现在, 如果这个链下一次进入状态 $i-1$, 那么为了到达 $i+1$, 它必须先回到状态 i, 然后必须走向状态 $i+1$. 因此, 由前面可得

$$\mu_i = 1 + E[N_{i-1}^* + N_i^*]q,$$

其中 N_{i-1}^* 和 N_i^* 分别是从状态 $i-1$ 回到 i 的附加转移次数和从 i 到达 $i+1$ 的次数. 现在, 由马尔可夫性质推出这些随机变量分别与 N_{i-1} 和 N_i 有相同的分布. 此外, 它们是独立的 (虽然我们只用它计算 $N_{0,n}$ 的方差). 因此, 有

$$\mu_i = 1 + q(\mu_{i-1} + \mu_i),$$

4.6 一些应用

从而
$$\mu_i = \frac{1}{p} + \frac{q}{p}\mu_{i-1}, \quad i = 1, \cdots, n-1,$$

由 $\mu_0 = 1$, 并令 $\alpha = \frac{q}{p}$, 由上面的递推公式得到

$$\mu_1 = \frac{1}{p} + \alpha,$$
$$\mu_2 = \frac{1}{p} + \alpha\left(\frac{1}{p} + \alpha\right) = \frac{1}{p} + \frac{\alpha}{p} + \alpha^2,$$
$$\mu_3 = \frac{1}{p} + \alpha\left(\frac{1}{p} + \frac{\alpha}{p} + \alpha^2\right) = \frac{1}{p} + \frac{\alpha}{p} + \frac{\alpha^2}{p} + \alpha^3,$$

一般地, 有
$$\mu_i = \frac{1}{p}\sum_{j=0}^{i-1}\alpha^j + \alpha^i, \quad i = 1, \cdots, n-1. \tag{4.9}$$

现在用方程 (4.8) 得到

$$EN_{0n} = 1 + \frac{1}{p}\sum_{i=1}^{n-1}\sum_{j=0}^{i-1}\alpha^j + \sum_{i=1}^{n-1}\alpha^i,$$

当 $p = \frac{1}{2}$ 时有 $\alpha = 1$, 从上面我们看到

$$EN_{0n} = 1 + (n-1)n + n - 1 = n^2,$$

当 $p \neq \frac{1}{2}$ 时, 得到

$$\begin{aligned} EN_{0n} &= 1 + \frac{1}{p(1-\alpha)}\sum_{i=1}^{n-1}(1-\alpha^i) + \frac{\alpha - \alpha^n}{1-\alpha} \\ &= 1 + \frac{1+\alpha}{1-\alpha}\left[n - 1 - \frac{(\alpha - \alpha^n)}{1-\alpha}\right] + \frac{\alpha - \alpha^n}{1-\alpha} \\ &= 1 + \frac{2\alpha^{n+1} - (n+1)\alpha^2 + n - 1}{(1-\alpha)^2}, \end{aligned}$$

其中第二个等式用了 $p = \frac{1}{\alpha+1}$. 所以, 我们看到当 $\alpha > 1$ 时, 或者等价地, 当 $p < \frac{1}{2}$ 时, 到达 n 的转移次数的期望是对 n 指数递增的函数. 另一方面, 当 $p = \frac{1}{2}$ 时, $EN_{0n} = n^2$, 而当 $p > \frac{1}{2}$ 时, 对很大的 n, EN_{0n} 实质上对 n 是线性的.

现在计算 $\text{Var}N_{0n}$. 为此, 我们再一次利用方程 (4.8) 中给出的表达式.

令 $v_i = \text{Var}N_i$. 先利用条件方差公式递推来确定 v_i. 如果离开状态 i 首次转移到 $i+1$, 则令 $S_i = 1$, 而如果离开状态 i 首次转移到 $i-1$, 则令 $S_i = -1, i = 1, \cdots, n-1$. 于是

$$给定 S_i = 1 : N_i = 1,$$
$$给定 S_i = -1 : N_i = 1 + N_{i-1}^* + N_i^*,$$

因此
$$E[N_i|S_i=1]=1, \quad E[N_i|S_i=-1]=1+\mu_{i-1}+\mu_i,$$
它表明
$$\begin{aligned}\operatorname{Var}(E[N_i|S_i]) &= \operatorname{Var}(E[N_i|S_i]-1) \\ &= (\mu_{i-1}+\mu_i)^2 q - (\mu_{i-1}+\mu_i)^2 q^2 \\ &= qp(\mu_{i-1}+\mu_i)^2.\end{aligned}$$

此外,由马尔可夫性质,从状态 $i-1$ 回到 i 的附加转移次数 N_{i-1}^* 和从 i 到达 $i+1$ 的次数 N_i^*,是分别与 N_{i-1} 和 N_i 有相同分布的独立随机变量,由此我们看到
$$\operatorname{Var}(N_i|S_i=1)=0, \quad \operatorname{Var}(N_i|S_i=-1)=v_{i-1}+v_i,$$
因此
$$E[\operatorname{Var}(N_i|S_i)]=q(v_{i-1}+v_i).$$
由条件方差公式, 得到
$$v_i = pq(\mu_{i-1}+\mu_i)^2 + q(v_{i-1}+v_i),$$
于是
$$v_i = q(\mu_{i-1}+\mu_i)^2 + \alpha v_{i-1}, \quad i=1,\cdots,n-1.$$
由 $v_0=0$ 及前面的递推公式得到
$$\begin{aligned}v_1 &= q(\mu_0+\mu_1)^2, \\ v_2 &= q(\mu_1+\mu_2)^2 + \alpha q(\mu_0+\mu_1)^2, \\ v_3 &= q(\mu_2+\mu_3)^2 + \alpha q(\mu_1+\mu_2)^2 + \alpha^2 q(\mu_0+\mu_1)^2.\end{aligned}$$
一般地,对于 $i>0$, 有
$$v_i = q\sum_{j=1}^{i}\alpha^{i-j}(\mu_{j-1}+\mu_j)^2, \tag{4.10}$$
所以,有
$$\operatorname{Var}N_{0n} = \sum_{i=0}^{n-1} v_i = q\sum_{i=1}^{n-1}\sum_{j=1}^{i}\alpha^{i-j}(\mu_{j-1}+\mu_j)^2,$$
其中 μ_j 由方程 (4.9) 所给出.

我们从方程 (4.9) 和方程 (4.10) 看到, 当 $p\geqslant\dfrac{1}{2}$ 时, 有 $\alpha\leqslant 1$, 从状态 i 到 $i+1$ 的转移次数的均值 μ_i 和方差 v_i, 对 i 的增长不会太快. 例如, 当 $p=\dfrac{1}{2}$ 时, 由方程 (4.9) 和方程 (4.10) 推出
$$\mu_i = 2i+1, \quad v_i = \frac{1}{2}\sum_{j=1}^{i}(4j)^2 = 8\sum_{j=1}^{i}j^2,$$

因此，由于 N_{0n} 是独立随机变量的和，在 $p \geqslant \frac{1}{2}$ 时它们粗略地有相似的量级，在这种情形由中心极限定理推出，对于很大的 n，N_{0n} 渐近于正态分布. 特别地，当 $p = \frac{1}{2}$ 时，N_{0n} 渐近于均值为 n^2、方差为

$$\mathrm{Var} N_{0n} = 8 \sum_{i=1}^{n-1} \sum_{j=1}^{i} j^2 = 8 \sum_{j=1}^{n-1} \sum_{i=j}^{n-1} j^2 = 8 \sum_{j=1}^{n-1} (n-j) j^2$$

$$\approx 8 \int_{1}^{n-1} (n-x) x^2 \mathrm{d}x \approx \frac{2}{3} n^4$$

的正态分布.

4.7 马尔可夫链–蒙特卡罗方法

令 X 是一个离散型随机变量，它的可能取值的集合是 $x_j, j \geqslant 1$. 令 X 的概率分布律为 $P(X = x_j), j \geqslant 1$，而且假设我们想对某些特殊的函数 h 计算

$$\theta = E[h(X)] = \sum_{j=1}^{\infty} h(x_j) P\{X = x_j\},$$

在计算函数 $h(x_j)(j \geqslant 1)$ 的值有困难时，常常转为用模拟近似的方法来求 θ. 常用的模拟近似方法称为蒙特卡罗方法，即是利用随机数生成概率分布律为 $P\{X = x_j\}(j \geqslant 1)$ 的独立同分布部分随机向量序列 $X_1, X_2, \cdots, X_n$(至于它如何得以完成，请参考后续章节的内容). 由强大数定律导出

$$\lim_{n \to \infty} \sum_{i=1}^{n} \frac{h(X_i)}{n} = \theta, \tag{4.11}$$

随之我们可以取很大的 n，用 $h(X_i)(i = 1, \cdots, n)$ 的平均值作为估计量去估计 θ.

然而，常常很难生成具有特定的概率分布律的随机向量，比如很难生成分量之间相依的随机向量 X. 此外，它的概率分布律有时取 $P\{X = x_j\} = Cb_j(j \geqslant 1)$ 的形式，其中 b_j 是指定的，但是必须计算 C，而在很多应用中，用对 b_j 求和来确定 C 在计算上并不可行. 幸而，在这种情形下存在利用模拟估计 θ 的另一种途径. 即不是生成独立的随机向量列，而是生成一个取向量值的，且以 $P\{X = x_j\}(j \geqslant 1)$ 为平稳概率的马尔可夫链 $X_1, X_2, \cdots$ 的相继状态的一个序列. 如果这可以做到，那么由命题 4.6.1 推出方程 (4.11) 仍然成立，并且启示我们可用 $\sum_{i=1}^{n} \frac{h(X_i)}{n}$ 作为 θ 的一个估计.

现在我们说明如何生成一个具有任意平稳概率的马尔可夫链，而此平稳概率可以只特定到一个常数倍数. 令 $b(j)(j = 1, 2, \cdots)$ 是其和 $B = \sum_{j=1}^{\infty} b(j)$ 为有限的正数. 下面的米特罗波利斯–黑斯廷斯算法，可以用于生成一个时间可逆的马尔可夫链，使其平稳概率是

$$\phi(j) = \frac{b(j)}{B}, \quad j = 1, 2, \cdots.$$

首先令 Q 是任意一个取正整数值的特定的不可约马尔可夫转移概率矩阵，以 $q(i, j)$ 表示 Q 的 i 行 j 列的元素. 现在按下述方式定义一个马尔可夫链 $\{X_n, n \geqslant 0\}$. 当 $X_n = i$ 时，

生成一个随机变量 Y 使 $P\{Y=j\}=q(i,j), j=1,2,\cdots$. 如果 $Y=j$, 那么令 X_{n+1} 以概率 $\alpha(i,j)$ 等于 j, 而以概率 $1-\alpha(i,j)$ 等于 i. 在这些条件下, 容易看出状态序列构成一个马尔可夫链, 其转移概率 p_{ij} 为

$$p_{ij}=q(i,j)\alpha(i,j), \quad \text{若 } j\neq i,$$
$$p_{ii}=q(i,i)+\sum_{k\neq i}q(i,k)(1-\alpha(i,k)).$$

如果

$$\pi(i)p_{ij}=\pi(j)p_{ji}, \quad \text{对于 } j\neq i,$$

则这个马尔可夫链将是时间可逆的, 且具有平稳概率 $\pi(j)$, 它等价于

$$\pi(i)q(i,j)\alpha(i,j)=\pi(j)q(j,i)\alpha(j,i), \tag{4.12}$$

但是如果取 $\pi(j)=\dfrac{b(j)}{B}$, 并且令

$$\alpha(i,j)=\min\left(\frac{\pi(j)q(j,i)}{\pi(i)q(i,j)},1\right), \tag{4.13}$$

那么容易看出方程 (4.12) 成立. 因为若

$$\alpha(i,j)=\frac{\pi(j)q(j,i)}{\pi(i)q(i,j)},$$

则 $\alpha(j,i)=1$, 随之有方程 (4.12), 而若 $\alpha(i,j)=1$, 则

$$\alpha(j,i)=\frac{\pi(i)q(i,j)}{\pi(j)q(j,i)},$$

方程 (4.12) 也成立, 从而证明了这个马尔可夫链是时间可逆的, 且具有平稳概率 $\pi(j)$. 此外, 因为 $\pi(j)=\dfrac{b(j)}{B}$, 从 (4.13) 式看到

$$\alpha(i,j)=\min\left(\frac{b(j)q(j,i)}{b(i)q(i,j)},1\right),$$

它显示 B 的值对于确定这个马尔可夫链并不是必须的, 因为 $b(j)$ 的值已经足够了. 此外, 几乎总出现下面的情形: $\pi(j)(j\geqslant 1)$ 不仅是平稳概率, 而且也是极限概率 (事实上, 一个充分条件是对某个 i 有 $p_{ii}>0$).

例 4.7.1 假设对于给定的常数 α, 我们要生成 $(1,\cdots,n)$ 的所有满足 $\sum\limits_{j=1}^{n}jx_j>\alpha$ 的排列 $(x_1,\cdots,x_n)$ 所组成的集合在 φ 上的均匀分布. 为了利用米特罗波利斯–黑斯廷斯算法, 我们需要在状态空间 φ 上定义一个不可约马尔可夫转移概率矩阵. 为了定义它, 首先定义 φ 的元素 "相邻的" 概念, 然后构造顶点集为 φ 的一个图. 先在 φ 中每对相邻的元素间置一个弧, 其中 φ 中的任意两个排列称为相邻的, 如果其中的一个可由另一个经过两个位置的互换得到. 即 $(1,2,3,4)$ 和 $(1,2,4,3)$ 是相邻的, 而 $(1,2,3,4)$ 和 $(1,3,4,2)$ 则不是. 现在定义转移

概率函数 q 如下. 令状态 s 的相邻的顶点的集合定义为 $N(s)$, 而 $|N(s)|$ 等于集合 $N(s)$ 的元素个数, 令

$$q(s,t) = \frac{1}{|N(s)|}, \quad \text{若 } t \in N(s),$$

就是说, 从 s 到下一个候选状态等可能地是它的任意一个相邻的顶点. 由于要求的马尔可夫链的极限概率是 $\pi(s) = C$, 所以 $\pi(t) = \pi(s)$, 从而有

$$\alpha(s,t) = \min\left(\frac{|N(s)|}{|N(t)|}, 1\right),$$

即如果马尔可夫链的目前状态是 s, 那么它的一个相邻的顶点是随机选取的, 例如 t. 如果 t 是一个比 s 有较少相邻的顶点的状态 (用图论的语言说, 如果顶点 t 的度小于顶点 s 的度), 那么下一个状态就是 t. 如若不然, 那么生成一个 $(0,1)$ 均匀随机变量 U, 若 $U < \frac{|N(s)|}{|N(t)|}$, 则下一个状态是 t, 而在其他情形则下一个状态是 s. 这个马尔可夫链的极限概率是 $\pi(s) = \frac{1}{|\varphi|}$, 其中 $|\varphi|$ 是 φ 中的排列个数 (是未知的).

米特罗波利斯–黑斯廷斯算法最广泛的应用版本是吉布斯抽样. 令 $X = (X_1, \cdots, X_n)$ 是一个离散型随机向量, 具有只特定到一个常数倍数的概率分布律 $p(x)$, 假设要生成与 X 同分布的一个随机向量. 即要生成具有概率分布律

$$p(x) = Cg(x)$$

的一个随机向量, 其中 $g(x)$ 已知, 但是 C 未知. 应用吉布斯抽样时假定对于任意 i 和 $x_j, j \neq i$, 能够生成一个具有概率分布律

$$P\{X = x\} = P\{X_i = x | X_j = x_j, j \neq i\}$$

的随机向量 X, 它通过米特罗波利斯–黑斯廷斯算法运行在状态为 $x = (x_1, \cdots, x_n)$ 的一个马尔可夫链上, 其转移概率由下面定义. 只要目前的状态是 x, 就等可能地从 $1, \cdots, n$ 中任意选取一个作为坐标. 如果选取了坐标 i, 那么就生成了一个具有概率分布律 $P\{X = x\} = P\{X_i = x_i | X_j = x_j, j \neq i\}$ 的随机向量 X. 如果 $X = x$, 那么就将状态 $y = (x_1, \cdots, x_{i-1}, x, x_{i+1}, \cdots, x_n)$ 考虑为下一个候选状态. 换句话说, 对于给定的 x 和 y, 吉布斯抽样用

$$q(x,y) = \frac{1}{n} P\{X_i = x | X_j = x_j, j \neq i\} = \frac{p(y)}{nP\{X_j = x_j, j \neq i\}}$$

的米特罗波利斯–黑斯廷斯算法.

因为我们需要的极限分布律是 p, 所以由方程 (4.13) 看到接受 y 为新状态的概率是

$$\alpha(x,y) = \min\left(\frac{p(y)q(y,x)}{p(x)q(x,y)}, 1\right) = \min\left(\frac{p(y)p(x)}{p(x)p(y)}, 1\right) = 1,$$

因此, 当使用吉布斯抽样时, 候选状态总被接受为链的下一个状态.

例 4.7.2 假设我们需要生成以原点为中心且半径为 1 的圆周上均匀分布的 n 个点, 当条件事件的概率小时, 取条件于没有两个点彼此的距离在 d 以内的事件. 这可以利用吉

布斯抽样，即开始取这个圆周上具有没有两个点彼此的距离在 d 以内的性质的任意 n 个点 $x_1, x_2, \cdots, x_n$，而后等可能地在值 $1, 2, \cdots, n$ 的任意一个中生成一个值 I. 然后继续在圆周上生成一个随机的点直至得到一个除了 x_I 以外的其他 $n-1$ 个距离不在 d 以内的点为止. 这时，用这个点代替 x_I，并重复这样的运算. 经过大量的重复这样的算法，n 个点的集合就渐近于所要求的分布.

例 4.7.3 令 $X_i(i=1,\cdots,n)$ 分别是具有参数 λ_i 的独立指数随机变量. 令 $S = \sum_{i=1}^n X_i$，假设对于大的正常数 c，需要生成在条件 $S>c$ 下的随机变量 $X = (X_1, \cdots, X_n)$. 即需要生成密度函数为

$$f(x_1,\cdots,x_n) = \frac{1}{P\{S>c\}} \prod_{i=1}^n \lambda_i \mathrm{e}^{-\lambda_i x_i}, \quad x_i \geqslant 0, \sum_{i=1}^n x_i > c$$

的随机向量的值. 这容易做到，只要从一个满足 $x_i > 0, i = 1, \cdots, n, \sum_{i=1}^n x_i > c$ 的初始向量 $x = (x_1, \cdots, x_n)$ 开始. 然后生成一个等可能地是 $1, \cdots, n$ 的任意一个的随机向量 I. 下一步，生成一个指数随机变量 X，使其在事件 $X + \sum_{j\neq I} x_j > c$ 的条件下参数为 λ_I. 最后的步骤要求在超过 $c - \sum_{j\neq I} x_j$ 的条件下生成一个指数随机变量的值，它容易通过利用如下事实做到，即指数变量在大于一个正常数值的条件下的条件分布与这个值加上该指数变量的分布相同. 因此，为了得到 X，首先生成一个参数为 λ_I 的指数随机变量 Y，接着令

$$X = Y + \left(c - \sum_{j\neq I} x_j\right)^+,$$

其中 $a^+ = \max(a, 0)$. 然后值 x_I 应该重新置为 X，并开始算法的新一步迭代.

4.8 隐马尔可夫链

令 $\{X_n, n = 1, 2, \cdots\}$ 是一个转移概率为 p_{ij} 和初始状态概率为 $p_i = P\{X_1 = i\}(i \geqslant 0)$ 的马尔可夫链. 假设有一个信号的有限集 φ 使马尔可夫链在每次进入一个状态时发射一个在 φ 中的信号. 此外，假设当马尔可夫链进入状态 j 时，独立于以前马尔可夫链的状态和信号，以概率 $p(s|j)$ 发射信号 s, $\sum_{s\in\varphi} p(s|j) = 1$. 即如果以 S_n 表示第 n 个发射的信号，那么

$$P\{S_1 = s | X_1 = j\} = p(s|j),$$

$$P\{S_n = s | X_1, S_1, \cdots, X_{n-1}, S_{n-1}, X_n = j\} = p(s|j).$$

上述类型的模型，其中信号的序列 $S_1, S_2, \cdots$ 被观测到，而潜在的马尔可夫链的状态序列 $X_1, X_2, \cdots$ 是观测不到的，这称为一个**隐马尔可夫链模型**.

例 4.8.1 考虑一个生产过程，在每个时段它或者处在一个好的状态（状态 1），或者处在一个差的状态（状态 2）. 如果在一个时段过程处在状态 1, 独立于过去，在下一个时段将以概率 0.9 处在状态 1, 而将以概率 0.1 处在状态 2. 一旦过程处在状态 2, 它将永远处在状态 2.

4.8 隐马尔可夫链

假设每个时段生产一个产品, 当过程处在状态 1 时, 每个生产的产品以概率 0.99 达到可接受的质量, 而当过程处在状态 2 时, 生产的产品以概率 0.96 达到可接受的质量.

如果每个产品的状况 (或者可接受, 或者不可接受) 相继地被观测到, 而过程的状态不能观测到, 那么这就是一个隐马尔可夫链模型. 信号是生产的产品的状况, 依赖于产品是可接受或是不可接受, 分别具有 a 或 u 信号的概率是

$$p(u|1) = 0.01, \quad p(a|1) = 0.99,$$
$$p(u|2) = 0.04, \quad p(a|2) = 0.96.$$

而潜在的马尔可夫链的转移概率是

$$p_{11} = 0.9 = 1 - p_{12}, \quad p_{22} = 1.$$

虽然 $\{S_n, n \geqslant 1\}$ 不是一个马尔可夫链, 应该注意到, 取条件于当前的状态 X_n, 将来的信号和状态的序列 $S_n, X_{n+1}, S_{n+1}, \cdots$ 独立于过去的信号和状态的序列 $X_1, S_1, \cdots, X_{n-1}, S_{n-1}$. 令 $H_n = (S_1, \cdots, S_n)$ 为前 n 个信号的随机向量. 对于一个固定的信号序列 $s_1, \cdots, s_n$, 令 $h_k = (s_1, \cdots, s_k), k \leqslant n$. 首先, 我们确定给定 $H_n = h_n$ 时马尔可夫链在时间 n 所处状态的条件概率. 为了得到这个概率, 令

$$F_n(j) = P\{H_n = h_n, X_n = j\},$$

并且注意

$$P\{X_n = j | H_n = h_n\} = \frac{P\{H_n = h_n, X_n = j\}}{P\{H_n = h_n\}} = \frac{F_n(j)}{\sum_i F_n(i)}.$$

现在

$$\begin{aligned}
F_n(j) &= P\{H_{n-1} = h_{n-1}, S_n = s_n, X_n = j\} \\
&= \sum_i P\{H_{n-1} = h_{n-1}, X_{n-1} = i, X_n = j, S_n = s_n\} \\
&= \sum_i F_{n-1}(i) P\{X_n = j, S_n = s_n | H_{n-1} = h_{n-1}, X_{n-1} = i\} \\
&= \sum_i F_{n-1}(i) P\{X_n = j, S_n = s_n | X_{n-1} = i\} \\
&= \sum_i F_{n-1}(i) p_{ij} p(s_n | j) \\
&= p(s_n | j) \sum_i F_{n-1}(i) p_{ij}, \quad (4.14)
\end{aligned}$$

此处在上面用了

$$\begin{aligned}
&P\{X_n = j, S_n = s_n | X_{n-1} = i\} \\
&= P\{X_n = j | X_{n-1} = i\} \times P\{S_n = s_n | X_n = j, X_{n-1} = i\} \\
&= p_{ij} P\{S_n = s_n | X_n = j\} \\
&= p_{ij} p(s_n | j).
\end{aligned}$$

首先令
$$F_1(i) = P\{X_1 = i, S_1 = s_1\} = p_i p(s_1|i),$$
我们可以利用方程 (4.14) 递推地确定函数 $F_2(i), F_3(i), \cdots, F_n(i)$.

例 4.8.2 假设在例 4.8.1 中 $P(X_1 = 1) = 0.8$. 给定生产的前 3 个产品的相继条件是 a, u, a,

(1) 当生产了第 3 个产品时, 过程在好的状态的概率是多少?
(2) X_4 是 1 的概率是多少?
(3) 生产的下一个产品是可接受的概率是多少?

解 用 $s_3 = (a, u, a)$, 得到
$$F_1(1) = (0.8)(0.99) = 0.792,$$
$$F_1(2) = (0.2)(0.96) = 0.192,$$
$$F_2(1) = 0.01[0.792(0.9) + 0.192(0)] = 0.007128,$$
$$F_2(2) = 0.04[0.792(0.1) + 0.192(1)] = 0.010848,$$
$$F_3(1) = 0.99[(0.007128)(0.9)] \approx 0.006351,$$
$$F_3(2) = 0.96[(0.007128)(0.1) + 0.010848] \approx 0.011098.$$

所以 (1) 的答案是
$$P\{X_3 = 1|s_3\} \approx \frac{0.006351}{0.006351 + 0.011098} \approx 0.364.$$

为了计算 $P\{X_4 = 1|s_3\}$, 取条件于 X_3 得到
$$\begin{aligned}P\{X_4 = 1|s_3\} &= P\{X_4 = 1|X_3 = 1, s_3\}P\{X_3 = 1|s_3\} \\ &\quad + P\{X_4 = 1|X_3 = 2, s_3\}P\{X_3 = 2|s_3\} \\ &= P\{X_4 = 1|X_3 = 1, s_3\}(0.364) + P\{X_4 = 1|X_3 = 2, s_3\}(0.636) \\ &= 0.364 p_{11} + 0.636 p_{21} \\ &= 0.3276.\end{aligned}$$

为了计算 $P\{S_4 = a|s_3\}$, 取条件于 X_4 得到
$$\begin{aligned}P\{S_4 = a|s_3\} &= P\{S_4 = a|X_4 = 1, s_3\}P\{X_4 = 1|s_3\} \\ &\quad + P\{S_4 = a|X_4 = 2, s_3\}P\{X_4 = 2|s_3\} \\ &= P\{S_4 = a|X_4 = 1\}(0.3276) + P\{S_4 = a|X_4 = 2\}(1 - 0.3276) \\ &= (0.99)(0.3276) + (0.96)(0.6724) \\ &= 0.9698.\end{aligned}$$

要计算 $P\{H_n = h_n\}$, 我们利用恒等式 $P\{H_n = h_n\} = \sum_i F_n(i)$ 及递推公式 (4.14). 如果马尔可夫链有 N 个状态, 需要计算 nN 个 $F_n(i)$, 每一个运算需要求 N 项的和. 这可与以马

尔可夫链的前 n 个状态取条件来得到 $P\{H_n = h_n\}$ 的计算做比较:

$$\begin{aligned} P\{H_n = h_n\} &= \sum_{i_1,\cdots,i_n} P\{H_n = h_n | X_1 = i_1, \cdots, X_n = i_n\} P\{X_1 = i_1, \cdots, X_n = i_n\} \\ &= \sum_{i_1,\cdots,i_n} p(s_1|i_1) \cdots p(s_n|i_n) p_{i_1} p_{i_1 i_2} p_{i_2 i_3} \cdots p_{i_{n-1} i_n}. \end{aligned}$$

用上述恒等式计算 $P\{H_n = h_n\}$, 就要在 N^n 项上求和, 而每一项是 $2n$ 个值的乘积, 这与上面的方法无法比拟.

用递推确定函数 $F_n(i)$ 来计算 $P\{H_n = h_n\}$ 是熟知的向前方法, 也有向后方法, 它基于量 $B_k(i)$, 其定义是

$$B_k(i) = P\{S_{k+1} = s_{k+1}, \cdots, S_n = s_n | X_k = i\}.$$

对于 $B_k(i)$ 的递推公式可以通过取条件于 X_{k+1} 得到

$$\begin{aligned} B_k(i) &= \sum_j P\{S_{k+1} = s_{k+1}, \cdots, S_n = s_n | X_k = i, X_{k+1} = j\} P\{X_{k+1} = j | X_k = i\} \\ &= \sum_j P\{S_{k+1} = s_{k+1}, \cdots, S_n = s_n | X_{k+1} = j\} p_{ij} \\ &= \sum_j P\{S_{k+1} = s_{k+1} | X_{k+1} = j\} \\ &\quad \times P\{S_{k+2} = s_{k+2}, \cdots, S_n = s_n | S_{k+1} = s_{k+1}, X_{k+1} = j\} p_{ij} \\ &= \sum_j p(s_{k+1}|j) P\{S_{k+2} = s_{k+2}, \cdots, S_n = s_n | X_{k+1} = j\} p_{ij} \\ &= \sum_j p(s_{k+1}|j) B_{k+1}(j) p_{ij}, \end{aligned} \tag{4.15}$$

首先有

$$B_{n-1}(i) = P\{S_n = s_n | X_{n-1} = i\} = \sum_j p_{ij} p(s_n|j),$$

于是我们可以利用方程 (4.15) 确定 $B_{n-2}(i)$, 然后 $B_{n-3}(i), \cdots, B_1(i)$. 再通过

$$\begin{aligned} P\{H_n = h_n\} &= \sum_i P\{S_1 = s_1, \cdots, S_n = s_n | X_1 = i\} p_i \\ &= \sum_i P\{S_1 = s_1 | X_1 = i\} P\{S_2 = s_2, \cdots, S_n = s_n | S_1 = s_1, X_1 = i\} p_i \\ &= \sum_i p(s_1|i) P\{S_2 = s_2, \cdots, S_n = s_n | X_1 = i\} p_i \\ &= \sum_i p(s_1|i) B_1(i) p_i \end{aligned}$$

得到 $P\{H_n = h_n\}$.

另一个得到 $P\{H_n = h_n\}$ 的方法是将向前方法与向后方法结合起来. 假设对于某个 k, 我们已经计算了函数 $F_k(j)$ 和 $B_k(j)$. 因为

$$\begin{aligned}
P\{H_n = h_n, X_k = j\} &= P\{H_k = h_k, X_k = j\} \\
&\quad \times P\{S_{k+1} = s_{k+1}, \cdots, S_n = s_n | H_k = h_k, X_k = j\} \\
&= P\{H_k = h_k, X_k = j\} P\{S_{k+1} = s_{k+1}, \cdots, S_n = s_n | X_k = j\} \\
&= F_k(j) B_k(j),
\end{aligned}$$

所以

$$P\{H_n = h_n\} = \sum_j F_k(j) B_k(j).$$

利用上面的恒等式确定 $P\{H_n = h_n\}$ 的好处是, 我们可以同时计算从 F_1 起始的向前函数序列和从 B_{n-1} 起始的向后函数序列. 这种平行计算可以在对于某个 k 已经算得 F_k 和 B_k 时停止. □

预测状态

假设前 n 个观测信号是 $h_n = (s_1, \cdots, s_n)$, 在给定这些数据时我们要预测马尔可夫链的前 n 个状态. 最佳预测依赖于我们想完成什么. 若我们的目标是使正确预测的状态数的期望最大, 则对于每一个 $k \leqslant n$, 我们需要计算 $P\{X_k = j | H_n = h_n\}$, 然后取最大化这个量的值 j 为 X_k 的预测 (即对给定信号序列, 我们取 X_k 的条件分布律的峰值作为 X_k 的预测). 为此, 我们必须首先计算条件分布律, 其做法如下: 对于 $k \leqslant n$,

$$P\{X_k = j | H_n = h_n\} = \frac{P\{H_n = h_n, X_k = j\}}{P\{H_n = h_n\}} = \frac{F_k(j) B_k(j)}{\sum_j F_k(j) B_k(j)},$$

于是, 给定 $H_n = h_n$ 时 X_k 的最佳预测是使 $F_k(j) B_k(j)$ 取最大值的 j.

预测问题的一个不同的引申源于我们将状态序列看成一个简单的统一体. 在这种情形, 我们的目标是在给定信号序列时, 选取条件概率最大的状态序列. 例如, 在信号处理中, $X_1, \cdots, X_n$ 是必须输送的真实信号, $S_1, \cdots, S_n$ 将是接收到的信号, 所以目标将是在整体中预测这个真实的信号.

令 $\mathbf{X}_k = (X_1, \cdots, X_k)$ 是前 k 个状态的向量, 要求的问题是寻找状态序列 $i_1, \cdots, i_n$ 使 $P\{\mathbf{X}_n = (i_1, \cdots, i_n) | H_n = h_n\}$ 达到最大. 因为

$$P\{\mathbf{X}_n = (i_1, \cdots, i_n) | H_n = h_n\} = \frac{P\{\mathbf{X}_n = (i_1, \cdots, i_n), H_n = h_n\}}{P\{H_n = h_n\}},$$

它等价于寻找状态序列 $i_1, \cdots, i_n$ 使 $P\{\mathbf{X}_n = (i_1, \cdots, i_n), H_n = h_n\}$ 达到最大.

为求解上面的问题, 对于 $k \leqslant n$, 令

$$V_k(j) = \max_{i_1, \cdots, i_{k-1}} P\{\mathbf{X}_{k-1} = (i_1, \cdots, i_{k-1}), X_k = j, H_k = h_k\}.$$

为了递推地解 $V_k(j)$, 利用

$$\begin{aligned}
V_k(j) &= \max_i \max_{i_1,\cdots,i_{k-2}} P\{X_{k-2}=(i_1,\cdots,i_{k-2}), X_{k-1}=i, X_k=j, H_k=h_k\} \\
&= \max_i \max_{i_1,\cdots,i_{k-2}} P\{X_{k-2}=(i_1,\cdots,i_{k-2}), X_{k-1}=i, H_{k-1}=h_{k-1}, X_k=j, S_k=s_k\} \\
&= \max_i \max_{i_1,\cdots,i_{k-2}} P\{X_{k-2}=(i_1,\cdots,i_{k-2}), X_{k-1}=i, H_{k-1}=h_{k-1}\} \\
&\quad \times P\{X_k=j, S_k=s_k | X_{k-2}=(i_1,\cdots,i_{k-2}), X_{k-1}=i, H_{k-1}=h_{k-1}\} \\
&= \max_i \max_{i_1,\cdots,i_{k-2}} P\{X_{k-2}=(i_1,\cdots,i_{k-2}), X_{k-1}=i, H_{k-1}=h_{k-1}\} \\
&\quad \times P\{X_k=j, S_k=s_k | X_{k-1}=i\} \\
&= \max_i P\{X_k=j, S_k=s_k | X_{k-1}=i\} \\
&\quad \times \max_{i_1,\cdots,i_{k-2}} P\{X_{k-2}=(i_1,\cdots,i_{k-2}), X_{k-1}=i, H_{k-1}=h_{k-1}\} \\
&= \max_i p_{ij} p(s_k|j) V_{k-1}(i) \\
&= p(s_k|j) \max_i p_{ij} V_{k-1}(i). \tag{4.16}
\end{aligned}$$

从

$$V_1(j) = P\{X_1=j, S_1=s_1\} = p_j p(s_1|j)$$

开始, 我们现在用递推恒等式 (4.16) 对每个 j 确定 $V_2(j)$, 然后对每个 j 确定 $V_3(j)$, 如此连续下去, 直至对每个 j 确定 $V_n(j)$.

为了得到状态的最大化序列, 我们从相反的方向进行. 令 j_n 是使 $V_n(j)$ 最大的 j(或者如果有多于一个这样的值中的任意一个). 于是 j_n 是最大化状态序列中的最后的状态. 同样, 对于 $k \leqslant n$, 令 $i_k(j)$ 是使 $p_{ij} V_k(j)$ 最大的 i. 那么

$$\begin{aligned}
&\max_{i_1,\cdots,i_n} P\{X_n=(i_1,\cdots,i_n), H_n=h_n\} \\
&= \max_j V_n(j) \\
&= V_n(j_n) \\
&= \max_{i_1,\cdots,i_{n-1}} P\{X_n=(i_1,\cdots,i_{n-1},j_n), H_n=h_n\} \\
&= p(s_n|j_n) \max_i p_{i,j_n} V_{n-1}(i) \\
&= p(s_n|j_n) p_{i_{n-1}(j_n),j_n} V_{n-1}(i_{n-1}(j_n)),
\end{aligned}$$

于是, $i_{n-1}(j_n)$ 是最大化状态序列中的最后状态的前一个状态. 继续这种方式, 最大化状态序列中的最后状态的前两个状态是 $i_{n-2}(i_{n-1}(j_n))$, 如此等等.

给定了规定的信号序列, 上面寻找最可能的状态序列的方法称为维特比 (Viterbi) 算法.

4.9 离散时间的位相型分布及其反问题

本节讨论离散时间的位相型 (phase-type) 分布及其反问题, 先给出它的定义.

定义 4.9.1 设 $\{X_n, n \geq 0\}$ 是马尔可夫链,状态空间 $\tilde{S} = S \cup S_0$ 有限,$S = \{1, 2, \cdots, p\}$ 为瞬时态集,$S_0 = \{0\}$ 为吸收态集. 一步转移概率矩阵

$$\tilde{P} = \begin{pmatrix} P & P_0 \\ 0 & 1 \end{pmatrix},$$

其中,P 为瞬时态集的转移矩阵,$P_0 = (I - P)e$,$e = (1, 1, \cdots, 1)^{\mathrm{T}}$ 为 p 维单位列向量,$\tau = \inf\{n : n \geq 0, X_n \in S_0\}$,称 τ 为从瞬时态集到吸收态集的首达时间,称 τ 的分布为位相型分布 (简称 PH 分布).

令 $\pi(0) = (\alpha_0, \alpha)$,其中 $\alpha = (\alpha_1, \cdots, \alpha_p), \alpha_k \geq 0, \sum_{k \in \tilde{S}} \alpha_k = 1$. $g_k = P(\tau = k), g_k(i) = P(\tau = k | X_0 = i), g_k = (g_k(i), i \in S)^{\mathrm{T}}, g(i, \lambda) = E(\lambda^\tau | X_0 = i), g(\lambda) = (g(i, \lambda), i \in S), g(\lambda) = E(\lambda^\tau) = \sum_{k=0}^{\infty} g_k \lambda^k$.

下面先求 τ 的分布 $\{g_k, k \geq 1\}$,τ 的条件分布向量 $\{g_k, k \geq 1\}$ 及其生成函数. 有如下的定理.

定理 4.9.1 在上述记号下,有

(1) $g_0 = \alpha_0$,
$$\forall k \geq 1, \quad g_k = \alpha P^{k-1} P_0 = \alpha P^{k-1}(I - P)e; \tag{4.17}$$

(2) $g_0 = 1, \forall k \geq 1$,有
$$g_k = P^{k-1} P_0 = P^{k-1}(I - P)e; \tag{4.18}$$

(3) $\forall 0 \leq \lambda \leq 1$,有
$$g(\lambda) = \alpha_0 + \lambda \alpha (I - \lambda P)^{-1}(I - P)e, \tag{4.19}$$
$$g(\lambda) = \lambda (I - \lambda P)^{-1}(I - P)e. \tag{4.20}$$

证明 (1) 用数学归纳法.

当 $k = 0$ 时,有 $g_0 = P(\tau = 0) = P(X_0 \in S_0) = \alpha_0$.

当 $k = 1$ 时,有 $g_1 = P(\tau = 1) = P(X_0 \in S, X_1 = 0) = \sum_{i \in S} \alpha_i p_{i0} = \alpha P_0$.

当 $k = 2$ 时,有
$$\begin{aligned} g_2 &= P(\tau = 2) = P(X_0 \in S, X_1 \in S, X_2 \in S_0) \\ &= \sum_{i \in S} \sum_{j \in S} P(X_0 = i, X_1 = j, X_2 = 0) = \sum_{i \in S} \sum_{j \in S} \alpha_i p_{ij} p_{j0} = \alpha P^{2-1} P_0, \end{aligned}$$

假设 $k = n$ 时命题成立,即 $g_n = \alpha P^{n-1} P_0 = \alpha P^{n-1}(I - P)e$,则当 $k = n+1$ 时,可以仿照上面作如下的事件分解: ① 从初始状态 i 转移一步到 j; ② 以 j 作为初始状态然后转移 n 步被吸收, 则结合归纳假设

$$g_{n+1} = P(\tau = n+1) = \alpha P P^{n-1} P_0 = \alpha P^n P_0 = \alpha P^{(n+1)-1} P_0 = \alpha P^n (I - P)e$$

知当 $k = n+1$ 时,命题成立.

综上有: $\forall k \in \mathbb{N}, g_0 = \alpha_0, g_k = \alpha P^{k-1} P_0 = \alpha P^{k-1}(I - P)e$.

4.9 离散时间的位相型分布及其反问题

(2) 类似于 (1) 的证明, 即得 (4.18) 式,

(3) 为了证明 (3) 先给出一个引理:

引理 4.9.1 设矩阵 Q 满足 $\lim\limits_{n\to\infty}Q^n=0$, 则 $(I-Q)^{-1}$ 存在, 且

$$(I-Q)^{-1}=\sum_{k=0}^{\infty}Q^k, \tag{4.21}$$

其中 I 为单位矩阵.

证明 因

$$(I-Q)(I+Q+Q^2+\cdots+Q^{n-1})=I-Q^n, \tag{4.22}$$

由已知有 $\lim\limits_{n\to\infty}Q^n=0$, 故行列式 $|I-Q^n|\to 1(n\to\infty)$. 所以, 当 n 充分大时, $|I-Q^n|\neq 0$, 从而

$$|I-Q|\cdot|I+Q^k+\cdots+Q^{n-1}|\neq 0.$$

这只当上式左边两个行列式均不为 0 时才成立, 于是 $|I-Q|\neq 0$, 即 $(I-Q)^{-1}$ 存在. 以 $(I-Q)^{-1}$ 左乘 (4.22) 式两边, 并令 $n\to\infty$ 则得 (4.21) 式. □

以下证明 (3):

将 g_k 与 g_k 的表达式分别代入 $g(\lambda)=\sum_{k=0}^{\infty}g_k\lambda^k$ 及 $g(\lambda)=\sum_{k=0}^{\infty}g_k\lambda^k$ 中, 并注意到 S 为瞬时态集, 故 $\lim\limits_{n\to\infty}P^n=0$, 用引理即可得 (3). □

在理论与实际应用中, 感兴趣的问题是 PH 分布的反问题, 即已知以上马尔可夫链的首达时间的条件分布向量序列 $\{g_k,k\geqslant 1\}$, 能否求其 P 与 P_0? 下面给出肯定的回答:

记 $B(k,p)=(g_k,g_{k+1},\cdots,g_{k+p-1})$ 为 $p\times p$ 矩阵, 称为该马尔可夫链首达时间 τ 的条件分布向量矩阵. 有以下的定理.

定理 4.9.2 在上述记号下, 有

(1) $\forall k\geqslant 2$, 有

$$g_k=Pg_{k-1}, \tag{4.23}$$

$$B(k,p)=PB(k-1,p); \tag{4.24}$$

(2) 若 $\text{rank}B(1,p)=p$, 则

$$P=B(2,p)B^{-1}(1,p), \tag{4.25}$$

$$P_0=(I-B(2,p)B^{-1}(1,p))e; \tag{4.26}$$

(3) 若 $\text{rank}B(1,p)=p$, 则

$$g_k=B(2,p)B^{-1}(1,p)g_{k-1},\ \ k\geqslant 2. \tag{4.27}$$

证明 (1) 由式 (4.18) 即得式 (4.23) 及式 (4.24);

(2) 当 $\text{rank}B(1,p)=p$ 时, 由式 (4.24) 即得式 (4.25) 及式 (4.26);

(3) 由 (2) 即得. □

上述定理说明: 若 $\mathrm{rank}B(1,p) = p$, 则 P, P_0 可由 $B(2,p)$ 唯一确定, 且首达时间 τ 的条件分布向量序列由 $B(2,p)$ 唯一确定.

问题 1, 当 $\mathrm{rank}B(1,p) = r$, 而 $1 \leqslant r < p$ 时, 请有兴趣的读者作为练习研究并给出其答案.

在物理与工程技术管理中往往有这种问题, 即某系统的内部参数未知 (例如 P, P_0 未知), 但其外部的某些指标是可以观察到的 (例如 τ 的观测值). 如何由能观测到的外部指标的观测值估计其内部参数? 这是有意义的理论与应用问题.

问题 2, 如何用 $B(k,p)$ 来表示 $g(\lambda)$? 请有兴趣的读者给出答案.

PH 分布有如下的一些性质.

性质 4.9.1 若 τ_1, τ_2 为 PH 分布, 则 $\tau_1 + \tau_2, \tau_1 \wedge \tau_2, \tau_1 \vee \tau_2$ 均为 PH 分布.

性质 4.9.2 $\tau_1, \cdots, \tau_n$ 为 PH 分布, ξ 为离散型随机变量且与 $\tau_1, \cdots, \tau_n$ 独立, 且 $P(\xi = k) = p_k, 1 \leqslant k \leqslant n$. 则 $\sum_{k=1}^{n} \tau_k I_{(\xi=k)}$ 为 PH 分布.

性质 4.9.3 设 τ 为 PH 分布, F 为其分布函数, 对于 $0 < r < 1$, 则

$$\sum_{n=0}^{\infty}(1-r)r^{n-1}F^{(n)}$$

为 PH 分布, 其中 $F^{(n)}$ 为 F 的 n 重卷积.

以上性质的证明均留给读者作为练习.

由于 PH 分布便于上机计算与分析等特点, 它已在排队系统、制造系统、通信网络、计算机网络等领域得到广泛应用.

4.10 首达目标模型与其他模型的关系

本节考虑定义在状态空间 S 为有限集的马尔可夫链 $\{X_n, n \geqslant 0\}$ 上系统的总报酬 (或某个性能指标) 的矩与分布及其拉普拉斯变换问题. 设 $H \subset S$ 为目标集, $\overline{H} = S - H$ 为系统的工作集. 设 $r(i)$ 是定义在 S 上的非负有穷值函数, $r(i)$ 可理解为系统在 i 状态在单位时段的报酬 ($r(i)$ 亦可称为该系统的某个性能指标函数). 为方便且不失一般性, 当 $i \in H$ 时, 规定 $r(i) \equiv 0$.

令

$$\tau_H = \begin{cases} \min\{n : n \geqslant 0, X_n \in H\}, & \{n : n \geqslant 0, X_n \in H\} \neq \varnothing, \\ \infty, & \{n : n \geqslant 0, X_n \in H\} = \varnothing, \end{cases}$$

$$W_0 = \sum_{n=0}^{\tau_H} r(X_n), \quad W_1 = \sum_{n=1}^{\tau_H} r(X_n),$$

于是 τ_H 表示首次到达目标集的时间, W_0 表示从 0 时刻到进入目标集之前的总报酬 (或性能指标), 它是定义于 $\{X_n, n \geqslant 0\}$ 上的可加泛函. 由于 $r(X_n) \geqslant 0 (n \geqslant 0)$, 故 W_0, W_1 均是非

4.10 首达目标模型与其他模型的关系

负随机变量. 记

$$\mu_i^{(k)} = E(W_0^K|X_0 = i), \quad k \geqslant 1, \ i \in \overline{H},$$
$$F_i(t) = P(W_0 \leqslant t|X_0 = i), \quad t \geqslant 0, \ i \in \overline{H},$$
$$\phi_i(\lambda) = \int_0^\infty e^{-\lambda t} dF_i(t), \quad \lambda \geqslant 0, \ i \in \overline{H}.$$

记 $\tau_i^{(0)} = \mu_i^{(0)} = 1$, 令 $r_i = r_i^{(1)} = r(i)$, 而

$$r_i^{(k)} = \sum_{l=0}^{k-1} (-1)^{k-1-l} C_k^l r_i^{k-l} \mu_i^{(l)} \quad (k \geqslant 1),$$

以 $r^{(k)}, \mu^{(k)}$ 及 $\phi(\lambda)$ 分别表示分量为 $r_i^{(k)}, \mu_i^{(k)}$ 及 $\phi_i(\lambda)(i \in \overline{H})$ 的列向量, 则有如下定理.

定理 4.10.1 对任意 $k \geqslant 1, \mu^{(k)}$ 满足方程组

$$\mu^{(k)} = r^{(k)} + P\mu^{(k)}, \tag{4.28}$$

其中 $P = (p_{ij})_{\overline{H} \times \overline{H}}, i, j \in \overline{H}$.

证明 注意到当 $X_0, X_1 \in S$ 时, $W_0^K = \sum_{l=0}^{k-1} C_K^l r_l^{k-l} W_1^l + W_1^k$, 然后应用全概率公式及马尔可夫性即可得式 (4.28). □

设 $y = (y_1, y_2, \cdots, y_p)^T$ 为 $\overline{H}$ 上的未知列向量, 有如下定理.

定理 4.10.2 若 $\overline{H}$ 为瞬时态集, 则 $\mu^{(k)}(k \geqslant 1)$ 是下列方程组

$$y = r^{(k)} + Py \tag{4.29}$$

的唯一非负有界解, 且

$$\mu^{(k)} = \sum_{n=0}^{\infty} P^{(n)} r^{(k)}. \tag{4.30}$$

证明 由式 (4.28) 知 $\mu^{(k)}$ 是式 (4.29) 的一个非负有界解, 以下只需证唯一性.

设 $v^{(k)}$ 是式 (4.29) 的另一非负有界解, 即

$$v^{(k)} = r^{(k)} + Pv^{(k)}.$$

由上式及式 (4.28), 有

$$v^{(k)} - \mu^{(k)} = P(v^{(k)} - \mu^{(k)}). \tag{4.31}$$

重复利用式 (4.31), 有

$$v^{(k)} - \mu^{(k)} = P(v^{(k)} - \mu^{(k)}) = P^{(2)}(v^{(k)} - \mu^{(k)}) = \cdots = P^{(n)}(v^{(k)} - \mu^{(k)}).$$

因 $\overline{H}$ 为瞬时态集, 故 $\forall i, j \in \overline{H}, \lim_{n \to \infty} p_{ij}^{(n)} = 0$, 即 $P^{(n)} \to 0$. 故

$$v^{(k)} - \mu^{(k)} = \lim_{n \to \infty} P^{(n)}(v^{(k)} - \mu^{(k)}) = 0.$$

所以
$$v^{(k)} = \mu^{(k)}.$$
且
$$(I-P)^{-1} = \sum_{n=0}^{\infty} P^{(n)}$$
存在, 于是由式 (4.28) 可得式 (4.30). □

推论 4.10.1 记 $\|\mu^{(1)}\| = \max_i \left|\mu_i^{(1)}\right|$, $\|r\| = \max_i |r_i|$, 则当 $\rho < 1$ 时, 有
$$\left\|\mu^{(1)}\right\| \leqslant \frac{1}{1-\rho} \|r\|.$$

记
$$P_\lambda = (p_{ij} \exp(-\lambda r_i)), \quad i, j \in \overline{H},$$
$$b_i(\lambda) = \sum_{j \in H} p_{ij} \exp(-\lambda r_i), \quad b(\lambda) = (b_1(\lambda), b_2(\lambda), \cdots, b_p(\lambda))^{\mathrm{T}},$$

则有如下定理.

定理 4.10.3 对 $\lambda \geqslant 0, \phi(\lambda)$ 是下列方程组
$$y = b(\lambda) + P_\lambda y \tag{4.32}$$
唯一的非负有界解.

证明 先证 $\phi(\lambda)$ 是方程 (4.32) 的解. 因
$$F_i(t) = P(W_0 \leqslant t | X_0 = i)$$
$$= \sum_{j \in \overline{H}} p_{ij} P(W_1 \leqslant t - r_1 | X_1 = j) + \sum_{j \in H} p_{ij} P(r_i \leqslant t | X_1 = j),$$

故
$$F_i(t) = \sum_{j \in \overline{H}} p_{ij} F_j(t - r_i) + \sum_{j \in H} p_{ij} P(r_i \leqslant t | X_1 = j). \tag{4.33}$$

从而
$$\phi_i(\lambda) = \sum_{j \in \overline{H}} p_{ij} \exp(-\lambda r_i) \phi_j(\lambda) + \sum_{j \in H} p_{ij} \exp(-\lambda r_i) \ (i \in \overline{H}), \tag{4.34}$$

即
$$\phi(\lambda) = b(\lambda) + P_\lambda \phi(\lambda). \tag{4.35}$$

下面证明唯一性, 只要注意到 $\rho(P_\lambda) < \sum_{j \in \overline{H}} p_{ij} \exp(-\lambda r_i) < 1$, 再用类似于定理 4.10.2 的唯一性证明过程, 便知 $\phi(\lambda)$ 是方程 (4.32) 唯一的非负有界解. □

因为 $0 < \phi_i(\lambda) < 1$, 显然有下述结果.

4.10 首达目标模型与其他模型的关系

推论 4.10.2 对 $\lambda \geqslant 0$, 有

$$\phi(\lambda) = \sum_{n=0}^{\infty} P_\lambda^n b(\lambda). \tag{4.36}$$

首达目标模型不仅有广泛的应用背景, 同时它在理论上是最重要的基本模型之一, 因为其他许多模型均可化为该模型来处理. 下面着重以折扣依赖于历史模型为例.

马尔可夫链折扣依赖于历史的可加泛函模型

设 $X = \{X_n, n \geqslant 0\}$ 为马尔可夫链, 状态空间为 $S = \{1, 2, \cdots, m\}$, 一步转移概率矩阵为 $P = (p_{ij})$.

令 $r : S \to \mathbb{R}^+$, $r(i)$ 表示系统在 i 状态的性能指标. 折扣因子 $\beta : S \to [0, 1)$, $\beta(i)$ 与状态有关. 记 $\beta(i) = \exp\{-\overline{\beta}(i)\}$, 其中 $\overline{\beta}(i) > 0, \forall i \in S$. 考虑折扣依赖于历史的可加性泛函

$$\begin{cases} \xi_k = \sum_{n=k}^{\infty} \left(\prod_{l=k}^{n-1} \beta(X_l) \right) r(X_n) = \sum_{n=k}^{\infty} \left(\exp\left\{ -\sum_{l=k}^{n-1} \overline{\beta}(X_l) \right\} \right) r(X_n), \\ m_k(i) = E(\xi_0^k | X_0 = i), \quad r_1(i) = r(i), \quad r_k(i) = \sum_{l=0}^{k-1} (-1)^{k+1-l} \mathrm{C}_k^l r^{k-l}(i) m_l(i), \\ p_{ij}(k) = \beta^k(i) p_{ij}, \quad i, j \in S, \quad k \geqslant 1, \\ m_k = (m_k(i), i \in S)^{\mathrm{T}}, \quad \tau_k = (r_k(i), i \in S)^{\mathrm{T}}, P(k) = (p_{ij}(k))_{i,j \in S}, \end{cases} \tag{4.37}$$

式中约定 $\prod_{l=0}^{-1} \beta(X_l) = 1$.

定理 4.10.4 $\forall k \geqslant 1, m_k$ 满足

$$m_k = r_k + P(k) m_k. \tag{4.38}$$

证明 类似于定理 4.10.1 的证明. □

注意到当 $\beta(i) < 1, \forall i \in S$ 时, 有如下推论.

推论 4.10.3 m_k 是下列非负方程 $x = r_k + P(k) x$ 的唯一非负最小解, 且

$$m_k = \sum_{n=0}^{\infty} P^n(k) r_k. \tag{4.39}$$

由上面讨论可知, 只要已知 r, β 与 $P = (p_{ij})$. 可由 (4.39) 式逐次求得 $m_1, r_1, m_2, r_2, \cdots, m_k, r_k, \cdots$.

从方程 (4.28) 和方程 (4.38) 可以看出, 首达目标模型的 k 阶矩 μ_k 与折扣依赖于历史模型中的 k 阶矩所满足的方程组极为相似. 自然要问: 对于给定的马尔可夫链的折扣依赖于历史模型的 $k(k \geqslant 1)$ 阶矩问题, 能否构造一马尔可夫链, 使其首达目标的一阶矩恰好等于前者的 k 阶矩? 回答是肯定的.

定理 4.10.5 对于由 (4.37) 式给出的折扣依赖于历史模型的 k 阶矩向量 $m_k (k \geqslant 1)$ 必可构造一相应的首达目标模型, 使得该模型的一阶矩向量恰好等于 m_k.

证明 构造相应的首达目标模型. 设新马尔可夫链为 $\tilde{X} = \{\tilde{X}_n, n \geq 0\}$, 其状态空间为 $\tilde{S} = S \cup \{\delta\}$, 一步转移概率矩阵为 $\tilde{P}(k) = (\tilde{p}_{ij}(k)), i,j \in \tilde{S}$, 指标函数为 $\tilde{r}_k : \tilde{S} \to \mathbb{R}^+$, 其中

$$\begin{cases} \tilde{p}_{ij}(k) = \begin{cases} \beta^k(i)p_{ij}, & i,j \in S, \\ 1 - \sum_{j \in S} \tilde{p}_{ij}(k), & i \in S, j = \delta, \\ 1, & i = j = \delta, \\ 0, & i = \delta, j \in S. \end{cases} \\ \tilde{r}_k(i) = \begin{cases} r_k(i), & i \in S, \\ 0, & i = \delta. \end{cases} \\ \tilde{T}_\delta = \inf\{n : n \geq 0, \tilde{X}_n = \delta\}, \\ \tilde{\xi}_0(k) = \sum_{n=0}^{\tilde{T}_\delta} \tilde{r}_k(\tilde{X}_n), \quad \tilde{\mu}_1(i,k) = E(\tilde{\xi}_0(k)|\tilde{X}_0 = i), \quad i \in S, \\ \tilde{\mu}_1(k) = (\tilde{\mu}_1(i,k), i \in S), \end{cases} \qquad (4.40)$$

式中 $\tilde{T}_\delta$ 表示首达 δ 的时间, $\tilde{\mu}_1(k)$ 表示首达目标一阶矩向量. 因 $\tilde{p}_{i\delta}(k) > 0, \forall i \in S$, 且 $\tilde{p}_{\delta\delta}(k) = 1$, 从而 S 与 δ 对 $\tilde{X} = \{\tilde{X}_n, n \geq 0\}$ 而言分别是瞬时态集与吸收态. 不难验证

$$\tilde{\mu}_1(k) = r_k + P(k)\tilde{\mu}_1(k),$$

且是方程组 $x = r_k + P(k)x$ 的唯一非负最小解, 故

$$\tilde{\mu}_1(k) = m_k.$$

这说明由 (4.37) 式定义的折扣依赖于历史模型的 k 阶矩 ($k \geq 1$ 任意固定) 与由 (4.40) 式定义的首达目标模型的一阶矩相等. □

习 题 4

1. 设马尔可夫链 $\{X_n, n \geq 0\}, S = \{1,2,3\}, X_0 = 3, T = \min\{n : n \geq 1, X_n = 1\}$ 的转移矩阵分别为

$$P_1 = \begin{pmatrix} 1 & 0 & 0 \\ \frac{1}{3} & 0 & \frac{2}{3} \\ 0 & \frac{1}{3} & \frac{2}{3} \end{pmatrix}, \quad P_2 = \begin{pmatrix} \frac{1}{3} & \frac{2}{3} & 0 \\ \frac{1}{3} & 0 & \frac{2}{3} \\ 0 & \frac{1}{3} & \frac{2}{3} \end{pmatrix}, \quad P_3 = \begin{pmatrix} 0 & \frac{1}{3} & \frac{2}{3} \\ \frac{1}{3} & 0 & \frac{2}{3} \\ \frac{1}{3} & \frac{2}{3} & 0 \end{pmatrix}.$$

(1) 对 P_1, 求 $E(X_2), E(X_2|X_1), E(X_3|X_2), \pi_i(2) = P(X_2 = i), i \in S$;

(2) 对 P_2, 求 $P(T = k|X_0 = 3), 1 \leq k \leq 3$ 及 $E(T \wedge |X_0 = 3)$;

(3) 对 P_3, 求 T_{11} 的分布律及 ET_{11}.

2. 设

$$P = \begin{pmatrix} 1-a & a \\ b & 1-b \end{pmatrix}, \quad 0 < a, b < 1,$$

习题 4

证明
$$P^n = \frac{1}{a+b}\begin{pmatrix} b & a \\ a & b \end{pmatrix} + \frac{(1-a-b)^n}{a+b}\begin{pmatrix} a & -a \\ -b & b \end{pmatrix}.$$

3. 设 $X_n, n \geqslant 0$ 是独立同分布且
$$P(X_i = k) = \alpha_k \geqslant 0, \quad k \in N_0, \quad \sum_{k=0}^{\infty} \alpha_k = 1.$$

如果 $X_n > \max(X_1, X_2, \cdots, X_{n-1})$,其中 $(X_0 = -\infty)$,则说 n 时刻创一新纪录,且称 X_n 为记录值. 记 R_i 为第 i 回的记录值. 试说明 $\{R_i, i \geqslant 1\}$ 是一马尔可夫链并求其转移概率.

4. 一个国家在稳定经济条件下它的出口商品能够用三状态的马尔可夫链描述如下: 状态空间 $S = \{+1, 0, -1\}$; $+1$: 今年比去年增长 $\geqslant 5\%$; 0: 波动低于 5%; -1: 今年比去年减少 $\geqslant 5\%$. 由以往的统计数据求得转移矩阵为
$$P = \begin{pmatrix} 0.8 & 0.2 & 0 \\ 0.35 & 0.30 & 0.35 \\ 0 & 0.40 & 0.60 \end{pmatrix},$$

试求每个状态的平均返回时间,并比较在稳定经济条件下增长趋势与减少趋势的期望长度.

5. 水库供水按其水位分为下列 5 个状态: "1" 表示危险水平; "2" 表示缺水; "3" 表示刚够; "4" 表示较好; "5" 表示充裕. $S = \{1, 2, 3, 4, 5\}$,由已有数据求得相邻时间周期的转移矩阵为
$$P = \begin{pmatrix} 0.1 & 0.1 & 0.3 & 0.5 & 0 \\ 0.3 & 0.2 & 0.2 & 0.2 & 0.1 \\ 0.1 & 0.2 & 0.4 & 0.2 & 0.1 \\ 0 & 0.1 & 0.2 & 0.4 & 0.3 \\ 0 & 0.1 & 0.1 & 0.4 & 0.4 \end{pmatrix},$$

试求出现危险水平的平均时间长度 (即求 $\mu_{11} = \mu_1$).

6. 讨论二维非对称移动过程的状态的常返性.

7. 设马尔可夫链 $\{X_n, n \geqslant 0\}$, $S = \{1, 2, 3\}$,且
$$P = \begin{pmatrix} 0.5 & 0.4 & 0.1 \\ 0.3 & 0.4 & 0.3 \\ 0.2 & 0.3 & 0.5 \end{pmatrix}.$$

(1) 求平稳分布 $\pi = (\pi_1, \pi_2, \pi_3)$ 及 $\lim\limits_{n \to \infty} P^n$;

(2) 当初始分布 $\pi(0)$ 是怎样分布时,此马尔可夫链是平稳序列? 并求 EX_n 及 $\text{Var} X_n$.

8. 设 $S = \{1, 2, 3\}$,而转移矩阵为
$$P = \begin{pmatrix} 0.5 & 0.25 & 0.25 \\ 0 & 0.75 & 0.25 \\ 0 & 0 & 1 \end{pmatrix},$$

求:

(1) T_{13} 的分布律及 ET_{13};

(2) $f_{ii}(i = 1, 2, 3)$;

(3) $n \to \infty$ 时 $P^n \to$?

9. 考虑下列随机游动

$$p_{i,i+1} = p, \quad 0 < p < 1,$$
$$p_{i,i-1} = q = 1-p, \quad i = 1, 2, \cdots, r-1,$$
$$p_{00} = p_{rr} = 1.$$

X_n 表示 n 时刻质点的位置. 当 $k=1, r=3$ 时, 求
$d(k) = P\{(X_n = r) \cup (X_n = 0) \text{ 存在某个 } n \geqslant 1 | X_0 = k\}, \quad 0 \leqslant k \leqslant r.$

10. 马尔可夫链 $\{X_n, n \geqslant 0\}$ 的状态 $S = \{0, 1, 2, \cdots, N\}$, 转移概率为

$$p_{ij} = \begin{cases} \mu_i, & j = i-1, \\ \lambda_i, & j = i+1, \\ 1 - \lambda_i - \mu_i, & j = i, \\ 0, & |j-i| > 1, \end{cases} \quad i, j \in S$$

且 $\mu_i = \lambda_0 = \mu_N = \lambda_N = 0, 0 < \mu_i < 1, 0 < \lambda_i < 1, 1 \leqslant i \leqslant N-1, X_0 = k$, 求:

(1) $P(X_n = 0, \text{某个 } n \geqslant 0 | X_0 = k)$ 及 $P(X_n = N, \text{某个 } n \geqslant 0 | X_0 = k)$;

(2) ET_{k0} 及 ET_{kN}.

11. 设 j 为非常返状态, 证明对任意 $i \in S$, 有

$$\sum_{n=1}^{\infty} p_{ij}^{(n)} = \frac{f_{ij}}{1 - f_{jj}} < \infty.$$

12. 设一个袋中装有 4 种不同颜色的小球, 其中红色 5 个, 蓝色 2 个, 白色 3 个, 黄色 4 个. 假设采取有放回模式的随机摸球, 每次取出一个. 如果取出的球是红色得 2 分, 蓝色得 1 分, 白色得 0 分, 黄色扣 2 分. 假设第一次摸球时积分为 0, X_n 表示第 n 次摸球后的累计分数, 问 $\{X_n, n \geqslant 1\}$ 是否为马尔可夫链? 若是, 其一步转移概率矩阵是什么?

13. 已知马尔可夫链的状态为 $0, 1, 2, \cdots, N$, 相应的状态转移概率为

$$p_{01} = p_{N,n-1}, \quad p_{i,i+1} = p_i = 1 - p_{i,i-1}, \quad i = 1, 2, \cdots, N-1,$$

求它的平稳分布.

14. (1) 通过证明逆向马尔可夫链的极限概率和正向概率满足方程 $\pi_j = \sum_i \pi_i Q_{ij}$ 来证明这两个概率是相同的;

(2) 对 (1) 的结果给出直观解释.

15. M 个球最初分布于 m 个坛子中. 每次从任意一个坛子中随机地选取一个球, 再将它随机地放进其他的 $m-1$ 个坛子中的一个. 考察一个马尔可夫链, 在任意时间它的状态是一个向量 $(n_1, \cdots, n_m)$, 其中 n_i 记在第 i 个坛子中球的个数. 猜测这个马尔可夫链的极限概率, 然后验证你的猜想, 同时证明这个马尔可夫链是时间可逆的.

16. 总共 m 个白球和 m 个黑球分布在两个坛子中, 每个坛子中有 m 个球. 每次从每一个坛子中随机地取一个球, 并将这两个取出的球交换. 以 X_n 记经过 n 次交换后坛子 1 中的黑球个数.

(1) 给出马尔可夫链 $\{X_n, n \geqslant 0\}$ 的转移概率;

(2) 不用任何计算, 你认为这个链的极限概率是什么?

(3) 求极限概率, 并且证明平稳链是时间可逆的.

17. 设 $\{X_n, n \geqslant 0\}$ 为不可约的马尔可夫链, 状态空间 $S = \{1, 2, 3\}$. $P = (p_{ij})$ 为一步转移概率矩阵, 记: $T = \min\{n : n > 0, X_n = 3\}, \tau = \min\{n : n > 0, X_n = 1\}$. 若已知 $a_k(i) = E(T^k | X_0), i \in \{1, 2\}, 1 \leqslant$

$k \leqslant 3, b_k(i) = E(\tau^k|X_0), i \in \{2,3\}, 1 \leqslant k \leqslant 3$. 试讨论在什么条件下能够用 $a_k(i), i \in \{1,2\}, 1 \leqslant k \leqslant 3$ 及 $b_k(i), i \in \{2,3\}, 1 \leqslant k \leqslant 3$ 表示 $P = (p_{ij})(i,j \in S)$? 给出适当的条件及它的具体表示.

18. 对于一个时间可逆的马尔可夫链, 论证它从 i 到 j 到 k 这个转移出现的比率必须等于它从 k 到 j 到 i 的转移出现的比率.

19. 一个马尔可夫链称为一个树过程, 如果

(1) 当 $p_{ij} > 0$ 时有 $p_{ji} > 0$;

(2) 对于每对状态 $(i,j), i \neq j$, 存在唯一的一列不同状态 $i = i_0, i_1, \cdots, i_{n-1}, i_n = j$ 使

$$p_{i_k, i_{k+1}} > 0, \quad k = 0, 1, \cdots, n-1,$$

就是说, 一个马尔可夫链是一个树过程, 如果对于每一对不同状态 i, j, 过程有从 i 到 j 的唯一的道路, 无须重新进入一个状态 (从而这条道路是从 j 到 i 的唯一的路径的逆向路径). 论证一个遍历的树过程是时间可逆的.

第5章 离散鞅引论

本章将介绍另一类特殊的随机过程——鞅，近几十年来，鞅理论不仅在随机过程及其他数学分支中占据了重要的地位，而且在实际问题诸如金融、保险和医学上也得到了广泛的应用. 在此我们将阐述鞅的一些基本理论，并以介绍离散时间的鞅为主.

鞅的定义是从条件期望出发的，所以，对条件期望不熟悉的读者请先学习条件期望的相关内容，这对于理解鞅理论是至关重要的.

5.1 定义与例子

每个赌博者自然都对使得他在一系列赌博后获得期望收益最大的策略感兴趣. 然而在数学上可以证明，在"公平"的博弈中，是没有这样的赌博策略的.

考虑一个赌博者正在进行一系列赌博，每次赌博输赢的概率都是 $\frac{1}{2}$. 令 $\{Y_n\}, n \geqslant 1$ 是一列独立同分布的随机变量，表示每次赌博的结果

$$P\{Y_n = 1\} = \frac{1}{2} = P\{Y_n = -1\}, \tag{5.1}$$

这里 $\{Y_n = 1\}$ ($\{Y_n = -1\}$) 表示赌博者在第 n 次赌博时赢 (输). 如果赌博者采用的赌博策略 (即所下赌注) 依赖于前面的赌博结果，那么，他的赌博可以用下述的随机变量序列

$$b_n = b_n(Y_1, \cdots, Y_{n-1}), \quad n \geqslant 2 \tag{5.2}$$

描述，其中 $b_n < \infty$ 是第 n 次的赌注，若赌赢则获利 b_n，否则输掉 b_n.

设 X_0 是该赌博者的初始赌资，则

$$X_n = X_0 + \sum_{i=1}^{n} b_i Y_i \tag{5.3}$$

是他在第 n 次赌博后的赌资. 可以断言

$$E(X_{n+1}|Y_1, \cdots, Y_n) = X_n. \tag{5.4}$$

事实上，由式 (5.3) 有

$$X_{n+1} = X_n + b_{n+1} Y_{n+1},$$

因此

$$E(X_{n+1}|Y_1, \cdots, Y_n) = E(X_n|Y_1, \cdots, Y_n) + E(b_{n+1} Y_{n+1}|Y_1, \cdots, Y_n)$$
$$= X_n + b_{n+1} E(Y_{n+1}|Y_1, \cdots, Y_n) \quad (因为 X_n 与 b_{n+1} 由 Y_1, \cdots, Y_n 确定)$$

$$= X_n + b_{n+1} EY_{n+1} \quad (\text{因为} Y_n \text{是独立的随机变量序列})$$
$$= X_n \quad (\text{因为} EY_{n+1} = 0, n \geqslant 0).$$

这证明了, 如果每次赌博的输赢机会是均等的, 并且赌博策略是依赖于前面的赌博结果, 则赌博是 "公平的". 因此, 任何赌博者都不可能将公平的赌博通过改变赌博策略使得赌博变成有利于自己的 "有利" 赌博.

定义 5.1.1 随机过程 $\{X_n, n \geqslant 0\}$ 称为关于 $\{Y_n, n \geqslant 0\}$ 的**下鞅**, 如果对 $n \geqslant 0$, X_n 是 $(Y_1, \cdots, Y_n)$ 的函数, $EX_n^+ < \infty$, 并且

$$E(X_{n+1}|Y_1, \cdots, Y_n) \geqslant X_n, \tag{5.5}$$

这里 $X_n^+ = \max\{0, X_n\}$.

我们称过程 $\{X_n, n \geqslant 0\}$ 为关于 $\{Y_n, n \geqslant 0\}$ 的**上鞅**, 如果对 $n \geqslant 0$, X_n 是 $(Y_1, \cdots, Y_n)$ 的函数, $EX_n^- < \infty$, 并且

$$E(X_{n+1}|Y_1, \cdots, Y_n) \leqslant X_n, \tag{5.6}$$

这里 $X_n^- = \max\{0, -X_n\}$.

若 $\{X_n, n \geqslant 0\}$ 兼为关于 $\{Y_n, n \geqslant 0\}$ 的下鞅与上鞅, 则称之为关于 $\{Y_n, n \geqslant 0\}$ 的**鞅**. 此时

$$E(X_{n+1}|Y_1, \cdots, Y_n) = X_n. \tag{5.7}$$

鞅描述的是 "公平" 的赌博, 下鞅和上鞅分别描述了 "有利" 赌博与 "不利" 赌博.

下面我们定义关于 σ 代数的鞅, 为此, 首先介绍有关概念. 设 $(\Omega, \mathcal{F}, P)$ 是完备的概率空间, 我们所讨论的随机变量都是定义在这个概率空间上的. $\{\mathcal{F}_n, n \geqslant 0\}$ 是 $\mathcal{F}$ 上的一列 σ 子代数并且使得 $\mathcal{F}_n \subset \mathcal{F}_{n+1}$, $n \geqslant 0$ (此时称之为 σ 子代数流).

随机过程 $\{X_n, n \geqslant 0\}$ 称为 $\{\mathcal{F}_n\}$ **适应的**, 如果对任意的 $n \geqslant 0$, X_n 是 $\mathcal{F}_n$ 可测函数, 即对任意的 $x \in \mathbb{R}$, $\{X_n \leqslant x\} \in \mathcal{F}_n$. 此时称 $\{X_n, \mathcal{F}_n, n \geqslant 0\}$ 为**适应列**. 在定义 5.1.1 中, 定义下鞅时, 我们假定了 X_n 是 $(Y_1, \cdots, Y_n)$ 的函数. 令 $\mathcal{F}_n = \sigma\{Y_1, \cdots, Y_n\}$, $n \geqslant 0$. 则 $\{\mathcal{F}_n, n \geqslant 0\}$ 是一个 σ 代数流. X_n 是 $(Y_1, \cdots, Y_n)$ 的函数的确切含义是 $\{X_n\}$ 是 $\{\mathcal{F}_n\}$ 适应的.

定义 5.1.2 设 $\{\mathcal{F}_n, n \geqslant 0\}$ 是 $\mathcal{F}$ 上的上升的 σ 子代数列. 随机过程 $\{X_n, n \geqslant 0\}$ 称为关于 $\{\mathcal{F}_n, n \geqslant 0\}$ 的鞅, 如果 $\{X_n\}$ 是 $\{\mathcal{F}_n\}$ 适应的, $E(|X_n|) < \infty$, 并且对任何的 $n \geqslant 0$, 有

$$E(X_{n+1}|\mathcal{F}_n) = X_n. \tag{5.8}$$

适应列 $\{X_n, \mathcal{F}_n, n \geqslant 0\}$ 称为下鞅, 如果对任何的 $n \geqslant 0$,

$$EX_n^+ < \infty \quad \text{且} \quad E(X_{n+1}|\mathcal{F}_n) \geqslant X_n. \tag{5.9}$$

适应列 $\{X_n, \mathcal{F}_n, n \geqslant 0\}$ 称为上鞅, 如果对任何的 $n \geqslant 0$,

$$EX_n^- < \infty \quad \text{且} \quad E(X_{n+1}|\mathcal{F}_n) \leqslant X_n. \tag{5.10}$$

在给出例子之前, 先给出由定义直接推出的命题.

命题 5.1.1 (1) 适应列 $\{X_n, \mathcal{F}_n, n \geqslant 0\}$ 是下鞅当且仅当 $\{-X_n, \mathcal{F}_n, n \geqslant 0\}$ 是上鞅.
(2) 如果 $\{X_n, \mathcal{F}_n\}$, $\{Y_n, \mathcal{F}_n\}$ 是两个下鞅, a, b 是两个正常数, 则 $\{aX_n, bY_n, \mathcal{F}_n\}$ 是下鞅.
(3) 如果 $\{X_n, \mathcal{F}_n\}$, $\{Y_n, \mathcal{F}_n\}$ 是两个下鞅 (或上鞅), 则 $\{\max(X_n, \mathcal{F}_n), \mathcal{F}_n\}$ (或 $\{\min(X_n, \mathcal{F}_n), \mathcal{F}_n\}$) 是下鞅 (上鞅).

证明是简单的, 留作习题.

在本命题以及其他类似命题中, σ 子代数列 $\{\mathcal{F}_n\}$ 可以由 $\{Y_k, k = 1, 2, \cdots, n\}$ 替代, 即 $\{X_n\}$ 是关于 $\{Y_n\}$ 的下鞅.

若以 $\{X_n\}$ 表示一个赌博者在第 n 次赌博后所有的赌资. 由式 (5.8) 表示他在下一次赌博结束时的平均赌资将等于现时的赌资, 与他过去赌博的输赢无关. 这也是鞅所具有的一种 "无后效性", 而同时这体现的正是博弈的公平.

例 5.1.1 令 $X_1, X_2, \cdots$ 是均值为 0 的独立同分布随机变量, 且令 $Z_n = \sum_{i=1}^{n} X_i$, 则 $\{Z_n, n \geqslant 1\}$ 是一个鞅, 因为

$$\begin{aligned} E[Z_{n+1}|Z_1, \cdots, Z_n] &= E[Z_n + X_{n+1}|Z_1, \cdots, Z_n] \\ &= E[Z_n|Z_1, \cdots, Z_n] + E[X_{n+1}|Z_1, \cdots, Z_n] \\ &= Z_n + EX_{n+1} = Z_n. \end{aligned}$$

例 5.1.2 若 $X_1, X_2, \cdots$ 是 $EX_i = 1$ 的独立随机变量, 则在 $Z_n = \prod_{i=1}^{n} X_i$ 时, $\{Z_n, n \geqslant 1\}$ 是一个鞅, 这得自于

$$\begin{aligned} E[Z_{n+1}|Z_1, \cdots, Z_n] &= E[Z_n X_{n+1}|Z_1, \cdots, Z_n] \\ &= Z_n E[X_{n+1}|Z_1, \cdots, Z_n] \\ &= Z_n EX_{n+1} = Z_n. \end{aligned}$$

例 5.1.3 对任意随机变量 $X_1, X_2, \cdots$, 随机变量 $X_i - E[X_i|X_1, \cdots, X_{i-1}]$ ($i \geqslant 1$) 具有均值为 0. 它们甚至不必是独立的, 其部分和仍构成一个鞅. 即若

$$Z_n = \sum_{i=1}^{n} \{X_i - E[X_i|X_1, \cdots, X_{i-1}]\},$$

则在对一切 n 都有 $E(|Z_n|) < \infty$ 时, $\{Z_n, n \geqslant 1\}$ 是鞅, 且均值为 0. 为了验证它, 注意

$$Z_{n+1} = Z_n + X_{n+1} - E[X_{n+1}|X_1, \cdots, X_n].$$

取条件于比 $Z_1, \cdots, Z_n$ 有更多信息的 $X_1, \cdots, X_n$(因为所有的 $Z_1, \cdots, Z_n$ 都是 $X_1, \cdots, X_n$ 的函数), 导致

$$E[Z_{n+1}|X_1, \cdots, X_n] = Z_n + E[X_{n+1}|X_1, \cdots, X_n] - E[X_{n+1}|X_1, \cdots, X_n] = Z_n,$$

于是证明了 $\{Z_n, n \geqslant 1\}$ 是一个鞅.

例 5.1.4 考虑一个公平博弈的问题. 设 $X_1, X_2, \cdots$ 独立同分布, 分布函数为
$$P\{X_i = 1\} = P\{X_i = -1\} = \frac{1}{2},$$
于是, 可以将 $X_i(i = 1, 2, \cdots)$ 看作一个投硬币的游戏的结果: 如果出现正面就赢 1 元, 出现反面则输 1 元. 假设我们按以下的规则来赌博, 每次投掷硬币之前的赌注都比上一次翻一倍, 直到赢了赌博即停. 令 W_n 表示第 n 次赌博后所输 (或赢) 的总钱数, $W_0 = 0$, 无论何时, 只要赢了就停止赌博, 从而 W_n 从赢了之后起就不再变化, 于是有 $P\{W_{n+1} = 1 | W_n = 1\} = 1$.

假设前 n 次投出的硬币都出现了反面, 按照规则, 我们已经输了 $1+2+4+\cdots+2^{n-1} = 2^n - 1$ (元), 即 $W_n = -(2^n - 1)$, 假如下一次硬币出现的是正面, 按规则 $W_{n+1} = 2^n - (2^n - 1) = 1$, 由公平的前提知
$$P\{W_{n+1} = 1 | W_n = -(2^n - 1)\} = \frac{1}{2},$$
$$P\{W_{n+1} = -2^n - 2^n + 1 | W_n = -(2^n - 1)\} = \frac{1}{2},$$
易证 $E(W_{n+1}|\mathcal{F}_n) = W_n$, 这里 $\mathcal{F}_n = \sigma(X_1, \cdots, X_n)$, 从而 $\{W_n\}$ 是关于 $\{\mathcal{F}_n\}$ 的鞅.

例 5.1.5 我们可以把例 5.1.4 再一般化, 设 $X_1, X_2, \cdots$ 仍如例 5.1.4 假定, 而每次赌博所下赌注将与前面硬币的投掷结果有关, 以 B_n 记第 n 次所下的赌注, 则 B_n 是 $X_1, \cdots, X_{n-1}$ 的函数, 换言之, B_n 是 $\mathcal{F}_{n-1}$ 可测的 (设 B_1 为常数). 仍然令 W_n 同例 5.1.4 所定义的, $W_0 = 0$, 则有
$$W_n = \sum_{j=1}^n B_j X_j,$$
假设 $E(|B_n|) < \infty$ (这保证了每次的赌本都有一定节制), 那么 $\{W_n\}$ 是一个 $\{\mathcal{F}_n\}$ 鞅.

事实上, 注意到 $E(|W_n|) < \infty$ (这可由 $E(B_n) < \infty$ 得到), 而且显然 W_n 是 $\{\mathcal{F}_n\}$ 可测的, 并且
$$\begin{aligned} E(W_{n+1}|\mathcal{F}_n) &= E\left(\sum_{j=1}^{n+1} B_j X_j \bigg| \mathcal{F}_n\right) \\ &= E\left(\sum_{j=1}^n B_j X_j \bigg| \mathcal{F}_n\right) + E(B_{n+1} X_{n+1} | \mathcal{F}_n) \\ &= \sum_{j=1}^n B_j X_j + B_{n+1} E(X_{n+1}|\mathcal{F}_n) \\ &= W_n + B_{n+1} E X_{n+1} \\ &= W_n. \end{aligned}$$

例 5.1.6 (Polya 坛子抽样模型) 考虑一个装有红、黄两色球的坛子. 假设最初坛子中装有红、黄色球各一个, 每次都按如下规则有放回地随机抽取: 如果拿出的是红色的球, 则放回的同时再加入一个同色的球, 如果拿出的是黄色的球也同样作法. 以 X_n 表示第 n 次抽取后坛子中的红球数. 则 $X_0 = 1$, $\{X_n\}$ 是一个非时齐的马尔可夫链, 转移概率为
$$P\{X_{n+1} = k+1 | X_n = k\} = \frac{k}{n+2},$$

$$P\{X_{n+1} = k | X_n = k\} = \frac{n+2-k}{n+2}.$$

令 M_n 表示第 n 次抽取后红球所占的比例,则 $M_n = \dfrac{X_n}{n+2}$,并且 $\{M_n\}$ 是一个鞅. 这是因为

$$E(X_{n+1}|X_n) = X_n + \frac{X_n}{n+2}.$$

由于 $\{X_n\}$ 是一个马尔可夫链,则 $\{\mathcal{F}_n\} = \sigma(X_1, \cdots, X_n)$ 中对 X_{n+1} 有影响的信息都包含在 X_n 中,所以

$$\begin{aligned}
E(M_{n+1}|\mathcal{F}_n) &= E(M_{n+1}|X_n) \\
&= E\left(\frac{X_{n+1}}{n+1+2}\Big|X_n\right) \\
&= \frac{1}{n+3}E(X_{n+1}|X_n) \\
&= \frac{1}{n+3}E\left(X_n + \frac{X_n}{n+2}\right) \\
&= \frac{X_n}{n+2} = M_n.
\end{aligned}$$

本例研究的模型是 Polya 首次引入的,它适用于描述群体增值和传染病的传播等现象.

例 5.1.7 (似然比) 设 $\{Y_n\}$ 是一个随机序列,对每一个 $n \geqslant 1$, $\{Y_1, \cdots, Y_n\}$ 的联合密度不是 p_n,便是 q_n,确定密度集合究竟是 $\{p_n, n \geqslant 1\}$ 还是 $\{q_n, n \geqslant 1\}$,是统计检验中遇到的问题. 令

$$T_n = \frac{q_n(Y_1, \cdots, Y_n)}{p_n(Y_1, \cdots, Y_n)}, \quad n \geqslant 1,$$

则 T_n 是似然比. 如果真实密度函数为 p_n,则把观察到的 Y_i 代入 T_n 后,似乎应使得 T_n ($n \to \infty$ 时) 趋于 0;而如果 q_n 是真实的密度,则用 Y_i 的实际观测值算出的 $T_n(n \to \infty$ 时) 似乎应趋向于 ∞. 这样,对于大的 n,可借助于观测 T_n 的大小来决定真正的密度函数究竟是 p_n 还是 q_n. 为免去不必要的麻烦,假设 p_n 是严格正的. 对于每个 $n \geqslant 1$,以 $\mathcal{F}_n$ 表示由 $\{Y_1, \cdots, Y_n\}$ 所生成的 σ-域. 则在 p_n 为真正密度函数的假设下,可以证明 $\{T_n, \mathcal{F}_n, n \geqslant 1\}$ 是鞅:

$$\begin{aligned}
E(T_n|Y_{n-1}, \cdots, Y_1) &= \int \frac{q_n(Y_1, \cdots, Y_{n-1}, y)}{p_n(Y_1, \cdots, Y_{n-1}, y)} \cdot \frac{p_n(Y_1, \cdots, Y_{n-1}, y)}{p_{n-1}(Y_1, \cdots, Y_{n-1})} \mathrm{d}y \\
&= \frac{q_{n-1}(Y_1, \cdots, Y_{n-1})}{p_{n-1}(Y_1, \cdots, Y_{n-1})},
\end{aligned}$$

于是 $E(T_n|Y_{n-1}, \cdots, Y_1) = T_{n-1}$, a.s., 即 $\{T_n, \mathcal{F}_n, n \geqslant 1\}$ 为鞅. 这个事实有助于对 T_n 行为的研究.

例 5.1.8 设 $X_1, X_2, \cdots$ 是一族 0 均值独立随机变量序列,且 $E(|X_i|) < \infty$,令 $S_0 = 0$, $S_n = \sum_{k=1}^{n} X_k$,则 $\{S_n\}$ 是 (关于 $\mathcal{F}_n = \sigma(X_1, \cdots, X_n)$ 的) 鞅. 另外,若 $X_i(i = 1, 2, \cdots)$ 均值为 $\mu \neq 0$,则 $\{M_n = S_n - n\mu\}$ 是 (关于 $\{\mathcal{F}_n\}$ 的) 鞅.

证明 当 $EX_i = 0$ 时, 显然 S_n 是 $\mathcal{F}_n$ 可测, 而且 $E(|S_n|) \leqslant \sum_{i=1}^{n} E(|X_i|) < \infty$, 于是

$$E(S_{n+1}|\mathcal{F}_n) = E(X_1 + X_2 + \cdots + X_{n+1}|\mathcal{F}_n)$$
$$= E(X_1 + \cdots + X_n|\mathcal{F}_n) + E(X_{n+1}|\mathcal{F}_n)$$
$$= S_n,$$

从而 $\{S_n\}$ 满足定义 5.1.2, 因此是一个关于 $\{\mathcal{F}_n\}$ 的鞅. 同理可以证明当 $EX_i = \mu \neq 0$ 时, $\{M_n\}$ 也是关于 $\{\mathcal{F}_n\}$ 的鞅. □

例 5.1.9 在例 5.1.8 中设 $EX_i = \mu \neq 0$, $E(|X_i|) < \infty$, 则有 $E(|S_n|) < \infty$,

$$E(S_{n+1}|\mathcal{F}_n) = E\left\{\sum_{i=1}^{n} X_i + X_{n+1}\Big|\mathcal{F}_n\right\} = S_n + \nu,$$

显然, 若 $\mu > 0$, $\{S_n\}$ 是一关于 $\{\mathcal{F}_n\}$ 的下鞅, 反之为上鞅.

5.2 上、下鞅与分解定理

5.1 节已经介绍了有关上下鞅的基本定义, 此处再简要回顾一下.

设 $\{\mathcal{F}_n, n \geqslant 0\}$ 是 $\mathcal{F}$ 上的上升的 σ 子代数列, 对一切 $n \geqslant 0$ 满足 $E(|X_n|)$ 的一个随机过程 $\{X_n, n \geqslant 0\}$, 如果它是 $\{\mathcal{F}_n\}$ 适应的, 且有

$$E(X_{n+1}|\mathcal{F}_n) \geqslant X_n, \tag{5.11}$$

则称为下鞅; 若有

$$E(X_{n+1}|\mathcal{F}_n) \leqslant X_n, \tag{5.12}$$

则称为上鞅. 因此, 一个下鞅体现为超公平的概念, 而上鞅体现为欠公平的博弈.

从式 (5.11) 可见, 对于一个下鞅有

$$EX_{n+1} \geqslant EX_n,$$

而对上鞅不等号取反号.

下面的引理可以让我们由已知的鞅或下鞅构造出许多新的下鞅. 考虑定义在有穷域无穷开区间 I 上的函数 $\Phi(x)$, 称它为凸的, 若对 $x, y \in I$, $0 < \alpha < 1$, 有

$$\alpha\Phi(x) + (1-\alpha)\Phi(y) \geqslant \Phi(\alpha x + (1-\alpha)y) \tag{5.13}$$

成立.

引理 5.2.1 (条件 Jensen 不等式) 设 $\Phi(x)$ 为实直线 $\mathbb{R}$ 上的凸函数, 随机变量 M 满足
(1) $E(|M|) < \infty$;
(2) $E(|\Phi(M)|) < \infty$,

则有

$$E[\Phi(M)|\mathcal{F}_n] \geqslant \Phi[E(M)|\mathcal{F}_n], \tag{5.14}$$

其中 $\{\mathcal{F}_n\}$ 是任意上升的 σ 代数列.

引理 5.2.2 设 $\{M_n, n \geqslant 0\}$ 是关于 $\{\mathcal{F}_n, n \geqslant 0\}$ 的鞅 (下鞅), $\Phi(x)$ 是 R 上的凸函数, 且满足 $E(\Phi(M_n)^+) < \infty, n \geqslant 0$, 则 $\{\Phi(M_n), n \geqslant 0\}$ 是关于 $\{\mathcal{F}_n, n \geqslant 0\}$ 的下鞅. 特别地, $\{|M_n|, n \geqslant 0\}$ 是下鞅, 当 $E(M_n^2) < \infty, n \geqslant 0$ 时, $\{M_n^2, n \geqslant 0\}$ 也是下鞅.

上、下鞅的基本性质:

(1) 若 $\{X_n, n \geqslant 0\}$ 是关于 $\{Y_n, n \geqslant 0\}$ 的 (上) 鞅, 则

$$E(X_{n+k}|Y_0, \cdots, Y_n)(\leqslant) = X_n, \quad \forall k \geqslant 0.$$

(2) 若 $\{X_n, n \geqslant 0\}$ 是 (上) 鞅, 则对 $0 \leqslant k \leqslant n$, 有

$$EX_n(\leqslant) = EX_k(\leqslant) = EX_0.$$

(3) 若 $\{X_n, n \geqslant 0\}$ 是关于 $\{Y_n, n \geqslant 0\}$ 的 (上) 鞅, g 是关于 $Y_0, \cdots, Y_n$ 的非负函数, 则

$$E[g(Y_0, \cdots, Y_n)X_{n+k}|Y_0, \cdots, Y_n] = g(Y_0, \cdots, Y_n)X_n, \quad \forall k \geqslant 0.$$

性质 (1) 的证明: 用数学归纳法证明, 仅证上鞅的情形, 当为鞅时, 将 $\geqslant$ 改为 $=$ 即可.

当 $k = 0$ 时, 不等式显然成立;

当 $k = 1$ 时, 由本节开头对上鞅的定义可知不等式成立;

当 $k \geqslant 2$ 时, 设 $E(X_{n+k}|Y_0, \cdots, Y_n) \leqslant X_n$ 成立, 现证 $E(X_{n+k+1}|Y_0, \cdots, Y_n) \leqslant X_n$ 也成立.

$$E(X_{n+k+1}|Y_0, \cdots, Y_n) = E(E(X_{n+k+1}|Y_0, \cdots, Y_n)|Y_0, \cdots, Y_n)$$
$$\leqslant E(X_{n+k}|Y_0, \cdots, Y_n) \leqslant X_n,$$

因此, 对 $\forall k \geqslant 0$, 不等式均成立.

性质 (2) 的证明: 利用性质 (1) 有 $E(X_n|Y_0, \cdots, Y_k)(\leqslant) = X_k$, 故

$$EX_n = E(E(X_n|Y_0, \cdots, Y_k))(\leqslant) = E(X_k).$$

类似地, 可以证明 $EX_k \leqslant EX_0$.

性质 (3) 的证明: 因为 g 是关于 $Y_0, \cdots, Y_n$ 的非负函数, 因此

$$E[g(Y_0, \cdots, Y_n)X_{n+k}|Y_0, \cdots, Y_n] = g(Y_0, \cdots, Y_n)E(X_{n+k}|Y_0, \cdots, Y_n)$$
$$(\leqslant) = g(Y_0, \cdots, Y_n)X_n. \qquad \square$$

实际中我们常常把上鞅和下鞅分解成鞅来处理, 鞅的分解定理是鞅论中的基本定理之一. Doob 及 Riesz 分解定理指出了半鞅与鞅的关系, 它使我们能把对半鞅的某些问题的研究转化为对鞅的研究. 下面介绍这两个定理.

定义 5.2.1 称适应过程 $\{X_n, \mathcal{F}_n, n \geqslant 0\}$ 为增过程, 如果满足

(1) $0 = X_1 \leqslant X_2 \leqslant \cdots$, a.s.;

(2) $EX_n < \infty, n \geqslant 0$.

称增过程为自然增过程, 如果它还满足

(3) X_{n+1} 是 $\mathcal{F}_n$ 可测, $n \geqslant 0$.

5.2 上、下鞅与分解定理

由定义 5.2.1 可知, 增过程是非负的, 且 $\lim_{n\to\infty} X_n = X_\infty$ 存在, 但可能取 ∞. 容易看出, X_n 可积的充要条件为 $\lim_{n\to\infty} EX_n = X_\infty$, 因为 (1) 条件等价于 $\{X_n, n\geqslant 0\}$ 一致可积, 由定义 5.2.1 还可知自然增过程必是下鞅.

定理 5.2.1 (Doob 分解定理) 任一下鞅 $\{X_n, \mathcal{F}_n, n \geqslant 0\}$ 可唯一地 (在随机等价意义下) 分解为

$$X_n = Y_n + Z_n, \quad n \geqslant 0, \tag{5.15}$$

其中 $\{Y_n, \mathcal{F}_n\}$ 为鞅, $\{Z_n, \mathcal{F}_n\}$ 是自然增过程.

证明 令

$$\begin{aligned} Z_0 &= 0, \\ Z_1 &= E(X_1|\mathcal{F}_0 - X_0), \\ &\cdots\cdots \\ Z_n &= \sum_{k=1}^{n} [E(X_k|\mathcal{F}_{k-1})]. \end{aligned} \tag{5.16}$$

易知 Z_n 是 $\mathcal{F}_n$ 可测的, 由下鞅的性质

$$E(X_k|\mathcal{F}_k) - X_{k-1} \geqslant 0,$$

故 $Z_n \geqslant 0$ 且

$$Z_{n+1} = Z_n + E(X_{n+1}|\mathcal{F}_n) - X_n \geqslant Z_n \geqslant 0, \quad \text{a.s.}$$

由式 (5.16) 有

$$0 \leqslant EZ_n = \sum_{k=1}^{n}(EX_k - EX_{k-1}) < \infty.$$

可见 $\{Z_n, \mathcal{F}_n\}$ 是自然增过程. 定义

$$Y_n = X_n - Z_n, \quad n \geqslant 0, \tag{5.17}$$

则 $\{Y_n, \mathcal{F}_n\}$ 是鞅. 实际上, Y_n 是 $\mathcal{F}_n$ 可测, 且 $E|Y_n| < \infty$. 又

$$\begin{aligned} E(Y_n|\mathcal{F}_{n-1}) &= E(X_n|\mathcal{F}_{n-1}) - \sum_{k=1}^{n}\{E[E(X_k|\mathcal{F}_{k-1})|\mathcal{F}_{n-1}] - E(X_{k-1}|\mathcal{F}_{k-1})\} \\ &= E(X_n|\mathcal{F}_{n-1}) - \sum_{k=1}^{n-1}[E(X_k|\mathcal{F}_{k-1}) - X_{k-1}] - E(X_n|\mathcal{F}_{n-1}) + X_{n-1} \\ &= X_{n-1} - Z_{n-1} \\ &= Y_{n-1}. \end{aligned}$$

下证分解式 (5.15) 是唯一的. 设另有分解式

$$X_n = Y'_n + Z'_n,$$

则得
$$Y_n - Y_n' = Z_n' - Z_n, \quad (5.18)$$

因此 $\{Y_n - Y_n', \mathcal{F}_n\}$ 是鞅. 又因式 (5.18), $Y_n - Y_n'$ 是 $\mathcal{F}_{n-1}$ 可测的, 则
$$Y_n - Y_n' = Y_0 - Y_0', \quad \text{a.s.}, \quad n \geqslant 0,$$

从而由 $Z_0 = Z_0' = 0$ 得
$$Y_n - Y_n' = 0, \quad \text{a.s.},$$

故由式 (5.18) 得 $Y_n - Y_n' = 0$, a.s., $Z_n - Z_n' = 0$, a.s., $n \geqslant 0$. □

如果 $\{X_n, \mathcal{F}_n\}$ 是上鞅, 则 $\{-X_n, \mathcal{F}_n\}$ 是下鞅, 应用 Doob 分解定理, 即可把 $\{X_n\}$ 分解成
$$X_n = Y_n' - Z_n, \quad n \geqslant 0, \quad (5.19)$$

其中 $\{Y_n', \mathcal{F}_n\}$ 为鞅, $\{Z_n, \mathcal{F}_n\}$ 是自然增过程.

定义 5.2.2 称非负上鞅 $\{X_n, \mathcal{F}_n\}$ 为一位势, 如果
$$\lim_{n \to \infty} EX_n = 0. \quad (5.20)$$

注 5.2.1 若 $\{X_n\}$ 是位势, 因 $\sup_n E|X_n| < \infty$, 则存在 $\lim_{n \to \infty} X_n = X_\infty$, 其中 $EX_\infty < \infty$, a.s., 但由 (5.20), $EX_\infty < \infty \leqslant \lim_{n \to \infty} X_n = 0$, 可见 $X_\infty = 0$, a.s., 从而 $\{X_n\}$ 是位势.

推论 5.2.1 设 $\{X_n, \mathcal{F}_n\}$ 是位势, 则存在自然增过程 $\{Z_n, \mathcal{F}_n\}$, 使
$$X_n = E(Z_\infty | \mathcal{F}_n) - Z_n, \quad (5.21)$$

其中
$$Z_\infty = \lim_{n \to \infty} Z_n,$$

证明 因为 $\{-X_n\}$ 是鞅, 故由 Doob 分解, 可将 $\{X_n\}$ 表成
$$X_n = Y_n - Z_n,$$

其中 $\{Y_n, \mathcal{F}_n\}$ 为鞅, $\{Z_n, \mathcal{F}_n\}$ 是自然增过程. 现证
$$Y_n = E(Z_\infty | \mathcal{F}_n).$$

因为 $0 \geqslant Z_n = Y_n - X_n \geqslant Y_n$, 所以
$$EZ_n \geqslant EY_n = EY_1,$$

故 $\lim_{n \to \infty} EZ_n < \infty$. 于是 $\{Z_n\}$ 一致可积且 $EZ_\infty < \infty$. 又 $\{X_n\}$ 是位势, 因此一致可积. 从而 $\{Y_n\}$ 一致可积. 存在可积的 y_∞, 使
$$\lim_{n \to \infty} Y_n = Y_\infty, \quad E(Y_\infty | \mathcal{F}_n) = Y_n,$$

5.2 上、下鞅与分解定理

但
$$0 = \lim_{n\to\infty} X_n = \lim_{n\to\infty}(Y_n - Z_n) = Y_\infty - Z_\infty,$$
故 $Y_\infty = Z_\infty$, a.s., 从而
$$Y_n = E(Z_\infty|\mathcal{F}_n). \qquad \square$$

定理 5.2.2 (Riesz 分解) 设 $\{X_n, \mathcal{F}_n\}$ 为上鞅, 则当且仅当
$$\lim_{n\to\infty} EX_n > -\infty \tag{5.22}$$
时, $\{X_n\}$ 可唯一地 (在随机等价意义下) 分解为
$$X_n = Y_n + Z_n, \tag{5.23}$$
其中 $\{Y_n, \mathcal{F}_n\}$ 为鞅, $\{Z_n, \mathcal{F}_n\}$ 是位势.

证明 必要性 由式 (5.23),
$$EX_n = EY_n + EZ_n = EY_1 + EZ_n,$$
故由式 (5.20) 知 $\lim_{n\to\infty} EX_n > -\infty$.

充分性 设式 (5.22) 成立, 由 Doob 分解定理
$$X_n = Y'_n - Z'_n, \quad n \geqslant 0, \tag{5.24}$$
其中 $\{Y'_n, \mathcal{F}_n\}$ 为鞅, $\{Z'_n, \mathcal{F}_n\}$ 是自然增过程. 由
$$EZ'_n = EY'_n - EX_n = EY'_1 - EX_n \leqslant EY'_1 - \lim_{n\to\infty} EX_n$$
及式 (5.22) 知, $\sup_n EZ'_n < \infty$, 故存在 $\mathcal{F}_n$ 可测且可积的 Z'_∞, 使
$$\lim_{n\to\infty} Z'_n = Z'_\infty, \text{ a.s.}$$

令
$$Y_n = Y'_n - E(Z'_\infty|\mathcal{F}_n), \quad Z_n = E(Z'_\infty|\mathcal{F}_n) - Z'_n,$$
由式 (5.24) 得
$$Y_n + Z_n = Y'_n - Z'_n = X_n.$$

下证 $\{Y_n, \mathcal{F}_n\}$ 为鞅, $\{Z_n, \mathcal{F}_n\}$ 是位势.

实际上, 因 $\{Y'_n, \mathcal{F}_n\}$ 及 $\{E(Z'_\infty, \mathcal{F}_n), \mathcal{F}_n\}$ 都是鞅, 故 $\{Y_n, \mathcal{F}_n\}$ 是鞅, 其次, $Z'_n \uparrow Z'_\infty$, 故 $Z'_n \geqslant Z'_n$. 从而 $Z'_n \geqslant E(Z'_\infty|\mathcal{F}_n)$, 可见 $Z_n \geqslant 0$. 又因
$$E(Z_n|\mathcal{F}_{n-1}) \geqslant E(Z'_\infty|\mathcal{F}_{n-1}) - E(Z'_n|\mathcal{F}_{n-1}),$$
而 Z'_n 是 $\mathcal{F}_{n-1}$ 可测的, 由于 $Z'_n \geqslant Z'_{n-1}$, 故
$$E(Z_n|\mathcal{F}_{n-1}) \geqslant E(Z'_\infty|\mathcal{F}_{n-1}) - Z'_{n-1} = Z_{n-1},$$

即 $\{Z_n, \mathcal{F}_n\}$ 是上鞅. 此外, 当 $n \to \infty$ 时,

$$EZ_n = EZ'_\infty - EZ'_n \to EZ'_\infty - EZ'_\infty = 0,$$

可见 $\{Z_n, \mathcal{F}_n\}$ 是位势.

唯一性 设 $X_n = R_n + S_n$ 是 $\{X_n\}$ 的另一个Riesz分解. 则

$$Y_n - R_n = S_n - Z_n, \text{ a.s..} \tag{5.25}$$

$\{Y_n - R_n, \mathcal{F}_n\}$ 是鞅, 且由式 (5.25) 知 $E|Y_n - R_n| \geqslant ES_n + EZ_n \to 0 (n \to \infty)$. 故 $\{Y_n - R_n\}$ 一致可积, 且

$$Y_n - R_n = 0, \text{ a.s..}$$

从而由 (5.25), $Y_n = R_n, S_n = Z_n,$ a.s., 定理证毕. □

5.3 停时与停时定理

本节讨论的鞅都是指关于某个随机变量序列的鞅, 所得到的结论对关于 σ 代数列的鞅也是成立的, 为了便于理解和应用, 我们没有追求结论的一般性. 对于一个关于 $\{X_n\}$ 的鞅 $\{M_n, n \geqslant 0\}$, 很容易知道对 $n \geqslant 0$,

$$EM_n = EM_0, \tag{5.26}$$

我们想知道, 如果把此处的 n 由固定的时间换成一个随机变量 T, 是否仍然有

$$EM_T = EM_0. \tag{5.27}$$

一般地, 此结论未必成立, 但在一定的条件下就可以保证它成立, 鞅的停时定理给出了这个结论. 鞅的停时定理的意义是: "在公平的赌博中, 你不可能赢". 设想 $\{M_n, n \geqslant 0\}$ 是一种公平的博弈, M_n 表示局中人第 n 次赌局结束后的赌本. 式 (5.26) 说明他在每次赌局结束时的赌本与他开始时的赌本一样, 但是他未必一直赌下去, 他可以选择任一时刻停止赌博, 这一时刻是随机的. 式 (5.27) 就说明他停止时的赌本和他开始时的赌本相同, 然而很容易看出在一般的情况下, 这是不正确的. 比如例 5.1.4 中的赌博者采取的策略, 就可以保证他在赢一元之后结束, 所以我们要为式 (5.27) 的成立附加一些条件.

5.3.1 停时

定义 5.3.1 设 $\{X_n, n \geqslant 0\}$ 是一随机变量序列, 称随机函数 T 是关于 $\{X_n, n \geqslant 0\}$ 的停时, 如果 T 在 $\{0, 1, 2, \cdots, \infty\}$ 中取值, 而且对每个 $n \geqslant 0, \{T = n\} \in \sigma(X_0, X_1, \cdots, X_n)$.

由定义我们知道事件 $\{T = n\}$ 或 $\{T \neq n\}$ 都应该由 n 时刻及以前的信息完全确定, 而不需要也无法借助将来的情况. 仍然回到公平博弈的例子, 赌博者决定何时停止赌博只能以他已经赌过的结果为依据, 而不能说, 如果我下一次要输我现在就停止赌博, 这是对停止时刻 T 的第一个要求: 它必须是一个停时.

看几个停时的例子.

例 5.3.1 确定时刻 $T = n$ 是一个停时, 即在赌博开始已确定 n 局之后一定结束, 很显然这是一个停时.

例 5.3.2 如果 T 和 S 是两个停时, 则 $T+S$, $\min(T,S)$ 和 $\max(T,S)$ 也是停时. 这可由下述简单的命题来证明.

命题 5.3.1 设 T 为任意的取值于 $\{0,1,2,\cdots,\infty\}$ 的随机变量, 则下述三者等价:

(1) $\{T = n\} \in \sigma(X_0, \cdots, X_n)$;

(2) $\{T \leqslant n\} \in \sigma(X_0, \cdots, X_n)$;

(3) $\{T > n\} \in \sigma(X_0, \cdots, X_n)$.

只要注意到如下等式, 即可证明 (1), (2), (3) 的等价性:

$$\{T \leqslant n\} = \bigcup_{k=0}^{n} \{T = n\},$$
$$\{T > n\} = \Omega - \{T \leqslant n\},$$
$$\{T = n\} = \{T \leqslant n\} - \{T \leqslant n-1\}.$$

这就可以证明 $T+S$, $\max(T,S)$ 和 $\min(T,S)$ 是停时. 特别地, 由例 5.3.1 可知, 常数 n 是停时. 设 T 是停时, 令 $T_n = \min(T, n)$, 则每个 T_n 都是停时, 并且有

$$T_0 \leqslant T_1 \leqslant T_2 \leqslant \cdots \leqslant T_n \leqslant n.$$

5.3.2 停时定理

在给出停时定理之前先注意以下事实.

命题 5.3.2 设 $M_0, M_1, \cdots$ 是一个关于 $X_0, X_1, \cdots$ 的鞅, T 是一个关 $X_0, X_1, \cdots$ 的停时并且有界, $T \leqslant K$, $\mathcal{F}_n = \sigma(X_0, X_1, \cdots, X_n)$, 则

$$E(M_T|\mathcal{F}_0) = M_0,$$

特别地,

$$EM_T = EM_0.$$

证明 由于 $T \leqslant K$, 即 T 只取有限值, 且当 $T = j$ 时 $M_T = M_j$, 我们可以把 M_T 写作

$$M_T = \sum_{j=0}^{K} M_j I_{\{T=j\}}. \tag{5.28}$$

对式 (5.28) 关于 $\mathcal{F}_{K-1}$ 取条件期望, 有

$$E(M_T|\mathcal{F}_{K-1}) = E\left[\sum_{j=0}^{K} M_j I_{\{T=j\}} \bigg| \mathcal{F}_{K-1}\right]$$
$$= E\left[\sum_{j=0}^{K-1} M_j I_{\{T=j\}} \bigg| \mathcal{F}_{K-1}\right] + E\left[M_K I_{\{T=K\}} | \mathcal{F}_{K-1}\right],$$

当 $j \leqslant K-1$ 时, M_j 和 $I_{\{T=j\}}$ 都是 $\mathcal{F}_{K-1}$ 可测的, 从而

$$E\left[\sum_{j=0}^{K-1} M_j I_{\{T=j\}} \bigg| \mathcal{F}_{K-1}\right] = \sum_{j=0}^{K-1} M_j I_{\{T=j\}},$$

又因为 $T \leqslant K$ 已知, 则 $\{T=K\}$ 与 $\{T>K-1\}$ 是等价的, 由例 5.3.2 中结果知 $\{T>K-1\} \in \sigma(X_0,\cdots,X_{K-1})$, 因此

$$E(M_K I_{\{T=K\}}|\mathcal{F}_{K-1}) = I_{\{T>K-1\}} E(M_K|\mathcal{F}_{K-1}) = I_{\{T>K-1\}} M_{K-1},$$

从而

$$E(M_T|\mathcal{F}_{K-1}) = I_{\{T>K-1\}} M_{K-1} + \sum_{j=0}^{K-1} M_j I_{\{T=j\}}$$
$$= I_{\{T>K-2\}} M_{K-1} + \sum_{j=0}^{K-2} M_j I_{\{T=j\}}.$$

重复以上运算, 关于 $\mathcal{F}_{K-2}$ 取条件期望, 可以得到

$$E(M_T|\mathcal{F}_{K-2}) = E[E(M_T|\mathcal{F}_{K-1})|\mathcal{F}_{K-2}]$$
$$= I_{\{T>K-3\}} M_{K-2} + \sum_{j=0}^{K-3} M_j I_{\{T=j\}},$$

继续这样的过程, 最终有

$$E(M_T|\mathcal{F}_0) = I_{\{T\geqslant 0\}} M_0 = M_0. \qquad \square$$

这个命题是鞅停时定理的一种特殊情况, 可以看出, 它的条件太强了, 实际上我们感兴趣的问题中许多都不满足 T 有界这一严格的条件. 假设 T 是一停时并且 $P\{T<\infty\}=1$, 也就是说以概率 1 可以保证会停止 (相对于 $P\{T=\infty\}>0$). 但与 T 有界不同的是, 并没有确定的 K 使 $P\{T\leqslant K\}=1$. 例如, 上面博弈的例子, 赌博者并不能确定在某一时刻之前肯定停止赌博, 但可以保证的是这场赌博不会无限期地延续下去, 那么在这种情况下, 何时可以得到 $EM_T = EM_0$ 的结论呢?

考虑停时 $T_n = \min\{T,n\}$, 注意到

$$M_T = MT_n + M_{T_n} I_{\{T>n\}} - M_n I_{\{T>n\}},$$

从而

$$EM_T = EMT_n + E(M_{T_n} I_{\{T>n\}}) - E(M_n I_{\{T>n\}}),$$

可以看出, T_n 是一个有界停时 $(T_n \leqslant n)$, 由命题 5.3.2 可知 $EM_{T_n} = EM_0$. 我们希望当 $n\to\infty$ 时, 后面两项趋于 0. 对于第二项来说, 这是不困难的, 因为 $P\{T<\infty\}=1$, 当 $n\to\infty$ 时, $P\{T>n\}\to 0$, $E(M_T I_{\{T>n\}})$ 相当于对 M_T 限制在一个趋于空集的集合上取期望. 容易看出, 若要求 $E(|M_T|)<\infty$ 就可保证 $E(M_T I_{\{T>n\}})\to 0$.

第三项要更麻烦一些, 考虑例 5.1.4, 在这个例子中, 事件 $\{T>n\}$ 相当于如下事件: 前 n

次投掷硬币, 均出现反面. 这个事件的概率是 $\left(\dfrac{1}{2}\right)^n$, 如果这个事件发生了, 则至少赌博者已经输掉了 $2^n - 1$ 元, 即 $M_n = 1 - 2^n$, 从而

$$E(M_n I_{\{T>n\}}) = 2^{-n}(1 - 2^n),$$

当 $n \to \infty$ 时, 上式并不趋于 0, 这也是停时定理的结论在此处不成立的原因. 然而, 如果 M_n 和 T 满足

$$\lim_{n\to\infty} E(|M_n| I_{\{T>n\}}) = 0,$$

我们就可以得出结论 $EM_T = EM_0$. 把这个过程写成如下的停时定理.

定理 5.3.1 (鞅停时定理) 设 $M_0, M_1, M_2, \cdots$ 是一个关于 $\{\mathcal{F}_n = \sigma(X_0, X_1, \cdots, X_n)\}$ 的鞅, T 是停时且满足

$$P\{T < \infty\} = 1; \tag{5.29}$$

$$E(|M_T|) < \infty; \tag{5.30}$$

$$\lim_{n\to\infty} E(|M_n| I_{\{T>n\}}) = 0, \tag{5.31}$$

则有

$$EM_T = EM_0.$$

例 5.3.3 设 X_n 是在 $\{0, 1, \cdots, N\}$ 上的简单随机游动 $p = \dfrac{1}{2}$, 并且 0 和 N 为两个吸收壁. 设 $X_0 = a$, 则 X_n 是一个鞅 (试简单证明). 令 $T = \min\{j : X_j = 0 \text{ 或 } N\}$, 则 T 是一个停时, 由于 X_n 取值有界, 故式 (5.30) 和 (5.31) 满足 (注意到若鞅本身取值有界且式 (5.29) 成立, 则式 (5.30) 和 (5.31) 一定成立, 这也是另一种形式的鞅停时定理). 从而

$$EX_T = EX_0 = a,$$

由于此时 X_T 只取两个值 $N, 0$, 则

$$EX_T = N \cdot P\{X_T = N\} + 0 \cdot P\{X_T = 0\},$$

从而得到

$$P\{X_T = N\} = \frac{EX_T}{N} = \frac{a}{N},$$

也就是被吸收时刻它在 N 点的概率.

例 5.3.4 令 X_n 和 T 如例 5.3.3 所定义, 假定 $M_n = X_n^2 - n$, 则 $\{M_n\}$ 是关于 $\{X_n\}$ 的鞅. 为此注意到

$$\begin{aligned} E(M_{n+1}|\mathcal{F}_n) &= E\left[X_{n+1}^2 - (n+1)|\mathcal{F}_n\right] \\ &= X_{n+1}^2 - (n+1) = X_n^2 - n = M_n, \end{aligned}$$

易见, 此时 M_n 不是一个有界鞅, 不能立刻得出式 (5.30) 和 (5.31) 成立, 但是可以证明, 存在 $C < \infty$, $\rho < 1$, 使得

$$P\{T > n\} \leqslant C\rho^n, \tag{5.32}$$

因为 $|M_n| \leqslant N^2 + n$, 可知 $E(|M_T|) < \infty$, 并且

$$E(|M_n|I_{\{T>n\}})C\rho^n(N^2+n) \to 0,$$

从而停时定理的条件满足, 有结论

$$EM_T = EM_0 = a^2.$$

注意到

$$\begin{aligned}EM_T &= E(X_T^2) - ET \\ &= N^2 P\{X_T = N\} + 0 \cdot P\{X_T = 0\} - ET \\ &= aN - ET,\end{aligned}$$

从而

$$ET = aN - a^2 = a(N-a),$$

这是停止之前需要的平均时间.

注 5.3.1 式 (5.32) 是马尔可夫链中的一个问题, 设 $\{X_n\}$ 是一个不可约的马尔可夫链, 状态空间为 $\{0, 1, \cdots, N\}$, 则存在 $C < \infty, \rho < 1$, 使得

$$P\{X_m \neq j, m = 0, 1, \cdots, n | X_0 = i\} \leqslant C\rho^n.$$

读者可自己证明 (提示: 存在 $\delta > 0$, 使得对从 i 出发在 N 步内到达过 j 的概率大于 δ).

例 5.3.5 令 X_n 是一个在 $\{\cdots, -1, 0, 1, \cdots\}$ 上的简单随机游动, $p = \dfrac{1}{2}$, 我们已经知道 $\{X_n\}$ 是一个鞅, 令 $T = \min\{j : X_j = 1\}$. 我们已经知道, 这个简单随机游动是常返的, 从而 $P\{T < \infty\} = 1$. 又由 $X_T = 1$ 可知 $EX_T = 1 \neq 0 = EX_0$, 停时定理不成立. 实际上, 此时停时定理的条件是不满足的, 我们不再给出具体证明, 只给出如下事实: 在这种情况下, $P\{T > n\} \sim Cn^{-\frac{1}{2}}$, C 为常数, 从而

$$E(|X_n|I_{\{T>n\}}) \not\to 0.$$

在介绍了鞅的停时定理之后, 简单地讨论一下有关上鞅停时定理的两个结果.

定理 5.3.2 设 $\{M_n, n \geqslant 0\}$ 是关于 $\{X_n, n \geqslant 0\}$ 的上鞅, T 是关于 $\{X_n, n \geqslant 0\}$ 的停时, $T_n = \min(T, n)$, 设存在一非负随机变量 W, 满足 $EW < \infty$, 且使得

$$M_{T_n} \geqslant -W, \quad n \geqslant 0,$$

则有

$$EM_0 \geqslant E(M_T I_{\{T<\infty\}}).$$

特别地, 若 $P\{T < \infty\} = 1$, 则有

$$EM_0 \geqslant EM_T.$$

推论 5.3.1 设 $\{M_n, n \geqslant 0\}$ 是关于 $\{X_n, n \geqslant 0\}$ 的上鞅，T 是关于 $\{X_n, n \geqslant 0\}$ 的停时，且 $M_n \geqslant 0$，则有

$$EM_0 \geqslant E(M_T I_{\{T<\infty\}}).$$

我们已经知道对于上鞅，有 $EM_n \leqslant EM_0$，$n \geqslant 0$，此处上鞅停时定理说明，当把 n 换为停时 T 时，在附加某些条件的前提下，结论也成立.

5.3.3 Doob 极大不等式

下面给出 Doob 极大不等式，讲述的是部分和的极大值的增长速度问题，因为其证明是比较典型的，所以我们给出详细的证明.

定理 5.3.3 设 $\{Z_0, Z_1, \cdots, Z_n\}$ 是一个鞅，$M_n = \max\{|Z_0|, \cdots, |Z_n|\}$.
(1) 对 $\lambda > 0$，

$$P\{M_n \geqslant \lambda\} \leqslant \frac{1}{\lambda} E(|Z_n| I_{\{M_n \geqslant \lambda\}}) \leqslant \frac{E(|Z_n|)}{\lambda}. \tag{5.33}$$

(2) 如果 $E(Z_n^2) < \infty$，则对 $\lambda > 0$，

$$P\{M_n \geqslant \lambda\} \leqslant \frac{1}{\lambda^2} E(Z_n^2 I_{\{M_n \geqslant \lambda\}}) \leqslant \frac{E(Z_n^2)}{\lambda^2}, \tag{5.34}$$

并且

$$E(M_n^2 I_{\{M_n \geqslant \lambda\}}) \leqslant 4E(Z_n^2). \tag{5.35}$$

证明 (1) 令 $\mathcal{F}_k = \sigma\{Z_0, Z_1, \cdots, Z_k\}$，考虑事件 $A_0 = \{Z_0 \geqslant \lambda\}$，$A_k = \{|Z_j| < \lambda, 0 \leqslant j < k, |Z_k| \geqslant \lambda\}$ $(k = 1, 2, \cdots, n)$. 诸事件 A_k 互不相交，并且

$$\bigcup_{k=0}^{n} A_k = \{M_n \geqslant \lambda\},$$

所以

$$P(M_n \geqslant \lambda) = \sum_{k=0}^{n} P(A_k). \tag{5.36}$$

注意到在 A_k 上 $\dfrac{|Z_k|}{\lambda} \geqslant 1$，利用鞅性质，有

$$\begin{aligned} P(A_k) = E(I_{A_k}) &\leqslant \frac{1}{\lambda} E(I_{A_k} |Z_k|) \\ &= \frac{1}{\lambda} E(I_{A_k} |E(Z_n|\mathcal{F}_k)|) \\ &\leqslant \frac{1}{\lambda} E[I_{A_k} E(|Z_n| | \mathcal{F}_k)], \end{aligned} \tag{5.37}$$

因为 I_{A_k} 是 $\mathcal{F}_k$ 可测的，所以 $I_{A_k} E(|Z_n| | \mathcal{F}_k) = E(I_{A_k} |Z_n| | \mathcal{F}_k)$，再由条件期望的光滑性，有

$$P(A_k) \leqslant \frac{1}{\lambda} E[E(I_{A_k} |Z_n| | \mathcal{F}_k)], \tag{5.38}$$

在式 (5.38) 中对 k 求和，式 (5.33) 得证.

(2) 不等式 (5.34) 可以用类似的方法证明. 由于

$$P(A_k) = E(I_{A_k}) \leqslant \frac{1}{\lambda^2} E(I_{A_k} Z_k^2), \tag{5.39}$$

所以

$$\begin{aligned} E(Z_n^2 | \mathcal{F}_k) &= E\left[Z_k^2 + (Z_n - Z_k)^2 - 2Z_k(Z_n - Z_k) | \mathcal{F}_k\right] \\ &= E\left[Z_k^2 + (Z_n - Z_k)^2 | \mathcal{F}_k\right] - 2Z_k E(Z_n - Z_k | \mathcal{F}_k) \\ &= E(Z_k^2 | \mathcal{F}_k) + E\left[(Z_n - Z_k)^2 | \mathcal{F}_k\right] \geqslant E(Z_k^2 | \mathcal{F}_k), \end{aligned} \tag{5.40}$$

因此

$$E(I_{A_k} Z_n^2) \geqslant E\left[I_{A_k} E(Z_k^2 | \mathcal{F}_k)\right] = E\left[E(I_{A_k} Z_k^2 | \mathcal{F}_k)\right] = E\left[E(I_{A_k} Z_k^2)\right], \tag{5.41}$$

将式 (5.39) 应用于式 (5.41), 并对 k 求和即得不等式 (5.34).

为了证明不等式 (5.35), 首先将 M_n^2 表示为 $2 \int_0^{M_n} \lambda \mathrm{d}\lambda$, 然后将积分与取期望的顺序交换, 有

$$\begin{aligned} E(M_n^2) &= \int_\Omega \left(2 \int_0^{M_n} \lambda \mathrm{d}\lambda\right) \mathrm{d}P \\ &= 2 \int_\Omega \left(\int_0^\infty \lambda I_{\{M_n \geqslant \lambda\}} \mathrm{d}\lambda\right) \mathrm{d}P \\ &= 2 \int_0^\infty \lambda \left(\int_\Omega I_{\{M_n \geqslant \lambda\}} \mathrm{d}P\right) \mathrm{d}\lambda \\ &= 2 \int_0^\infty P\{M_n \geqslant \lambda\} \mathrm{d}\lambda. \end{aligned}$$

由式 (5.33) 中第一个不等式, 利用 Schwarz 不等式, 得到

$$\begin{aligned} E(M_n^2) &\leqslant 2 \int_0^\infty E(I_{\{M_n \geqslant \lambda\}} |Z_n|) \mathrm{d}\lambda \\ &= 2 \int_\Omega |Z_n| \left(\int_0^{M_n} \mathrm{d}\lambda\right) \mathrm{d}P \\ &= 2 \int_\Omega |Z_n| M_n \mathrm{d}P \\ &= 2 E(|Z_n| M_n) \\ &\leqslant 2 \left[E(Z_n^2)\right]^{\frac{1}{2}} \left[E(M_n^2)\right]^{\frac{1}{2}}. \end{aligned} \tag{5.42}$$

如果 $E(M_n^2) = 0$, 不等式 (5.35) 自然成立; 如果 $E(M_n^2) \neq 0$, 不等式 (5.42) 两端同时除以 $\left[E(M_n^2)\right]^{\frac{1}{2}}$, 然后取平方即得不等式 (5.35). □

著名的柯尔莫哥洛夫极大不等式是上述 Doob 极大不等式的直接推论.

推论 5.3.2 设 $X_0, X_1, \cdots, X_n$ 是独立随机变量序列, $EX_j = 0 (j = 1, \cdots, n)$, $E(X_j^2) < \infty (j = 0, 1, \cdots, n)$, 令 $S_k = X_0 + X_1 + \cdots + X_k$, $M_n = \max\{|S_k| : 0 \leqslant k \leqslant n\}$, 则对 $\lambda > 0$,

$$P\{M_n \geqslant \lambda\} \leqslant \frac{1}{\lambda^2} \int_{M_n \geqslant \lambda} S_n^2 \mathrm{d}P \leqslant \frac{1}{\lambda^2} E S_n^2. \tag{5.43}$$

例 5.3.6 玩家 X, Y 和 Z 在下述博弈中比赛. 每一步在他们中随机选取两人, 并要求第一人给另一人一个硬币. 所有可能的选取都是等概率的, 且相继的选取独立于过去的选取. 连续进行直至玩家中有一人没有剩下硬币为止. 此时该玩家离开, 而其他两人继续进行直至其中一人得到所有的硬币为止. 若玩家在初始时分别有 x, y 和 z 个硬币, 求直至其中一人拥有所有的 $s = x + y + z$ 个硬币时的期望博弈次数.

证明 假设其中一人拥有所有的 s 个硬币时博弈并不停止, 而让最后两个竞赛人继续进行, 以允许有负的财富追踪他们的输赢. 以 X_n, Y_n 和 Z_n 分别记在 n 局后 X, Y 和 Z 所持钱的总数. 于是, 例如, $X_n = 0, Y_n = -4, Z_n = s + 4$ 就说明 X 第一个破产, 而在第 n 局后 Y 已比开始时多输了 4 个硬币. 若我们以 T 记 X_n, Y_n 和 Z_n 中首次有两个的值是 0 的时刻. 则问题就是求 $E(T)$.

为求 $E(T)$, 我们要证明

$$M_n = X_n Y_n + X_n Z_n + Y_n Z_n + n$$

是鞅. 然后由鞅停时定理推出

$$E(M_T) = E(M_0) = xy + xz + yz.$$

但是, 由于 X_T, Y_T 和 Z_T 中有两个为 0, 由此推出

$$M_T = T,$$

故而

$$E(T) = xy + xz + yz.$$

为证明 $\{M_n, n \geqslant 0\}$ 是鞅, 考虑

$$E(M_{n+1}|X_i, Y_i, Z_i, i = 0, \cdots, n),$$

并且考虑两种情形.

情形 1: $X_n Y_n Z_n \geqslant 0$.

此情形在 n 局后 X, Y 和 Z 都在继续竞赛. 因此

$$\begin{aligned}&E(X_{n+1}Y_{n+1}|X_n = x, Y_n = y)\\=&\frac{1}{6}[(x+1)y + (x+1)(y-1) + x(y+1) + x(y-1) + (x-1)y + (x-1)(y+1)]\\=&xy - \frac{1}{3},\end{aligned}$$

因为 $X_{n+1}Y_{n+1}$ 和 $Y_{n+1}Z_{n+1}$ 的条件期望是类似的, 在此情形我们可见

$$E(M_{n+1}|X_i, Y_i, Z_i, i = 0, \cdots, n) = E(M_n).$$

情形 2: 在第 n 局玩家之一已出局, 比如 X 已出局. 在此情形 $X_{n+1} = X_n = 0$, 且

$$E(Y_{n+1}Z_{n+1}|Y_n = y, Z_n = z) = \frac{(y+1)(z-1) + (y-1)(z+1)}{2} = yz - 1,$$

因此，在此情形也得到

$$E(M_{n+1}|X_i,Y_i,Z_i,i=0,\cdots,n)=E(M_n),$$

所以 $\{M_n,n\geqslant 1\}$ 是鞅，且

$$E(T)=xy+xz+yz.\qquad\square$$

5.3.4 停时定理的应用——关于期权值的界

设某种股票的单股的上市价 $W_0=\omega$，以 W_n 表示第 n 天的开盘价，令

$$Y_n=\frac{W_n}{W_{n-1}},\quad n\geqslant 1,$$

则有

$$W_n=\omega Y_1Y_2\cdots Y_n,\quad n\geqslant 1.\tag{5.44}$$

考虑一种期权，它保证期权持有人可以在一限定的期限内以预定的价格购入股票. 不妨设这一预定的行使期权的价位为 1, 并假设我们考虑的期权行使期限为无限. 若 $W_n>1$, 则期权持有人有可能在第 n 天行使期权, 以价位 1 购入股票, 立即以 W_n 价位抛出, 从而获利 W_n-1; 若 $W_n<1$ 则无法获利. 由此, 期权持有人在第 n 天的潜在利润为

$$r(W_n)=(W_n-1)^+=\begin{cases}W_n-1,&W_n\geqslant 1,\\ 0,&W_n<1,\end{cases}\quad n\geqslant 1.\tag{5.45}$$

设贴现率为 $a>0$, 将 $r(W_n)$ 贴现到第 1 天为 $\mathrm{e}^{-na}r(W_n)$, 可取任一停时 T 作为行使期权的时刻, 我们要寻找 $\mathrm{e}^{-na}r(W_n)$ 的期望值的上界, 即这一期权最高的潜在利润为多少. 为此要对 Y_n 作出一个假设, 假定存在 $\theta>1$, 使得

$$E(Y_n^\theta|Y_0,Y_1,\cdots,Y_{n-1})\leqslant\mathrm{e}^a,\quad n\geqslant 1,\tag{5.46}$$

称

$$f(\omega,\theta)=\sup_T E\left[\mathrm{e}^{-aT}r(W_T)\right]\tag{5.47}$$

为初始单股价为 ω 的期权值. 式 (5.47) 中的上确界是对一切关于 $\{Y_n\}$ 的停时 T 取的. 因为 $\{Y_n\}$ 满足式 (5.46), 所以该期权值 $f(\omega,\theta)$ 与 (5.46) 中的参数 θ 有关.

定理 5.3.4 设 $\{Y_n\}$ 为以上定义并满足式 (5.46), $W_0=\omega$, 则期权值 $f(\omega,\theta)$ 满足不等式

$$f(\omega,\theta)\leqslant g(\omega,\theta),$$

其中

$$g(\omega,\theta)=\begin{cases}\dfrac{\omega^\theta(\theta-1)^{\theta-1}}{\theta^\theta},&\omega\leqslant\dfrac{\theta}{\theta-1},\\ \omega-1,&\omega>\dfrac{\theta}{\theta-1}.\end{cases}\tag{5.48}$$

5.3 停时与停时定理

证明 证明分为 4 部分.

(1) 对任意固定的 $t > 1$, 定义

$$\nu(\omega, t) = \frac{\omega^t (t-1)^{t-1}}{t}, \quad \omega \geqslant 0, \tag{5.49}$$

则有

$$\nu(\omega, t) \geqslant g(\omega, \theta), \quad 1 < t \leqslant \theta, \ \omega \geqslant 0. \tag{5.50}$$

事实上, 若记

$$h_t(\omega) = \nu(\omega, t) - (\omega - 1), \quad \omega_0 = \frac{t}{t-1} > \frac{\theta}{\theta - 1},$$

可以验证 $h_t(\omega_0) = h_t'(\omega_0) = 0$, 此处导数是对变量 ω 求的. 另外, 可以验证 $h_t''(w) > 0, \omega \geqslant 0$. 于是得到 $h_t(\omega) \geqslant h_t(\omega_0) = 0, \omega \geqslant 0$, 或等价地

$$\nu(\omega, t) \geqslant \omega - 1, \quad \omega \geqslant 0. \tag{5.51}$$

再计算 $\ln \nu(\omega, t)$ 关于 t 的导数, 简化后得

$$\frac{d(\ln \nu(\omega, t))}{dt} = \ln\left[\frac{\omega}{t/(t-1)}\right].$$

上式在 $\omega < \dfrac{\theta}{\theta - 1}$ 时为负. 这表明当 t 从满足 $\omega \leqslant \dfrac{\theta}{\theta - 1}$ 的 θ 开始减少时, $\nu(\omega, t)$ 将增加. 于是当 $\omega \leqslant \dfrac{\theta}{\theta - 1}$ 时,

$$\nu(\omega, t) \geqslant \nu(\omega, \theta) = g(\omega, \theta), \quad 1 < t \leqslant \theta. \tag{5.52}$$

综合式 (5.51) 和式 (5.52) 可得式 (5.50).

(2) 要证

$$g(\omega, \theta) \geqslant e^{-a} E[g(\omega \times Y_n, \theta)], \quad \omega \geqslant 0, \ n \geqslant 1. \tag{5.53}$$

首先由式 (5.46) 可知

$$EY_n^\theta = E\left[E(Y_n^\theta | Y_0, \cdots, Y_{n-1})\right] \leqslant e^a, \quad n \geqslant 1. \tag{5.54}$$

于是, 当 $\omega \leqslant \dfrac{\theta}{\theta - 1}$ 时, 有

$$\begin{aligned}
g(\omega, \theta) &= \nu(\omega, \theta) \quad (\text{由式 } (5.49)) \\
&\geqslant e^{-a} \nu(\omega, \theta) EY_n^\theta \quad (\text{由式 } (5.54)) \\
&= e^{-a} E[\nu(\omega \times Y_n, \theta)] \quad (\text{由式 } (5.49)) \\
&\geqslant e^{-a} E[g(\omega \times Y_n, \theta)] \quad (\text{由式 } (5.50)).
\end{aligned}$$

当 $\omega > \dfrac{\theta}{\theta - 1}$ 时, Y_n^x 是 $x \in [0, \theta]$ 的凸函数, 并且 $EY_n^0 = 1 < e^a$, 由 Jensen 不等式和式 (5.54) 可知

$$E\left[Y_n^{\frac{\omega}{\omega - 1}}\right] \leqslant e^a, \quad \frac{\omega}{\omega - 1} < 0. \tag{5.55}$$

因此
$$g(\omega,\theta) = \omega - 1 = \nu\left[\omega, \frac{\omega}{\omega-1}\right]$$
$$\geqslant e^{-a} E\left[\nu\left(\omega \times Y_n, \frac{\omega}{\omega-1}\right)\right]$$
$$\geqslant e^{-a} E[\nu(\omega \times Y_n, \theta)]$$
$$\geqslant e^{-a} E[g(\omega \times Y_n, \theta)].$$

由此可知式 (5.53) 成立.

(3) 令
$$X_n = e^{-na} g(W_n, \theta), \quad n \geqslant 0, \tag{5.56}$$

则 $\{X_n, n \geqslant 0\}$ 是关于 $\{Y_n, n \geqslant 0\}$ 的非负上鞅.

事实上, 首先容易看出 $\{X_n\}$ 是 $Y_0, Y_1, \cdots, Y_n$ 的函数, 其次由于 $W_n = W_{n-1} \cdot Y_n$, W_{n-1} 是 $Y_0, Y_1, \cdots, Y_{n-1}$ 的函数. 由式 (5.56) 和式 (5.53) 可得
$$E(X_n|Y_0, Y_1, \cdots, Y_{n-1}) = e^{-na} E[g(W_{n-1} \times Y_n, \theta)|Y_0, Y_1, \cdots, Y_{n-1}]$$
$$\leqslant e^{-(n-1)a} g(W_{n-1}, \theta)$$
$$= X_{n-1},$$

这就证明了 $\{X_n, n \geqslant 0\}$ 是关于 $\{Y_n, n \geqslant 0\}$ 的非负上鞅, 于是由推论 5.3.1 可知对于 $\{Y_n, n \geqslant 0\}$ 的任一停时 T, 应有
$$EX_0 \geqslant E(X_T I_{\{T<\infty\}}).$$

再由式 (5.56) 知, 当 $T = \infty$ 时, $X_T = 0$, 于是上式应为
$$g(\omega,\theta) \geqslant E\left[e^{-aT} g(W_T, \theta)\right]. \tag{5.57}$$

(4) 最后证明定理结论, 先证明
$$g(\omega,\theta) \geqslant r(\omega) = (\omega - 1)^+. \tag{5.58}$$

当 $\omega < \dfrac{\theta}{\theta-1}$ 时, 易算出
$$\frac{dg(\omega,\theta)}{d\omega} = \left(\frac{\theta-1}{\theta}\right)^{\theta-1}, \quad \omega^{\theta-1} < 1,$$

两边积分得
$$g\left(\frac{\theta}{\theta-1}, \theta\right) - g(\omega,\theta) < \frac{\theta}{\theta-1} - \omega.$$

所以当 $\omega < \dfrac{\theta}{\theta-1}$ 时, 由式 (5.48) 可得
$$g(\omega,\theta) > \omega - 1.$$

5.4 鞅收敛定理

此外, 显然有 $g(\omega,\theta) \geqslant 0, \omega \geqslant 0$, 并且当 $\omega \geqslant \dfrac{\theta}{\theta-1}$ 时,

$$g(\omega,\theta) = \omega - 1,$$

这就证明了式 (5.58). 由 (5.57) 和 (5.58) 两式可得

$$g(\omega,\theta) \geqslant E\left[\mathrm{e}^{-aT} r(W_T)\right],$$

再由停时的任意性, 即知定理结论成立. □

注 5.3.2 由式 (5.50) 知道

$$g(\omega,\theta) \leqslant \nu(\omega,\theta) = \frac{\omega^\theta (\theta-1)^{\theta-1}}{\theta^\theta}, \quad \omega \geqslant 0.$$

若初始单股价 ω 超过 $\dfrac{\theta}{\theta-1}$, 则期权的平均潜在利润至多为 $g(\omega,\theta)=\omega-1$. 这一值可通过即刻行使期权获得 (取 $T=0$), 这表示, 一旦单股股票的价格超过 $g(\omega,\theta)=\omega-1$, 期权持有人就应马上行使他的期权以期获得最大限度的潜在利润.

注 5.3.3 本定理是以式 (5.46) 作为前提的, 如果对这个假设存在怀疑, 则定理就不适用. 但一般来讲这一假设是合理的, 至于 θ 的选取, 可根据以往的经验或者统计方法获得.

5.4 鞅收敛定理

一致可积性

在鞅的停时定理的条件中式 (5.31) 一般是很难验证的, 为此我们将给出一些容易验证的条件, 这些条件是包含了式 (5.31) 的.

首先来考虑一个随机变量 X, 满足 $E(|X|)<\infty$, $|X|$ 的分布函数为 F, 则

$$\lim_{n\to\infty} E(|X| I_{\{|X|>n\}}) = 0$$

设 $P\{|X|>n\}=\delta$, A 是另外一个发生概率为 δ 的事件, 即 $P(A)=\delta$. 容易看出 $E(|X|I_A) \leqslant E(|X|I_{\{|X|>n\}})$, 从而我们可以有以下结论.

如果随机变量 X 满足 $E(|X|)<\infty$, 则对 $\varepsilon>0$, 存在 $\delta>0$, 当 $P(A)<\delta$ 时, $E(|X|I_A)<\varepsilon$.

定理 5.4.1 假设有一列随机变量 $X_1, X_2, \cdots$, 称它们是一致可积的, 如果对任意的 $\varepsilon>0$, 存在 $\delta>0$, 使得对任意 A, 当 $P(A)<\delta$ 时,

$$E(|X_n|I_A) < \varepsilon \tag{5.59}$$

对 n 成立.

这个定义的关键在于 δ 不能依赖于 n, 并且式 (5.59) 对 n 成立. 先给一个不一致可积的例子.

例 5.4.1 考虑例 5.1.4, 令 A_n 是事件 $X_1=X_2=\cdots=X_n=-1$, 则 $P(A_n)=\dfrac{1}{2^n}$, $E(|W_n|I_{A_n})=2^{-n}(2^n-1) \to 1$. 很容易看出它不满足一致可积的条件.

假设 $M_0, M_1, \cdots$ 是一个关于 $X_0, X_1, \cdots$ 一致可积的鞅, T 是停时且 $P\{T < \infty\} = 1$ 或 $\lim_{n \to \infty} P\{T > n\} = 0$. 则由一致可积性可得

$$\lim_{n \to \infty} E(|M_n| I_{\{T > n\}}) = 0,$$

即式 (5.31) 成立, 据此我们给出停时定理的另一种叙述.

定理 5.4.2 (停时定理) 设 $M_0, M_1, \cdots$ 是一个关于 $X_0, X_1, \cdots$ 一致可积的鞅, T 是停时, 满足 $P\{T < \infty\} = 1$ 和 $E(|M_T|) < \infty$, 则有 $EM_T = EM_0$.

一致可积的条件也比较难验证, 下面给出两个一致可积的充分条件.

命题 5.4.1 假设 $X_1, X_2, \cdots$ 是一列随机变量, 并且存在常数 $C < \infty$, 使得 $E(X_n^2) < C$ 对所有的 n 成立, 则此序列是一致可积的.

证明 对 $\varepsilon > 0$, 令 $\delta = \dfrac{\varepsilon^2}{4C}$, 设 $P(A) < \delta$, 则

$$\begin{aligned}
E(|X_n| I_A) &= E\left(|X_n| I_{A \cap \{|X_n| \geqslant \frac{2C}{\varepsilon}\}}\right) + E\left(|X_n| I_{A \cap \{|X_n| < \frac{2C}{\varepsilon}\}}\right) \\
&\leqslant \frac{\varepsilon}{2C} E\left(|Xn|^2_{A \cap \{|X_n| \geqslant \frac{2C}{\varepsilon}\}}\right) + \frac{2C}{\varepsilon} P\left[A \cap \left\{|X_n| < \frac{2C}{\varepsilon}\right\}\right] \\
&\leqslant \frac{\varepsilon}{2C} E(X_n^2) + \frac{2C}{\varepsilon} P(A) < \varepsilon.
\end{aligned}$$

$\square$

命题 5.4.2 设 $\{M_n\}$ 是关于 $\{\mathcal{F}_n\}$ 的鞅. 如果存在一个非负随机变量 Y, 满足 $E(Y) < \infty$, 且 $|M_n| < Y$, 对 n 成立, 则 $\{M_n\}$ 是一致可积鞅.

请读者自己证明此命题. 一致可积的充分条件还有一些, 我们不再多列举了.

例 5.4.2 (分支过程) 令 X_n 表示分支过程第 n 代的个体数. 设每个个体产生后代的分布有均值 μ 和方差 σ^2, 则 (习题 5 第 3 题) $\{M_n = \mu^{-n} X_n\}$ 是关于 $X_0, X_1, X_2, \cdots$ 的鞅. 假设 $\mu > 1$, 则 (习题 5 第 6 题 (2)) 存在一个常数 C, 使得对 n, $E(M_n^2) < C$, 从而 $\{M_n\}$ 是一致可积的鞅.

鞅论中有两个深刻的结论, 一个是 5.3 节的停时定理, 另一个就是鞅收敛定理. 本节我们将介绍鞅的收敛定理. 鞅收敛定理说明在很一般的条件下, 鞅 $\{M_n\}$ 会收敛到一个随机变量, 在此记为 M_∞. 我们首先来考虑一个特殊的例子 —— Polya 坛子抽样模型 (例 5.1.6), 令 M_n 表示第 n 次摸球后红球所占的比例, 当 $n \to \infty$ 时, 这个比例会如何变化呢? 下面来说明其变化趋势.

设 $0 < a < b < 1$, $M_n < a$, 且令

$$T = \min\{j : j \geqslant n, M_j \geqslant b\},$$

即 T 表示 n 次摸球之后第一个比例从小于 a 到超越 b 的时刻. 令 $T_m = \min\{T, m\}$, 则对于 $m > n$, 由停时定理可知

$$EM_{T_m} = M_n < a,$$

但是

$$\begin{aligned}
EM_{T_m} &\geqslant E(M_{T_m} I_{\{T \leqslant m\}}) \\
&= E(M_T I_{\{T \leqslant m\}}) \\
&\geqslant b P\{T \leqslant M\},
\end{aligned}$$

从而
$$P\{T \leqslant M\} < \frac{a}{b},$$
因为上式对于一切 $m > n$ 成立, 于是有
$$P\{T \leqslant \infty\} < \frac{a}{b}.$$

这说明至少以概率 $1 - \frac{a}{b}$ 红球的比例永远不会超过 b, 现在我们假定这一比例确实超过了 b, 那么它能够再一次降回到 a 以下的概率是多少呢? 同样的讨论可知, 这一概率最大为 $\frac{1-b}{1-a}$. 继续同样的讨论, 我们可以知道, 从 a 出发超过 b, 再小于 a, 再大于 b, $\cdots$, 有 n 个循环的概率应为

$$\left\{\frac{a}{b}\right\}\left\{\frac{1-b}{1-a}\right\}\left\{\frac{a}{b}\right\}\cdots\left\{\frac{a}{b}\right\}\left\{\frac{1-b}{1-a}\right\} = \left\{\frac{a}{b}\right\}^n \left\{\frac{1-b}{1-a}\right\}^n \to 0, \quad n \to \infty.$$

由此, 这个比例不会在 a,b 之间无限次地跳跃. 由 a,b 的任意性, 也表明这一比例不会在任意的两个数之间无限地跳跃, 换言之, 极限 $\lim\limits_{n\to\infty} M_n$ 存在, 记为 M_∞. 这一极限是一个随机变量, 可以证明 M_∞ 服从在 $[0,1]$ 上的均匀分布.

下面我们给出一般的结论.

定理 5.4.3 (鞅收敛定理) 设 $M_0, M_1, \cdots$ 是关于 $X_0, X_1, \cdots$ 的鞅, 并且存在常数 $C < \infty$, 使得 $E(|M_n|) < C$ 对任意 n 成立, 则当 $n \to \infty$ 时, $\{M_n\}$ 收敛到一个随机变量 M_∞.

本定理的证明与前面的讨论类似, 略去. 下面我们给出一个结论.

定理 5.4.4 如果 $\{M_n\}$ 是关于 $X_0, X_1, \cdots$ 的一致可积鞅, 则 $\lim\limits_{n\to\infty} M_n$ 存在, 记为 M_∞, 并且
$$EM_\infty = EM_0.$$

证明略.

例 5.4.3 令 X_n 表示分支过程中第 n 代的个体数, 每个个体生育后代的分布有均值 μ 和方差 σ^2, 假定 $X_0 = 1$, 令 $M_n = \mu^{-n} X_n$. 由前面例子已经知道 $\{M_n\}$ 是鞅. 如果 $\mu \leqslant 1$, 由马尔可夫中群体消失模型的结论已经知道灭绝一定会发生, 由此 $M_n \to M_\infty = 0$, 在这里 $EM_\infty \neq EM_0$. 在 5.3 节我们说明了若 $\mu > 1$, 则 $\{M_n\}$ 是一致可积的, 所以在 $\mu > 1$ 时, 有 $EM_\infty = EM_0 = 1$.

例 5.4.4 令 $X_1, X_2, \cdots$ 为一独立同分布随机变量序列, $P\{X_i = 1\} = P\{X_i = -1\} = \frac{1}{2}$, 令
$$M_n = \sum_{j=1}^n \frac{1}{j} X_j,$$
则 $\{M_n\}$ 是鞅.

我们来证明 $\{M_n\}$ 是一致可积的. 显然 $EM_n = 0$, 则
$$E(M_n^2) = \text{Var}(M_n^2) = \sum_{j=1}^n \text{Var}\left\{\frac{1}{j} X_j\right\} = \sum_{j=1}^n \frac{1}{j^2} \leqslant \sum_{j=1}^\infty \frac{1}{j^2} < \infty,$$

从而当 $n \to \infty$ 时, $M_n \to M_\infty$ 并且 $EM_\infty = 0$.

例 5.4.5 再考虑 Polya 模型 (见例 5.1.6). 这里假定最初坛子中有 m 个黄球, k 个红球. 所以在第 n 次摸球后坛子中应有 $n+m+k$ 个球, 假定 M_n 为红球的比例. 因为 M_n 有界, $0 < M_n < 1$, 容易看出 $\{M_n\}$ 是一致可积的鞅, 所以当 $n \to \infty$ 时, $M_n \to M_\infty$ 并且 $EM_\infty = EM_0 = \dfrac{k}{k+m}$. 可以证明, M_∞ 服从 Beta 分布 $\mathrm{B}(m,k)$, 其分布密度为

$$\frac{\Gamma(k+m)}{\Gamma(k)\Gamma(m)} x^{k-1}(1-x)^{m-1}, \quad 0 < x < 1.$$

在贝叶斯统计中, 这一结果是很自然的, 假设我们对某一事件发生的概率 P 感兴趣, 而对 P 又一无所知, 我们就只能假定 P 是 $[0,1]$ 上的均匀分布 (这就是先验分布). 现在假设一共做了 $k+m-2$ 次试验, 事件发生了 $k-1$ 次, 则根据贝叶斯定理, 对 P 的后验分布就应该是参数为 k 和 m 的 Beta 分布.

例 5.4.6 令 $\{M_n\}$ 是关于 $X_0, X_1, \cdots$ 的鞅, T 是停时, 且 $P\{T < \infty\} = 1$. 令 $T_n = \min(T, n)$, $Y_n = M_{T_n}$, 则 $Y_n \to Y_\infty$ 且 $Y_\infty = M_T$. 根据停时定理, 若 $\{M_n\}$ 是一致可积的, 将有 $EY_\infty = EY_0$.

例 5.4.7 令 $X_1, X_2, \cdots$ 是独立同分布的随机变量序列, $P\left\{X_i = \dfrac{3}{2}\right\} = P\left\{X_i = \dfrac{1}{2}\right\} = \dfrac{1}{2}$. 令 $M_0 = 1$, 对 $n > 0$, 令 $M_n = X_1 X_2 \cdots X_n$. 注意到 $EM_n = EX_1 \cdots EX_n = 1$, 实际上

$$\begin{aligned} E(M_{n+1}|\mathcal{F}_n) &= E(X_1 \cdots X_{n+1}|\mathcal{F}_n) \\ &= X_1 \cdots X_n E(X_{n+1}|\mathcal{F}_n) \\ &= X_1 \cdots X_n EX_{n+1} = M_n, \end{aligned}$$

所以 $\{M_n\}$ 是关于 $X_1, X_2, \cdots$ 的鞅. 由于 $E(|M_n|) = EM_n = 1$, 鞅收敛定理的条件成立, 从而

$$M_n \to M_\infty.$$

那么 $\{M_n\}$ 一致可积吗? 答案是否定的. 事实上, $M_\infty = 0$ (这样 $EM_\infty \neq EM_0$), 为此, 考虑

$$\ln M_n = \sum_{j=1}^{n} \ln X_j,$$

右边是独立同分布随机变量的和, 并且

$$E(\ln X_i) = \frac{1}{2}\ln\frac{1}{2} + \frac{1}{2}\ln\frac{3}{2} < 0,$$

根据大数定律知 $\ln M_n \to -\infty$, 从而 $M_n \to 0$. 故 $\{M_n\}$ 不是一致可积的.

5.5 连续参数鞅

前面我们讨论了鞅的停时定理, 也称为可选抽样定理 (optional sampling theorem) 和鞅收敛定理. 请注意, 这里的鞅都是以离散时间 n 为参数的. 事实上, 对于连续参数鞅 (仍称

为鞅) 也有类似定理, 出于应用的考虑, 我们不加证明地给出这些定理. 同时利用它们证明 Lundberg-Cramer 破产理论中的 Lundberg 不等式. 首先给出鞅的定义.

设 $(\Omega, \mathcal{F}_n, P)$ 是一个完全概率空间, $(\mathcal{F}_t)_{t \geq 0}$ 为一个非降的 $\mathcal{F}$ 的子 σ 代数流. 本书中所涉及的子 σ 代数流都是非降的, 因此以后我们就将 "非降的" 省略, 简称为子 σ 代数流.

定义 5.5.1   随机过程 $\{X_t, t \geq 0\}$ (简记 $\{X_t\}$) 称为 $\{\mathcal{F}_t\}$ 适应的, 如果对每个 $t \geq 0$, X_t 为 $\{\mathcal{F}_t\}$ 可测 (即对 $B \in \mathcal{B}$, 有 $X_t^{-1}(B) \in \{\mathcal{F}_t\}$). 一个适应过程 $\{X_t\}$ 称为关于 $\{\mathcal{F}_t\}$ 的鞅, 如果每个 X_t 可积 (即 $E(|X_t|) < \infty$), 且对一切 $0 \leq s < t$, 有

$$E(X_t|\mathcal{F}_s) = X_s, \quad \text{a.s.}, \tag{5.60}$$

此时, 简称 $\{X_t\}$ 为鞅.

若随机过程 $\{X_t, t \geq 0\}$ 是鞅, 则对 $t > 0$, 有

$$E(X_t) = E[E(X_t|X_0)] = EX_0. \tag{5.61}$$

与离散鞅类似地, 有下述简单的例子.

例 5.5.1   设 $\{Y_t, t \geq 0\}$ 是零初值且具有齐次独立增量的随机过程. 令

$$X_t = X_0 e^{Y_t},$$

其中 X_0 为一常数. 若 $E(e^{Y_t}) = 1$, 则 $\{X_t, t \geq 0\}$ 是一个鞅. 事实上

$$E(|X_t|) = |X_0|E(e^{Y_t}) = |X_0| \left([E(e^{Y_1})]\right)^t = |X_0|,$$

再对 $0 \leq s < t$, 有

$$\begin{aligned} E(X_t|X_r, 0 \leq r \leq s) &= E(X_s e^{Y_t - Y_s}|X_r, 0 \leq r \leq s) \\ &= X_s E(e^{Y_t - Y_s}) \\ &= X_s E(e^{Y_{t-s}}) = X_s, \quad \text{a.s..} \end{aligned}$$

定义 5.5.2   非负广义随机函数 τ (即 $\tau: \Omega \to [0, \infty]$) 称为 $\mathcal{F}_t$ 停时, 如果 $P\{\tau < \infty\} = 1$, 并且对一切 $t \geq 0$, $\{\tau \leq t\}$ 是 $\mathcal{F}_t$ 可测的, 即

$$\{\tau \leq t\} \in \mathcal{F}_t.$$

特别地, 当 $\mathcal{F}_t = \sigma(X_s, 0 \leq s \leq t)$ 时, τ 称为关于随机过程 $\{X_t, t \geq 0\}$ 的停时. 若存在常数 $k > 0$ 使得 $P\{\tau \leq k\} = 1$, 则称 τ 为有界停时.

下面是鞅论的一个重要结论 —— 停时定理, 即在适当条件下, 将式 (5.61) 中的 t 置换成停时 τ 时, 等式仍然成立.

定理 5.5.1   若 τ 是有界停时, 则有

$$EX_\tau = EX_0.$$

鞅论的另一个重要的结论是收敛定理.

定理 5.5.2 设 $\{X_t, t \geqslant 0\}$ 是一个鞅并且 $X_t \geqslant 0, t \geqslant 0$ (简称为非负鞅), 则存在几乎处处收敛的有限极限, 即有
$$\lim_{n \to \infty} X_t = X_\infty < \infty, \quad \text{a.s..}$$

下面给出 Lundberg-Cramer 破产模型的 Lundberg 不等式
$$\Psi(u) \leqslant \mathrm{e}^{-Ru}, \quad u \geqslant 0$$

的证明.

证明 令
$$Xt = \mathrm{e}^{-RU(t)} = X_0 \mathrm{e}^{-RV_t},$$

其中 $X_0 = \mathrm{e}^{-Ru}$, R 为调节系数, $V_t = ct - S(t)$. 若令
$$Y_t = -RV_t, \quad t \geqslant 0,$$

则 $\{Y_t, t \geqslant 0\}$ 为零初值且具有齐次独立增量的随机过程, 而且
$$E(\mathrm{e}^{Y_1}) = E(\mathrm{e}^{-RV_1}) = M_{V_1}(-R) = 1,$$

于是从例 5.5.1 可知 $\{X_t, t \geqslant 0\}$ 是一个非负鞅. 利用非负鞅的收敛定理 5.5.2 得到
$$\lim_{n \to \infty} X_t = X_\infty < \infty, \quad \text{a.s..}$$

现令 T 为破产时刻, 由于对任意固定的 t, $T \wedge t$ 是有界停时, 再利用停时定理 5.5.1 即知
$$EX_{T \wedge t} = EX_0 = \mathrm{e}^{-Ru},$$

于是有
$$\begin{aligned}
\mathrm{e}^{-Ru} &= E(X_{T \wedge t} | T \leqslant t) P\{T \leqslant t\} + E(X_{T \wedge t} | T > t) P\{T > t\} \\
&= E(X_T | T \leqslant t) P\{T \leqslant t\} + E(X_t | T > t) P\{T > t\},
\end{aligned} \tag{5.62}$$

注意到当 $t < T$ 时, $U(t) \geqslant 0$, 所以
$$X_t = \mathrm{e}^{Ru(t)} \leqslant 1,$$

因此, 由单调收敛定理与 Lebesgue 控制收敛定理, 在式 (5.62) 两端令 $t \to \infty$ 取极限得
$$\mathrm{e}^{-Ru} = E(X_t | T < \infty) P\{T < \infty\} + E(X_\infty | T = \infty) P\{T = \infty\}.$$

又因为 $\lim_{t \to \infty} U(t) = +\infty$, a.s., 故有 $X_\infty = 0$, a.s.. 从而有
$$\mathrm{e}^{-Ru} = E(X_T | T < \infty) P\{T < \infty\},$$

由此得到
$$\Psi(u) = \frac{\mathrm{e}^{-Ru}}{E(\mathrm{e}^{-RU(t)} | T < \infty)},$$

再注意到 $U(T) < 0$, $\mathrm{e}^{-RU(T)} > 1$, 由上式即知
$$\Psi(u) \leqslant \mathrm{e}^{-Ru},$$

从而 Lundberg 不等式得证. □

习 题 5

1. 考虑一个掷骰子的试验. 设甲乙二人同时掷骰子, 以 X 记甲掷出的点数, Y 表示甲乙二人掷出的点数之和, 给出不同 Y 值下的所有 $E(X|Y)(y)$ 值.

2. 设 $X_1, X_2, \cdots$ 是独立同分布随机变量, 令 $m(t) = E(e^{tX_i})$, 固定 t 并假定 $m(t) < \infty$. 令 $S_0 = 0$, $S_n = X_1 + \cdots + X_n, n > 0$. 证明 $\{M_n = (m(t))^{-n} \cdot e^{tS_n}\}$ 是关于 $X_1, X_2, \cdots$ 的鞅.

3. 令 $X_0, X_1, \cdots$ 表示分支过程各代的个体数, $X_0 = 1$, 任意一个个体生育后代的分布有均值 μ. 证明 $\{M_n = \mu^{-n} X_n\}$ 是一个关于 $X_0, X_1, \cdots$ 的鞅.

4. 考虑一个在整数上的随机游动模型, 设向右移动的概率 $p < \dfrac{1}{2}$, 向左移动的概率为 $1-p$, S_n 表示时刻 n 所处的位置, 假定 $S_0 = a, 0 < a < N$.

(1) 证明: $\left\{M_n = \left[\dfrac{1-p}{p}\right]^{S_n}\right\}$ 是鞅;

(2) 令 T 表示随机游动第一次到达 0 或 N 的时刻, 即
$$T = \min\{n : S_n = 0 \text{ 或 } N\},$$
利用鞅停时定理, 求出 $P\{S_T = 0\}$.

5. 设 S_n 如第 4 题所定义,

(1) 证明 $\{M_n = S_n + (1 - 2p)\}$ 是一个鞅;

(2) 令 $T = \min\{n : S_n = 0 \text{ 或 } N\}$, 根据鞅停时定理及上题结论求出 ET.

6. 令 X_n 表示分支过程中第 n 代个体数, 每个个体产生后代的分布具有均值 μ 和方差 σ^2, 我们已经知道 $\{M_n = \mu^{-n} X_n\}$ 是鞅.

(1) 令 $\mathcal{F}_n$ 表示 $X_1, \cdots, X_n$ 生成的 σ 代数, 证明
$$E(X_{n+1}^2 | \mathcal{F}_n) = \mu^2 X_n^2 + \sigma^2 X_n;$$

(2) 设 $\mu > 1$, 证明存在 $C < \infty$ 使得对所有 n, 有
$$E(M_n^2) < C;$$

(3) 证明当 $\mu \leqslant 1$ 时, 上式不成立.

7. 考虑 Polya 模型. 令 M_n 表示第 n 次摸球后, 红球的比例 (设最初有 1 只红球和 1 只黄球), 证明
$$P\left[M_n = \dfrac{k}{n+2}\right] = \dfrac{1}{n+1}, \quad k = 1, 2, \cdots, n+1.$$

8. 设 $X_1, X_2, \cdots$ 是独立同分布随机变量序列, 均值为 μ. 令 T 为关于 $X_1, X_2, \cdots$ 的停时, $ET < \infty$.

(1) 令 $Y = \sum\limits_{n=1}^{\infty} |X_n| I_{\{T \geqslant n\}}$, 证明 $EY < \infty$;

(2) 令 $T_n = \min(T, n)$, $M_n = X_1 + \cdots + X_{T_n} - \mu T_n$, 证明 $\{M_n\}$ 是一致可积鞅.

9. 设 $X_1, X_2, \cdots$ 是 i.i.d. 序列, 在 $\{-1, 0, 1, \cdots\}$ 上取值, 均值为 $\mu < 0$, 令 $S_0 = 1, S_n = 1 + X_1 + \cdots + X_n, n > 0$, 令 $T = \min\{n, S_n = 0\}$, 根据大数定律, 知道 $P\{T < \infty\} = 1$. 证明
$$ET \leqslant \dfrac{1}{|\mu|}.$$

10. 考虑状态整数的随机游动 X_t, 一般说来转移概率为 $P(k \to k-1) = P(k \to k) = P(k \to$

$k+1) = \frac{1}{3}$, 而 $P(k \to m) = 0$, 如果 $|k-m| > 1$.

(1) 证明 $\{F_t = X_t\}$ 和 $\left\{G_t = X_t^2 - \frac{2}{3}t\right\}$ 是鞅;

(2) 定义停时 $\tau_a = \min(t||X_t| = a)$. 利用 (1) 中结果和 Doob 停时定理证明

$$E(\tau_a|X_0 = 0) = \frac{3}{2}a^2.$$

11. 设 Y 为均值有限的随机变量, $W_1, W_2, \cdots$ 是随机变量序列, 令 $Z_n = E(Y|W_1, W_2, \cdots)$, 证明 $\{Z_n, n = 1, 2, \cdots\}$ 是鞅.

12. 设 $\{X_n, n = 1, 2, \cdots\}$ 是鞅, 令 $Y_n = X_n - X_{n-1}, n = 1, 2, \cdots, X_0 = 0$, 证明

$$\text{Var}X_n = \sum_{k=1}^{n} \text{Var}Y_k.$$

13. 若 $\{Z_n, n \geqslant 1\}$ 是鞅, 证明对 $1 \leqslant k < n$ 有

$$E(Z_n|Z_1, \cdots, Z_k) = Z_k.$$

14. 对鞅 $\{Z_n, n \geqslant 1\}$, 令 $X_i = Z_i - Z_{i-1} (i \geqslant 1)$, 其中 $Z_0 = 0$. 证明

$$\text{Var}Z_n = \sum_{i=1}^{n} \text{Var}X_i.$$

15. 当 X_n 是单个个体具有平均子裔数 m 的分支过程的第 n 代的规模时, 验证 $\dfrac{X_n}{m^n}$ 是鞅.

16. 考虑一个马尔可夫链, 每次转移, 它或者以概率 p 向右一步, 或者以概率 $1-p$ 向左一步. 论证 $\left(\dfrac{q}{p}\right)^{S_n} (n \geqslant 1)$ 是鞍.

17. 考虑具有 $p_{NN} = 1$ 的马尔可夫链 $\{X_n, n \geqslant 0\}$. 以 $P(i)$ 记在给定该链从状态 i 开始时它迟早进入状态 N 的概率. 证明 $\{P(X_n), n \geqslant 0\}$ 是鞅.

18. 以 $X(n)$ 记一个分支过程第 n 代的规模, 而以 π_0 记由一个个体开始的这种过程迟早消失的概率, 证明 $\{\pi_0^{X_n}, n \geqslant 0\}$ 是鞅.

19. 令 $X_1, X_2, \cdots$ 是均值为 0, 方差为 σ^2 的独立同分布的随机变量序列. 再令 $S_n = \sum_{i=1}^{n} X_i$. 证明当 $Z_n = S_n^2 - n\sigma^2$ 时 $\{Z_n, n \geqslant 1\}$ 是一个鞅.

20. 若 $\{X_n, n \geqslant 0\}$ 和 $\{Y_n, n \geqslant 0\}$ 是相互独立的鞅. 问 $\{Z_n, n \geqslant 0\}$ 是否是鞅, 其中

(1) $Z_n = X_n + Y_n$;

(2) $Z_n = X_n Y_n$,

这些结果在没有独立假定时是否正确? 对每种情形或介绍一个证明, 或给出有关反例.

21. 一个随机过程 $\{Z_n, n \geqslant 0\}$, 若对一切 n 有 $E|Z_n| < \infty$ 且

$$E(Z_n \mid Z_{n+1}, Z_{n+2}, \cdots) = Z_{n+1},$$

则称为倒向鞅, 或者逆向鞅. 证明: 若 $X_i(i \geqslant 1)$ 是具有有限方差的独立同分布的随机变量, 则 $Z_n = \dfrac{X_1 + \cdots + X_n}{n} (n \geqslant 1)$ 是倒向鞅.

22. 连续投掷一个以概率 p 出现正面的硬币. 利用鞅论推理计算直至下述序列出现时的期望投掷数.

(1) $HHTTHHT$;

(2) $HTHTHTH$.

23. 考虑在每次参赌时以等可能地赢 1 个单位或输 1 个单位的一个赌徒. 假定该赌徒在当他或者赢 A, 或者输 B 时离开博弈, $A > 0, B > 0$. 用一个合适的鞅证明期望赌资数是 AB.

24. 瓮中在开始有一个白球和一个黑球. 每一步从中抽取一个球且将它和一个与它同色的球放回瓮中. 以 Z_n 记在第 n 次取放后瓮中白球的比例.

(1) 证明 $\{Z_n, n \geqslant 1\}$ 是鞅;

(2) 证明在瓮中白球的比例达到 $\frac{3}{4}$ 的概率至多是 $\frac{2}{3}$.

25. 考虑独立地投掷硬币的序列, 而令 $P\{正\}$ 是每次投掷出正面的概率. 令 A 为假设 $P\{正\} = a$, 而 B 为假设 $P\{正\} = b$. $0 < a, b < 1$. 以 X_i 记第 i 次投掷的结果, 并令

$$Z_n = \frac{P(X_1, \cdots, X_n | A)}{P(X_1, \cdots, X_n | B)},$$

若 B 正确, 则

(1) $\{Z_n\}$ 是鞅;

(2) $\lim_{n \to \infty} Z_n$ 以概率为 1 存在;

(3) 若 $b \neq a$, $\lim_{n \to \infty} Z_n$ 是什么?

26. 令 $\{X_t, t \geqslant 0\}$ 是一个连续时间马尔可夫链, 具有无穷小转移速率 $q_{ij}, i \neq j$. 给出 q_{ij} 的条件, 使 $\{X_t, t \geqslant 0\}$ 是一个连续时间鞅.

27. 设 $\{X_k, k = 0, \cdots, n\}$ 是相互独立同分布的随机变量序列, $EX_n = 0$, $\mathrm{Var} X_n = \sigma^2 < \infty$, 令 $Y_0 = 0, Y_n = \sum_{k=1}^{n} X_k$, 证明: 如果 T 是停时, $ET < \infty$, 则 $E|Y_T| < \infty$, $EY_T = 0$, $\mathrm{Var} Y_T = \sigma^2 ET$.

28. 设 $\{X_n, n = 0, 1, \cdots\}$ 是相互独立同分布的随机变量序列, $EX_0 < \infty$, T 是关于 $\{X_n, n = 0, 1, \cdots\}$ 的停时, $ET < \infty$. 证明

$$E\left[\sum_{k=1}^{T} X_k\right] = ETEX_0.$$

第6章 布朗运动与平稳过程

6.1 随机游动与布朗运动的定义

本章首先讨论直线上的对称随机游动,对称随机游动在每个单位时间等可能地向左或向右走一步. 这是一个具有 $p_{i,i+1} = \frac{1}{2} = p_{i,i-1}(i = 0, \pm 1, \cdots)$ 的马尔可夫链. 现在假设通过在越来越小的时间区间取越来越小的步长来加快这个过程. 如果我们现在以正确的方式趋于极限, 得到的就是布朗运动.

更确切地说, 假设每个 Δt 时间单位等概率地向左或向右移动大小为 Δx 的一步. 如果以 $X(t)$ 记在时刻 t 的位置, 那么

$$X(t) = \Delta x \left(X_1 + \cdots + X_{[\frac{t}{\Delta t}]} \right), \tag{6.1}$$

其中

$$X_i = \begin{cases} +1, & \text{如果长度为 } \Delta x \text{ 的第 } i \text{ 步是向右的}, \\ -1, & \text{如果长度为 } \Delta x \text{ 的第 } i \text{ 步是向左的}, \end{cases}$$

且 $\left[\dfrac{t}{\Delta t}\right]$ 表示小于等于 $\dfrac{t}{\Delta t}$ 的最大整数, 此处假定 X_i 是独立的, 并且

$$P\{X_i = 1\} = P\{X_i = -1\} = \frac{1}{2},$$

因为 $E(X_i) = 0$, $\text{Var}(X_i) = E[X_i^2] = 1$, 由方程 (6.1) 看到

$$E(X(t)) = 0, \quad \text{Var}(X(t)) = (\Delta x)^2 \left[\frac{t}{\Delta t}\right]. \tag{6.2}$$

以上简单随机游动可作为微小粒子在直线上做不规则运动的近似. 实际粒子的不规则运动是连续的, 为此我们考虑以下极限情形.

现在令 Δx 和 Δt 趋于 0. 然而, 我们必须以使结果的极限过程是非平凡的方式进行 (如, 如果令 $\Delta x = \Delta t$ 并令 $\Delta t \to 0$, 那么, 从上面我们看到 $E(X(t))$ 和 $\text{Var}(X(t))$ 两者都将趋于 0, 因此 $X(t)$ 将以概率 1 等于 0). 如果对于某个正常数 σ, 令 $\Delta x = \sigma\sqrt{\Delta t}$, 那么由方程 (6.2) 知, 当 $\Delta t \to 0$ 时

$$E(X(t)) = 0, \quad \text{Var}(X(t)) \to \sigma^2 t.$$

现在列出当取 $\Delta x = \sigma\sqrt{\Delta t}$, 然后令 $\Delta t \to 0$ 时, 极限过程的直观性质, 由方程 (6.1) 及中心极限定理可知以下似乎是合理的.

(i) $X(t)$ 是均值为 0、方差为 $\sigma^2 t$ 的正态随机变量. 此外, 因为随机游动在不重叠的时间区间改变的值是独立的, 有

6.1 随机游动与布朗运动的定义

(ii) $\{X(t), t \geqslant 0\}$ 有独立增量, 即对于所有的 $t_1 < t_2 < \cdots < t_n$,

$$X(t_n) - X(t_{n-1}), X(t_{n-1}) - X(t_{n-2}), \cdots, X(t_2) - X(t_1), X(t_1)$$

是独立的. 最后, 因为随机游动在任意时间区间的位置改变分布只依赖于这个区间的长度, 其表现为

(iii) $\{X(t), t \geqslant 0\}$ 有平稳增量, 因此 $X(t+s) - X(t)$ 的分布不依赖于 t. 现在给出布朗运动的正式定义.

定义 6.1.1 如果

(i) $X(0) = 0$;

(ii) $\{X(t), t \geqslant 0\}$ 有平稳增量和独立增量;

(iii) 对任意 $t > 0, X(t)$ 是均值为 0、方差为 $\sigma^2 t$ 的正态随机变量,

那么随机过程 $\{X(t), t \geqslant 0\}$ 称为**维纳** (Wiener) **过程**, 也称为**布朗运动过程**.

当 $\sigma = 1$ 时, 这个过程称为**标准布朗运动**, 这类过程通常用来描述通信中的电流热噪声等. 因为任意布朗运动 $X(t)$ 可以变换而化为标准布朗运动 $B(t) = \dfrac{X(t)}{\sigma}$, 除非特别声明, 本章我们都假设 $\sigma = 1$.

定理 6.1.1 设 $\{X(t), t \geqslant 0\}$ 是参数为 σ^2 的布朗运动, 则

(i) 对任意 $t \geqslant 0$, $X(t) \sim N(0, \sigma^2 t)$;

(ii) 对任意 $-\infty < a < s, t < \infty$,

$$E[(X(s) - X(a))(X(t) - X(a))] = \sigma^2 \min(s-a, t-a),$$

特别地, $R_W(s, t) = \sigma^2 \min(s, t)$.

证明 因为 (i) 显然, 现证 (ii).

(ii) 不妨设 $s \leqslant t$, 则

$$\begin{aligned}
& E[(B(s) - B(a))(B(t) - B(a))] \\
=& E[(B(s) - B(a))(B(t) - B(s) + B(s) - B(a))] \\
=& E[(B(s) - B(a))(B(t) - B(s))] + E(B(s) - B(a))^2 \\
=& E(B(s) - B(a))^2 = \sigma^2(s - a),
\end{aligned}$$

所以

$$E[(B(s) - B(a))(B(t) - B(a))] = \sigma^2 \min(s-a, t-a). \qquad \square$$

布朗运动过程, 是应用概率论中最重要的随机过程之一, 它作为具有连续时间参数和连续状态空间的一个随机过程, 是一个最基本最简单同时又最重要的随机过程, 在工程、科学、经济领域中有着广泛的应用. 许多其他的随机过程常常可以看作它的泛函或某种意义下的推广. 它又是迄今了解得最清楚, 性质最丰富多彩的随机过程之一. 它起源于物理学中对布朗运动的描述, 这个现象以发现它的英国植物学家 Robert Brown 的名字命名, 是由全部浸没在液体或气体中的微粒展示的运动. 此后, 这个过程已经应用于诸如拟合度的统计检验、分析证券市场的价格水平和量子力学等许多领域.

布朗运动现象的第一个解释由爱因斯坦在 1905 年给出. 他证明了布朗运动可以用假定浸入的粒子是连续地受周围介质中分子的冲击来解释. 然而, 潜在于布朗运动的随机过程的上述简明定义是由维纳在 1918 年开始的一系列文章中给出的.

接下来, 我们探讨一下标准布朗运动的一些性质.

定理 6.1.2　设 $\{X(t), t \geqslant 0\}$ 是布朗运动, 则

(i) 轨道连续性　$X(t)$ 是 t 的连续函数;

(ii) $\{X(t), t \geqslant 0\}$ 是马尔可夫过程;

(iii) 对任意 $0 < t_1 < t_2 < \cdots < t_n$, $(X(t_1), X(t_2), \cdots, X(t_n))$ 的联合概率密度为

$$f_{t_1, \cdots, t_n}(x_1, \cdots, x_n) = f_{t_1}(x_1) f_{t_2-t_1}(x_2 - x_1) \cdots f_{t_n-t_{n-1}}(x_n - x_{n-1}),$$

其中 $f_t(x) = \dfrac{1}{\sqrt{2\pi t}} \mathrm{e}^{-\frac{x^2}{2t}}$.

证明　(i) 由随机游动的极限 (6.1) 式解释布朗运动可知, $X(t)$ 必须是 t 的连续函数. 为了验证其正确性, 我们必须证明以概率为 1 地有

$$\lim_{h \to \infty} (X(t+h) - X(t)) = 0.$$

虽然此式的严格证明超出了本书的范围, 但是以下论证是可信的. 注意到随机变量 $X(t+h) - X(t)$ 的均值为 0, 方差为 h, 从而看出当 $h \to 0$ 时收敛到均值为 0, 方差为 0 的一个随机变量. 这就是说 $X(t+h) - X(t)$ 趋于 0 是合理的, 由此导出连续性.

(ii) 由于布朗运动 $\{X(t), t \geqslant 0\}$ 是独立增量过程, 故对任意 $0 < t_1 < t_2 < \cdots < t_n$, 有

$$P(X(t_{n+1}) \leqslant x \mid X(t_1) = x_1, \cdots, X(t_{n-1}) = x_{n-1}, X(t_n) = x_n)$$
$$= P(X(t_{n+1}) - X(t_n) \leqslant x - x_n \mid X(t_1) = x_1, \cdots, X(t_{n-1}) = x_{n-1}, X(t_n) = x_n)$$
$$= P(X(t_{n+1}) - X(t_n) \leqslant x - x_n)$$
$$= P(X(t_{n+1}) \leqslant x \mid X(t_n) = x_n),$$

即 $\{X(t), t \geqslant 0\}$ 具有无后效性, 故 $\{X(t), t \geqslant 0\}$ 是马尔可夫过程.

(iii) 因为 $X(t)$ 是均值为 0、方差为 t 的正态随机变量, 它的密度函数由

$$f_t(x) = \frac{1}{\sqrt{2\pi t}} \mathrm{e}^{-\frac{x^2}{2t}}$$

给出. 对任意的 $t_1 < \cdots < t_n$, 为了得到 $X(t_1), X(t_2), \cdots, X(t_n)$ 的联合密度函数, 首先注意一组等式

$$X(t_1) = x_1,$$
$$X(t_2) = x_2,$$
$$\cdots\cdots$$
$$X(t_n) = x_n.$$

6.1 随机游动与布朗运动的定义

它们等价于

$$X(t_1) = x_1,$$
$$X(t_2) - X(t_1) = x_2 - x_1,$$
$$\cdots\cdots$$
$$X(t_n) - X(t_{n-1}) = x_n - x_{n-1}.$$

然而,由独立增量假设推出 $X(t_1), X(t_2) - X(t_1), \cdots, X(t_n) - X(t_{n-1})$ 是独立的,由平稳增量假设,可知 $X(t_k) - X(t_{k-1})$ 是均值为 0、方差为 $t_k - t_{k-1}$ 的正态随机变量. 因此, $X(t_1), X(t_2), \cdots, X(t_n)$ 的联合密度函数由

$$f(x_1, x_2, \cdots, x_n) = f_{t_1}(x_1) f_{t_2-t_1}(x_2 - x_1) \cdots f_{t_n-t_{n-1}}(x_n - x_{n-1})$$
$$= \frac{\exp\left\{-\frac{1}{2}\left[\frac{x_1^2}{t_1} + \frac{(x_2 - x_1)^2}{t_2 - t_1} + \cdots + \frac{(x_n - x_{n-1})^2}{t_n - t_{n-1}}\right]\right\}}{(2\pi)^{\frac{n}{2}}[t_1(t_2 - t_1) \cdots (t_n - t_{n-1})]^{\frac{1}{2}}} \qquad (6.3)$$

给出. □

注 6.1.1 (i) 由上述可知,虽然 $X(t)$ 是 t 的连续函数的概率为 1,但是它具有处处不可微的有趣性质. 要弄明白为什么是这样,注意 $\frac{X(t+h) - X(t)}{h}$ 具有均值 0, 方差 $\frac{1}{h}$. 因为当 $h \to 0$ 时, $\frac{X(t+h) - X(t)}{h}$ 的方差收敛到 ∞, 这个比值不收敛也在意料之中.

(ii) 由 (6.3) 式可知,原则上可以计算任意想要的概率. 例如,假设我们要求对给定 $X(t) = B$ 时, $X(s)$ 的条件分布, 其中 $s < t$. 那么这个条件密度是

$$f_{s|t}(x \mid B) = \frac{f_s(x) f_{t-s}(B - x)}{f_t(B)}$$
$$= K_1 \exp\left\{\frac{-x^2}{2s} - \frac{(B-x)^2}{2(t-s)}\right\}$$
$$= K_2 \exp\left\{-x^2 \left(\frac{1}{2s} + \frac{1}{2(t-s)}\right) + \frac{Bx}{t-s}\right\}$$
$$= K_2 \exp\left\{-\frac{t}{2s(t-s)}\left(x^2 - 2\frac{sB}{t}x\right)\right\}$$
$$= K_3 \exp\left\{-\frac{\left(x - \frac{Bs}{t}\right)^2}{\frac{2s(t-s)}{t}}\right\},$$

其中 K_1, K_2 和 K_3 不依赖 x. 因此,从上式看到,对于 $s < t$, 给定 $X(t) = B$ 时, $X(s)$ 的条件分布是正态分布,其均值和方差由

$$E[X(s) \mid X(t) = B] = \frac{s}{t}B, \quad \text{Var}(X(s) \mid X(t) = B) = \frac{s}{t}(t - a) \qquad (6.4)$$

给出.

推论 6.1.1 布朗运动 $\{X(t), t \geqslant 0\}$ 的有限维分布具有空间齐次性, 即对 $\forall t_i \geqslant 0$, $x_i \in \mathbb{R}$, $i = 1, 2, \cdots, n$,

$$P(X(t_1) \leqslant x_1, X(t_2) \leqslant x_2, \cdots, X(t_n) \leqslant x_n \mid X(0) = 0)$$
$$= P(X(t_1) \leqslant x_1 + y, X(t_2) \leqslant x_2 + y, \cdots, X(t_n) \leqslant x_n + y \mid X(0) = y).$$

上述性质表明, 若 $\{X(t), t \geqslant 0\}$ 是始于 y 的布朗运动, 则 $X(t) - y$ 是始于 0 的布朗运动, 故我们只需研究始于 0 的布朗运动. 对 $\forall 0 < s < t$, 有

$$P(X(t) \leqslant x \mid X(s) = y) = P(X(t) \leqslant x - y \mid X(s) = 0)$$
$$= \int_{-\infty}^{x-y} \frac{1}{\sqrt{2\pi(t-s)}} e^{-\frac{u^2}{2(t-s)}} du,$$

上式对 x 求导, 得到 $X(t)$ 关于 $X(s)$ 的条件概率密度

$$f_{X(t)|X(s)}(x \mid y) = \frac{1}{\sqrt{2\pi(t-s)}} e^{-\frac{(x-y)^2}{2(t-s)}}.$$

它表示布朗运动 $X(t)$ 在时刻 s 从 y 出发, 经过时间 $t - s$ 后转移到 x 的概率密度. 由于布朗运动是平稳增量过程, 故其转移概率密度与时间的起点无关. 通常记为

$$p(x, t; y) = \frac{1}{\sqrt{2\pi t}} e^{-(x-y)^2/2t}.$$

由转移概率密度可以得到始于 y 的布朗运动的有限维分布函数 $(0 < t_1 < t_2 < \cdots < t_n)$

$$P(X(t_1) \leqslant x_1, \cdots, X(t_n) \leqslant x_n | X(0) = y)$$
$$= \int_{-\infty}^{x_1} p(y_1, t_1; y) dy_1 \int_{-\infty}^{x_2} p(y_2, t_2 - t_1; y_1) dy_2$$
$$\cdots \int_{-\infty}^{x_n} p(y_n, t_n - t_{n-1}; y_{n-1}) dy_n,$$

可见, 布朗运动完全由初始转态与转移概率密度所确定.

例 6.1.1 在有两人比赛的自行车赛中, 以 $Y(t)$ 记当 $100t\%$ 的竞赛完成时, 从内道出发的竞赛者领先的时间数量 (以秒计), 并且假设 $\{Y(t), t \geqslant 0\}$ 可以有效地用方差参数为 σ^2 的布朗运动建模.

(1) 如果在竞赛的中点, 内道的竞赛者领先 σ 秒, 问他取胜的概率是多少?

(2) 如果内道的竞赛者在竞赛中以领先 σ 秒获胜, 问他在竞赛的中点领先的概率是多少?

解 (1) $P\left\{Y(1) > 0 \middle| Y\left(\frac{1}{2}\right) = \sigma\right\}$

$$= P\left\{Y(1) - Y\left(\frac{1}{2}\right) > -\sigma \middle| Y\left(\frac{1}{2}\right) = \sigma\right\}$$
$$= P\left\{Y(1) - Y\left(\frac{1}{2}\right) > -\sigma\right\} \quad \text{(由独立增量性)}$$

$$= P\left\{Y\left(\frac{1}{2}\right) > -\sigma\right\} \quad \text{(由平稳增量性)}$$

$$= P\left\{\frac{Y\left(\frac{1}{2}\right)}{\sigma/\sqrt{2}} > -\sqrt{2}\right\} = \varPhi(\sqrt{2}) \approx 0.9213,$$

其中 $\varPhi(x) = P\{N(0,1) \leqslant x\}$ 是标准正态分布函数.

(2) 因为必须计算 $P\left\{Y\left(\frac{1}{2}\right) > 0 \mid Y(1) = \sigma\right\}$, 让我们首先确定, 在 $s < t$ 时, 给定 $Y(t) = C$ 时 $Y(s)$ 的条件分布. 因为 $\{X(t), t \geqslant 0\}$ 是标准布朗运动, 其中 $X(t) = \dfrac{Y(t)}{\sigma}$, 我们从方程 (6.4) 得到, 给定 $X(t) = \dfrac{C}{\sigma}$ 时 $X(s)$ 的条件分布是均值为 $\dfrac{sC}{t\sigma}$ 且方差为 $\dfrac{s(t-s)}{t}$ 的正态分布. 因此, 给定 $Y(t) = C$ 时 $Y(s) = \sigma X(s)$ 的条件分布是均值为 $\dfrac{sC}{t}$、方差为 $\dfrac{\sigma^2 s(t-s)}{t}$ 的正态分布. 因此

$$P\left\{Y\left(\frac{1}{2}\right) > 0 \mid Y(1) = \sigma\right\} = P\left\{N\left(\frac{\sigma}{2}, \frac{\sigma^2}{4}\right) > 0\right\} = \varPhi(1) \approx 0.8413. \qquad \square$$

6.2 击中时刻、最大随机变量和赌徒破产问题

设 $\{X(t), t \geqslant 0\}$ 是标准布朗运动, 记

$$T_a = \inf\{t > 0; X(t) = a\},$$

即 T_a 为布朗运动首次击中 a 的时刻, 显然, T_a 是随机变量. 当 $a > 0$ 时, 我们通过考虑 $P\{X(t) \geqslant a\}$ 并取条件于是否有 $T_a \leqslant t$ 来计算 $P\{T_a \leqslant t\}$. 这给出

$$\begin{aligned} P\{X(t) \geqslant a\} &= P\{X(t) \geqslant a \mid T_a \leqslant t\} P\{T_a \leqslant t\} \\ &\quad + P\{X(t) \geqslant a \mid T_a > t\} P\{T_a > t\}. \end{aligned} \tag{6.5}$$

现在如果 $T_a \leqslant t$, 那么过程在 $[0, t]$ 的某个点击中 a, 并且由对称性, 在 t 时刻, $X(t)$ 处于 a 之上或者 a 之下是等可能的, 即

$$P\{X(t) \geqslant a \mid T_a \leqslant t\} = \frac{1}{2}.$$

由布朗运动轨道连续性可知 $\{T_a \leqslant t\} \cap \{X(t) \geqslant a\} = \varnothing$, 所以方程 (6.5) 右边的第二项等于 0. 可得

$$\begin{aligned} P\{T_a \leqslant t\} &= 2P\{X(t) \geqslant a\} \\ &= \frac{2}{\sqrt{2\pi t}} \int_a^\infty \mathrm{e}^{-\frac{x^2}{2t}} \,\mathrm{d}x \\ &= \frac{2}{\sqrt{2\pi}} \int_{\frac{a}{\sqrt{t}}}^\infty \mathrm{e}^{-\frac{y^2}{2}} \,\mathrm{d}y, \quad a > 0, \end{aligned} \tag{6.6}$$

上式对 a 求导, 可得 T_a 的概率密度

$$f_{T_a}(t) = \begin{cases} \dfrac{a}{\sqrt{2\pi}} t^{-\frac{3}{2}} \mathrm{e}^{-\frac{a^2}{2t}}, & t > 0, \\ 0, & t \leqslant 0. \end{cases}$$

对于 $a < 0$, 由对称性, T_a 的分布与 T_{-a} 的分布相同. 因此由式 (6.6) 得到

$$P\{T_a \leqslant t\} = \frac{2}{\sqrt{2\pi}} \int_{\frac{|a|}{\sqrt{t}}}^{\infty} \mathrm{e}^{-\frac{y^2}{2}} \, \mathrm{d}y, \tag{6.7}$$

故得 T_{-a} 的概率密度为

$$f_{T_a}(t) = \begin{cases} \dfrac{-a}{\sqrt{2\pi}} t^{-\frac{3}{2}} \mathrm{e}^{-\frac{a^2}{2t}}, & t > 0, \\ 0, & t \leqslant 0, \end{cases}$$

综上, T_a 的概率密度为

$$f_{T_a}(t) = \begin{cases} \dfrac{|a|}{\sqrt{2\pi}} t^{-\frac{3}{2}} \mathrm{e}^{-\frac{a^2}{2t}}, & t > 0, \\ 0, & t \leqslant 0. \end{cases}$$

下面, 我们进一步对布朗运动 $\{X(t), t \geqslant 0\}$ 在时间区间 $[0, t]$ 中达到的最大值进行讨论. 得到它的分布如下: 对于 $a > 0$,

$$P\left\{\max_{0 \leqslant s \leqslant t} X(s) \geqslant a\right\} = P\{T_a \leqslant t\} \quad \text{(由连续性)}$$
$$= 2P\{X(t) \geqslant a\} \quad \text{(由式 (6.6))}$$
$$= \frac{2}{\sqrt{2\pi}} \int_{\frac{a}{\sqrt{t}}}^{\infty} \mathrm{e}^{-\frac{y^2}{2}} \, \mathrm{d}y.$$

由上述 (6.6) 式, 对 $a > 0$ ($a < 0$ 类似), 有

$$P(T_a < \infty) = \lim_{t \to \infty} P(T_a \leqslant t) = \frac{2}{\sqrt{2\pi}} \int_0^{\infty} \mathrm{e}^{-\frac{y^2}{2}} \mathrm{d}y = 1,$$
$$E(T_a) = \int_{-\infty}^{\infty} t f_{T_a}(t) \mathrm{d}t = \frac{a}{\sqrt{2\pi}} \int_0^{\infty} t^{-\frac{1}{2}} \mathrm{e}^{-\frac{a^2}{2t}} \mathrm{d}t,$$

作变量代换 $u = \dfrac{a}{\sqrt{t}}$, 则 $\mathrm{d}t = \dfrac{2a^2}{u^3} \mathrm{d}u$,

$$E(T_a) = \frac{2a^2}{\sqrt{2\pi}} \int_0^{\infty} \frac{1}{u^2} \mathrm{e}^{-\frac{u^2}{2}} \mathrm{d}u$$
$$\geqslant \frac{2a^2 \mathrm{e}^{-\frac{1}{2}}}{\sqrt{2\pi}} \int_0^1 \frac{1}{y^2} \mathrm{d}y$$
$$= \infty.$$

可见 T_a 虽然是以概率 1 小于无穷, 但有无穷的期望. 这就是说布朗运动以概率 1 迟早会击中 a, 但它的平均时间是无限的. 进一步, 由布朗运动的空间齐次性可知, 布朗运动从任一点出发击中 a 的概率都是 1.

例 6.2.1 (赌徒破产问题) 考察一个赌徒,在每局赌博中他以概率 p 赢 1 元,以概率 $q=1-p$ 输 1 元,假定各局赌博是独立的,赌徒在开始时有 i 元,问他的赌金在到达 0(破产)之前,先达到 N 元的概率是多少?

以 X_n 记赌徒在时刻 n 的赌金,则过程 $\{X_n, n=0,1,2,\cdots\}$ 是马尔可夫链,其转移概率为
$$p_{00}=p_{NN}=1,$$
$$p_{i,i+1}=p=1-p_{i,i-1}, \quad i=1,2,\cdots,N-1.$$

此马尔可夫链有三个类,即 $\{0\}, \{1,2,\cdots,N-1\}$ 与 $\{N\}$,第一个与第三个是常返的,而第二个是滑过的,由于滑过状态只能达到有限次,所以在有限时间后,赌徒或将达到 N 元的目标或破产.

以 $f_i \equiv f_{iN}$ 记赌徒从 i 元的赌本开始,$0 \leqslant i \leqslant N$,最终达到 N 的概率. 对第一局赌博的结果取条件得
$$f_i = pf_{i+1} + qf_{i-1}, \quad i=1,2,\cdots,N-1,$$
或者,因为 $p+q=1$,等价地有
$$pf_i + qf_i = pf_{i+1} + qf_{i-1}, \quad i=1,2,\cdots,N-1,$$
于是
$$f_{i+1}-f_i = \frac{q}{p}(f_i-f_{i-1}), \quad i=1,2,\cdots,N-1.$$
由于 $f_0=0$, 从上式可见
$$f_2-f_1 = \frac{q}{p}(f_1-f_0) = \left(\frac{q}{p}\right)f_1,$$
$$f_3-f_2 = \frac{q}{p}(f_2-f_1) = \left(\frac{q}{p}\right)^2 f_1,$$
$$\cdots\cdots$$
$$f_i-f_{i-1} = \frac{q}{p}(f_{i-1}-f_{i-2}) = \left(\frac{q}{p}\right)^{i-1} f_1,$$
$$\cdots\cdots$$
$$f_N-f_{N-1} = \frac{q}{p}(f_{N-1}-f_{N-2}) = \left(\frac{q}{p}\right)^{N-1} f_1.$$
将前 $N-1$ 个方程相加得
$$f_i - f_1 = f_1\left[\frac{q}{p} + \left(\frac{q}{p}\right)^2 + \cdots + \left(\frac{q}{p}\right)^{i-1}\right]$$
或
$$f_i = \begin{cases} \dfrac{1-\left(\dfrac{q}{p}\right)^i}{1-\dfrac{q}{p}} f_1, & \dfrac{q}{p} \neq 1, \\ if_1, & \dfrac{q}{p}=1. \end{cases}$$

利用 $f_N = 1$, 得

$$f_1 = \begin{cases} \dfrac{1 - \dfrac{q}{p}}{1 - \left(\dfrac{q}{p}\right)^N}, & p \neq \dfrac{1}{2}, \\ \dfrac{1}{N}, & p = \dfrac{1}{2}, \end{cases}$$

因此

$$f_i = \begin{cases} \dfrac{1 - \left(\dfrac{q}{p}\right)^i}{1 - \left(\dfrac{q}{p}\right)^N}, & p \neq \dfrac{1}{2}, \\ \dfrac{i}{N}, & p = \dfrac{1}{2}, \end{cases}$$

有趣的是, 注意到 $N \to \infty$ 时, 有

$$f_i \to \begin{cases} 1 - \left(\dfrac{q}{p}\right)^i, & p > \dfrac{1}{2}, \\ 0, & p \leqslant \dfrac{1}{2}. \end{cases}$$

因此由概率的连续性可得, 在与有穷赌本的对手赌博中, 当 $p > \dfrac{1}{2}$ 时, 赌徒的赌本以正概率 1 趋于无穷, 而当 $p \leqslant \dfrac{1}{2}$ 时, 将以概率 1 输光.

我们现在考虑布朗运动在击中 $-B$ 前先击中 A 的概率, 其中 $A > 0, B > 0$. 为了计算它, 利用将布朗运动解释为对称随机游动的极限, 我们先回忆赌徒破产问题的结果, 当每一步或者增加或者减少一个距离 Δx 时, 对称随机游动在减少到 B 前先增加到 A 的概率 $\Big($由方程 (4.14), 以 $N = \dfrac{A+B}{\Delta x}, i = \dfrac{B}{\Delta x}\Big)$ 等于 $\dfrac{B\Delta X}{(A+B)\Delta X} = \dfrac{B}{A+B}$. 因此, 令 $\Delta x \to 0$, 得到

$$P\{\text{在减少到}B\text{前先增加到}A\} = \dfrac{B}{A+B}.$$

6.3 漂移布朗运动

称 $\{X(t), t \geqslant 0\}$ 是漂移系数为 μ、方差参数为 σ^2 的布朗运动, 如果

(1) $X(0) = 0$;

(2) $\{X(t), t \geqslant 0\}$ 有平稳增量和独立增量;

(3) $X(t)$ 有均值为 μt、方差为 $\sigma^2 t$ 的正态分布.

因此, 有漂移的布朗运动是一个以速率 μ 漂移开的过程. 一个等价定义是令 $\{B(t), t \geqslant 0\}$ 是标准布朗运动, 然后定义

$$X(t) = \sigma B(t) + \mu t,$$

从这个表述可以得出 $X(t)$ 也是 t 的连续函数.

定理 6.3.1 设 $\{X(t), t \geq 0\}$ 是漂移系数为 μ 的布朗运动, 在 $X(0) = y$ 条件下的概率密度为
$$p(x,t;y) = \lim_{\Delta x \to 0} \frac{1}{\Delta x} P(x < X(t) < x + \Delta x \mid X(0) = y),$$
则

(i) $\dfrac{\partial}{\partial t} p(x,t;y) = \mu \dfrac{\partial}{\partial y} p(x,t;y) + \dfrac{1}{2} \dfrac{\partial^2}{\partial y^2} p(x,t;y)$;

(ii) $\dfrac{\partial}{\partial t} p(x,t;y) = -\mu \dfrac{\partial}{\partial x} p(x,t;y) + \dfrac{1}{2} \dfrac{\partial^2}{\partial x^2} p(x,t;y)$,

(i) 为向后扩散方程, (ii) 为向前扩散方程.

证明 (i) 用向后方法, 即对 $X(h)$ 取条件, 则
$$p(x,t;y) = E[P\{X(t) = x \mid X(0) = y, X(h)\}],$$

由布朗运动的时齐性和马氏性, 有
$$P(X(t) = x \mid X(0) = y, X(h) = x_h) = P(X(t-h) = x \mid X(0) = x_h),$$

所以
$$p(x,t;y) = E[p(x, t-h; X(h))],$$

其中期望是对 $X(h)$ 取的, $X(h) \sim N(\mu h + y, h)$, 将 $p(x, t-h; X(h))$ 在点 $(x,t;y)$ 处展开为泰勒级数, 则

$$\begin{aligned} p(x,t;y) &= E\Big[p(x,t;y) - h\frac{\partial}{\partial t}p(x,x;y) + (X(h)-y)\frac{\partial}{\partial y}p(x,t;y) \\ &\quad + \frac{h^2}{2} \cdot \frac{\partial^2}{\partial t^2} p(x,t;y) + \frac{(X(h)-y)^2}{2} \frac{\partial^2}{\partial y^2} p(x,t;y) + \cdots \Big] \\ &= p(x,t;y) - h\frac{\partial}{\partial t}p(x,t;y) + \mu h \frac{\partial}{\partial y} p(x,t;y) \\ &\quad + \frac{h}{2} \frac{\partial^2}{\partial y^2} p(x,t;y) + o(h), \end{aligned}$$

两边除以 h, 并令 $h \to 0$, 即得所证.

(ii) 用向前法对 $X(t-h)$ 取条件, 由于
$$\begin{aligned} P(X(t) &= x \mid X(0) = y, X(t-h) = a) \\ &= P(X(h) = x \mid X(0) = a) = P(W = x - a), \end{aligned}$$

其中 $W \sim N(\mu h, h)$. 记 W 的概率密度函数为 $f_W(x)$, 则

$$\begin{aligned}
p(x,t;y) &= \int f_W(x-a)p(a,t-h;y)\mathrm{d}y \\
&= \int \left[p(x,t;y) + (a-x)\frac{\partial}{\partial t}p(x,t;y) - h\frac{\partial}{\partial t}p(x,t;y) \right. \\
&\quad \left. + \frac{1}{2}(a-x)^2 \frac{\partial^2}{\partial x^2}p(x,t;y) + \cdots \right] f_W(x-a)\mathrm{d}y \\
&= p(x,t;y) - \mu h \frac{\partial}{\partial x^2}p(x,t;y) - h\frac{\partial}{\partial t}p(x,t;y) \\
&\quad + \frac{h}{2}\frac{\partial^2}{\partial x^2}p(x,t;y) + o(h),
\end{aligned}$$

两边除以 h, 并令 $h \to 0$ 即证得. □

带漂移的布朗运动在经济领域有很多应用, 自 20 世纪 90 年代后, 出现了研究倒向随机微分方程 (backward stochastic differential equation) 的理论问题, 简称 BSDE 问题. 设随机过程 $\{X(t), 0 \leqslant t \leqslant T\}$ 满足下列方程

$$\mathrm{d}X(t) = f(t, X(t))\mathrm{d}t + g(t, X(t))\mathrm{d}B(t), \quad 0 \leqslant t \leqslant T,$$

$$X(T) = \xi.$$

显然, 上式是一般的带漂移布朗运动的微分形式. BSDE 在经济领域有重要应用, 著名经济学家 D. Duffie 和 L. Epstein 首先发现 BSDE 可以描述市场经济环境下的消费偏好. 经济学家 EI. Karoui 和 Quenez 发现金融市场的许多重要派生证券的理论价格可以用 BSDE 来求解. 下面举一个简单的例子.

设一个自融资金且无消费的单身汉 (例如无牵挂、无负担又节约的单身汉), T 为他结婚的日期, 他在 $[0,T]$ 期间的决策是: 在 t 时刻他将财产 $X(t)$ 之中的 $Y(t)$ 用于买股票, $X(t) - Y(t)$ 用于买债券, 则其财产 $\{X(t), 0 \leqslant t \leqslant T\}$ 满足

$$\mathrm{d}X(t) = f(X(t), Y(t))\mathrm{d}t - Y(t)\mathrm{d}B(t),$$

其中 $f(X(t), Y(t)) = rX(t) + (b-r)Y(t) + (R-r)(X(t) - Y(t))$, $r > 0$ 为债券利率, R 是市场贷款利率, 一般 $R > r$, 当 $R = r$ 时, $f(x,y) = rx + (b-r)y$. 若他计划在 T 时结婚, 自己的财产要达到 ξ 元, 问他在 $[0,T]$ 内如何做出投资决策 $\{Y(t), 0 \leqslant t \leqslant T\}$ 才能达到自己的目标 $X(T) = \xi$.

这个决策问题可化为求解下列 BSDE 问题:

$$\begin{cases} \mathrm{d}X(t) = f(X(t), Y(t))\mathrm{d}t - Y(t)\mathrm{d}B(t), \\ X(T) = \xi \end{cases} \tag{6.8}$$

的解 $\{X(t), Y(t), 0 \leqslant t \leqslant T\}$, 其中 $B(t), t \geqslant 0$ 为标准布朗运动.

求解随机微分方程后, 进而可以求出带漂移布朗运动 $X(t)$ 的期望、协方差等随机性质.

命题 6.3.1 以 T_x 记漂移系数为 μ 的布朗运动击中 x 的时间,则对 $\theta > 0, x > 0$,有

$$E\left[\exp\{-\theta T_x\}\right] = \exp\left\{-x\left(\sqrt{\mu^2 + 2\theta} - \mu\right)\right\}.$$

下面我们研究最大值变量的平均值.

命题 6.3.2 若 $\{X(t), t \geqslant 0\}$ 是漂移系数为 $\mu, \mu \geqslant 0$ 的布朗运动过程,则以概率 1

$$\lim_{t \to \infty} \frac{\max\limits_{0 \leqslant s \leqslant t} X(s)}{t} = \mu.$$

证明 对 $n < 0, T_0 = 0$. 以 T_n 记过程击中 n 的时刻. 从平稳独立增量的假设得出, $T_n - T_{n-1}(n \geqslant 1)$ 是独立同分布的. 因此可以把 T_n 看作一个更新过程中事件发生的时刻. 以 $N(t)$ 记到时刻 t 更新的次数,有

$$N(t) \leqslant \max_{0 \leqslant s \leqslant t} X(s) \leqslant N(t) + 1,$$

因为 $ET_1 = \dfrac{1}{\mu}$,结合上述结论以及 $\dfrac{N(t)}{t} \to \dfrac{1}{ET_1}$,可得命题结论. □

6.4 几何布朗运动

如果 $\{Y(t), t \geqslant 0\}$ 是漂移系数为 μ 和方差参数为 σ^2 的布朗运动,那么由

$$X(t) = \mathrm{e}^{Y(t)}$$

定义的过程 $\{X(t), t \geqslant 0\}$ 称为几何布朗运动.

几何布朗运动有时可以作为相对变化为独立同分布情况的模型. 例如,假设 $Y_{(n)}$ 是 n 时刻商品的价格, $\dfrac{Y_{(n)}}{Y_{(n-1)}} = X_{(n)}(n \geqslant 1)$ 是独立同分布的,如取 $Y_{(0)} = 1, Y_{(n)} = X_{(1)}X_{(2)}\cdots X_{(n)}$,故 $\ln Y_{(n)} = \sum\limits_{i=1}^{n} \ln X_{(i)}$. 则当 $n \to \infty$ 时,根据中心极限定理可知, $\{\ln Y_{(n)}, n \geqslant 1\}$ 为渐进布朗运动,于是 $\{Y_{(n)}, n \geqslant 0\}$ 就近似为几何布朗运动.

由于 $Y(t) \sim N(0, t)$,其矩母函数为

$$E\left(\mathrm{e}^{sY(t)}\right) = \mathrm{e}^{\frac{ts^2}{2}},$$

所以 $\{X(t), t \geqslant 0\}$ 的数字特征

$$E(X(t)) = E\left(\mathrm{e}^{Y(t)}\right) = \mathrm{e}^{\frac{t}{2}},$$

$$\begin{aligned}
\mathrm{Var}(X(t)) &= E\left(X^2(t)\right) - (EX(t))^2 \\
&= E\left(\mathrm{e}^{2Y(t)}\right) - \mathrm{e}^t \\
&= \mathrm{e}^{2t} - \mathrm{e}^t.
\end{aligned}$$

对于一个几何布朗运动过程 $\{X(t)\}$,让我们计算,给定过程直至时刻 s 的历史时,过程在时刻 t 的期望值,即对于 $s<t$,考虑 $E\{X(t)\mid X(u),0\leqslant u\leqslant s\}$. 现在

$$\begin{aligned}E[X(t)\mid X(u),0\leqslant u\leqslant s]&=E[\mathrm{e}^{Y(t)}\mid Y(u),0\leqslant u\leqslant s]\\&=E[\mathrm{e}^{Y(s)+Y(t)-Y(s)}\mid Y(u),0\leqslant u\leqslant s]\\&=\mathrm{e}^{Y(s)}E[\mathrm{e}^{Y(t)-Y(s)}\mid Y(u),0\leqslant u\leqslant s]\\&=X(s)E[\mathrm{e}^{Y(t)-Y(s)}],\end{aligned}$$

其中倒数第二个等式得自 $Y(s)$ 给定的事实,而最后的等式得自布朗运动的独立增量性质. 现在,一个正态随机变量 W 的矩母函数由

$$E\left(\mathrm{e}^{aW}\right)=\mathrm{e}^{aEW+(a^2\mathrm{Var}(W)/2)}$$

给出. 因此, 由于 $Y(t)-Y(s)$ 是均值为 $\mu(t-s)$ 和方差为 $\sigma^2(t-s)$ 的正态随机变量,令 $a=1$,由此推出

$$E\left(\mathrm{e}^{Y(t)-Y(s)}\right)=\mathrm{e}^{\mu(t-s)+[(t-s)\sigma^2/2]},$$

于是, 得到

$$E\{X(t)\mid X(u),0\leqslant u\leqslant s\}=X(s)\mathrm{e}^{(t-s)\left(\mu+\frac{\sigma^2}{2}\right)}.\tag{6.9}$$

例 6.4.1 设某人拥有在将来的一个时刻 T 以固定的价格 K 购买一股某种股票的期权. 假设股票目前的价格为 y, 且它的价格按照几何布朗运动变化, 我们来计算拥有这一期权的平均价值. 若时刻 T 的股票价格是 K 或更高时, 期权将被实施, 因此它的平均价值为

$$\begin{aligned}E[\max(X(T)-K,0)]&=\int_0^\infty P(X(T)-K>u)\mathrm{d}u\\&=\int_0^\infty P\left(Y\mathrm{e}^{Y(T)}-K>u\right)\mathrm{d}u\\&=\int_0^\infty P\left(Y(T)>\ln\frac{K+u}{y}\right)\mathrm{d}u\\&=\frac{1}{\sqrt{2\pi T}}\int_0^\infty\int_{\ln(K+u)/y}^\infty\mathrm{e}^{-x^2/(2T)}\mathrm{d}x\mathrm{d}u.\end{aligned}$$

几何布朗运动在股票相对于时间价格的建模中很有用, 当你感觉价格百分比变化是独立同分布时,例如,假设 X_n 是某只股票在时刻 n 的价格,那么,假设 $\dfrac{X_n}{X_{n-1}}$ $(n\geqslant 1)$ 是独立同分布也许是合理的. 令 $Y_n=\dfrac{X_n}{X_{n-1}}$,所以 $X_n=Y_nX_{n-1}$. 由这个等式迭代给出

$$\begin{aligned}X_n&=Y_nY_{n-1}X_{n-2}\\&=Y_nY_{n-1}Y_{n-2}X_{n-3}\\&=\cdots\\&=Y_nY_{n-1}\cdots Y_1X_0,\end{aligned}$$

于是
$$\ln(X_n) = \sum_{i=1}^{n} \ln(Y_i) + \ln(X_0).$$

由于 $\ln Y_i (i \geqslant 1)$ 是独立同分布的, $\{\ln X_n\}$ 也将如此, 在适当地规范化之后, 近似地是具有漂移的布朗运动, 所以 $\{X_n\}$ 近似地是几何布朗运动.

6.5 股票期权的定价

期权有两种基本类型, 看涨期权的持有者有权在某一确定时间以某一确定的价格购买标的资产. 看跌期权的持有者有权在某一确定时间以某一确定的价格出售标的资产. 期权合约中的价格被称为执行价格或者敲定价格. 一般来说影响期权价格的因素有六个: 标的资产的价格、执行价格、到期期限、标的资产的价格的波动率、无风险利率和期权有效期内预计发放的红利. 对不同类型期权这些因素的影响有所不同.

期权定价的示例

对于在不同时期将收到或者将支付钱的情形, 我们必须考虑到钱的时间价值. 就是说, 在将来时刻 t 得到的钱 v, 不如立刻得到的钱 v 值钱. 原因在于, 如果立刻得到钱 v, 那么它可以带利息地贷出, 从而在时刻 t 比 v 值钱. 为了考虑这些, 假设在时刻 t 赚得的钱数 v 在时刻 0 的价值 (也称为现值) 是 $ve^{-\alpha t}$, 量 α 常称为折现因子. 在经济学的术语中, 折现函数 $e^{-\alpha t}$ 的假定, 等价于假定我们可以在单位时间赚取 $100\alpha\%$ 的连续复利率.

现在我们考虑对于在一个将来时刻以固定价格购买一种股票期权的简单定价模型.

假设一种股票每股的现值是 100 美元, 并且在一个时期后, 它的现值或者是 200 美元, 或者是 50 美元. 应该注意到在时刻 1 的价格是现值 (或时刻 0 的) 价格. 就是说, 如果折现因子是 α, 那么在时刻 1 的实际价格, 或者是 $200e^{\alpha}$, 或者是 $50e^{\alpha}$. 为了使记号简单, 我们假设所有给出的价格都是在时刻 0 的价格.

假设对于任意 y, 可以在时刻 0 以价格 cy 购买期权, 以便在时刻 1 以每股 150 美元的价格购买 y 股股票. 那么, 若你确实购买了这个期权, 而且股票升值为 200 美元, 则你将在时刻 1 行使这个期权, 且在所购买的 y 股期权单位中的每一股赚得 $200-150 = 50$ 美元. 另一方面, 若在时刻 1 的价格降到 50 美元, 则这个期权在时刻 1 没有价值. 此外, 你可以在时刻 0 以价格 $100x$ 购买 x 个单位的股票, 它在时刻 1 的价值, 或者是 $200x$ 美元, 或者是 $50x$ 美元.

我们假设 x 或 y 都可以为正也可以为负 (或者 0). 就是说, 你可以购进或者卖出股票或期权. 例如, 若 x 是负的, 则你将卖出 $-x$ 股股票, 导致你有 $-100x$ 的回报, 而你负责在时刻 1 以每股 50 美元或者 200 美元购进 $-x$ 股股票.

我们有兴趣确定期权合适的单位价格 c. 特别地, 我们将证明, 除非 $c = \dfrac{50}{3}$, 将总有一个购买的组合能得到正的获利.

为了证明这一点, 假设在时刻 0, 我们

$$\text{购进 } x \text{ 单位股票}, \quad \text{购进 } y \text{ 单位期权},$$

其中 x 和 y(它们可以为正, 也可以为负) 待定. 在时刻 1, 我们持有的价值依赖股票的价格, 它由下式给出

$$价值 = \begin{cases} 200x + 50y, & 价格是 200, \\ 50x, & 价格是 50, \end{cases}$$

上面的公式成立是因为, 注意到若股票价格是 200, 则 x 单位股票值 $200x$, 而 y 单位的期权价的价值是 $(200-150)y$. 另一方面, 若股票价格是 50, 则 x 单位股票值 $50x$, 而 y 单位期权没有价值. 现在假设不管在时刻 1 股票的价格是什么, 我们总选取 y 使上面的两个值相同. 就是说, 我们选取 y 使得

$$200x + 50y = 50x, \quad 从而 \ y = -3x.$$

(注意 y 的符号与 x 相反, 所以若 x 是正, 作为结果, x 单位的股票在时刻 0 购进, 则 $3x$ 单位的股票期权在同时卖出. 类似地, 若 x 是负, 则 $-x$ 单位的股票在时刻 0 卖出, 而 $-3x$ 单位的股票期权在时刻 0 购进.)

于是, 由 $y = -3x$, 在时刻 1 我们持有的价值是

$$价值 = 50x,$$

因为原来购买 x 单位股票和 $-3x$ 单位期权的价格是

$$原价格 = 100x - 3xc,$$

我们看到, 在交易中我们的获利是

$$获利 = 50x - (100x - 3xc) = x(3c - 50),$$

所以, 若 $3c = 50$, 则获利为 0; 另一方面, 若 $3c \neq 50$, 则我们可以保证有一个正的获利 (不管在时刻 1 股票的价格是什么), 只要在 $3c > 50$ 时, 令 x 为正, 在 $3c < 50$ 时令 x 为负.

例如, 如果每个期权的单位价格是 $c = 20$, 那么购进 1 个单位的股票 ($x = 1$) 且同时卖出 3 个单位的期权 ($y = -3$), 在开始我们付出价格为 $100 - 60 = 40$. 然而, 不管股票价格升至 200, 或者降到 50, 这个持有在时刻 1 的价格是 50. 于是, 得到了一个有保证的利润 10. 类似地, 如果每个期权的单位价格是 $c = 15$, 那么卖出 1 个单位的股票 ($x = -1$) 且同时购进 3 个单位的期权 ($y = 3$) 导致一个初始获利为 $100 - 45 = 55$. 另一方面, 这个持有在时刻 1 的价格是 -50. 就得到一个有保证的利润 5.

一定赢的下注方案称为套利. 于是, 正如我们已经看到的, 不会导致套利的期权价格 c 只能是 $c = \dfrac{50}{3}$.

6.5.1 套利定理

利用证券定价之间的不一致进行资金转移, 从中赢得无风险利润的行为称为套利. 套利行为需要同时进行等量证券买卖, 通过其差价获利. 套利定理是数理金融理论中最重要的基

6.5 股票期权的定价

础理论之一, 是研究套利和金融中均衡和公平性的重要工具. 由套利定理可以导出数理金融中其他的很多结论.

考虑一个试验, 其可能结果的集合是 $S = \{1, 2, \cdots, m\}$. 假设有 n 种赌注. 如果试验的结果为 j, 而以金额 x 下注于赌注 i 时, 则赚得回报为 $xr_i(j)$. 换句话说, $r_i(\cdot)$ 是每个单位下注于赌注 i 的回报函数. 在一个赌注上的下注金额允许或是正, 或是负, 或是 0.

一个下注方案是一个向量 $x = (x_1, \cdots, x_n)$, 以 x_1 解释为在赌注 1 上的下注, x_2 为在赌注 2 上的下注, $\cdots, x_n$ 为在赌注 n 上的下注. 如果试验的结果为 j, 那么下注方案 x 的回报是

$$\text{从下注方案 } x \text{ 的回报} = \sum_{i=1}^{n} x_i r_i(j).$$

下面的定理说明, 或者存在一个在所有可能结果的集合上的概率向量 $p = (p_1, \cdots, p_m)$, 使得所有的赌注的期望回报是 0, 或者存在一个保证获利为正的下注方案.

定理 6.5.1 (套利定理) 以下恰有一条是正确的

或者

(i) 存在一个概率向量 $p = (p_1, \cdots, p_m)$, 使得

$$\sum_{j=1}^{m} p_i r_i(j) = 0, \text{ 对于一切 } i = 1, \cdots, n;$$

或者

(ii) 存在一个下注方案 $x = (x_1, \cdots, x_n)$, 使得

$$\sum_{i=1}^{n} x_i r_i(j) > 0, \text{ 对于一切 } j = 1, \cdots, m,$$

换句话说, 如果 X 是试验的结果, 那么套利定理说明, 或者存在一个概率向量 $p = (p_1, \cdots, p_m)$, 使得

$$E_p[r_i(X)] = 0, \text{ 对于一切 } i = 1, \cdots, n,$$

否则存在导致一定赢的一个下注方案.

套利定理表明, 在实验所有的结果集合中, 要么存在一个赌博策略, 在这个策略下, 对于实验的任何一个结果, 都会得到一个正的收益; 要么存在一个概率分布, 在这个分布下, 每种赌博的期望收益为 0, 这个概率分布也称为风险中性概率分布. 套利定理也表明, 要么一定能套利, 要么一定不能套利.

注 6.5.1 这个定理是 (线性代数中的) 分离超平面的定理的推论, 它常用作证明线性规划对偶定理的一个技巧.

线性规划理论可以用来确定一个保证有最大回报的下注策略. 假设每个赌注的下注金额的绝对值必须小于或者等于 1. 为了确定导致最大地保证赢利 (称赢利 v) 的向量 x, 我们必须选取 x 和 v, 使得在服从约束条件

$$\sum_{i=1}^{n} x_i r_i(j) \geqslant v, \quad \text{对于 } j = 1, \cdots, m,$$

$$-1 \leqslant x_i \leqslant 1, \quad i = 1, \cdots, n$$

下, 使 v 最大. 这个最优化问题是一个线性规划, 且可以由标准的方法求解 (例如用单纯形方法). 套利定理导致最佳值 v 将是正的, 除非存在一个概率向量 $p = (p_1, \cdots, p_m)$, 使对一切 $i = 1, \cdots, n$, 有 $\sum_{j=1}^{m} p_i r_i(j) = 0$.

例 6.5.1 在某些情形, 下注类型只允许选取一种基本结果 i, $i = 1, \cdots, m$, 并且打赌试验的基本结果是 i. 由这样的下注回报, 常用术语引述为 "优势". 如果基本结果 i 的优势是 o_i (常常写成 "o_i 比 1")(即赔率为 o_i), 那么, 若试验的基本结果是 i, 则一个单位的下注将回报 o_i, 而在其他情形的回报是 -1, 即

$$r_i(j) = \begin{cases} o_i, & j = i, \\ -1, & \text{其他.} \end{cases}$$

假设优势设置为 $o_1, \cdots, o_m$. 为了使得不一定准赢, 就必须有一个概率向量 $p = (p_1, \cdots, p_m)$, 使得

$$0 \equiv E_p[r_i(X)] = o_i p_i - (1 - p_i),$$

就是说, 必须有

$$p_i = \frac{1}{1 + o_i},$$

由于 p_i 的和必须为 1, 这意味着没有套利的条件是

$$\sum_{i=1}^{m} (1 + o_i)^{-1} = 1,$$

于是, 如果设置的优势使 $\sum_i (1 + o_i)^{-1} \neq 1$, 那么准赢是可能的. 例如, 假设有 3 个可能的基本结果, 而其优势如下

结果	优势
1	1
2	2
3	3

就是说, 对于结果 1 的优势是 1 比 1, 对于结果 2 的优势是 2 比 1, 对于结果 3 的优势是 3 比 1. 由于

$$\frac{1}{2} + \frac{1}{3} + \frac{1}{4} > 1,$$

准赢是可能的. 一种可能是下注 -1 于基本结果 1(所以你或者赢 1, 如果基本结果不是 1, 或者输 1, 如果基本结果是 1), 而下注 -0.7 于基本结果 2, 并且下注 -0.5 于基本结果 3. 如果试验结果是 1, 那么我们赢 $-1 + 0.7 + 0.5 = 0.2$; 如果试验结果是 2, 那么我们赢 $1 - 0.4 + 0.5 = 0.1$; 如果试验结果是 3, 那么我们赢 $1 + 0.7 - 1.5 = 0.2$. 因此, 在所有的情形, 我们都赢得一个正的金额.

注 6.5.2 如果 $\sum_i (1+o_i)^{-1} \neq 1$, 那么下注方案

$$x_i = \frac{(1+o_i)^{-1}}{1 - \sum_i (1+o_i)^{-1}}, \quad i = 1, \cdots, n$$

将总是导致恰为 1 的获利.

例 6.5.2 我们重新考虑 6.4 节期权定价的例子, 其中一股股票的初始价格是 100, 而在时刻 1 的现价或者是 200, 或者是 50. 可以在时刻 0 以每股 c 的价格购买期权, 以便在时刻 1 以现价每股 150 购进股票. 问题在于如何设置 c 使得不可能准赢.

在本节的正文中, 试验的基本结果是在时刻 1 的股票的价格. 于是, 有两种可能的结果. 也有两种不同的赌注: 购进 (或卖出) 股票和购进 (或卖出) 期权. 由套利定理, 如果有一个概率向量 $(p, 1-p)$ 使两种赌注下的期望回报是 0, 则将不是准赢.

购进一个单位股票的回报是

$$\text{回报} = \begin{cases} 200 - 100 = 100, & \text{在时刻 1 的价格是 } 200, \\ 50 - 100 = -50, & \text{在时刻 1 的价格是 } 50, \end{cases}$$

因此, 如果 p 是在时刻 1 价格为 200 的概率, 那么

$$E[\text{回报}] = 100p - 50(1-p),$$

令它等于 0 导致 $p = \frac{1}{3}$. 使赌注 1 导致回报为 0 的唯一概率向量 $(p, 1-p)$ 是量 $\left(\frac{1}{3}, \frac{2}{3}\right)$.

现在, 购买一股期权的回报是

$$\text{回报} = \begin{cases} 50 - c, & \text{价格是 } 200, \\ -c, & \text{价格是 } 50, \end{cases}$$

因此, 当 $p = \frac{1}{3}$ 时的期望回报是

$$E[\text{回报}] = (50-c)\frac{1}{3} - c\frac{2}{3} = \frac{50}{3} - c,$$

于是, 由套利定理推出, 唯一不使准赢的 c 值是 $c = \frac{50}{3}$.

6.5.2 Black-Scholes 期权定价公式

最早在 1900 年, 法国数学家 Bachelier 运用数学方法分析了金融的投机问题, 提出了一个期权定价公式, 他认为在资本市场中有买有卖, 买者看涨, 卖者看跌, 资本价格的波动遵循布朗运动. 此后, 大量关于股票和期权估值的研究开始蓬勃发展起来. Black-Scholes 公式的出现, 解决了困扰经济学家至少大半个世界的难题. Black-Scholes 模型为投资者提供了适合股票和金融衍生产品的定价公式. 现在 Black-Scholes 期权定价公式已经成为实业界评估期权价格最广泛使用的基准公式. Black 和 Scholes 提出的期权定价模型以及公式是现代数理

金融的基础和重要理论,无论在金融实际还是理论方面,它都发挥着巨大的作用,有着划时代的地位.

假设股票现在的价格是 $X(0) = x_0$,且以 $X(t)$ 记它在时刻 t 的价格. 假设我们有兴趣于时间区间 0 到 T 的股票. 假定折现因子是 α(等价于利率是 $100\alpha\%$ 的连续复利),所以在时刻 t 股票价格的现值是 $e^{-\alpha t}X(t)$.

我们可以将股票价格按时间的变化过程当作一种试验,这样,试验的结果就是函数 $X(t)$ $(0 \leqslant t \leqslant T)$ 的值. 对于任意的 $s < t$,可用的赌注类型是,我们可以对时刻 s 观察这个过程,然后在时刻 t 以价格 $X(t)$ 购进 (或卖出) 这些股票. 此外,假设可以在时刻 0 购进任意 N 种不同的期权. 期权 i 的每股价格为 c_i,给我们在时刻 t_i 以每股 $K_i(i=1,\cdots,N)$ 的价格购进股票的权利.

假设要确定 c_i 的值,使得不存在一个准赢的下注策略. 假定套利定理可以推广 (处理上述情形,其中试验的基本结果是一个函数),则推出不存在准赢策略,当且仅当存在一个基本结果集合上的概率测度,使得在这个测度下所有的赌注都有期望回报 0. 令 P 是在基本结果集合上的一个概率测度. 首先考虑对于一个时刻 S 观察股票而后购进 (或卖出) 一股,以在时刻 $t(0 \leqslant s < t \leqslant T)$ 卖出 (或购进) 为目的的赌注. f 支付于这只股票的金额现值是 $e^{-\alpha s}X(s)$,而接收到的金额现值是 $e^{-\alpha t}X(t)$. 因此,当 P 是在 $X(t)(0 \leqslant t \leqslant T)$ 上的概率测度时,为了这个赌注的期望回报是 0,必须有

$$E_P[e^{-\alpha t}X(t) \mid X(u), 0 \leqslant u \leqslant s] = e^{-\alpha s}X(s). \tag{6.10}$$

现在考虑买进一个期权的赌注. 假设这个期权给我们在时刻 t 以价格 K 购买一股股票的权利. 在时刻 t,这个期权的价值如下:

$$\text{在时刻}t\text{期权的价值} = \begin{cases} X(t) - K, & X(t) \geqslant K, \\ 0, & X(t) < K, \end{cases}$$

即在时刻 t 期权的价值是 $(X(t) - K)^+$. 因此,期权的价值现值是 $e^{-\alpha t}(X(t) - K)^+$,如果 c 是期权 (在时刻 0) 的价格,我们看到,为了使购买的期权有期望 (现值) 回报 0,必须有

$$E_P[e^{-\alpha t}(X(t) - K)^+] = c, \tag{6.11}$$

由套利定理,如果能够找到在基本结果集合上的一个概率测度 P 满足方程 (6.10),那么,若在时刻 t 以固定的价格 K 购买的一只股票的期权价格 c 由方程 (6.11) 给出,这时不可能有套利. 另一方面如果对于给定的 $c_i, i = 1, \cdots, N$,没有概率测度 P 满足方程 (6.10) 和等式

$$c_i = E_P[e^{-\alpha t_i}(X(t_i) - K_i)^+], \quad i = 1, \cdots, N,$$

那么准赢是可能的.

假设

$$X(t) = x_0 e^{Y(t)},$$

6.5 股票期权的定价

其中 $\{Y(t), t \geqslant 0\}$ 是具有漂移系数 μ 和方差参数 σ^2 的布朗运动, 即 $\{X(t), t \geqslant 0\}$ 是一个几何布朗运动过程. 由方程 (6.9), 对于 $s < t$, 有

$$E[X(t) \mid X(u), 0 \leqslant u \leqslant s] = X(s) e^{(t-s)\left(\mu + \frac{\sigma^2}{2}\right)},$$

因此, 如果选取 μ 和 σ^2 使得

$$\mu + \frac{\sigma^2}{2} = \alpha,$$

那么将存在一个概率测度满足方程 (6.10). 即令 P 是由随机过程 $\{x_0 e^{Y(t)}, 0 \leqslant t \leqslant T\}$ 决定的概率测度, 其中 $\{Y(t)\}$ 是漂移系数 μ 和方差参数 σ^2 的布朗运动, 且 $\mu + \dfrac{\sigma^2}{2} = \alpha$, 则 P 满足方程 (6.10).

由上面推出, 如果把在时刻 t 以固定的价格 K 购买一只股票的期权定价为

$$c = E_P[e^{-\alpha t}(X(t) - K)^+],$$

那么就没有套利的可能性. 由于 $X(t) = x_0 e^{Y(t)}$, 其中 $Y(t)$ 是均值为 μt 和方差为 $\sigma^2 t$ 的正态随机变量, 我们看到

$$\begin{aligned} c e^{\alpha t} &= \int_{-\infty}^{\infty} (x_0 e^y - K)^+ \frac{1}{\sqrt{2\pi t \sigma^2}} e^{-\frac{(y-\mu t)^2}{2t\sigma^2}} \, dy \\ &= \int_{\ln\left(\frac{K}{x_0}\right)}^{\infty} (x_0 e^y - K) \frac{1}{\sqrt{2\pi t \sigma^2}} e^{-\frac{(y-\mu t)^2}{2t\sigma^2}} \, dy, \end{aligned}$$

作变量替换 $\omega = \dfrac{y - \mu t}{\sigma \sqrt{t}}$ 可得

$$c e^{\alpha t} = x_0 e^{\mu t} \frac{1}{\sqrt{2\pi}} \int_a^{\infty} e^{\sigma \omega \sqrt{t}} e^{-\frac{\omega^2}{2}} d\omega - K \frac{1}{\sqrt{2\pi}} \int_a^{\infty} e^{-\frac{\omega^2}{2}} d\omega, \tag{6.12}$$

其中

$$a = \frac{\ln\left(\dfrac{K}{x_0}\right) - \mu t}{\sigma \sqrt{t}}.$$

现在

$$\begin{aligned} \frac{1}{\sqrt{2\pi}} \int_a^{\infty} e^{\sigma \omega \sqrt{t}} e^{-\frac{\omega^2}{2}} d\omega &= e^{\frac{t\sigma^2}{2}} \frac{1}{\sqrt{2\pi}} \int_a^{\infty} e^{-\frac{(\omega - \sigma\sqrt{t})^2}{2}} d\omega \\ &= e^{\frac{t\sigma^2}{2}} P\{N(\sigma\sqrt{t}, 1) \geqslant a\} \\ &= e^{\frac{t\sigma^2}{2}} P\{N(0,1) \geqslant a - \sigma\sqrt{t}\} \\ &= e^{\frac{t\sigma^2}{2}} P\{N(0,1) \leqslant -(a - \sigma\sqrt{t})\} \\ &= e^{\frac{t\sigma^2}{2}} \phi(\sigma\sqrt{t} - a), \end{aligned}$$

其中 $N(m, v)$ 是均值为 m 和方差为 v 的正态随机变量, 而 ϕ 是标准正态分布的概率分布函数.

于是, 我们从方程 (6.12) 看到

$$ce^{\alpha t} = x_0 e^{\mu t + \frac{\sigma^2 t}{2}} \phi(\sigma\sqrt{t} - a) - K\phi(-a),$$

利用 $\mu + \dfrac{\sigma^2}{2} = \alpha$, 并且令 $b = -a$, 我们可将它写为

$$c = x_0 \phi(\sigma\sqrt{t} + b) - Ke^{-\alpha t} \phi(b), \tag{6.13}$$

其中

$$b = \frac{\alpha t - \dfrac{\sigma^2 t}{2} - \ln\left(\dfrac{K}{x_0}\right)}{\sigma\sqrt{t}}.$$

由方程 (6.13) 给出的期权价格公式, 依赖于股票的初始价格 x_0、期权执行的时刻 t、期权执行的价格 K、折扣 (或利率) 因子 α 和值 σ^2(称为波动率). 注意对于 σ^2 的任意值, 如果期权按方程 (6.13) 中的公式定价, 则没有套利的可能性. 然而, 因为很多人相信股票的价格实际上遵循几何布朗运动 (即 $X(t) = x_0 e^{Y(t)}$, 其中 $Y(t)$ 是参数为 μ 和 σ^2 的漂移布朗运动), 就自然地建议取参数 σ^2 为在几何布朗运动模型假定下方差参数的估计值 (参见下面的注), 按方程 (6.13) 中的公式定价期权. 做了这些之后, 公式 (6.13) 以 Black-Scholes 期权价格的估价而著名. 有趣的是这个估价并不依赖于漂移参数 μ, 而只依赖于方差参数 σ^2. Black-Scholes 定价公式, 不能直接观察到股票价格的波动率.

如果期权本身可以交易, 那么公式 (6.13) 可以用来设置其价格使套利没有可能性. 如果在时刻 s 股票的价格是 $X(s) = x_s$, 那么一个 (t, K) 期权的价格 (即一个在时刻 t 以价格 K 购买一个单位的股票期权) 将是在方程 (6.13) 中以 $t - s$ 取代 t, 并且以 x_s 取代 x_0 所得.

注 6.5.3 如果我们在任意时间区间观察一个方差参数为 σ^2 的布朗运动过程, 那么就可以在理论上得到 σ^2 的一个任意精确的估计. 假设观察这样一个过程 $\{Y(s)\}$ 一段时间 t. 那么, 对于固定的 t, 设 $N = \left[\dfrac{t}{h}\right]$, 这里 $\left[\dfrac{t}{h}\right]$ 表示小于等于 $\dfrac{t}{h}$ 的最大整数, 并且令

$$W_1 = Y(h) - Y(0),$$
$$W_2 = Y(2h) - Y(h),$$
$$\cdots\cdots$$
$$W_N = Y(Nh) - Y(Nh - h),$$

那么, 随机变量 $W_1, \cdots, W_N$ 是独立同分布的具有方差 $h\sigma^2$ 的正态随机变量. 现在我们利用以下的事实: $\dfrac{(N-1)S^2}{\sigma^2 h}$ 是自由度为 $N - 1$ 的卡方分布, 其中 S^2 是由式

$$S^2 = \frac{1}{N-1} \sum_{i=1}^{N} (W_i - \overline{W})^2$$

定义的样本方差. 因为自由度为 K 的卡方分布的期望值和方差分别等于 K 和 $2K$, 即

$$E\left[\frac{(N-1)S^2}{\sigma^2 h}\right] = N - 1,$$

6.5 股票期权的定价

$$\text{Var}\left[\frac{(N-1)S^2}{\sigma^2 h}\right] = 2(N-1).$$

由此得到 $E\left[\dfrac{S^2}{h}\right] = \sigma^2$ 与 $\text{Var}\left[\dfrac{S^2}{h}\right] = \dfrac{2\sigma^4}{N-1}$. 因此, 当我们让 h 变得越来越小时, $N = \left[\dfrac{t}{h}\right]$ 变得越大, σ^2 的无偏估计的方差将变得任意小.

方程 (6.13) 并不是可以定价期权使其不存在套利可能的唯一途径. 对于 $s < t$, 令 $\{X(t), 0 \leqslant t \leqslant T\}$ 是满足方程 (6.10) 的任意随机过程, 且

$$E[e^{-\alpha t}X(t) \mid X(u), 0 \leqslant u \leqslant s] = e^{-\alpha s}X(s), \tag{6.14}$$

则可以通过假设在时刻 t 以价格 K 购买一股股票的期权价格 c 等于

$$c = E[e^{-\alpha t}(X(t) - K)^+], \tag{6.15}$$

推出没有套利的可能性.

除了几何布朗运动外, 满足方程 (6.14) 的另一种类型的随机过程构造如下:

令 $Y_1, Y_2, \cdots$ 是具有相同均值 μ 的一系列独立随机变量, 并且假设 $\{Y_i, i = 1, 2, \cdots\}$ 与一个强度为 λ 的泊松过程 $\{N(t), t \geqslant 0\}$ 无关. 令

$$X(t) = x_0 \prod_{i=1}^{N(t)} Y_i,$$

利用恒等式

$$X(t) = x_0 \prod_{i=1}^{N(s)} Y_i \prod_{j=N(s)+1}^{N(t)} Y_j$$

以及泊松过程具有独立增量性的假定, 我们看到, 对于 $s < t$,

$$E[X(t) \mid X(u), 0 \leqslant u \leqslant s] = X(s) E\left[\prod_{j=N(s)+1}^{N(t)} Y_j\right],$$

对 s 和 t 之间的事件数取条件, 得到

$$E\left[\prod_{j=N(s)+1}^{N(t)} Y_j\right] = \sum_{n=0}^{\infty} \mu^n e^{-\lambda(t-s)} \frac{[\lambda(t-s)]^n}{n!} = e^{-\lambda(t-s)(1-\mu)},$$

因此

$$E[X(t) \mid X(u), 0 \leqslant u \leqslant s] = e^{-\lambda(t-s)(1-\mu)}.$$

于是, 如果我们选 λ 和 μ 满足 $\lambda(1-\mu) = -\alpha$, 方程 (6.14) 就得以满足. 所以, 如果对于任意 λ 值, 让 Y_i 具有相同均值 $\mu = 1 + \dfrac{\alpha}{\lambda}$, 而后按方程 (6.15) 定价期权, 那么, 就不存在套利的可能性.

注 6.5.4 如果 $\{X(t), t \geqslant 0\}$ 满足方程 (6.14), 那么, 过程 $\{e^{-\alpha t}X(t), t \geqslant 0\}$ 称为鞅. 于是, 当 $\{e^{-\alpha t}X(t), t \geqslant 0\}$ 遵循某个鞅的概率规律时, 使得期权的期望获利为 0 的任意期权定价方法将导致不存在套利.

也就是说, 如果我们选取任意鞅过程 $\{Z(t)\}$, 且令一个 (t, K) 期权的价格 c 为

$$c = E[e^{-\alpha t}(e^{\alpha t}Z(t) - K)^+] = E[(Z(t) - Ke^{-\alpha t})^+],$$

那么, 不会准赢.

另外, 当我们不考虑赌注的类型, 其中在时刻 s 购买的一只股票不是在一个固定的时刻卖出, 而是在依赖于股票运动的某个随机时刻卖出, 用关于鞅的同样结果, 可以证明这样的赌注的期望回报也等于 0.

注 6.5.5 套利定理的更一般的形式是 de Finetti 在 1937 年首先给出的. 套利定理是其中的一个特殊情形.

6.6 白 噪 声

白噪声是在实际中经常遇到的一类随机干扰的数学模型. 比如在电路系统中, 由于分子的热运动, 电路中的电流或电压都会受到这种热运动引起的干扰. 从数学上看, 当外界条件不变时, 可以认为这种干扰的主要统计特性是不随时间的推移而改变的, 所以假定它是平稳过程. 从功率谱的角度来看这种干扰对不同频率都能进行干扰, 所以它的谱在各个频率分量上都有同样的功率. 这类似于白光的能谱在各种频率上均匀分布. 所以把这种干扰称为白噪声, 白噪声是功率谱密度为常数的零均值平稳过程.

例 6.6.1 设 $\{X_n, n = 0, \pm 1, \pm 2, \cdots\}$ 是实的互不相关随机变量序列, 且 $EX_n = 0$, $\mathrm{Var}X_n = \sigma^2$. 试讨论随机序列的平稳性.

解 因为 $EX_n = 0$, 以及

$$R_X(n, n-\tau) = E(X_n X_{n-\tau}) = \begin{cases} \sigma^2, & \tau = 0, \\ 0, & \tau \neq 0, \end{cases}$$

其中 τ 为整数, 故随机序列的均值为常数, 相关函数仅与 τ 有关, 因此它是平稳的随机序列. □

在物理和工程技术中, 称上述随机序列 $\{X_n, n = 0, \pm 1, \pm 2, \cdots\}$ 为白噪声. 它普遍存在于各类波动现象中, 如电子发射波的波动, 通信设备中电流或电压的波动等. 这是一种比较简单的随机干扰的数学模型.

以 $\{X(t), t \geqslant 0\}$ 记标准布朗运动, 且令 f 为在区间 $[a, b]$ 上有连续导数的一个函数, 定义随机积分 $\int_a^b f(t)\mathrm{d}X(t)$ 如下:

$$\int_a^b f(t)\mathrm{d}X(t) \equiv \lim_{\substack{n \to \infty \\ \max(t_i - t_{i-1}) \to 0}} \sum_{i=1}^n f(t_{i-1})[X(t_i) - X(t_{i-1})], \qquad (6.16)$$

其中 $a = t_0 < t_1 < \cdots < t_n = b$ 是区间 $[a,b]$ 的一个划分. 利用恒等式 (分部积分公式应用于和)

$$\sum_{i=1}^n f(t_{i-1})[X(t_i) - X(t_{i-1})]$$
$$= f(b)X(b) - f(a)X(a) - \sum_{i=1}^n X(t_i)[f(t_i) - f(t_{i-1})],$$

我们看到

$$\int_a^b f(t)\mathrm{d}X(t) = f(b)X(b) - f(a)X(a) - \int_a^b X(t)\mathrm{d}f(t). \tag{6.17}$$

方程 (6.17) 通常用作 $\int_a^b f(t)\mathrm{d}X(t)$ 的定义. 通过利用方程 (6.17) 的右边, 在假定期望与极限可交换的情况下, 得到

$$E\left[\int_a^b f(t)\mathrm{d}X(t)\right] = 0.$$

同样

$$\mathrm{Var}\left(\sum_{i=1}^n f(t_{i-1})[X(t_i) - X(t_{i-1})]\right) = \sum_{i=1}^n f^2(t_{i-1})\mathrm{Var}(X(t_i) - X(t_{i-1}))$$
$$= \sum_{i=1}^n f^2(t_{i-1})(t_i - t_{i-1}),$$

其中第一个等式来自布朗运动的独立增量性质. 因此, 在上式中取极限. 由方程 (6.16) 得到

$$\mathrm{Var}\left(\int_a^b f(t)\mathrm{d}X(t)\right) = \int_a^b f^2(t)\mathrm{d}t.$$

注 6.6.1 上面给出了一族量 $\{\mathrm{d}X(t), 0 \leqslant t < \infty\}$ 的运算含义, 将它看成函数 f 映射到值 $\int_a^b f(t)\mathrm{d}X(t)$ 的一个算子, 称为白噪声变换, 或者更为一般地, $\{\mathrm{d}X(t), 0 \leqslant t < \infty\}$ 称为**白噪声**, 因为它可以想象为一个时变函数 f 在白噪声的介质中传播导致 (在时间 b 的) 一个输出 $\int_a^b f(t)\mathrm{d}X(t)$.

例 6.6.2 考虑悬在某种液体中的一个单位质量的粒子, 且假设液体有一种黏性力以与现速度成比例地阻止粒子的速度. 另外, 我们假设速度以白噪声的常数倍瞬时改变. 即如果以 $V(t)$ 记粒子在时刻 t 的速度, 假设

$$V'(t) = -\beta V(t) + \alpha X'(t),$$

其中 $\{X(t), t \geqslant 0\}$ 是标准布朗运动. 这可以写成如下的形式

$$\mathrm{e}^{\beta t}[V'(t) + \beta V(t)] = \alpha \mathrm{e}^{\beta t} X'(t),$$

从而
$$\frac{\mathrm{d}}{\mathrm{d}t}[\mathrm{e}^{\beta t}V(t)] = \alpha \mathrm{e}^{\beta t}X'(t),$$

因此, 积分得到
$$\mathrm{e}^{\beta t}V(t) = V(0) + \alpha \int_0^t \mathrm{e}^{\beta s}X'(s)\mathrm{d}s,$$

所以
$$V(t) = V(0)\mathrm{e}^{-\beta t} + \alpha \int_0^t \mathrm{e}^{-\beta(t-s)} \mathrm{d}X(s),$$

因此, 由方程 (6.17) 得
$$V(t) = V(0)\mathrm{e}^{-\beta t} + \alpha \left[X(t) - \int_0^t X(s)\beta \mathrm{e}^{-\beta(t-s)} \mathrm{d}s\right].$$

例 6.6.3 设 $\{Z_n, n = 0, \pm 1, \pm 2, \cdots\}$ 为复随机序列, 且 $E[Z_n] = 0$, $E[Z_n\overline{Z_m}] = \sigma_n^2 \delta_{nm}$, $\sum_{n=-\infty}^{\infty} \sigma_n^2 < \infty$, $\omega_n(n = 0, \pm 1, \pm 2, \cdots)$ 为实序列. 对于每一个 t, 可以证明级数在均方意义下收敛. 令
$$X(t) = \sum_{n=-\infty}^{\infty} Z_n \mathrm{e}^{\mathrm{i}\omega_n t},$$

利用随机变量级数均方收敛性质, 可以推得
$$E[X(t)] = E\left[\sum_{n=-\infty}^{\infty} Z_n \mathrm{e}^{\mathrm{i}\omega_n t}\right] = 0,$$

$$E[X(t)\overline{X(t-\tau)}] = E\left[\sum_{n=-\infty}^{\infty} Z_n \mathrm{e}^{\mathrm{i}\omega_n t} \sum_{m=-\infty}^{\infty} \overline{Z_m} \mathrm{e}^{\mathrm{i}\omega_m(t-\tau)}\right]$$
$$= \sum_{n=-\infty}^{\infty} \sigma_n^2 \mathrm{e}^{\mathrm{i}\omega_n \tau} = \sum_{n=-\infty}^{\infty} E\left[|Z_n|^2\right] \mathrm{e}^{\mathrm{i}\omega_n \tau},$$

所以 $X(t)$ 为平稳过程.

6.7 高斯过程

正态过程, 也称高斯过程, 在工程技术与管理中有广泛的应用, 同时它也是随机过程中一个重要的分支. 一方面, 它是二阶矩过程的代表和典型, 另一方面它在理论上又具有许多良好的性质, 特别是它的概率特性仅由它的均值函数与协方差函数唯一决定.

在初等概率论中, 正态分布是应用最广泛的分布之一. 正态过程也是重要的随机过程之一. 设 $T = [0, \infty)$, 称随机过程 $\{X(t), t \in T\}$ 为正态随机过程, 如果对任意正整数 n 及 $t_1, \cdots, t_{r_2} \in T, (X(t_1), \cdots, X(t_n))$ 是 n 维正态向量. 我们由下述定义开始.

定义 6.7.1 随机过程 $\{X(t), t \geqslant 0\}$ 称为**高斯过程**, 或者**正态过程**, 如果对于一切 $t_1, \cdots, t_n$, $X(t_1), \cdots, X(t_n)$ 具有多维正态分布.

6.7 高斯过程

如果 $\{X(t), t \geqslant 0\}$ 是布朗运动过程, 那么因为 $X(t_1), \cdots, X(t_n)$ 中的每一个都可以表示为独立的正态随机变量 $X(t_1), X(t_2) - X(t_1), X(t_3) - X(t_2), \cdots, X(t_n) - X(t_{n-1})$ 的线性组合, 由此推出布朗运动是高斯过程.

例 6.7.1 英国植物学家布朗发现花粉表面的植物微粒做无规则的运动, 后来就称为布朗运动. 这种运动的起因是花粉受到液体分子的碰撞, 这种碰撞每秒钟多达 10^{21} 次, 这些微小碰撞力的总和使得花粉微粒做随机运动. 我们用 $X(t), Y(t)$ 表示 t 时刻花粉微粒的位置, 这是二维随机向量. 我们得到 $\{(X(t), Y(t)), t \in (0, \infty)\}$.

考虑上例中的布朗运动, 下面给出一维情况的数学模型, 设 $\{X(t)\}$ 表示 t 时刻花粉位置的坐标. 设 $t > s$, 那么位移 $X(t) - X(s)$ 是许多相互独立的微小位移之和, 由中心极限定理可知, $X(t) - X(s)$ 应服从正态分布. 由液体的均匀性质, 应设 $E[X(t) - X(s)] = 0$, 而其方差应与 $t - s$ 成正比, 即 $\text{Var}[X(t) - X(s)] = \sigma^2(t - s)$. 这里 σ 是依赖于液体性质的正的常数, 由液体均匀性, 它应与空间位置及起始时刻 t 无关, 设 $t_1 < t_2 < \cdots < t_n$, 位移 $X(t_n) - X(t_{n-1}), \cdots, X(t_2) - X(t_1)$ 分别为许多几乎独立的小位移之和, 故应设它们独立. 这样一来我们得到 Wiener-Einstein 过程的定义.

定义 6.7.2 设 $\{X(t), t \in T\}$ 为实随机过程, 如果满足:

(1) 具有独立增量, 即对于任意 $t_1 < \cdots < t_n (n > 2, t_j \in T)$, 诸增量

$$X(t_2) - X(t_1), \cdots, X(t_n) - X(t_{n-1})$$

相互独立;

(2) $X(t) - X(s)$ 服从 $N(0, \sigma^2|t-s|)$ 分布,

称 $\{X(t), t \in T\}$ 为 **Wiener-Einstein 过程**, 或**布朗运动**.

下面证明它是正态过程.

设 $X(0) = 0, T = (0, \infty)$, 对任意 $t_1 < \cdots < t_n$, 由定义

$$(X(t_1), X(t_2) - X(t_1), \cdots, X(t_n) - X(t_{n-1}))$$

是 n 维正态向量, 且

$$X(t_1) = X(t_1) - X(0),$$

因为

$$(X(t_1), X(t_2), \cdots, X(t_n))$$

$$= (X(t_1) - X(0), X(t_2) - X(t_1), \cdots, X(t_n) - X(t_{n-1})) \begin{pmatrix} 1 & 1 & \cdots & 1 \\ 0 & 1 & \cdots & 1 \\ \vdots & \vdots & \ddots & \vdots \\ 0 & 0 & \cdots & 1 \end{pmatrix},$$

故 $(X(t_1), \cdots, X(t_n))$ 是 n 维正态向量, 所以 $\{X(t), t \in T\}$ 是正态过程.

因为多维正态分布完全由它的边际分布的均值与协方差确定, 由此推出标准布朗运动 $\{X(t), t \geqslant 0\}$ 也可以定义为高斯过程, 具有 $E[X(t)] = 0$, 且对于 $s \leqslant t$,

$$\text{Cov}(X(s), X(t)) = \text{Cov}(X(s), X(t) - X(s) + X(s))$$

$$= \mathrm{Cov}(X(s), X(t) - X(s)) + \mathrm{Cov}(X(s), X(s))$$
$$= \mathrm{Cov}(X(s), X(s)) \quad (\text{由独立增量})$$
$$= s. \quad (\text{因为 } \mathrm{Var}(X(s)) = s) \tag{6.18}$$

令 $\{X(t), t \geqslant 0\}$ 是一个标准布朗运动, 且考虑在 0 与 1 之间取条件于 $X(1) = 0$ 的过程值. 也就是考虑条件随机过程 $\{X(t), 0 \leqslant t \leqslant 1 \mid X(1) = 0\}$. 由于 $X(t_1), \cdots, X(t_n)$ 的条件分布是多维正态分布, 由此推出这个条件过程是一个高斯过程, 称为**布朗桥**(因为它在时间 0 和 1 都被系住了). 下面计算它的协方差函数. 因为, 由方程 (6.4), 可得

$$E[X(s) \mid X(1) = 0] = 0, \quad \text{对 } s < 1,$$

因此对于 $s < t < 1$, 有

$$\mathrm{Cov}(X(s), X(t) \mid X(1) = 0) = E[X(s)X(t) \mid X(1) = 0]$$
$$= E[E[X(s)X(t) \mid X(t), X(1) = 0]] \quad (\text{由双期望公式})$$
$$= E[X(t)E[X(s) \mid X(t)] \mid X(1) = 0]$$
$$= E\left[X(t)\frac{s}{t}X(t) \Big| X(1) = 0\right] \quad (\text{由方程 (6.4)})$$
$$= \frac{s}{t}E[X^2(t) \mid X(1) = 0]$$
$$= \frac{s}{t}t(1-t) \quad (\text{由方程 (6.4)})$$
$$= s(1-t).$$

于是, 布朗桥可以定义为均值为 0 和协方差函数为 $s(1-t)(s \leqslant t)$ 的一个高斯过程. 这提供了得到布朗桥的另一种途径.

命题 6.7.1 如果 $\{X(t), t \geqslant 0\}$ 是一个标准布朗运动, 那么当 $Z(t) = X(t) - tX(1)$ 时, $\{Z(t), t \geqslant 0\}$ 是一个标准布朗桥过程.

证明 因为 $\{Z(t), t \geqslant 0\}$ 显然是一个高斯过程, 我们只需验证 $E[Z(t)] = 0$ 以及当 $s < t$ 时, $\mathrm{Cov}(Z(s), Z(t)) = s(1-t)$.
$E[Z(t)] = 0$ 是显然的, 而

$$\mathrm{Cov}(Z(s), Z(t)) = \mathrm{Cov}(X(s) - sX(1), X(t) - tX(1))$$
$$= \mathrm{Cov}(X(s), X(t)) - t\mathrm{Cov}(X(s), X(1))$$
$$\quad - s\mathrm{Cov}(X(1), X(t)) + st\mathrm{Cov}(X(1), X(1))$$
$$= s - st - st + st$$
$$= s(1-t),$$

这样就完成了证明. □

定义 6.7.3 如果 $\{X(t), t \geqslant 0\}$ 是布朗运动, 那么由

$$Z(t) = \int_0^t X(s)\mathrm{d}s \tag{6.19}$$

定义的过程为 $\{Z(t), t \geqslant 0\}$, 称为**积分布朗运动**.

例 6.7.2 假设我们对某商品在全部时间的价格建模感兴趣. 以 $Z(t)$ 记在时间 t 某商品的价格, 假设该商品的价格变动率是当前的通胀率 $X(t)$, $\{X(t), t \geqslant 0\}$ 是标准布朗运动, 且

$$\frac{\mathrm{d}Z(t)}{\mathrm{d}t} = X(t), \quad Z(t) = Z(0) + \int_0^t X(s)\mathrm{d}s,$$

则 $\{Z(t), t \geqslant 0\}$ 也是高斯过程.

证明 为了证明 $\{Z(t), t \geqslant 0\}$ 是高斯过程, 首先回顾一下多元正态分布的一些性质. $W_1, \cdots, W_n$ 称为具有多维正态分布, 如果它们可以表示为

$$W_i = \sum_{j=1}^m a_{ij} U_j, \quad i = 1, \cdots, n,$$

其中 $U_j (j = 1, \cdots, m)$ 是独立的正态随机变量. 由此推出 $W_1, \cdots, W_n$ 的任意部分和也是联合正态分布. 现在, $Z(t_1), \cdots, Z(t_n)$ 是多维正态的事实可以通过将方程 (6.19) 中的积分写为近似和的极限来证明. □

因为 $\{Z(t), t \geqslant 0\}$ 是高斯过程, 由此推出它的分布可以由它的均值和协方差函数来描述. 我们来计算它们.

由 $\{X(t), t \geqslant 0\}$ 是标准布朗运动, 所以有

$$E[Z(t)] = E\left[\int_0^t X(s)\mathrm{d}s\right] = \int_0^t E[X(s)]\mathrm{d}s = 0,$$

对于 $s \leqslant t$,

$$\begin{aligned}
\mathrm{Cov}[Z(s), Z(t)] &= E[Z(s), Z(t)] = E\left[\int_0^t X(y)\mathrm{d}y \int_0^s X(u)\mathrm{d}u\right] \\
&= E\left[\int_0^s \int_0^t X(y)X(u)\mathrm{d}y\mathrm{d}u\right] \\
&= \int_0^s \int_0^t E[X(y)X(u)] \,\mathrm{d}y\mathrm{d}u \\
&= \int_0^s \int_0^t \min(y, u) \,\mathrm{d}y\mathrm{d}u \quad (\text{由式 } (6.18)) \\
&= \int_0^s \left(\int_0^u y\mathrm{d}y + \int_u^t u\mathrm{d}y\right) \mathrm{d}u \\
&= s^2 \left(\frac{t}{2} - \frac{s}{6}\right).
\end{aligned}$$

习 题 6

在下面的习题中, 除非特别说明, 否则, $\{B(t), t \geqslant 0\}$ 表示一个标准布朗运动, 而 T_a 表示过程击中 a 所用的时间.

1. 设 $B(t)$ 是始于 0 的标准布朗运动, 对任意常数 α, 计算 $P(B(1) < \alpha, B(2) > 0)$.

2. $B(t), t \geqslant 0$ 是一个标准布朗运动.

(1) $B(s) + B(t)$ $(s \leqslant t)$ 的分布是什么？

(2) 若 $0 < t_1 < s < t_2$, 计算在给定 $B(t_1) = A$ 且 $B(t_2) = B$ 时, $B(s)$ 的条件分布;

(3) 对于 $t_1 < t_2 < t_3$, 计算 $E[B(t_1)B(t_2)B(t_3)]$.

3. 设 $\{B(t), t \geqslant 0\}$ 是标准布朗运动, $X(t) = tB\left(\dfrac{1}{t}\right)$, $t > 0$, $X(0) = 0$, 证明 $\{X(t), t \geqslant 0\}$ 是标准布朗运动.

4. 设 $\{B(t), t \geqslant 0\}$ 是标准布朗运动, T_a 表示过程击中 a 所用的时间. 证明:
$$P\{T_a < \infty\} = 1, \quad E[T_a] = \infty, \quad a \neq 0.$$

5. 设 $\{B(t), t \geqslant 0\}$ 是标准布朗运动, T_a 表示过程击中 a 所用的时间,

(1) 求 $P\{T_1 < T_{-1} < T_2\}$;

(2) 计算 $P\left\{\max\limits_{t_1 \leqslant s \leqslant t_3} B(s) > x\right\}$ 的一个表达式.

6. 假设你拥有一只价格按照标准布朗运动过程变化的股票. 假设你是以价格 $b+c$ 购买这只股票的, $c > 0$, 且现值是 b. 你决定, 或者当价格到达 $b+c$ 时, 或者过了一个附加的时间 t 后 (要看哪一个首先发生) 卖出这只股票. 问你不能复原你购进的价格的概率是多少？

7. 若 $a > 0, t \geqslant 0$, 试证 $Y(t) = \dfrac{B(a^2 t)}{a}$ 是一个标准布朗运动.

8. 考虑随机游动, 它在每个 Δt 时间单位分别以概率 p 和 $1-p$, 或者增加或者减少一个数量 $\sqrt{\Delta t}$, 其中 $p = \dfrac{1}{2}(1 + \mu\sqrt{\Delta t})$.

(1) 论证当 $\Delta t \to 0$ 时, 最终的极限过程是一个具有漂移速率 μ 的布朗运动;

(2) 用 (1) 以及赌徒破产问题的结果, 计算一个具有漂移速率 μ 的布朗运动在减少到 B 之前先增加到 A 的概率, $A > 0, B > 0$.

9. 令 $\{X(t), t \geqslant 0\}$ 是一个具有漂移系数 μ 和方差参数 σ^2 的布朗运动. 对于 $s < t$, $X(s)$ 和 $X(t)$ 的联合密度函数是什么？

10. 令 $\{X(t), t \geqslant 0\}$ 是一个具有漂移系数 μ 和方差参数 σ^2 的布朗运动, 求

(1) $s < t$ 时, 给定 $X(s) = c$ 时 $X(t)$ 的条件分布;

(2) $t < s$ 时, 给定 $X(s) = c$ 时 $X(t)$ 的条件分布.

11. 考虑一个过程, 其取值在每 h 个时间单位变化, 其新值等于旧值或者以概率 $p = \dfrac{1}{2}\left(1 + \dfrac{\mu}{\sigma}\sqrt{h}\right)$ 乘以因子 $e^{\sigma\sqrt{h}}$, 或者以概率 $1-p$ 乘以因子 $e^{-\sigma\sqrt{h}}$. 当 h 趋于 0 时, 证明这个过程收敛到一个具有漂移系数 μ 和方差参数 σ^2 的几何布朗运动.

12. 一只股票现在以 50 美元一股的价格卖出, 在一个单位时间以后, 它的价格 (以现值美元计) 或者是 150 美元, 或者是 25 美元, 在时间 1 购买 y 单位股票的期权以价格 cy 购得.

(1) 为了不是一定盈利, c 应该是多少？

(2) 如果 $c = 4$, 解释你怎样可以保证一定盈利;

(3) 如果 $c = 10$, 解释你怎样可以保证一定盈利;

(4) 用套利定理验证你对于 (1) 的回答.

13. 一只股票的现值是 100, 在时间 1 的结果是, 或者 50, 或者 100, 又或者 200. 在时间 1 购买 y 股股票的 (现值) 为 ky 的期权的价格是 cy.

(1) 如果 $k = 120$, 证明套利发生当且仅当 $c > \dfrac{80}{3}$;

习 题 6

(2) 如果 $k=80$, 证明没有套利机会当且仅当 $20 \leqslant c \leqslant 40$.

14. 一只股票的现值是 100. 假设这只股票价格的对数按漂移系数 $\mu=2$ 和方差参数 $\sigma^2=1$ 的布朗运动变化, 给出在时刻 10 以

(1) 每单位 100; (2) 每单位 120; (3) 每单位 80

定价购买这只股票的期权的 Black-Scholes 价格, 假定连续复利率是 5%.

随机过程 $\{Y(t), t \geqslant 0\}$ 称为是鞅过程, 如果对于 $s<t$,

$$E[Y(t) \mid Y(u), 0 \leqslant u \leqslant s]=Y(s).$$

15. 如果 $\{Y(t), t \geqslant 0\}$ 是鞅, 证明 $E[Y(t)]=E[Y(0)]$.
16. 证明标准布朗运动是鞅.
17. 如果 $Y(t)=B^2(t)-t$, 证明 $\{Y(t), t \geqslant 0\}$ 是鞅, 并求 $E[Y(t)]$.

提示: 先计算 $E[Y(t) \mid B(u), 0 \leqslant u \leqslant s]$.

18. 设 $\{B(t), t \geqslant 0\}$ 表示一个标准布朗运动, c 是任意常数, 试证 $Y(t)=\exp\left\{cB(t)-\dfrac{c^2 t}{2}\right\}, t \geqslant 0$ 是鞅, 并求 $E[Y(t)]$.

鞅的一个重要性质是, 如果你连续地观察这个过程, 且停止在某个时刻 T, 那么在遵从某些技术性条件时 (在考虑的问题中是成立的) 有

$$E[Y(t)]=E[Y(0)],$$

时刻 T 通常依赖于过程的值, 并且称为这个鞅的停时, 这就导致, 被停止的鞅的期望值等于固定时间的期望, 称为鞅停止定理.

19. 设 $\{B(t), t \geqslant 0\}$ 表示一个标准布朗运动, 令

$$T=\text{Min}\{t: B(t)=2-4t\},$$

即 T 是标准布朗运动过程首次击中直线 $2-4t$ 的时间. 用鞅停止定理求 $E[T]$.

20. 令 $\{X(t), t \geqslant 0\}$ 是一个具有漂移系数 μ 和方差参数 σ^2 的布朗运动, 即

$$X(t)=\sigma B(t)+\mu t,$$

令 $\mu>0$, 且对于正常数 x, 令

$$T=\text{Min}\{t: X(t)=x\}=\text{Min}\left\{t: B(t)=\dfrac{x-\mu t}{\sigma}\right\},$$

即 T 是标准布朗运动 $\{B(t), t \geqslant 0\}$ 首次击中 x 的时间, 用鞅停止定理证明

$$E[T]=\dfrac{x}{\mu}.$$

21. 设 $\{B(t), t \geqslant 0\}$ 表示一个标准布朗运动, 令 $X(t)=\sigma B(t)+\mu t$, 对于给定的正常数 A 和 B, 以 p 记 $\{X(t), t \geqslant 0\}$ 在击中 $-B$ 之前先击中 A 的概率,

(1) 定义停时 T 为过程首次击中 A 或 $-B$ 的时间, 用这个停时和在习题 18 题中定义的鞅证明

$$E\left[\exp\left\{\dfrac{c(X(T)-\mu T)}{\sigma}-\dfrac{c^2 T}{2}\right\}\right]=1;$$

(2) 令 $c=-\dfrac{2\mu}{\sigma}$, 证明

$$E\left[\exp\left\{-\dfrac{2\mu X(T)}{\sigma}\right\}\right]=1;$$

(3) 利用 (2) 和 T 的定义求 p.

22. $X(t) = \sigma B(t) + \mu t$, 并且定义停时 T 为过程 $\{X(t), t \geq 0\}$ 首次击中 A 或 $-B$ 的时间, 其中 A 和 B 是给定的正常数. 用鞅停止定理和习题 21 的 (3), 求 $E[T]$.

23. 设 $\{X(t), t \geq 0\}$ 为布朗运动过程, 令 $Y(t) = tX(1/t)$,

    (1) 求 $Y(t)$ 的分布;

    (2) 计算 $\text{Cov}(Y(s), Y(t))$;

    (3) 论证 $\{Y(t), t \geq 0\}$ 也是布朗运动;

    (4) 令 $T = \inf\{t > 0; X(t) = 0\}$, 利用 (3), 给出 $P\{T = 0\} = 1$ 的论证.

24. 设 $\{X(t), t \geq 0\}$ 是不允许取负值的漂移系数为 $\mu (\mu < 0)$ 的布朗运动, 求 $X(t)$ 的极限分布.

25. 令 $\{X(t), t \geq 0\}$ 是一个具有漂移系数 μ 和方差参数 σ^2 的布朗运动, 假设 $\mu > 0$. 令 $x > 0$, 并且定义停时 T 为
$$T = \text{Min}\{t : X(t) = x\},$$
利用在习题 17 中定义的鞅, 结合习题 21 的结果, 证明
$$\text{Var}(T) = \frac{x\sigma^2}{\mu^3}.$$

26. 若 $s < t$, 试证 $B(s) - \frac{s}{t}B(t)$ 和 $B(t)$ 的独立.

第 7 章　连续参数马尔可夫链

7.1　定义与若干基本概念

记状态空间为 $S = \{0, 1, 2, \cdots\}$.

定义 7.1.1　设随机过程 $X = \{X(t), t \geqslant 0\}$, 对任意 $0 \leqslant t_0 < t_1 < \cdots < t_n < t_{n+1}, i_k \in S, 0 \leqslant k \leqslant n+1$, 若 $P\{X(t_k) = i_k, 0 \leqslant k \leqslant n\} > 0$, 有

$$\begin{aligned} & P\{X(t_{n+1}) = i_{n+1} \mid X(t_k) = i_k, 0 \leqslant k \leqslant n\} \\ & = P\{X(t_{n+1}) = i_{n+1} \mid X(t_n) = i_n\}, \end{aligned} \tag{7.1}$$

则称 $X = \{X(t), t \geqslant 0\}$ 为连续参数马尔可夫链 (简称连续参数马氏链).

由定义知, 连续时间马尔可夫链是具有马尔可夫性的随机过程, 即过程在已知现在时刻 t_n 及一切过去时刻所处状态的条件下, 将来时刻 t_{n+1} 的状态只依赖于现在的状态而与过去无关.

定义 7.1.2　若对任意 $s, t \geqslant 0, i, j \in S$, 有

$$P\{X(s+t) = j \mid X(s) = i\} = P\{X(t) = j \mid X(0) = i\} = p_{ij}(t),$$

称 $X = \{X(t), t \geqslant 0\}$ 为时齐马尔可夫链.

本章仅讨论时齐马尔可夫链, 称 $P(t) = (p_{ij}(t))\ (i, j \in S)$ 为转移概率矩阵.

定理 7.1.1　时齐马尔可夫链过程的转移概率具有下列性质:

(1) $p_{ij}(t) \geqslant 0, i, j \in S$;

(2) $\sum_{j \in S} p_{ij}(t) = 1$;

(3) $p_{ij}(s+t) = \sum_{k \in S} p_{ik}(s) p_{kj}(t), s, t \geqslant 0, i, j \in S$;

((3) 式通常称为 Chapman-Kolmogorov 方程, 或 C-K 方程)

(4) $p_{ij}(0) = \delta_{ij}, \delta_{ii} = 1, \delta_{ij} = 0 (j \neq i)$;

(5) $\lim_{t \to 0} p_{ij}(t) = \delta_{ij}$ (即 $p_{ij}(t)$ 在原点连续).

证明　(1) 式和 (2) 式由概率定义及 $p_{ij}(t)$ 的定义易知, 下面只证 (3) 式, 由全概率公式及马尔可夫性可得

$$\begin{aligned} p_{ij}(s+t) &= P\{X(s+t) = j \mid X(0) = i\} \\ &= \sum_{k \in S} P\{X(s+t) = j, X(t) = k \mid X(0) = i\} \\ &= \sum_{k \in S} P\{X(t) = k \mid X(0) = i\} P\{X(s+t) = j \mid X(t) = k\} \end{aligned}$$

$$= \sum_{k \in S} P\{X(t) = k \mid X(0) = i\} P\{X(s) = j \mid X(0) = k\}$$

$$= \sum_{k \in S} p_{ik}(s) p_{kj}(t).$$

归纳 (3)—(5), 可以得到相应的矩阵形式

$$P(s+t) = P(s)P(t),$$

$$P(0) = I, \quad \lim_{t \to 0} P(t) = I.$$

如果 $P(t)$ 满足 (1)—(4), 并且还满足附加连续性条件 (5), 则 $P(t)$ 有许多很好的分析性质.

命题 7.1.1 若 $P(t) = (p_{ij}(t))$ 为标准性转移概率矩阵, 则

(1) 对任意给定 $i \in S$, $p_{ij}(t)$ 在 $[0, \infty]$ 上一致连续, 且此时一致性对 j 亦成立;

(2) $\forall t \geqslant 0, i \in S, p_{ii}(t) > 0$.

证明 (1) 由 C-K 方程, 对 $\forall t, h > 0$ 有

$$p_{ij}(t+h) - p_{ij}(t) = \sum_{k \neq i} p_{ik}(h) p_{kj}(t) - p_{ij}(t)[1 - p_{ii}(h)],$$

由此得

$$p_{ij}(t+h) - p_{ij}(t) \leqslant \sum_{k \neq i} p_{ik}(h) p_{kj}(t) \leqslant \sum_{k \neq i} p_{ik}(h) = 1 - p_{ii}(h),$$

以及

$$p_{ij}(t+h) - p_{ij}(t) \geqslant -p_{ij}(t)(1 - p_{ii}(h)) \geqslant -(1 - p_{ii}(h)),$$

从而有 $\mid p_{ij}(t+h) - p_{ij}(t) \mid \leqslant 1 - p_{ii}(h)$. 类似地, 当 $h < 0$ 时, 有

$$\mid p_{ij}(t) - p_{ij}(t+h) \mid \leqslant 1 - p_{ii}(h).$$

(2) 由 $p_{ii}(0) > 0$ 及标准性条件 $\left(\lim_{t \to 0} p_{ii}(t) = 1\right)$ 可知, 对任意固定 $t > 0$, 当 n 充分大时, 有 $p_{ii}(t/n) > 0$, 再由 C-K 方程 $\left(p_{ii}(s+t) = \sum_{k \in S} p_{ik}(s) p_{ki}(t) \geqslant p_{ii}(s) p_{ii}(t)\right)$, 可得 $p_{ii}(t) \geqslant (p_{ii}(t/n))^n > 0$. □

定义 7.1.3 对于任一 $t \geqslant 0$, 记

$$p_j(t) = P\{X(t) = j\},$$

$$p_j = p_j(0) = P\{X(0) = j\}, \quad j \in S,$$

分别称 $\{p_j(t), j \in S\}$ 和 $\{p_i, j \in S\}$ 为时齐马尔可夫过程的绝对概率分布和初始概率分布.

定理 7.1.2 时齐马尔可夫过程的绝对概率及有限维概率分布具有下列性质:

(1) $p_j(t) \geqslant 0$;

(2) $\sum_{j \in S} p_j(t) = 1$;

(3) $p_j(t) = \sum\limits_{i \in S} p_i p_{ij}(t)$;

(4) $p_j(t+\tau) = \sum\limits_{i \in S} p_i(t) p_{ij}(\tau)$;

(5) $P\{X(t_1) = i_1, \cdots, X(t_n) = i_n\} = \sum\limits_{i \in S} p_i p_{ii_1}(t_1) p_{i_1 i_2}(t_2 - t_1) \cdots p_{i_{n-1} i_n}(t_n - t_{n-1})$.

证明略. □

记 $\pi(t) = P(X(t) = i), \forall i \in S, t \geqslant 0$, 称 $\pi(t) = (\pi_i(t), i \in S)$ 为马尔可夫链 $X = \{X(t), t\}$ 在 t 时刻的分布, 称 $\pi(0) = (\pi_i(0), i \in S)$ 为初始分布. 可以证明, 对于连续时间的马尔可夫链的任意 n 个时刻的联合分布律, 可由其 $\pi(0)$ 与 $P(t)$ 唯一确定, 且 $\forall t \geqslant 0, \pi(t) = \pi(0) P(t)$.

对于连续时间马尔可夫链 $X = \{X(t), t \geqslant 0\}$, 任取 $h > 0$, 定义

$$X_n(h) = X(nh), \quad n \geqslant 0,$$

由马尔可夫性知, $\{X(nh), n \geqslant 0\}$ 是一个离散时间马尔可夫链, 称为以 h 为步长的 h-离散骨架, 简称 h 骨架, 它的 n 转移概率矩阵为 $P(nh)$. 显然, h-离散骨架是研究连续时间马尔可夫链的一条有效途径 (详见 7.10 节).

对于连续参数马尔可夫链与离散参数马尔可夫链, 由于它们都具有 "马尔可夫性", 且状态空间均为可数集或有限集, 因而许多概念和性质有相同或相似之处. 例如状态相通、状态分类、不可约链、平稳分布与极限分布等.

定义 7.1.4 若存在 $t > 0$, 使 $p_{ij}(t) > 0$, 则称由状态 i 可达状态 j, 记为 $i \to j$. 若对一切 $t > 0, p_{ij}(t) = 0$, 则称由状态 i 不可达状态 j, 记为 $i \not\to j$. 若 $i \to j$ 且 $j \to i$, 则称状态 i 与 j 相通, 记为 $i \leftrightarrow j$.

由此定义及命题 7.1.1 知 $\forall i \in S, p_{ii}(t) > 0$, 即 $i \leftrightarrow i$, 可知相通关系具有自反性、对称性、传递性, 故相通关系是等价关系, 从而可以按相通关系给状态分类. 相通的状态组成一个状态类. 若整个状态空间是一个状态类, 则称该马尔可夫链是不可约的.

对于连续时间马尔可夫链, 由命题 7.1.1 知, 对所有 $h > 0$, 正整数 n 及所有的 $i \in S$, $p_{ii}(nh) > 0$, 这意味着对每一个离散的骨架 $X(h)$, 每一个状态 i 都是非周期的, 故由 n 步转移概率的极限的讨论可知, 对 $\forall i, j \in S, \forall h > 0, \lim\limits_{n \to \infty} p_{ij}(nh) = \pi_{ij}$ 总存在, 这样, 对连续时间马尔可夫链, 就无须引入周期的概念. 而且利用 $p_{ij}(t)$ 在 $[0, \infty]$ 上的一致连续性及 $\lim\limits_{n \to \infty} p_{ij}(nh) = \pi_{ij}$ 总存在, 可以证明 $p_{ij}(t)$ (在 $t \to \infty$ 时) 极限总存在.

命题 7.1.2 $\forall i, j \in S$, 极限

$$\lim_{n \to \infty} p_{ij}(t) = \pi_{ij}$$

总存在.

定义 7.1.5 (1) 若 $\int_0^\infty p_{ii}(t)\, \mathrm{d}t = +\infty$, 则称状态 i 为常返状态; 否则, 称 i 为非常返状态.

(2) 设 i 为常返状态, 若 $\lim\limits_{t \to \infty} p_{ii}(t) > 0$, 则称 i 为正常返状态; 若 $\lim\limits_{t \to \infty} p_{ii}(t) = 0$, 则称 i 为零常返状态.

(3) 若概率分布 $\pi = (\pi_i, i \in S)$ 满足下式

$$\pi = \pi P(t), \quad \forall t \geqslant 0,$$

称 π 为 $X = \{X(t), t \geq 0\}$ 的 (或 $P(t)$ 的) 平稳分布.

(4) 若对 $\forall i \in S$, $\lim_{t \to \infty} \pi_i(t) = \pi_i^*$ 存在, 则称 $\pi^* \triangleq \{\pi_i^*, i \in S\}$ 为 $X = \{X(t), t \geq 0\}$ 的极限分布.

定理 7.1.3 不可约链是正常返链的充要条件是它存在平稳分布, 且此时平稳分布就等于极限分布.

证明留给读者作为练习.

本章剩下的几节将着重讨论连续参数马尔可夫链中若干比较基本的特殊问题 (相对于离散参数的马尔可夫链而言). 如转移率矩阵 —— Q 矩阵及其概率意义、柯尔莫哥洛夫向前向后微分方程、生灭过程、强马尔可夫性与嵌入马尔可夫链、连续参数马尔可夫链的随机模拟、可逆马尔可夫链等.

7.2 转移率矩阵 —— Q 矩阵及其概率意义

在离散参数马尔可夫链中, 我们知道由一步转移概率矩阵 $P = (p_{ij})$ 可以完全确定 n 步转移阵, 即有 $P^{(n)} = P^n = e^{n \ln P}$, 那么对连续参数马尔可夫链, 是否有类似的表达式?

对于满足
$$P(s+t) = P(s)P(t),$$
$$P(0) = I, \quad \lim_{t \to 0} P(t) = I$$

的矩阵, 可以猜测, 在正常的情况下, $P(t) = e^{tQ}$, 其中 Q 为一常数矩阵形式. 事实上, $P(t)$ 应写为如下形式:
$$P(t) = I + \sum_{n=1}^{\infty} \frac{t^n}{n!} Q^n.$$

显然, 上述求和的收敛性问题是需要严格验证的. 通常只考虑上述求和是收敛的情况. 在假设收敛性存在的前提下, 显然, $P(t)$ 完全由矩阵 Q 确定, 并且有
$$P'(0) = \lim_{t \to 0} \frac{P(t) - P(0)}{t} = \lim_{t \to 0} \frac{P(t) - I}{t} = Q.$$

注 7.2.1 利用 Q 矩阵的定义可以看出, 它反映了概率转移矩阵 $P(t)$ 在 $t = 0$ 处的变化速率. 同时, 利用马尔可夫链的时间齐次特性, 可以推断在任何时间 t, $P(t)$ 的变化速率是一致的. 这表明, 时间齐次的连续马尔可夫链可以利用其局部的变化特性推断出它的整体变化特性. 这一特点无论在理论研究还是在工程应用中都具有重要的物理意义.

上式提示我们先要研究 $P(t)$ 在 $t = 0$ 的导数 (即变化率) 是否存在的问题, 先看最简单的一个例子, 再给出一般的结论.

例 7.2.1 设 $\{N(t), t \geq 0\}$ 为时齐泊松过程, 参数为 λ, 因它是独立增量过程, 易知它是连续参数马尔可夫链, 则
$$p_{ij}(t) = P\{N(s+t) = j \mid N(s) = i\}$$
$$= P\{N(s+t) - N(s) = j - i\}$$

7.2 转移率矩阵 ——Q 矩阵及其概率意义

$$= \begin{cases} \dfrac{(\lambda t)^{(j-i)}}{(j-i)!} \mathrm{e}^{-\lambda t}, & j \geqslant i \geqslant 0, \\ 0, & 0 \leqslant j < i, \end{cases}$$

故 $p'_{ij}(t)$ 存在, 且

$$q_{ij} \triangleq p'_{ij}(0) = \begin{cases} -\lambda, & j = i \geqslant 0, \\ \lambda, & j = i+1, i \geqslant 0, \\ 0, & \text{其他}, \end{cases}$$

若令 $Q = (q_{ij})$, 可以验证 $P(t)$ 满足 $P(t) = \mathrm{e}^{tQ}$.

对于一般马尔可夫链, 有以下定理.

定理 7.2.1 对 $i \in S$ 极限

$$q_i = -q_{ii} \triangleq \lim_{t \to 0} \frac{1 - p_{ii}(t)}{t} \tag{7.2}$$

存在, 但可能是无限.

证明 首先, 由 $p_{ii} > 0, t \geqslant 0$, 故可以定义 $\phi(t) = -\ln p_{ii}(t)$. 它非负有限, 且由于 $p_{ii}(s+t) \geqslant p_{ii}(s)p_{ii}(t)$, 有 $\phi(a+t) \leqslant \phi(s) + \phi(t)$. 令 $q_i = \sup\limits_{t>0} \dfrac{\phi(t)}{t}$, 下面要证 $\dfrac{\phi(t)}{t}$ 极限存在, 且即为其上确界. 显然

$$0 \leqslant q_i \leqslant \infty, \quad \overline{\lim_{t \to 0}} \frac{\phi(t)}{t} \leqslant q_i,$$

所以只需证 $\varliminf\limits_{t \to 0} \dfrac{\phi(t)}{t} \geqslant q_i$.

任给 $0 < h < t$, 取 n 使 $t = nh + \varepsilon, 0 \leqslant \varepsilon < h$, 得

$$\frac{\phi(t)}{t} \leqslant \frac{nh}{t} \frac{\phi(h)}{h} + \frac{\phi(\varepsilon)}{t},$$

注意到, 当 $h \to 0^+$ 时, $\varepsilon \to 0, \dfrac{nh}{t} \to 1, \phi(\varepsilon) = -\ln p_{ii}(\varepsilon) \to 0$, 故 $\forall t > 0$, 有 $\dfrac{\phi(t)}{t} \leqslant \varliminf\limits_{h \to 0} \dfrac{\phi(h)}{h}$, 得 $q_i \leqslant \varliminf\limits_{t \to 0} \dfrac{\phi(t)}{t}$, 从而 $q_i = \lim\limits_{t \to 0} \dfrac{\phi(t)}{t}$.

由 $\phi(t)$ 定义得

$$\lim_{t \to 0} \frac{1 - p_{ii}(t)}{t} = \lim_{t \to 0} \frac{1 - \mathrm{e}^{-\phi(t)}}{\phi(t)} \frac{\phi(t)}{t} = q_i. \qquad \square$$

定理 7.2.2 对 $i, j \in S, j \neq i$ 极限

$$q_{ij} \triangleq p'_{ij}(0) = \lim_{t \to 0} \frac{p_{ij}(t)}{t} \tag{7.3}$$

存在且有限.

证明 由标准性条件, 对任意 $0 < \varepsilon < \dfrac{1}{3}$, 存在 $0 < \delta < 1$, 使当 $0 < t \leqslant \delta$ 时, 有

$$p_{ii}(t) > 1 - \varepsilon, \quad p_{jj}(t) > 1 - \varepsilon, \quad p_{ji}(t) < \varepsilon.$$

下面要证: 对任意 $0 \leqslant h < t$, 只要 $t \leqslant \delta$, 则有

$$p_{ij}(h) \leqslant \frac{p_{ij}(t)}{n} \cdot \frac{1}{1-3\varepsilon}, \qquad (*)$$

其中取 $n = \left[\dfrac{t}{n}\right]$ (即 n 不超过 $\dfrac{t}{n}$ 的最大整数), 记

$$\begin{cases} {}_j p_{ik}(h) = p_{ik}(h), \\ {}_j p_{ik}(mh) = \sum_{r \neq j} {}_j p_{ir}[(m-1)h] p_{rk}(h), \end{cases}$$

其中 ${}_j p_{ik}(mh)$ 表示从 i 出发, 在时刻 $h, 2h, \cdots, (m-1)h$ 未到达 j 且在 mh 时刻到达 k 的概率. 当 $h < t \leqslant \delta$ 时, 有

$$\varepsilon > 1 - p_{ii}(t) = \sum_{k \neq i} p_{ik}(t) \geqslant p_{ij}(t)$$
$$\geqslant \sum_{m=1} {}_j p_{ij}(mh) p_{jj}(t - mh)$$
$$\geqslant (1-\varepsilon) \sum_{m=1}^{n} {}_j p_{ij}(mh),$$

得

$$\sum_{m=1}^{n} {}_j p_{ij}(mh) \leqslant \frac{\varepsilon}{1-\varepsilon}.$$

又由

$$p_{ii}(mh) = {}_j p_{ii}(mh) + \sum_{l=1}^{m-1} {}_j p_{ij}(lh) p_{ji}[(m-1)h],$$

得

$${}_j p_{ii}(mh) \geqslant p_{ii}(mh) - \sum_{l=1}^{m-1} {}_j p_{ij}(lh) \geqslant 1 - \varepsilon - \frac{\varepsilon}{1-\varepsilon},$$

故

$$p_{ij}(t) \geqslant \sum_{m=1}^{n} {}_j p_{ii}[(m-1)h] p_{ij}(h) p_{jj}(t - mh)$$
$$\geqslant n\left(1 - \varepsilon - \frac{\varepsilon}{1-\varepsilon}\right) p_{ij}(h)(1-\varepsilon)$$
$$\geqslant n(1-3\varepsilon) p_{ij}(h),$$

$(*)$ 式得证. $(*)$ 式两边除以 h (注意, 当 $h \to 0$ 时, $nh \to t$), 得

$$\varlimsup_{h \to 0} \frac{p_{ij}(h)}{h} \leqslant \frac{1}{1-3\varepsilon} \frac{p_{ij}(t)}{t} \leqslant \infty.$$

再令 $t \to 0$, 有

$$\varlimsup_{h \to 0} \frac{p_{ij}(h)}{h} \leqslant \frac{1}{1-3\varepsilon} \varlimsup_{t \to 0} \frac{p_{ij}(t)}{t},$$

再令 $\varepsilon \to 0$, 定理得证. □

推论 7.2.1 对任意 $i \in S$,
$$0 \leqslant \sum_{j \neq i} q_{ij} \leqslant q_i. \tag{7.4}$$

证明 由 $\sum_{j \in S} p_{ij}(t) = 1$, 得 $\dfrac{1 - p_{ii}(t)}{t} = \sum_{j \neq i} \dfrac{p_{ij}(t)}{t}$. 令 $t \to 0^+$ 上式两边取下极限, 并由 Fatou 引理及 (7.2) 与 (7.3) 式得

$$q_i = \lim_{t \to 0} \sum_{j \neq i} \frac{p_{ij}(t)}{t} \geqslant \sum_{j \neq i} \lim_{t \to 0} \frac{p_{ij}(t)}{t} = \sum_{j \neq i} q_{ij}. \qquad \square$$

注意到当 S 为有限集时, 上式不等式化为等式. 故有

推论 7.2.2 当 S 为有限状态空间时, $\forall i \in S$, 有
$$0 \leqslant \sum_{j \neq i} q_{ij} = q_i < \infty. \tag{7.5}$$

记 $Q = (q_{ij})$ (其中 $q_{ii} = -q_i$), 称 Q 为 $\{X(t), t \geqslant 0\}$ 的转移率矩阵 (或称密度矩阵). 若转移率矩阵 $Q = (q_{ij})$ 满足: $\forall i \in S, \sum_{j \neq i} q_{ij} = q_i < \infty$, 称 Q 为保守矩阵.

由推论 7.2.1 知, 当 S 为有限集时, Q 必保守.

7.3 柯尔莫哥洛夫向前向后微分方程

从 7.2 节讨论可知, 由马尔可夫链 $\{X(t), t \geqslant 0\}$ 的转移概率矩阵 $P(t) = (p_{ij}(t))$ 可唯一地决定其密度矩阵 $P'(0) = Q = (q_{ij})$. 很自然地要问: 反之, 给定一个密度矩阵 $Q = (q_{ij})$, 是否可唯一决定转移概率矩阵 $P(t) = (p_{ij}(t))$, 使其满足 $P(t)$ 的性质 (1)—(5) 且 $P'(0) = Q$? 为此, 先引入概念, 然后着重讨论在 S 为有限集时 $P(t)$ 与 Q 的关系.

定义 7.3.1 一个矩阵 $Q = (q_{ij})$ 称为 Q 矩阵, 如果满足:
(1) $q_{ii} \triangleq -q_i \leqslant 0$ (可以取 $-\infty$);
(2) $0 \leqslant q_{ij} < +\infty, j \neq i$;
(3) $\sum_{j \neq i} q_{ij} \leqslant q_i$.

称 Q 矩阵为保守矩阵, 若 $\forall i \in S, \sum_{j \neq i} q_{ij} = q_i < \infty$.

定理 7.3.1 设马尔可夫链 $\{X(t), t \geqslant 0\}$, $P(t) = (p_{ij}(t))$, $Q = (q_{ij}) = P'(0)$. 当 S 为有限集时, 有

$$P'(t) = P(t)Q, \tag{7.6}$$
$$P'(t) = QP(t). \tag{7.7}$$

证明 由 C-K 方程 $P(t+h) = P(t)P(h) = P(h)P(t)$, 有

$$\frac{P(t+h) - P(t)}{h} = P(t)\left[\frac{P(h) - I}{h}\right] = \left[\frac{P(h) - I}{h}\right]P(t), \tag{7.8}$$

令 $h \to 0$, 两边取极限, 注意到 S 为有限集, 即得 (7.6) 式和 (7.7) 式. $\square$

(7.6) 式和 (7.7) 式称为柯尔莫哥洛夫向前向后微分方程, 其分量形式为

$$p'_{ij}(t) = -p_{ij}(t)q_j + \sum_{k \neq j} p_{ik}(t)q_{kj}, \tag{7.9}$$

$$p'_{ij}(t) = -q_i p_{ij}(t) + \sum_{k \neq i} q_{ik} p_{kj}(t). \tag{7.10}$$

以上给出 S 为有限集时, $P(t)$ 与 Q 的关系. 当 $Q = (q_{ij})$ 为已知的保守 Q 矩阵, 且 S 为有限集时容易验证常微分方程组

$$\begin{cases} P'(t) = P(t)Q = QP(t), \\ P(0) = I \end{cases}$$

存在满足 (1)—(5) 条件转移概率矩阵的唯一解

$$P'(t) = \mathrm{e}^{Qt} \triangleq \sum_{k=0}^{\infty} \frac{t_k}{k!} Q_k,$$

同时 $P'(0) = Q$

对于 S 可数状态时, 向前与向后方程不一定成立, 但由 (7.8) 式及 Fatou 引理, 有

$$P'(t) \geqslant P(t)Q, \quad P'(t) \geqslant QP(t).$$

引理 7.3.1 设 $f(x)$ 为 (a,b) 上的连续函数, 且 $f(x)$ 在 (a,b) 中有连续的右导数, 则 $f(x)$ 在 (a,b) 上可导.

定理 7.3.2 当 S 可数, $Q = (q_{ij})$ 为保守矩阵时, 则向后方程 $P'(t) = QP(t)$ 成立. 其分量形式为

$$p'_{ij}(t) = \sum_{k=0}^{\infty} q_{ik} p_{kj}(t).$$

证明 由 C-K 方程, 对任意 $h > 0$ 及 $t > 0$,

$$\frac{p_{ij}(t+h) - p_{ij}(t)}{h} = \frac{p_{ij}(h) - 1}{h} p_{ij}(t) + \frac{1}{h} \sum_{k \neq i} p_{ik}(h) p_{kj}(t), \tag{7.11}$$

由 Fatou 引理, 有

$$\varliminf_{h \to 0^+} \frac{1}{h} \sum_{k \neq i} p_{ik}(h) p_{kj}(t) \geqslant \sum_{k \neq i} q_{ik} p_{kj}(t). \tag{7.12}$$

另一方面, 对 $N > i$, 有

$$\varlimsup_{h \to 0^+} \frac{1}{h} \sum_{k \neq i} p_{ik}(h) p_{kj}(t)$$

$$\leqslant \varlimsup_{h \to 0^+} \left[\frac{1}{h} \sum_{k \neq i, k < N} p_{ik}(h) p_{kj}(t) + \frac{1}{h} \sum_{k \geqslant N} p_{ik}(h) \right]$$

$$= \varlimsup_{h \to 0^+} \left[\frac{1}{h} \sum_{k \neq i, k < N} p_{ik}(h) p_{kj}(t) + \frac{1 - p_{ii}(h)}{h} - \frac{1}{h} \sum_{k \neq i, k < N} p_{ik}(h) \right]$$
$$= \sum_{k \neq i, k < N} q_{ik} p_{kj}(t) + q_j - \sum_{k \neq i, k < N} q_{ik}.$$

令 $N \to \infty$, 由保守性得

$$\varlimsup_{h \to 0^+} \frac{1}{h} \sum_{k \neq i} p_{ik}(h) p_{kj}(t) \leqslant \sum_{k \neq i} q_{ik} p_{kj}(t). \tag{7.13}$$

由 (7.12) 式及 (7.13) 式得

$$\varlimsup_{h \to 0^+} \frac{1}{h} \sum_{k \neq i} p_{ik}(h) p_{kj}(t) = \sum_{k \neq i} q_{ik} p_{kj}(t).$$

再由 (7.11) 式得

$$\lim_{h \to 0^+} \frac{p_{ij}(t+h) - p_{ij}(t)}{h} = \sum_k q_{ik} p_{kj}(t).$$

仍由保守性, 上式右边的级数关于 t 一致收敛, 因此是 t 的连续函数, 故由引理 7.3.1 得定理成立. □

7.4 生灭过程

本节转到讨论一类特殊的马尔可夫链 —— 生灭过程, 它在排队系统、可靠性理论、生物、医学、经济管理、物理、通信、交通等方面有广泛的应用, 而且它的理论成果较为系统、成熟和深入.

定义 7.4.1 设马尔可夫链 $X = \{X(t), t \geqslant 0\}$, 状态空间 $S = \{0, 1, 2, \cdots\}$, 若 $P(t) = (p_{ij}(t))$ 满足: 当 h 充分小时,

$$\begin{cases} p_{i,i+1}(h) = \lambda_i h + o(h), & \lambda_i \geqslant 0, i \geqslant 0, \\ p_{i,i-1}(h) = \mu_i h + o(h), & \mu_i \geqslant 0, i \geqslant 1, \\ p_{ii}(h) = 1 - (\lambda_i + \mu_i) h + o(h), & \mu_0 = 0, i \geqslant 0, \\ \sum_{|j-i| \geqslant 2} p_{ij}(h) = o(h), & i \geqslant 0, \end{cases} \tag{7.14}$$

称 X 为生灭过程.

(7.14) 式表示, 当 h 充分小时, 状态转移有三种可能: $i \to i+1, i \to i-1, i \to i$. 这个特性是许多生物群体、粒子裂变、信号计数等的共同特点, 因而可作为这一类物理自然现象的数学模型.

由 (7.14) 式知: $q_i = (\lambda_i + \mu_i)$, $q_{i,i+1} = \lambda_i$, $q_{i,i-1} = \mu_i$, 其他 $q_{i,j} = 0$, 即 $Q = (q_{ij})$ 表示为

$$\begin{pmatrix} -\lambda_0 & \lambda_0 & 0 & 0 & 0 & 0 & \cdots & \cdots \\ \mu_1 & -(\lambda_1+\mu_1) & \lambda_1 & 0 & 0 & 0 & \cdots & \cdots \\ 0 & \mu_2 & -(\lambda_2+\mu_2) & \lambda_2 & 0 & 0 & \cdots & \cdots \\ \vdots & \ddots & \ddots & \ddots & \ddots & & & \\ 0 & \cdots & 0 & \mu_i & -(\lambda_i+\mu_i) & \lambda_i & 0 & \cdots \\ \vdots & \vdots & \vdots & 0 & \ddots & \ddots & \ddots & \cdots \\ 0 & 0 & \cdots & \cdots & \cdots & \ddots & \ddots & \ddots \end{pmatrix}$$

形如上述的矩阵,称为生灭过程 Q 矩阵. 显然,它是保守 Q 矩阵,且在 $\lambda_i>0(i\geqslant 0)$, $\mu_i>0(i\geqslant 1)$ 时,有 $i-1\leftrightarrow i\leftrightarrow i+1(i\geqslant 1)$,可知对 $\forall i,j\in S, i\leftrightarrow j$,从而这样的生灭过程是不可约链,同时有以下定理.

定理 7.4.1 若 X 为生灭过程, 则 $P(t),Q$ 满足向前向后方程

$$p'_{ij}(t)=-p_{ij}(t)(\lambda_j+\mu_j)+p_{i,j-1}(t)\lambda_{j-1}+p_{i,j+1}(t)\mu_{j+1}, \tag{7.15}$$

$$p'_{ij}(t)=-(\lambda_i+\mu_i)p_{ij}(t)+\lambda_i p_{i+1,j}(t)+\mu_i p_{i-1,j}(t), \tag{7.16}$$

且 $\{P_j(t),j\in S\}$ 满足 Fokker-Planck 方程

$$\begin{cases} P'_0(t)=-P_0(t)\lambda_0+P_1(t)\mu_1, \\ P'_j(t)=-P_j(t)(\lambda_j+\mu_j)+P_{j-1}(t)\lambda_{j-1}+P_{j+1}(t)\mu_{j+1}. \end{cases} \tag{7.17}$$

证明 先证 (7.15) 式.

由 C-K 方程及 (7.14) 式, 有

$$\frac{p_{ij}(t+h)-p_{ij}(t)}{h}=-p_{ij}(t)\frac{1-p_{jj}(h)}{h}+p_{i,j-1}(t)\frac{p_{j-1,j}(h)}{h}$$
$$+p_{i,j+1}(t)\frac{p_{j+1,j}(h)}{h}+\frac{1}{h}o(h),$$

令 $h\to 0$ 即得 (7.15) 式. 类似可证 (7.16) 式. 由 (7.15) 式两边乘以 $P_i(0)$ 再对 i 求和, 并注意到 $P_j(t)=\sum\limits_{i\in S}P_i(0)P_{ij}(t)$, 即得 (7.17) 式. □

若 X 的极限分布存在, 即 $P_j=\lim\limits_{t\to\infty}p_{ij}(t)$ 存在, 且与 i 无关 $(\forall i,j\in S)$, 则有 $P'_j(t)\to 0(t\to\infty)$. 因此由 (7.17) 式令 $t\to\infty$, 两边取极限得

$$\begin{cases} -\lambda_0 P_0+\mu_1 P_1=0, \\ -(\lambda_j+\mu_j)P_j+\lambda_{j-1}P_{j-1}+\mu_{j+1}P_{j+1}=0, & j\geqslant 1. \end{cases} \tag{7.18}$$

解 (7.18) 式的代数方程组, 得

$$P_1=\frac{\lambda_0}{\mu_1}P_0, P_2=\frac{\lambda_0\lambda_1}{\mu_1\mu_2}P_0,\cdots, P_k=\frac{\lambda_0\lambda_1\cdots\lambda_{k-1}}{\mu_1\mu_2\cdots\mu_k}P_0,\cdots,$$

再由 $\sum\limits_{k\in S}P_k=1$, 得

$$P_0=\left(1+\sum_{k=1}^\infty \frac{\lambda_0\lambda_1\cdots\lambda_{k-1}}{\mu_1\mu_2\cdots\mu_k}\right)^{-1},$$

可知, 当
$$\sum_{k=1}^{\infty} \frac{\lambda_0 \lambda_1 \cdots \lambda_{k-1}}{\mu_1 \mu_2 \cdots \mu_k} < \infty \tag{7.19}$$
时, $0 < P_0 < 1$ 且 $0 < P_k < 1 (k > 1)$. 因此 (7.19) 式成立是 (7.18) 式的代数方程组存在唯一的极限分布解的充要条件. 进一步有以下结论.

定理 7.4.2 设 $X = \{X(t), t \geqslant 0\}$ 为生灭过程, $\lambda_i > 0, i \geqslant 0, \mu_i > 0, i \geqslant 1 (\mu_0 = 0)$, 则 X 存在唯一的平稳分布 (它等于极限分布) 的充要条件为 (7.19) 式成立, 即
$$\sum_{k=1}^{\infty} \frac{\lambda_0 \lambda_1 \cdots \lambda_{k-1}}{\mu_1 \mu_2 \cdots \mu_k} < \infty,$$
且 $P_0 = \left(1 + \sum_{k=1}^{\infty} \frac{\lambda_0 \lambda_1 \cdots \lambda_{k-1}}{\mu_1 \mu_2 \cdots \mu_k}\right)^{-1}, P_k = \frac{\lambda_0 \lambda_1 \cdots \lambda_{k-1}}{\mu_1 \mu_2 \cdots \mu_k} P_0 (k \geqslant 1)$.

证明 注意到当 $\lambda_i > 0, i \geqslant 0, \mu_i > 0, i \geqslant 1$ 时, 此过程为不可约链. 再由命题 7.1.1 可知, 它是正常返链的充要条件是存在平稳分布且就等于极限分布, 而 (7.19) 式成立是 (7.18) 式的代数方程组存在唯一的极限分布解的充要条件. □

7.5 强马尔可夫性与嵌入马尔可夫链

众所周知, 马尔可夫链的基本性质是具有马尔可夫性, 即在已知"现在"的情况下,"将来"与"过去"无关. 这里所用的"现在"时刻 t 是一个 T 中的数. 如果我们将"现在"改为随机"停时", 讨论的相应"马尔可夫性"问题, 被称为"强马尔可夫性".

定义 7.5.1 设马尔可夫过程 $X = \{X(t), t \geqslant 0\}$, 状态空间 $S = \{0, 1, 2, \cdots\}, T_n(n \geqslant 1)$ 关于 X 是停时. 若对 $0 \leqslant T_1 \leqslant T_2 \leqslant \cdots \leqslant T_n, \forall j, i_k \in S(0 \leqslant k \leqslant n)$, 有
$$P\{X(T_n + t) = j \mid X(0) = i_0, X(T_k) = i_k, 1 \leqslant k \leqslant n\}$$
$$= P\{X(T_n + t) = j \mid X(T_n) = i_n\},$$
则称 $X = \{X(t), t \geqslant 0\}$ 关于 $\{T_k, 0 \leqslant k \leqslant n\}$ 具有强马尔可夫性.

令 $\tau_0 = 0$ 及
$$\tau_n = \inf\{t : t > \tau_{n-1}, X(t) \neq X(\tau_{n-1})\} (n \geqslant 1), \quad E_n = \tau_n - \tau_{n-1},$$
τ_n 表示 X 的第 n 次跳跃时刻, E_n 表示第 $n-1$ 次与第 n 次跳跃之间的时间间隔.

本章以下几节总假定时齐马尔可夫链 $\{X(t), t \geqslant 0\}$ 轨道右连续, Q 为保守矩阵, 且 $0 < q_i < \infty, \lim_{n \to \infty} \tau_n = \infty, \text{a.s.}, i \in S$. 本节着重讨论 X 关于跳跃时刻的强马尔可夫性.

定理 7.5.1 $\forall s, t \geqslant 0, j \neq i$, 有
$$P\{\tau_1 \leqslant s, X(\tau_1 + v) = j, 0 \leqslant v \leqslant t \mid X(0) = i, X(\tau_1) = j\}$$
$$= [1 - \exp(-q_i s)] \exp(-q_j t). \tag{7.20}$$

证明 $\forall u \geqslant 0$,

$$P(\tau_1 \leqslant u \mid X(0) = i, X(\tau_1) = j) = P(\tau_1 \leqslant u \mid X(0) = i) = 1 - \exp(-q_i u),$$

故 $\forall s, t \geqslant 0$,

$$P(\tau_1 \leqslant s, X(\tau_1 + v) = j, 0 \leqslant v \leqslant t \mid X(0) = i, X(\tau_1) = j)$$
$$= \int_0^s P\{\tau_1 \leqslant s, X(\tau_1 + v) = j, 0 \leqslant v \leqslant t \mid X(0) = i, \tau_1 = u, X(u) = j\}$$
$$\times dP\{\tau_1 \leqslant u \mid X(0) = i, X(\tau_1) = j\}$$
$$= \int_0^s P\{X(u+v) = j, 0 \leqslant v \leqslant t \mid X(z) = i, 0 \leqslant z < u, X(u) = j\} q_i \exp(-q_i u) du$$
$$= \lim_{n \to \infty} \int_0^s P\{X(u+v) = j, 0 \leqslant v \leqslant t \mid X(ku/2^n) = i, 0 \leqslant k < 2^n, X(u) = j\}$$
$$\times q_i \exp(-q_i u) du \quad (\text{轨道右连续及概率连续性})$$
$$= \int_0^s P[X(u+v) = j, 0 \leqslant v \leqslant t \mid X(u) = j] q_i \exp(-q_i u) du \quad (\text{马氏性})$$
$$= \int_0^s P[X(v) = j, 0 \leqslant v \leqslant t \mid X(0) = j] q_i \exp(-q_i u) du \quad (\text{时齐性})$$
$$= P[X(v) = j, 0 \leqslant v \leqslant t \mid X(0) = j][1 - \exp(-q_i s)]$$
$$= [1 - \exp(-q_i s)] \exp(-q_j t). \qquad \square$$

推论 7.5.1 $\forall s, t \geqslant 0, j \neq i$ 有

(1) $P(\theta_1 \leqslant s, \theta_2 \leqslant t \mid X(0) = i, X(\tau_1) = j) = [1 - \exp(-q_i s)][1 - \exp(-q_j t)]$.

(2) 给定 $X(0), X(\tau_1)$, θ_1 与 θ_2 条件独立.

(3) $X = \{X(t), t \geqslant 0\}$ 关于 τ_1 具有强马尔可夫性.

证明略, 留给有兴趣的读者作为练习.

定理 7.5.2 $Y^{(1)} = \{X(\tau_1 + t), t \geqslant 0\}$ 是时齐马尔可夫链, 且与 $X = \{X(t), t \geqslant 0\}$ 具有相同的 $P(t) = (p_{ij}(t))$ 和 Q 矩阵 $Q = (q_{ij})$.

证明略, 留给有兴趣的读者作为练习.

推论 7.5.2 $Y^{(n)} = \{X(\tau_n + t), t \geqslant 0\}$ 是时齐马尔可夫链且与 $X = \{X(t), t \geqslant 0\}$ 具有相同的 $P(t) = (p_{ij}(t))$ 和 Q 矩阵 $Q = (q_{ij})$.

证明略, 留给有兴趣的读者作为练习.

定理 7.5.3 马尔可夫链 $X = \{X(t), t \geqslant 0\}$ 关于跳跃时刻 $\{\tau_k, 0 \leqslant k \leqslant n\}(n \geqslant 1)$ 具有强马尔可夫性, 即 $\forall t \geqslant 0, i_k \in S, i_{k-1} \neq i_k, 1 \leqslant k \leqslant n-1, i_{n-1} \neq i, j \in S$, 则

$$P\{X(\tau_n + t) = j \mid X(0) = i_0, X(\tau_1) = i_1, \cdots, X(\tau_{n-1}) = i_{n-1}, X(\tau_n) = i\}$$
$$= P\{X(\tau_n + t) = j \mid X(\tau_n) = i\}$$
$$= p_{ij}(t). \tag{7.21}$$

证明 用数学归纳法. 当 $n = 1$ 时, 由定理 7.5.1 知结论成立.

7.5 强马尔可夫性与嵌入马尔可夫链

现设 (7.21) 式对 n 成立, 下证对 $n+1$ 的情形. 由定理 7.5.2 知 $Y^{(1)}$ 在 $X(\tau_1)$ 下与 $X(0)$ 无关, 于是

$$P\{X(\tau_{n+1}+t)=j \mid X(0)=l, X(\tau_1)=i_0, X(\tau_2)=i_1, \cdots, X(\tau_{n+1})=i\}$$
$$= P\left\{Y^{(1)}\left(\tau_n^{(1)}+t\right)=j \,\Big|\, Y^{(1)}(0)=i_0, Y^{(1)}\left(\tau_1^{(1)}\right)=i_1, \cdots, Y^{(1)}\left(\tau_n^{(1)}\right)=i\right\}$$
$$= P\left\{Y^{(1)}\left(\tau_n^{(1)}+t\right)=j \,\Big|\, Y^{(1)}\left(\tau_n^{(1)}\right)=i\right\} \quad \text{(由归纳假设)}$$
$$= p_{ij}(t) \quad \text{(定理7.5.2)},$$

从而结论对任意 $n \geqslant 1$ 均成立. $\square$

由以上定理, 不难有以下推论.

推论 7.5.3 (1) $\forall i_k \in S, i_k \neq i_{k+1}, 0 \leqslant k \leqslant n-1, i \neq i_{n-1}, t \geqslant 0$,

$$P\{\theta_{n+1} \leqslant t \mid X(0)=i_0, X(\tau_1)=i_1, \cdots, X(\tau_{n-1})=i_{n-1}, X(\tau_n)=i\} = 1-\exp(-q_i t);$$

(2) $\theta_1, \theta_2, \cdots, \theta_n, \theta_{n+1}$ 关于 $X(0), X(\tau_1), \cdots, X(\tau_{n-1}), X(\tau_n)$ 条件独立;

(3) $P\{X(\tau_{n+1})=j \mid X(0)=i_0, X(\tau_1)=i_1, \cdots, X(\tau_{n-1})=i_{n-1}, X(\tau_n)=i\}$

$$= \begin{cases} \dfrac{q_{ij}}{q_i}, & j \neq i, \\ 0, & j=i. \end{cases}$$

证明 仅证 (3).

$$P\{X(\tau_{n+1})=j \mid X(0)=i_0, X(\tau_1)=i_1, \cdots, X(\tau_{n-1})=i_{n-1}, X(\tau_n)=i\}$$
$$= P\{X(\tau_n+\theta_{n+1})=j \mid X(0)=i_0, X(\tau_1)=i_1, \cdots, X(\tau_n)=i\}$$
$$= \int_0^\infty P\{X(\tau_n+t)=j \mid X(0)=i_0, X(\tau_1)=i_1, \cdots, X(\tau_n)=i, \theta_{n+1}=t\}$$
$$\quad \times \mathrm{d}P\{\theta_{n+1} \leqslant t \mid X(0)=i_0, X(\tau_1)=i_1, \cdots, X(\tau_n)=i\}$$
$$= \int_0^\infty P\{X(\tau_n+u)=i, 0 \leqslant u<t, X(\tau_n+t)=j \mid X(0)=i_0,$$
$$\quad X(\tau_1)=i_1, \cdots, X(\tau_n)=i, \theta_{n+1}=t\} \mathrm{d}P\{\theta_{n+1} \leqslant t \mid X(\tau_n)=i\}$$
$$= \int_0^\infty P\{X(u)=i, 0 \leqslant u<t, X(t)=j \mid X(0)=i, \theta_1=t\} \mathrm{d}P\{\theta_1 \leqslant t \mid X(0)=1\}$$
$$= \int_0^\infty P\{X(\tau_1)=j \mid X(0)=i\} \quad \text{(全概率公式)}$$
$$= \dfrac{q_{ij}}{q_i}. \qquad \square$$

若令 $\tilde{X}=X(\tau_n)$, 称 $\tilde{X}=\{\tilde{X}_n, n \geqslant 0\}$ 为嵌入马尔可夫链.

定理 7.5.4 $\tilde{X}=\{\tilde{X}_n, n \geqslant 0\}$ 是离散参数马尔可夫链, 其一步转移概率 $\tilde{p}_{ij}$ 为

$$\tilde{p}_{ij} = \begin{cases} \dfrac{q_{ij}}{q_i}, & j \neq i, \\ 0, & j=i, \end{cases}$$
$$\tilde{P} = (\delta_{ij}+q_{ij}q_i^{-1}).$$

证明　由推论 7.5.2 即得.　□

以上说明: 对于连续参数马尔可夫链 $X = \{X(t), t \geqslant 0\}$, 如果只考虑跳跃时刻 $\{\tau_n, n \geqslant 0\}$ 的状态 $\tilde{X}_n = X(\tau_n)$, 则 $\tilde{X} = \{\tilde{X}_n, n \geqslant 0\}$ 仍是马尔可夫链, 其转移矩阵为 $\tilde{P} = (\delta_{ij} + q_{ij} q_i^{-1})$.

7.6 连续参数马尔可夫链的随机模拟

从 7.5 节讨论知道, 对于连续参数马尔可夫链 $X = \{X(t), t \geqslant 0\}$, 当给定 $X(\tau_n) = i_n (n \geqslant 0)$ 时, 停留在 i_n 状态的时间 $\{\theta_n, n \geqslant 1\}$ 条件独立且 θ_n 服从参数为 q_{i_n} 的指数分布, 而状态转移概率 $P\{X(\tau_{n+1}) = i_{n+1}) \mid X(\tau_n) = i_n\} = \dfrac{q_{i_n, i_{n+1}}}{q_{i_n}}$.

因此, 对于初始分布为 $\{P_j(0), j \in S\}$, Q 矩阵 $Q = (q_{ij})$ 为保守的马尔可夫链 $X = \{X(t), t \geqslant 0\}$ 轨道的模拟可分为以下三部分:

(1) 初始分布 $P_i(0)$ 的模拟;

(2) 停留时间 $\{\theta_n, n \geqslant 1\}$ 的模拟;

(3) 状态转移 $\tilde{p}_{ij} = P(X(\tau_{n+1}) = j \mid X(\tau_n) = i) = \delta_{ij} + q_{ij} q_i^{-1}$ 的模拟.

具体模拟步骤如下:

(1) 取两串相互独立的同为 $(0,1)$ 上的均匀分布随机变量序列 $\{U_n, n \geqslant 0\}$ 及 $\{V_n, n \geqslant 1\}$;

(2) 若 U_0 满足

$$\sum_{k=0}^{i_0-1} P_k(0) \leqslant U_0 < \sum_{k=0}^{i_0} P_k(0),$$

则取 $X(0) = i_0$ 作为初始状态;

(3) 取出 U_1, 令 $\theta_1 = -q_{i_0}^{-1} \ln U_1$ 作为 $X(t)$ 停留在 $X(0) = i_0$ 的时间;

(4) 取出 V_1, 若 $i_1 \in S$ 使 V_1 满足

$$\sum_{k=0}^{i_1-1} \frac{q_{i_0 k}}{q_{i_0}} \leqslant V_1 < \sum_{k=0}^{i_1} \frac{q_{i_0 k}}{q_{i_0}},$$

则取 $X(\tau_1) = X(\theta_1) = i_1$;

(5) 取出 U_2, 令 $\theta_2 = -q_{i_1}^{-1} \ln U_2$ 作为 $X(t)$ 停留在 $X(0) = i_1$ 状态的停留时间, 再取 $\tau_2 = \theta_1 + \theta_2$, 作为第二次跳跃时刻;

(6) 取出 V_2, 若 $i_2 \in S$ 使 V_2 满足

$$\sum_{k=0}^{i_2-1} \frac{q_{i_1 k}}{q_{i_1}} \leqslant V_2 < \sum_{k=0}^{i_2} \frac{q_{i_1 k}}{q_{i_1}},$$

则取 $X(\tau_2) = i_2$;

……

继续以上步骤

(7) 取出 U_n, 令 $\theta_n = -q_{i_{n-1}}^{-1} \ln U_n$ 作为 $X(t)$ 停留在 $X(\tau_{n-1}) = i_{n-1}$ 状态的停留时间, 再取 $\tau_n = \sum_{k=1}^{n} \theta_k$;

(8) 取出 V_n, 若 $i_n \in S$ 使 V_n 满足

$$\sum_{k=0}^{i_n-1} \frac{q_{i_{n-1},k}}{q_{i_{n-1}}} \leqslant V_n < \sum_{k=0}^{i_n} \frac{q_{i_{n-1},k}}{q_{i_{n-1}}},$$

则取 $X(\tau_n) = i_n$.

如此继续重复如上步骤, 就可模拟 X 的一条轨道, 它满足已给的条件, 首先

$$P(X(0) = i_0) = P\left(\sum_{k=0}^{i_0-1} P_k(0) \leqslant U_0 < \sum_{k=1}^{i_0} P_k(0)\right) = P_{i_0}(0);$$

其次

$$P\{\theta_{n+1} \leqslant t \mid X(\tau_n) = i_n\} = P\{-q_{i_n}^{-1} \ln U_{n+1} \leqslant t\} = 1 - \exp(-q_{i_n}t);$$

最后

$$P\{X(\tau_{n+1}) = i_{n+1} \mid X(\tau_n) = i_n\}$$
$$= P\left[\sum_{k=0}^{i_{n+1}-1} \frac{q_{i_n,k}}{q_{i_n}} \leqslant V_{n+1} < \sum_{k=0}^{i_{n+1}} \frac{q_{i_n,k}}{q_{i_n}}\right]$$
$$= \frac{q_{i_n,i_{n+1}}}{q_{i_n}}.$$

7.7 可逆马尔可夫链

对于一个随机过程, 有时沿时间逆向来考察它的概率特性也是很有意义的, 下面先给出一随机过程可逆性的定义.

定义 7.7.1 随机过程 $\{X(t), t \geqslant 0\}$, 对于任意 $0 \leqslant t_1 < t_2 < \cdots < t_n$, 记 $t'_k = t_1 + t_n - t_k$, 如果 $X(t_1), X(t_2), \cdots, X(t_n)$ 与 $X(t'_1), X(t'_2), \cdots, X(t'_n)$ 具有相同的联合概率分布, 即正向过程与逆向过程具有相同的概率特性, 则称该过程 $\{X(t), t \geqslant 0\}$ 是时间可逆的.

本节只讨论可逆马尔可夫链的有关问题, 对于马尔可夫链, 如何判断它是时间可逆的呢? 以下定理给出回答.

定理 7.7.1 设马尔可夫链 $X = \{X(t), t \geqslant 0\}$, $P(t) = (p_{ij}(t))$, 具有平稳分布 $\{P_j, j \in S\}$, 初始分布为 $\{P_j(0), j \in S\}$, X 为时间可逆马尔可夫链的充分必要条件是它是平稳过程 (即 $P_j = P_j(0), j \in S$), 且 $\forall t \geqslant 0, i, j \in S$ 有

$$P_i p_{ij}(t) = P_j p_{ji}(t). \tag{7.22}$$

证明 必要性 设 X 是可逆马尔可夫链, 取 $n = 2, 0 < t_1 < t_2 = t_1 + t$, 由可逆定义有

$$P\{X(t_1) = i, X(t_1+t) = j\} = P\{X(t_1+t) = i, X(t_1) = j\}, \tag{7.23}$$

上式两边对 j 求和, 得 $P(X(t_1) = i) = P(X(t_1+t) = i)$, 知 X 为平稳过程, 记 $P_j = P(X(t) = j)$. 由 (7.23) 式可得 (7.22) 式.

充分性 设 (7.22) 式成立. $\forall 0 < t_1 < t_2 < \cdots < t_n$, 记 $t'_k = t_1 + t_n - t_k, 1 \leqslant k \leqslant n, \forall i_k \in S, 1 \leqslant k \leqslant n$,

$$\begin{aligned}
&P\{X(t_1) = i_1, X(t_2) = i_2, \cdots, X(t_n) = i_n\} \\
&= p_{i_1} p_{i_1,i_2}(t_2 - t_1) p_{i_2,i_3}(t_3 - t_2) \cdots p_{i_{n-1},i_n}(t_n - t_{n-1}) \\
&= p_{i_2,i_1}(t_2 - t_1) p_{i_3,i_2}(t_3 - t_2) \cdots p_{i_n,i_{n-1}}(t_n - t_{n-1}) p_{i_n} \\
&= p_{i_n} p_{i_n,i_{n-1}}(t_n - t_{n-1}) \cdots p_{i_3,i_2}(t_3 - t_2) p_{i_2,i_1}(t_2 - t_1) \\
&= P\{X(t_n + t_1 - t_n) = i_n, X(t_n + t_1 - t_n + t_n - t_{n-1}) = i_{n-1}, \cdots, X(t_n + t_1 - t_1) = i_1\} \\
&= P\{X(t'_1) = i_1, X(t'_2) = i_2, \cdots, X(t'_n) = i_n\},
\end{aligned}$$

因此 X 为可逆马尔可夫链. $\square$

推论 7.7.1 对于马尔可夫链 $X = \{X(t), t \geqslant 0\}$, 若存在分布 $\pi = (\pi_j, j \in S)$ 满足 (7.22) 式, 则 π 是平稳分布, 若以 π 为初始分布, 则 X 是平稳过程.

证明 对 (7.22) 式两边对 j 求和, 得

$$\pi_i = \sum_j \pi_i p_{ij}(t) = \sum_j \pi_j p_{ji}(t),$$

故 $\pi = \{\pi_j, j \in S\}$ 为平稳分布. 如果 $\pi_j = P_j(0)$, 则 $P_j(0) = P\{X(t) = j\} = \sum_i \pi_i p_{ij}(t) = \pi_j$, 即 X 为平稳过程. $\square$

推论 7.7.2 离散马尔可夫链 $X = \{X_n, n \geqslant 0\}, P = (p_{ij}), \pi = P(X_0 = i), i \in S$, 则 X 可逆的充分必要条件为

$$\pi_i p_{ij} = \pi_j p_{ji}. \tag{7.24}$$

证明 必要性显然, 仅需证 (7.24) 式可逆的充分条件. 用归纳法证明对 $n \geqslant 1$ 均有

$$\pi_i p_{ij}^{(n)} = \pi_j p_{ji}^{(n)}. \tag{7.25}$$

当 $n = 1$ 时, (7.25) 式即为 (7.24) 式. 现设 (7.25) 式对 n 成立, 那么对 $n+1$ 有

$$\begin{aligned}
\pi_i p_{ij}^{(n+1)} &= \pi_i \sum_k p_{ik}^{(1)} p_{kj}^{(n)} = \sum_k p_{ki} \pi_k p_{kj}^{(n)} \\
&= \sum_k p_{ki} \pi_j p_{jk}^{(n)} = \pi_j \sum_k p_{jk}^{(n)} p_{ki} \\
&= \pi_j p_{ji}^{(n+1)},
\end{aligned}$$

从而 (7.25) 式对所有 $n \geqslant 1$ 成立. 由推论 7.7.1 知 π 是平稳分布, 且 X 是平稳过程. 再由定理 7.7.1 的充分性, 得 X 可逆. $\square$

对于连续参数马尔可夫链 $X = \{X(t), t \geqslant 0\}$, 若给定的是密度矩阵 Q 矩阵, 自然希望将可逆性的条件用 Q 矩阵来描述.

定理 7.7.2 设平稳马尔可夫链 X 的 Q 矩阵为 $Q = (q_{ij})$, 若满足向前向后微分方程的解唯一, 则 X 可逆的充要条件是平稳分布 $\pi = \{\pi_i, i \in S\}$ 满足

$$\pi_i q_{ij} = \pi_j q_{ji}, \quad \forall i, j \in S. \tag{7.26}$$

证明 必要性显然, 下证充分性. 由 Q 满足

$$p'_{ij}(t) = \sum_k q_{ik} p_{kj}(t) = \sum_k p_{ik}(t) q_{kj},$$

令

$$\tilde{p}_{ij}(t) = \frac{\pi_j p_{ji}(t)}{\pi_i},$$

则

$$\tilde{p}'_{ij}(t) = \frac{\pi_j}{\pi_i} p'_{ji}(t) = \sum_k \frac{\pi_j}{\pi_i} p_{jk}(t) q_{ki}$$
$$= \sum_k \frac{\pi_j}{\pi_k} p_{jk}(t) \frac{\pi_k}{\pi_i} q_{ki} = \sum_k q_{ik} \tilde{p}_{kj}(t),$$

可知 $\tilde{p}_{ij}(t) = \tilde{P}(t)$ 满足向后方程. 由解唯一性条件 $p_{ij}(t) = \tilde{p}_{ij}(t)$, 得

$$\pi_i p_{ij}(t) = \pi_j p_{ji}(t), \quad \forall i, j \in S, t \geqslant 0,$$

由定理 7.7.1 知 X 可逆. □

推论 7.7.3 若 X 为有限状态不可约平稳链, 则可逆的充要条件是 (7.26) 式成立.

对于给定生灭过程, 有如下重要定理.

定理 7.7.3 对于生灭 Q 矩阵 (见定理 7.4.2), 若 $\lambda_k > 0 (k \geqslant 0), \mu_k > 0, k \geqslant 1, \mu_0 = 0$, 则存在可逆生灭过程 Q 过程的充要条件是

$$\sum_{k=1}^{\infty} \frac{\lambda_0 \lambda_1 \cdots \lambda_{k-1}}{\mu_1 \mu_2 \cdots \mu_k} < \infty. \tag{7.27}$$

证明从略.

7.8 马尔可夫更新过程与半马尔可夫过程

马尔可夫更新过程是马尔可夫过程与更新过程的综合和推广. 它有很强的背景: 设想一系统 (或一质点), 其状态的转移是随机的, 它从状态 i 出发转移到 (另一) 状态 j 的概率是 $Q(i, j)$, 相继到达 (访问) 的状态组成一马尔可夫链. 同时, 它在每一状态的逗留时间是随机的, 其分布依赖于当前所处的状态及下一个将要到达的状态. 确切定义如下.

定义 7.8.1 设 $X = \{X_n, n \geqslant 0\}$, 对固定的 $n \geqslant 0$, X_n 是取值于状态空间 $S = \{0, 1, 2, \cdots\}$ 的随机变量. $T = \{T_n, n \geqslant 0\}$, T_n 取值非负的随机变量且 $0 = T_0 \leqslant T_1 \leqslant T_2 \leqslant \cdots \leqslant T_{n-1} \leqslant T_n \leqslant \cdots$, 称过程 $\{X, T\} = \{(X_n, T_n), n \geqslant 0\}$ 为马尔可夫更新过程, 如若对 $\forall n \geqslant 0, j \in S, t \geqslant 0$ 满足

$$P\{X_{n+1} = j, T_{n+1} - T_n \leqslant t \mid X_0, T_0, X_1, T_1, \cdots, X_n, T_n\}$$
$$= P\{X_{n+1} = j, T_{n+1} - T_n \leqslant t \mid X_n\}. \tag{7.28}$$

(7.28) 式表明，已知现在状态 X_n，将来状态 X_{n+1} 与停留在 X_n 的时间 $T_{n+1} - T_n$ 的联合分布与过去的历史 $X_0, T_0, X_1, T_1, \cdots, X_{n-1}, T_{n-1}$ 独立. 称 (7.28) 式为马尔可夫性. 本节讨论总假定 (T, X) 是时齐的，即对任意 $i, j \in S, t \geqslant 0$,

$$P(X_{n+1} = j, T_{n+1} - T_n \leqslant t \mid X_n = i) = Q(i, j, t)$$

与 n 无关，称矩阵族 $\{Q(t) = (Q(i, j, t), t \geqslant 0)\}$ 为半马尔可夫核. 显然 $Q(i, j, t)$ 关于 t 是单调不减且右连续. 故

$$Q(i, j) \triangleq \lim_{t \to \infty} Q(i, j, t) = Q(i, j, \infty)$$

存在，且 $Q(i, j) \geqslant 0, \sum_{j \in S} Q(i, j) = 1, i \in S$，即 $Q = (Q(i, j))$ 是一随机矩阵.

以下几个命题反映马尔可夫更新过程的基本特性.

设 $\{X, T\} = \{(X_n, T_n), n \geqslant 0\}$ 为马尔可夫更新过程，$\{Q(t) = (Q(i, j, t), t \geqslant 0)\}$ 为其半马尔可夫核.

命题 7.8.1 $X = \{X_n, n \geqslant 0\}$ 是 S 上转移矩阵为 $Q = (Q(i, j))$ 的马尔可夫链.

证明 由定义，对 $\forall i, j \in S$，易知

$$P\{X_{n+1} = j \mid X_0, X_1, \cdots, X_n = i\} = P\{X_{n+1} = j \mid X_n = i\} = Q(i, j).$$

令 $G(i, j, t) = Q(i, j, t)/Q(i, j)$，显然

$$P\{T_{n+1} - T_n \leqslant t \mid X_n = i, X_{n+1} = j\} = G(i, j, t).$$

上式表明，在 $X_n = i$ 的停留时间分布不仅与现在时刻 i 而且与下一步转移到的状态 $X_{n+1} = j$ 有关. 可见连续参数马尔可夫链是它的特殊情形. □

命题 7.8.2 $\forall n > 1, t_1, t_2, \cdots, t_n \geqslant 0$, 则

$$\begin{aligned}&P\{T_1 - T_0 \leqslant t_1, T_2 - T_1 \leqslant t_2, \cdots, T_n - T_{n-1} \leqslant t_n \mid X_0, X_1, \cdots, X_n\} \\&= G(X_0, X_1, t_1) G(X_1, X_2, t_2) \cdots G(X_{n-1}, X_n, t_n),\end{aligned} \tag{7.29}$$

即给定 $\{X_n, n \geqslant 0\}$ 时，逗留时间序列 $\{\theta_n = T_n - T_{n-1}, n \geqslant 1\}$ 条件独立. 特别地，若 S 只有一个状态时，则 $\{\theta_n, n \geqslant 1\}$ 独立同分布.

证明用数学归纳法.

推论 7.8.1 若 S 只由一个状态组成，则 $T = \{T_n, n \geqslant 1\}$ 是一更新过程.

可见，马尔可夫更新过程是更新过程的推广.

有时，人们关心的是到达某状态的性态，设 $j \in S$ 固定，令

$$\begin{aligned}S_0^j &= \min\{n : n \geqslant 0, X_n = j\}, \\S_n^j &= \min\{n : n > S_{n-1}^j, X_n = j\}, \quad n \geqslant 1,\end{aligned}$$

S_n^j 是第 n 次访问 j 的时刻，$S_n^j - S_{n-1}^j$ 是第 n 次与第 $n-1$ 次访问 j 的时间间隔.

命题 7.8.3 令 $j \in S$ 固定，则 $S^j = \{S_n^j, n \geqslant 0\}$ 是延时更新过程，即 $S_0^j, S_1^j - S_0^j, \cdots, S_{n+1}^j - S_n^j, \cdots$ 相互独立，且 $\{S_n^j - S_{n-1}^j, n \geqslant 1\}$ 同分布.

其证明由命题 7.8.2 的推论及下面命题 7.8.4 即得.

在马尔可夫更新过程中, 允许 $T_n = +\infty, X_\infty = \infty$. 为使状态空间 S 紧化, 在 S 中增加一新的状态, 记为 ∞. 设对状态子集 $H \subset S$, 记

$$\tau_0 = \min\{n : n \geqslant 0, X_n \in H\},$$
$$\tau_n = \min\{n : n \geqslant \tau_{n-1}, X_n \in H\}, \quad n \geqslant 1,$$
$$\tilde{X}_n = X_{\tau_n}, \quad \tilde{T}_n = T_{\tau_n}, \quad (\tilde{X}, \tilde{T}) = \{(\tilde{X}_n, \tilde{T}_n), n \geqslant 0\}.$$

命题 7.8.4 $(\tilde{X}, \tilde{T}) = \{(\tilde{X}_n, \tilde{T}_n), n \geqslant 0\}$ 是状态空间为 $H \cup \{\infty\}$ 的马尔可夫更新过程. 证明从略.

给定马尔可夫更新过程 $(X, T) = \{(X_n, T_n), n \geqslant 0\}$. $\forall t \geqslant 0$, 令

$$Y(t) = \begin{cases} X_n, & T_n \leqslant t < T_{n+1}, \\ \infty, & t > \sup_n T_n. \end{cases}$$

称 $Y = \{Y(t), t \geqslant 0\}$ 为由马尔可夫更新过程 (X, T) 产生的 (最小) 半马尔可夫过程.

显然, Y 是连续参数随机过程, 是否是马尔可夫过程呢? 一般情况下回答是否定的. 但是在其更新点 $\{T_n, n \geqslant 0\}$ 上 $\{Y(T_n) = X_n, n \geqslant 0\}$ 是一马尔可夫链. 故称 $Y = \{Y(t), t \geqslant 0\}$ 为半马尔可夫过程.

7.9 连续时间与离散时间马尔可夫链首达目标模型间的关系

在连续时间马尔可夫链的理论与应用中, 往往对其过程的不同性质指标感兴趣. 已有的研究表明, 求解这些性能指标, 大都可以化为求解某些意义等价的离散时间首达目标可加泛函的一阶矩问题, 这为连续参数马尔可夫链的离散化提供了新的途径.

设连续参数马尔可夫链 $X = \{X(t), t \geqslant 0\}$, 状态空间 $\tilde{S} = \{1, 2, \cdots, m, 0\} = S \cup S_0, S = \{1, 2, \cdots, m\}, S_0 = \{0\}$, 转移矩阵 $\tilde{Q} = \{q_{ij}\}, i, j \in \tilde{S}$ 为保守 Q 矩阵. $r : S \to \mathbb{R}^+, r$ 为性能函数 (或费用函数), $r(i) = r_i$ 表示过程在 i 状态的性能 (或费用), 不失一般性, 设当 $i \in S$ 时, $r_i > 0$, 当 $i \in S_0$ 时, $r_i = 0$. 令 $\tau_1 = \inf\{t : t > 0, X(t) \neq X(0)\}$ 为第一次跳跃时间, $\tau = \inf\{t : t > 0, X(t) \in S_0\}$, 规定: $\inf \varnothing = +\infty$. 若 $X(0) \in S_0, \tau = 0$. τ 表示过程从 S 到 S_0 的首达时间.

试举几种问题加以讨论.

(1) 首达时间与首达目标积分型泛函.

令 $W = \int_0^\tau e^{-\alpha t} r(X(t)) dt$ (其中 $\alpha > 0$ 为折扣率因子), $\mu_k(i) = E(W^k \mid X(0) = i), k \geqslant 0, i \in \tilde{S}, M = \max_{i \in S} r_i$. 显然, 当 $i \in S_0$ 时, $\mu_k(i) = 0$; 当 $i \in S, q_i = 0$ 时, $\mu_k(i) = \left(\int_0^\infty e^{-\alpha t} r(i) dt\right)^k = (\alpha^{-1} r_i)^k$. 下面仅讨论 $i \in S$ 的情形, 记 $W_{\tau_1} = \int_{\tau_1}^\tau e^{-\alpha(t-\tau_1)} r(X(t)) dt$,

易知, $X(0) \in S$ 时, 有

$$W = \begin{cases} \alpha^{-1}r(X(0))(1-e^{-\alpha\tau_1}), & X(\tau_1) \in S_0, \\ \alpha^{-1}r(X(0))(1-e^{-\alpha\tau_1}) + e^{-\alpha\tau_1}W_{\tau_1}, & X(\tau_1) \in S. \end{cases} \tag{7.30}$$

记 $p_{ij} \triangleq P(X(\tau_1) = j \mid X(0) = i) = \delta_{ij} + \dfrac{q_{ij}}{q_i}$, $P = (p_{ij}), i,j \in S$; $\beta_k(i) = q_i(k\alpha + q_i)$, $\beta_k \circ P = (\beta_k(i)p_{ij}), i, j \in S$; $R_k(i) = (k\alpha + q_i)^{-1}kr(i)\mu_{k-1}(i), R_k = (R_k(i), i \in S)^{\mathrm{T}}, \mu_k = (\mu_k(i), i \in S)^{\mathrm{T}}$. 易知, $0 < \beta_1(i) < 1, 0 < \sum_{j \in S}\beta_k(i)p_{ij} \leqslant \beta_1(i) < 1$. 有下面的定理.

定理 7.9.1
$$\mu_1(i) = R_1(i) + \beta_1(i)\sum_{j \in S}p_{ij}\mu_1(j), \quad i \in S, \tag{7.31}$$

即

$$\mu_1 = R_1 + \beta_1 \circ P \cdot \mu_1, \tag{7.32}$$
$$\mu_1 = \sum_{n=0}^{\infty}(\beta_1 \circ P)^n R_1. \tag{7.33}$$

证明 对 $\forall i \in S$,

$$\mu_1(i) = E(\alpha^{-1}r(X(0))(1-e^{-\alpha\tau_1}) \mid X(0) = i)$$
$$+ \sum_{j \in S}p_{ij}E\left(e^{-\alpha\tau_1}W_{\tau_1} \mid X(0) = i, X(\tau_1) = j\right)$$
$$= \alpha^{-1}r_i\alpha(\alpha+q_i)^{-1} + \sum_{j \in S}p_{ij}E(e^{-\alpha\tau_1} \mid X(0) = i, X(\tau_1) = j)$$
$$\times E(W_{\tau_1} \mid X(0) = i, X(\tau_1) = j)$$

(由强马氏性, $e^{-\alpha\tau_1}$ 与 W_{τ_1} 关于 $X(0) = i, X(\tau_1) = j$ 条件独立)

$$= R_1(i) + \sum_{j \in S}p_{ij}E(e^{-\alpha\tau_1} \mid X(0) = i)E(W_{\tau_1} \mid X(\tau_1) = j)$$

(由于 τ_1 与 $X(\tau_1)$ 关于 $X(0) = i$ 条件独立及强马氏性)

$$= R_1(i) + E(e^{-\alpha\tau_1} \mid X(0) = i)\sum_{j \in S}p_{ij}\mu_1(j)$$

(因为 $E(W_{\tau_1} \mid X(\tau_1) = j) = E(W \mid X(0) = j)$)

$$= R_1(i) + q_i(\alpha+q_i)^{-1}\sum_{j \in S}p_{ij}\mu_1(j).$$

从而得 $\mu_1(i) = R_1(i) + \beta_1(i)\sum_{j \in S}p_{ij}\mu_1(j)$, 写成向量形式, 即有 (7.33) 式. 注意到, $\beta_1 \circ P$ 的谱半径满足 $0 < \rho(\beta_1 \circ P) \leqslant \max_{i \in S}[q_i/(\alpha+q_i)] < 1$, 故由 (7.33) 式逐次迭代, 有

$$\mu_1 = P_1 + \beta_1 \circ P(R_1 + \beta_1 \circ P \cdot \mu_1)$$
$$= R_1 + (\beta_1 \circ P)R_1 + (\beta_1 \circ P)^2\mu_1$$

7.9 连续时间与离散时间马尔可夫链首达目标模型间的关系

$$= \cdots$$
$$= \sum_{k=0}^{n} (\beta_1 \circ P)^k R_1 + (\beta_1 \circ P)^{n+1} \mu_1,$$

因为 $n \to +\infty$, $(\beta_1 \circ P)^{n+1} \mu_1 \to 0$, 即得 (7.33) 式. □

为了讨论 $k \geqslant 2$ 的情形, 先给出两个引理.

引理 7.9.1 $\forall k \geqslant 1, i \in S$, 当 $q_i > 0$ 时, 有

$$\mu_k(i) = (\alpha^{-1} r_i)^k \sum_{m=0}^{k} C_k^m (-1)^m q_i (m\alpha + q_i)^{-1}$$
$$+ \sum_{l=1}^{k-1} \left\{ C_k^l (\alpha^{-1} r_i)^{k-l} \sum_{m=0}^{k-l} C_{k-l}^m (-1)^m q_i ((m+l)\alpha + q_i)^{-1} \sum_{j \in S} p_{ij} \mu_l(j) \right\}$$
$$+ q_i (k\alpha + q_i)^{-1} \sum_{j \in S} p_{ij} \mu_k(j). \tag{7.34}$$

证明 注意到当 $X(0) = i \in S, X(\tau_1) = j \in S_0$ 时, 有

$$W^k = [\alpha^{-1} r_i (1 - e^{-\alpha \tau_1}) + e^{-\alpha \tau_1} W_{\tau_1}]^k \quad \text{(二项式展开)}$$
$$= (\alpha^{-1} r_i)^k \sum_{m=0}^{k} C_k^m (-1)^m e^{-\alpha m \tau_1}$$
$$+ \sum_{l=1}^{k-1} C_k^l (\alpha^{-1} r_i)^{k-l} \left[\sum_{m=0}^{k-l} C_{k-l}^m (-1)^m e^{-\alpha m \tau_1} \right] e^{-\alpha l \tau_1} W_{\tau_1}^l + e^{-\alpha k \tau_1} W_{\tau_1}^k,$$

于是, 类似于定理 7.9.1 中对 $k = 1$ 的证明, 有

$$\mu_k(i) = E(W^k \mid X(0) = i)$$
$$= (\alpha^{-1} r_i)^k \sum_{m=1}^{k} C_k^m (-1)^m q_i (m\alpha + q_i)^{-1}$$
$$+ \sum_{l=1}^{k-1} \left\{ C_k^l (\alpha^{-1} r_i)^{k-l} \sum_{m=0}^{k-l} C_{k-l}^m (-1)^m E[e^{-\alpha(m+l)\tau_1} \mid X(0) = i] \right.$$
$$\left. \times \sum_{j \in S} p_{ij} E(W_{\tau_1}^l \mid X(0) = i, X(\tau_1) = j) \right\} + q_i (k\alpha + q_i)^{-1} \sum_{j \in S} p_{ij} \mu_k(j),$$

即得 (7.34) 式. □

引理 7.9.2 $\forall k \geqslant 1$, 有

$$\sum_{m=0}^{k} C_k^m (-1)^m (m\alpha + q_i)^{-1} = k! \alpha^k \prod_{m=0}^{k} (m\alpha + q_i)^{-1}. \tag{7.35}$$

证明 用归纳法可证. □

定理 7.9.2 $\forall k \geqslant 1, q_i > 0$, 有

$$\mu_k(i) = (k\alpha + q_i)^{-1} k r_i \mu_{k-1}(i) + q_i(k\alpha + q_i)^{-1} \sum_{j \in S} p_{ij} \mu_k(j), \tag{7.36}$$

即

$$\mu_k(i) = R_k(i) + \beta_k(i) \sum_{j \in S} p_{ij} \mu_k(j), \tag{7.37}$$

且

$$\mu_k = \sum_{n=0}^{\infty} (\beta_k \circ P)^n R_k. \tag{7.38}$$

证明 利用归纳法及引理 7.9.1 和引理 7.9.2.

当 $k = 1$ 时, (7.36) 式即为 (7.31) 式. 现设 (7.36) 式对 $1 \leqslant k \leqslant n$ 均成立, 即对 $1 \leqslant l \leqslant n$, 有

$$q_i \sum_{j \in S} p_{ij} \mu_l(j) = (l\alpha + q_i) \mu_l(i) - l r_i \mu_{l-1}(i), \tag{7.39}$$

把 (7.39) 式及 (7.35) 式代入 (7.34) 式, 对 $k = n+1$ 的情形 (并注意到 $C_{n+1}^{l+1} C_{l+1}^{l} = C_{n+1}^{l}(n+1-l), \mu_0(i) = 1$), 有

$$\mu_{n+1}(i) = r_i^{n+1}(n+1)! \prod_{m=0}^{n+1} (m\alpha + q_i)^{-1} + \sum_{l=1}^{n+1-l} C_{n+1}^{l} r_i^{n+1-l}(n+1-l)!$$
$$\times \prod_{m=0}^{n+1-l} ((m+l)\alpha + q_i)^{-1} [(l\alpha + q_i)\mu_l(i) - l r_i \mu_{l-1}(i)]$$
$$+ q_i((n+1)\alpha + q_i)^{-1} \sum_{j \in S} p_{ij} \mu_{n+1}(j)$$
$$= [(n+1)\alpha + q_i]^{-1}(n+1) r_i \mu_n(i) + q_i[(n+1)\alpha + q_i]^{-1} \sum_{j \in S} p_{ij} \mu_{n+1}(j),$$

故 (7.36) 式对 $k \geqslant 1$ 均成立. 由 (7.36) 式即得 (7.37) 式. □

通过比较 (7.37) 式与 (7.31) 式知, μ_k 与 μ_1 有相同的代数结构.

(2) 折扣积分型泛函.

当 S 为闭集时, 则当 $\forall X(0) = i \in S$ 时, $P(\tau = +\infty | X(0) = i) = 1$. 此时, $W = \int_0^{\infty} e^{-\alpha t} r(X(t)) dt$ 化为折扣积分型泛函. 不难看出,

$$\mu_k(i) = E\left(W^k | X(0) = i\right), \quad i \in S$$

仍满足定理 7.9.2.

(3) 首达时间与首达目标积分型泛函.

当取 $\alpha = 0$, 则 $W = \int_0^{\tau} r(X(t)) dt$ 是首达目标 (非折扣) 积分型泛函, 当取 $r(i) = 1$ 时, $W = \tau$ 就是从 S 到 S_0 的首达时间. 这一类问题在理论与应用上更有意义, 下面更详细地讨论它们.

连续时间积分型泛函 k 阶矩可以化为离散时间首达目标一阶矩问题. 以上几种连续时间积分型泛函求解 k 阶矩问题, 均可转化为求解离散时间首达目标可加泛函的一阶矩问题. 确切叙述如下:

设马尔可夫链 $\tilde{X} = \{\tilde{X}_n, n \geqslant 0\}$, 状态空间 $\tilde{S} = S \cup S_0$, 其中, $S = \{1, 2, \cdots, m\}, S_0 = \{\delta\}$. 一步转移概率矩阵 $\tilde{P} = (\tilde{p}_{ij}), i, j \in S$. $R(i)$ 表示系统在 i 状态的性能指标, 称 $R: \tilde{S} \to \mathbb{R}$ 为性能函数, $T = \inf\{n: n \geqslant 0, X(n) = \delta\}$ 为从 S 到 S_0 的首达时间. 令 $W_0 = \sum_{n=0}^{T} R(X_n), \tilde{\mu}_1(i) = E(W_0|X_0 = i)$, 当 S 为瞬时态集时, $\tilde{\mu} = (I - \tilde{P})^{-1}R$ 是方程 $y = R + \tilde{P}y$ 的唯一解 (非负最小解).

一般地, 对求解 $\mu_k(k \geqslant 1)$ 有以下定理: 若取 $\tilde{R}(i) = R_k(i), \tilde{p}_{ij} \stackrel{\Delta}{=} \beta_{k(i)}p_{ij}, i, j \in S, \tilde{p}_{i\delta} = 1 - \sum_{j \in S} \tilde{p}_{ij}, \tilde{p}_{\delta\delta} = 1, \tilde{p}_{\delta j} = 0, j \in S$, 则 $\tilde{\mu}_1 = \mu_k$. 这说明求连续时间的积分型泛函的 k 阶矩可以转化为离散时间首达目标可加泛函的一阶矩问题. 类似的情形很多, 这里不一一列举.

7.10 首达时间与首达目标积分型泛函的特性及其反问题

连续时间马尔可夫链的首达时间及首达目标积分型泛函有其广泛的应用背景, 例如系统的使用寿命、人工神经网络训练达到要求的时间、排队系统中的队长与忙期、通信中信号的堵塞时间、水坝水位超过警戒线的时刻等, 无不与首达时间或首达目标相联系. 本节着重讨论首达时间的分布、生成函数及其矩的关系及马尔可夫链的反问题.

考虑连续时间马尔可夫链 $X = \{X(t), t \geqslant 0\}$, 在状态空间 $\tilde{S} = \{1, 2, \cdots, m, m+1, m+2, \cdots\} = S \cup S_0$ (其中 $S = \{1, 2, \cdots, m\}, S_0 = \tilde{S} - S = \{m+1, m+2, \cdots\}$), 其转移率矩阵 $\tilde{Q} = (q_{ij}), i, j \in S$ ($\tilde{Q}$ 亦称为无穷小生成算子), $\tilde{Q} = \begin{pmatrix} Q & q_0 \\ 0 & 0 \end{pmatrix}$, 其中 Q 是 $m \times m$ 矩阵, $q_{ij} \geqslant 0, j \neq i, q_i = -q_{ii} \geqslant 0, 0 \leqslant \sum_{j \neq i} q_{ij} \leqslant q_i < \infty$, 且 $q_0 + Qe = 0, e = (1, 1, \cdots, 1)^{\mathrm{T}}, 0 = (0, 0, \cdots, 0)^{\mathrm{T}}$ 分别是 S 上的单位列向量和零列向量. $\tau_1 = \inf\{t: t > 0, X(t) \neq X(0)\}, \tau = \inf\{t: t > 0, X(t) \in S_0\}$, 易知 τ 是从状态集 S 到 S_0 的首达时间. 规定 $\inf \varnothing = +\infty, \tau = 0$ (若 $X(0) \in S_0$). $r\tilde{S} \to \mathbb{R}^+, r(i)$ 表示系统在 i 状态对应的性能指标, 不失一般性, 设 $r(i) > 0$, 若 $i \in S$; $r(i) = 0$, 若 $i \in S_0$. 取 $S_0 = \{0\}$, 此时 $\tilde{Q} = (q_{ij})(i, j \in \tilde{S})$ 保守. 记 $W = \int_0^{\tau} r(X(t))\mathrm{d}t$ 为首达目标积分泛函.

本节将研究 τ 与 W 的矩与它们的分布函数及其 Laplace-Stieltjes 变换 (亦称生成函数) 的关系. 为避免平凡情况, 在本节设马尔可夫链 X 从 S 到 S_0 以概率 1 可达, 即设

$$P(\tau < +\infty \mid X(0) = i) = 1, \quad \forall i \in S \tag{7.40}$$

成立. 为了便于检验 (7.40) 式是否成立, 先给出以下几个引理.

引理 7.10.1 从 S 出发以概率 1 可达 S_0 的必要条件是 S 中没有吸收状态, 即 (7.40) 式成立的必要条件是 $\forall i \in S, q_i > 0$.

证明 记 $\tau_1 = \inf\{t: t > 0, X(t) \neq X(0)\}$, 用反证法. 若 $\exists i \in S$, 使 $q_i = 0$, 则 $P(\tau_1 = +\infty \mid X(0) = i) = 1$, 因为 $\{\tau_1 = +\infty, X(0) = i\} \subset \{\tau = +\infty, X(0) = i\}$, 得

$1 = P\{\tau_1 = +\infty \mid X(0) = i\} \leqslant P(\tau = +\infty \mid X(0) = i) \leqslant 1 \to P(\tau = +\infty \mid X(0) = i) = 1$, 这与假设 $\forall i \in S, P(\tau < \infty \mid X(0) = 1)$ 相矛盾. □

引理 7.10.2 (7.40) 式成立的充要条件是限制在 S 上的 Q 矩阵 $Q = (q_{ij})(i,j \in S)$ 非奇异.

证明 记 $f_i = P(\tau < \infty \mid X(0) = i), i \in S, f = (f_i, i \in S)^{\mathrm{T}}, P_{i0} = q_i^{-1} q_{i0}, q_0 \triangleq (q_{i0}, i \in S)^{\mathrm{T}}$. 由全概率公式及强马尔可夫性, 有 $f_i = q_i^{-1} q_{i0} + \sum_{j \neq i, j \in S} q_i^{-1} q_{ij} f_j, i \in S$, 写成向量形式, 并注意到 $q_0 = -Qe, e = (1, 1, \cdots, 1)^{\mathrm{T}}$, 即有

$$Qf = Qe, \tag{7.41}$$

若 Q 非奇异, 即 Q^{-1} 存在, 则 $f = e$ 是方程 (7.41) 的唯一解, 即 $f_i = P(\tau < \infty \mid X(0) = i) = 1, \forall i \in S$.

下证当 $f = e$ 时, Q 非奇异, 用反证法, 假设 Q 奇异, 则存在一非负、非零的行向量 v, $vQ = 0$. 故对所有 $t \geqslant 0$, 有 $ve^{Qt}e = ve > 0$, 且向量 $u \triangleq \lim\limits_{t \to \infty} e^{Qt}e \neq 0$, 从而 $vu = ve > 0$. 这表明至少存在一状态 $i \in S$, 使得 $f_i = 1 - u_i < 1$, 矛盾. 故 Q 非奇异. □

令 $P_{ij} = \delta_{ij} + q_i^{-1} q_{ij}, P = (p_{ij}), i, j \in S, \rho_0 = \rho(P)$ 为 P 的谱半径. 进一步有下面的结论.

引理 7.10.3 下面命题等价:

(1) $f = e$;
(2) Q^{-1} 存在;
(3) X 在 S 中无任何闭子集;
(4) $\rho_0 < 1$;
(5) $J_1 < +\infty$.

记

$$M_k(i_1, i_2, \cdots, i_k) = \begin{pmatrix} q_{i_1, i_1} & q_{i_1, i_2} & \cdots & q_{i_1, i_k} \\ q_{i_2, i_1} & q_{i_2, i_2} & \cdots & q_{i_2, i_k} \\ \vdots & \vdots & & \vdots \\ q_{i_k, i_1} & q_{i_k, i_2} & \cdots & q_{i_k, i_k} \end{pmatrix}$$

为由矩阵 $Q = (q_{ij})$ 的第 $i_1, i_2, \cdots, i_k$ 行与第 $i_1, i_2, \cdots, i_k$ 列的交叉元素构成的 k 阶子矩阵, $1 \leqslant k \leqslant m, 1 \leqslant i_1 < i_2 < \cdots < i_k \leqslant n, d_k(i_1, i_2, \cdots, i_k) = (-1)^k \det M_k(i_1, i_2, \cdots, i_k)$.

引理 7.10.4 当 (7.40) 式成立时, 有 $(-1)^k d_k(i_1, i_2, \cdots, i_k) > 0, \forall 1 \leqslant k \leqslant m, 1 \leqslant i_1 < i_2 < \cdots < i_k \leqslant m$, 即 M_k 是 Minkowski 矩阵.

证明 注意到当 (7.40) 式成立时, S 中没有任何闭子集, 故任取 $S_k = \{i_1, i_2, \cdots, i_k\} \subset S$, 对 $\forall 1 \leqslant k \leqslant m, 1 \leqslant i_1 < i_2 < \cdots < i_k \leqslant m$, 则从 S_k 必以概率 1 到达 $S_k^0 = \tilde{S} - S_k$. 这表明 Q 的主子矩阵 $M_k(i_1, i_2, \cdots, i_k)$ 为对角占优不可约矩阵, 且至少有一行严格对角占优, 可知 M_k 非奇异. 再由有关矩阵分析及行列式性质即得 $-M_k$ 是 Minkowski 矩阵, 且 $(-1)^k d_k(i_1, i_2, \cdots, i_k) = \det(-M_k(i_1, i_2, \cdots, i_k)) > 0$. 本节以下均在 (7.40) 式成立下讨论. 令 $Q_d = \mathrm{diag}(q_i, i \in S), M_0 = \max\limits_{i \in S} r(i)$. □

令 $J_k(i) = E(\tau_k \mid X(0) = i), \overline{J}_k(i) = E(W^k \mid X(0) = i), i \in S, J_k = (J_k(i), i \in S)^{\mathrm{T}}, \overline{J}_k = (\overline{J}_k(i), i \in S)^{\mathrm{T}}, J_k = \alpha J_k, \overline{J}_k = \alpha \overline{J}_k$, 则有下面的结论.

7.10 首达时间与首达目标积分型泛函的特性及其反问题

定理 7.10.1 (1) $\forall k \geqslant 1, J_k, \overline{J}_k$ 满足方程

$$J_k = kQ_d^{-1}J_{k-1} + Q_d^{-1}(Q+Q_d)J_k, \quad \overline{J}_k = kQ_d^{-1}\overline{J}_{k-1} + Q_d^{-1}(Q+Q_d)\overline{J}_k;$$

(2) $$J_k = (-1)^k k! Q^{-1}e, \quad \overline{J}_k = -kQ^{-1}(\overline{J}_{k-1} \circ r), \tag{7.42}$$

其中 $\overline{J}_{k-1} \circ r = \left(\overline{J}_k(i)r(i), i \in S\right)^{\mathrm{T}}$;

(3) $$|J_k| \leqslant k! \rho_0^{-k}, \quad |\overline{J}_k| \leqslant k! \rho_0^{-k} M_0^k.$$

令 $F_i(x) = P(\tau \leqslant x \mid X(0) = i), \overline{F}_i(x) = P(W \leqslant x \mid X(0) = i), i \in S, x \geqslant 0.$ $F(x) = \sum_{i=1}^m \alpha_i F_i(x), \overline{F}(x) = \sum_{i=1}^m \alpha_0 \overline{F}_i(x).$

记 $G_i(x) = P(\tau_1 \leqslant x \mid X(0) = i) = (1 - e^{-q_i x})I_{(x \geqslant 0)}, r_i \triangleq r(i)$. 对 $F_i(x), F_i(x)$ 有如下定理.

定理 7.10.2

$$F_i(x) = q_i^{-1}q_{i0}G_i(x) + q_i^{-1}\sum_{j \neq i, j \in S} q_{ij} \int_0^x F_j(x-u)\mathrm{d}G_i(u), \tag{7.43}$$

$$\overline{F}_i(x) = q_i^{-1}q_{i0}G_i(xr_i^{-1}) + q_i^{-1}\sum_{j \neq i, j \in S} q_{ij} \int_0^{xr_i^{-1}} \overline{F}_j(x-ur_i)\mathrm{d}G_i(u). \tag{7.44}$$

证明 令 $\tau' = \inf\{t : t > 0, X(\tau_1+t) \in S_0\}, X'(t) = X(\tau_1+t)$, 则 $\tau = \tau_1 + \tau'$. 注意到 τ_1 与 $X(\tau_1)$ 关于 $X(0) = i$ 条件独立, τ_1 与 $X(\tau_1+t)$ 关于 $X(0) = i$ 条件独立. 再由全概率公式与强马尔可夫性, 即可得 (7.43) 式及 (7.44) 式. □

注意到, 若令 $\overline{q}_{ij} = q_{ij}r_i^{-1}, \overline{G}_i(x) = G_i(xr_i^{-1}) = (1-e^{-q_i r_i^{-1}x})I_{(x \geqslant 0)}, \overline{Q} = (\overline{q}_{ij})$ 仍为 Q 矩阵, 且 $\overline{Q}^{-1}$ 存在, 则 (7.44) 式化为

$$\overline{F}_i(x) = \overline{q}_i^{-1}\overline{q}_{i0}\overline{G}_i(x) + \overline{q}_i^{-1}\sum_{j \in S} \overline{q}_{ij} \int_0^x \overline{F}_j(x-u)\mathrm{d}\overline{G}(u).$$

由上式说明, 首达目标积分型泛函问题可化为首达时间问题 (要求 $r(i) > 0, i \in S$). 故下面只需讨论首达时间的问题.

设 $S = \{1, 2, \cdots, p\}$ 有限, $S_0 = \{0\}$ 且 (7.40) 式总成立, 并设过程的初始分布为 $\alpha = (\alpha_1, \cdots, \alpha_m, 0), \alpha_i \geqslant 0, i \in S, \sum_{i \in S}\alpha_i = 1$. 记 $\Phi_i(s) = \int_0^\infty e^{-sx}\mathrm{d}F_i(x), \overline{\Phi}_i(s) = \int_0^\infty e^{-sx}\mathrm{d}\overline{F}_i(x), i \in S, x \geqslant 0, s \geqslant 0. \Phi(s) = \sum_{i=1}^m \alpha_i\Phi_i(s), \overline{\Phi}(s) = \sum_{i=1}^m \alpha_i\overline{\Phi}_i(s). F(x) = (F_i(x), i \in S)^{\mathrm{T}}, \Phi(s) = (\Phi_i(s), i \in S)^{\mathrm{T}}.$

定义 7.10.1 称从 S 到 S_0 的首达时间 τ 的分布 $F(x) = P(\tau \leqslant x)$ 为位相型分布, 简记为 PH 分布. 称 $\Phi(s) = \int_0^\infty e^{-sx}\mathrm{d}F(x)(s \geqslant 0)$ 为 PH 分布生成函数, 即 $\Phi(s)$ 是 $F(x)$ 的 Laplace-Stieltjes 变换.

定理 7.10.3
$$\Phi_i(s) = (s + q_i^{-1})q_{i0} + (s + q_i^{-1})\sum_{j \in S} q_{ij}\Phi_j(s), \tag{7.45}$$

$$\Phi(s) = (sI - Q)^{-1}q_0, \quad s > 0. \tag{7.46}$$

证明 对 (7.43) 式两边取 Laplace-Stieltjes 变换, 即得 (7.45) 式. 再注意到当 $s > 0$ 时, 矩阵 $sI - Q$ 是严格对角占优矩阵, 故 $(sI - Q)^{-1}$ 存在. 从而方程 (7.45) 有唯一解, 即 (7.46) 式成立. □

由 (7.46) 式可知 $F(x), \Phi(s)$ 完全由过程在 S 上的无穷小生成子 Q 唯一决定, 而 $\Phi(s) = \alpha\Phi(s)$ 及 $F(x) = \alpha F(x)$ 由初始分布 α 及 Q 唯一决定. 因此, 可用 (α, Q) 表示 $F(x)$, 记为 $F(x) \sim (\alpha, Q)$, 称 (α, Q) 是 $F(x)$ 的一个表示.

对于首达时间的分布函数 $F(x)$、生成函数 $\Phi(s)$ 及矩 $\{J_k, k \geqslant 0\}$, 有以下定理.

定理 7.10.4 $\Phi(s)$ 由其矩 $\{J_k, k \geqslant 0\}$ 唯一确定, 即存在 $s_0 > 0$, 使当 $|s| < s_0$ 时, 有
$$\Phi(s) = \sum_{k=0}^{\infty} \frac{(-1)^k}{k!} J_k s^k.$$

令 $\alpha_k = \frac{(-1)^k}{k!} J_k = (a_k(l), l \in S)^{\mathrm{T}}$, 其中 $a_k(l) = \frac{(-1)^k}{k!} J_k(l), \forall l \in S$, 则 $a_k = \alpha a_k, \Phi(s) = \alpha\Phi(s), k \geqslant 0$ 且
$$\Phi(s) = \sum_{n=0}^{\infty} a_n s^n. \tag{7.47}$$

记 $B(k, r) = (a_k, a_{k+1}, \cdots, a_{k+r-1}), k \geqslant 0, r \geqslant 1$.

引理 7.10.5 $\mathrm{rank}B(k, p) = \mathrm{rank}B(0, p), \forall k \geqslant 0$.

证明 因为 $a_k = Q^{-k}e, \mathrm{rank}Q^{-1} = p$, 所以 $\forall k \geqslant 1$, 有
$$B(k, p) = (Q^{-k}e, Q^{-(k+1)}e, \cdots, Q^{-(k+p-1)}e)$$
$$= Q^{-k+1}(Q^{-1}e, Q^{-2}e, \cdots, Q^{-p}e)$$
$$= Q^{-k+1}B(1, p),$$

即 $\mathrm{rank}B(k, p) = \mathrm{rank}B(0, p)$. □

定理 7.10.5 (1) $\forall k \geqslant 1$, 有
$$a_k = Q^{-k}e = Q^{-1}a_{k-1},$$
$$Qa_k = a_{k-1}.$$

(2) $\forall k \geqslant 1$, 有
$$Q(a_k, a_{k+1}, \cdots, a_{k+p-1}) = (a_{k-1}, a_k, a_{k+1}, \cdots, a_{k+p-2}),$$
$$QB(k, p) = B(k-1, p).$$

(3) 若 $\mathrm{rank}B(1, p) = p$, 则

7.10 首达时间与首达目标积分型泛函的特性及其反问题

$$Q = B(0,p)B^{-1}(1,p) = B(k-1,p)B^{-1}(k,p),$$

$$q_0 = -Qe = -B(0,p)B^{-1}(1,p)e,$$

且 $F(x) \sim (\alpha, B(0,p)B^{-1}(1,p))$，即条件分布 $(F_i(x), i \in S)$ 由 τ 的前 p 阶条件矩唯一确定. $\forall k \geqslant 1$，有

$$a_k = B(1,p)B^{-1}(0,p)a_{k-1} = [B(1,p)B^{-1}(0,p)]^k e.$$

(4) 若 $\text{rank} B(1,p) = p$，则 $\{a_k, k \geqslant 0\}$ 由 $B(1,p)$ 唯一决定，且是最小阶为 p 的差分序列.

证明 由 (7.42) 式可得 (1), (2), (3) 和 (4) 可以由差分序列的性质得到. □

以上结果说明，当 $\det B(1,p) \neq 0$ 时，可由 $B(1,p)$ 反求其无穷小生成元 Q. 这就是马尔可夫链中的一类反问题.

当 $B(1,p)$ 不满秩，有以下定理.

定理 7.10.6 若 $\text{rank} B(1,p) = r, 1 \leqslant r \leqslant p$，则经过重新排列可得 $\text{rank} B(1,r) = r$. 记 $S_{(1,2,\cdots,r)} = \{1,2,\cdots,r\}, \tilde{S}_{(1,2,\cdots,r)} = S_{(1,2,\cdots,r)} \cup S_0$，则

$$Q_{(1,2,\cdots,r)} = B(0,r)B^{-1}(1,r) \tag{7.48}$$

是状态空间为 $\tilde{S}_{(1,2,\cdots,r)}$ 的马尔可夫链的最小生成子，且条件生成函数为

$$F_l(x) \sim (e_l, Q_{(1,2,\cdots,r)}), \quad l \in S_{(1,2,\cdots,r)}.$$

证明 类似于定理 7.10.5 的证明. □

由定理 7.10.6 可知，若 $\text{rank} B(1,r) = r$，就可以用状态空间 $\tilde{S}_{(1,2,\cdots,r)}$ 上的条件矩来计算 $Q_{(1,2,\cdots,r)}$. 但是 $Q_{(1,2,\cdots,r)}$ 只能表示状态集 $\tilde{S}_{(1,2,\cdots,r)}$ 的性质，对于其他状态的性质，这个定理没能给出一个令人满意的答案. 下面的两个定理就对 $B(1,p)$ 不满秩的情形做了补充，首先给出两个不同状态集上最小生成子的关系.

以 $b_l(k,r)$ 记 $(a_k(l), a_{k+1}(l), \cdots, a_{k+r-1}(l)), \forall l \in S$，即 $B(k,r)$ 矩阵的第 l 行.

由 $\text{rank} B(1,p) = r$，可以假定 $\text{rank} B(1,r) = r$，则 (7.48) 可写为

$$Q_{(1,2,\cdots,r)} = \begin{pmatrix} b_1(0,r) \\ \vdots \\ b_r(0,r) \end{pmatrix} \begin{pmatrix} b_1(1,r) \\ \vdots \\ b_r(1,r) \end{pmatrix}^{-1}. \tag{7.49}$$

由于 $B(1,r)$ 的前 r 行是线性无关的，其他 $p-r$ 行可以被前 r 行线性表示. 因此有

$$b_k(1,r) = \beta_k^1 b_1(1,r) + \cdots + \beta_k^r b_r(1,r) = \sum_{l=1}^r \beta_k^l b_l(1,r) 1, \quad r+1 \leqslant k \leqslant p. \tag{7.50}$$

由差分性可知，对 $B(0,r)$ 同样有

$$b_k(0,r) = \beta_k^1 b_1(0,r) + \cdots + \beta_k^r b_r(0,r) = \sum_{l=1}^r \beta_k^l b_l(0,r) 1, \quad r+1 \leqslant k \leqslant p,$$

因为 $b_k(0,r)$ 的第一个元素为 1, 所以有 $\sum_{l=1}^{r} \beta_k^l = 1$.

对 $\forall k_1 \in S$, 都可以找到 $B(0,r)$ 的 $r-1$ 行使得这 r 行线性无关. 这是因为一定存在 $i \in \{1,\cdots,r\}$ 使得 $\beta_{k_1}^i \neq 0$, 不妨假定 $\beta_{k_1}^1 \neq 0$, 则 $b_{k_1}(1,r), b_{k_2}(1,r), \cdots, b_{k_r}(1,r)$ 线性无关. 可以假定 $\mathrm{rank}\begin{pmatrix} b_{k_1}(1,r) \\ \vdots \\ b_{k_r}(1,r) \end{pmatrix} = r$, 于是有下面的结论.

定理 7.10.7 若 $\mathrm{rank}\begin{pmatrix} b_{k_1}(1,r) \\ \vdots \\ b_{k_r}(1,r) \end{pmatrix} = r$, 状态空间

$$\tilde{S}_{(k_1,k_2,\cdots,k_r)} = S_{(k_1,k_2,\cdots,k_r)} \cup S_0$$

上的最小生成子 $Q_{(k_1,k_2,\cdots,k_r)}$ 满足

$$Q_{(k_1,k_2,\cdots,k_r)} = \begin{pmatrix} \beta_{k_1}^1 & \cdots & \beta_{k_1}^r \\ \vdots & \ddots & \vdots \\ \beta_{k_r}^1 & \cdots & \beta_{k_r}^r \end{pmatrix} Q_{(1,2,\cdots,r)} \begin{pmatrix} \beta_{k_1}^1 & \cdots & \beta_{k_1}^r \\ \vdots & \ddots & \vdots \\ \beta_{k_r}^1 & \cdots & \beta_{k_r}^r \end{pmatrix}^{-1}. \tag{7.51}$$

证明 由于

$$Q_{(k_1,k_2,\cdots,k_r)} = \begin{pmatrix} b_{k_1}(0,r) \\ \vdots \\ b_{k_r}(0,r) \end{pmatrix} \begin{pmatrix} b_{k_1}(1,r) \\ \vdots \\ b_{k_r}(1,r) \end{pmatrix}^{-1}, \tag{7.52}$$

$$\begin{pmatrix} b_{k_1}(0,r) \\ \vdots \\ b_{k_r}(0,r) \end{pmatrix} = \begin{pmatrix} \beta_{k_1}^1 & \cdots & \beta_{k_1}^r \\ \vdots & \ddots & \vdots \\ \beta_{k_r}^1 & \cdots & \beta_{k_r}^r \end{pmatrix} \begin{pmatrix} b_1(0,r) \\ \vdots \\ b_r(0,r) \end{pmatrix}, \tag{7.53}$$

$$\begin{pmatrix} b_{k_1}(1,r) \\ \vdots \\ b_{k_r}(1,r) \end{pmatrix}^{-1} = \begin{pmatrix} b_1(1,r) \\ \vdots \\ b_r(1,r) \end{pmatrix} \begin{pmatrix} \beta_{k_1}^1 & \cdots & \beta_{k_1}^r \\ \vdots & \ddots & \vdots \\ \beta_{k_r}^1 & \cdots & \beta_{k_r}^r \end{pmatrix}^{-1}, \tag{7.54}$$

则 (7.51) 式可以很容易得到. □

再给出 $Q_{(1,2,\cdots,r)}$ 与原来 PH 分布的最小生成子 Q 之间的关系.

定理 7.10.8 对任意给定的初始分布 $\tilde{\alpha} = (\alpha, 0) = (\alpha_1, \alpha_2, \cdots, \alpha_p, 0)$, 作变换

$$\gamma = (\gamma_1, \cdots, \gamma_r) = \left(\alpha_1 + \sum_{k=r+1}^{p} \beta_k^1 \alpha_k, \cdots, \alpha_r + \sum_{k=r+1}^{p} \beta_k^r \alpha_k \right),$$

把 $\tilde{\gamma} = (\gamma, 0)$ 当作新的拟初始分布, 就有 (α, Q) 和 $(\gamma, Q_{(1,2,\cdots,r)})$ 表示的 PH 分布相同.

证明 由于 $(\gamma_1, \cdots, \gamma_r) = \left(\alpha_1 + \sum_{k=r+1}^{p} \beta_k^1 \alpha_k, \cdots, \alpha_r + \sum_{k=r+1}^{p} \beta_k^r \alpha_k\right)$ 及 $\sum_{i=1}^{r} \beta_k^l = 1$, 可以得到 $\sum_{k=1}^{r} \gamma_k = 1$, 把 $\tilde{\gamma}$ 看作一个新的拟初始分布, 有

$$(\alpha_1, \cdots, \alpha_r) = (\alpha_1, \cdots, \alpha_p) \begin{pmatrix} b_1(1,r) \\ \vdots \\ b_p(1,r) \end{pmatrix} = (\gamma_1, \cdots, \gamma_r) \begin{pmatrix} b_1(1,r) \\ \vdots \\ b_r(1,r) \end{pmatrix}, \tag{7.55}$$

而 $\begin{pmatrix} b_1(1,r) \\ \vdots \\ b_r(1,r) \end{pmatrix}$ 即为以 $Q_{(1,2,\cdots,r)}$ 为最小生成子的 PH 分布的条件矩阵, 所以由 (7.55) 式可知 (α, Q) 和 $(\gamma, Q_{(1,2,\cdots,r)})$ 所表示的 PH 分布的前 r 阶矩相等. 由于这两个 PH 分布的矩序列都是 r 阶的差分序列, 前 r 项相等则整个序列相等. 即这两个 PH 分布的各阶矩都相等. 由定理 7.10.3 可知, PH 分布的有限阶矩可以决定分布函数和生成函数. 所以它们表示的是同一个 PH 分布 (有兴趣的读者可以自己证明). □

这里研究条件矩向量, 避免了由初始分布 α 带来的复杂性. 因为 q_{ij} 是转移率, 而首达时间的条件矩恰恰就描述了马尔可夫链中各状态转移的性质, 所以可以从条件矩求得 Q. 另一方面, 如果用分布函数或是生成函数, 就把初始分布和 Q 的信息混杂在一起.

这样就会得到有至少 p^2 个未知数的 p 个非线性方程, 很难从中得到 Q. 前面的几个定理说明, 从条件矩的角度出发, 如果 $B(1,p)$ 满秩, 则 Q 被唯一决定, Q 和 Φ 可以被显式表出; 而当 $B(1,p)$ 不满秩时, 就可以找到一个更小的有限状态的模型来刻画整个马尔可夫链. 在要求条件分布向量相等的条件下, 可以构造一个新的 r 阶的 $Q_{(1,\cdots,r)}$ 代替原来 p 阶的 Q, 再对初始分布进行变换, 使变换后的初始分布和 $Q_{(1,\cdots,r)}$ 表示的就是原来的 PH 分布. 可以说这在一定意义上把 PH 分布最小表示的问题推进了一大步.

以上结果有广泛的应用背景, 因为有时一个马尔可夫链 $\{X(t), t \geqslant 0\}$ 常常不知道转移矩阵 $\tilde{Q} = (q_{ij})$, 也不知道 $\Phi(s), F(s)$, 但其首达时间是可测量的, 这样就可以应用以上结果求其 $\Phi(s)$ 及 $F(s)$, 甚至可构造一马尔可夫链, 使其首达时间的概率特性为已给定的.

习 题 7

1. 设 $\{N(t), t \geqslant 0\}$ 是参数为 λ 的泊松过程, 过程 $\{X(t), t \geqslant 0\}$ 定义为 $\{X(t) = 1\} = \bigcup_{k=0}^{\infty}(N(t) = 2n)$, $\{X(t) = 0\} = \bigcup_{n=0}^{\infty}(N(t) = 2n+1)$, 试证 $\{X(t), t \geqslant 0\}$ 为马尔可夫链, 并求 $P(t)$ 与 $Q = (q_{ij})$.

2. 设 $\{X(t), t \geqslant 0\}$ 为马尔可夫链, $S = \{0, 1\}$, $Q = \begin{pmatrix} -\lambda & \lambda \\ \mu & -\mu \end{pmatrix}$, $P_0(0) = 1$, $\tau_1 = \inf\{t : t > 0, X(t) \neq X(0)\}$. 求:

$$E(X(t)), \quad E(\tau_1 \mid X(0) = 0), \quad \mathrm{Cov}(X(s), X(t)), \quad E\{X(s+t) \mid X(s) = 1\}.$$

3. 设 $\{N(t), t \geqslant 0\}$ 是参数为 λ 的泊松过程, 且设每次到达被登记上的概率为 p, 并与其他到达独立. 记 $\{N_p(t), t > 0\}$ 为登记到达的过程. 证 $\{N_p(t), t \geqslant 0\}$ 是参数为 $p\lambda$ 的泊松流.

4. 设 $\{N_i(t), t \geqslant 0\}$ 是参数为 λ_i 的泊松过程且相互独立 $(i = 1, 2)$. $X(t) = N_1(t) - N_2(t)$, $P_n(t) = P(X(t) = n), n \in N = \{0, \pm 1, \pm 2, \cdots\}, T_i = \inf\{t : t > 0, N_i(t) = k\}$. 试证

$$\sum_{n=-\infty}^{\infty} P_n(t) z^n = \mathrm{e}^{-(\lambda_1+\lambda_2)t} \cdot \mathrm{e}^{-(\lambda_1 z + \lambda_2/z)t},$$

并求 $E(X(t)), E(X(t)^2)$ 及 $P(T_1 < T_2 \mid N(0) = N_2(0) = 0)$.

5. 下列 3 个生灭过程的参数分别为

(1) $\lambda_n = \lambda q^n, 0 < q < 1, \lambda > 0, n \geqslant 0, \mu_n = \mu, n \geqslant 1, \mu_0 = 0$;

(2) $\lambda_n = \lambda(n+1)^{-1}, \lambda > 0 (n \geqslant 0), \mu_n = \mu_1 (n \geqslant 1), \mu_0 = 0$;

(3) 有迁入的线性增长模型: $\lambda_n = n\lambda + a, \mu_n = n\mu, \lambda > 0, \mu > 0, a > 0$ $\left(\text{不妨设 } \dfrac{(\lambda + a)}{\mu} < 1\right)$.

试求相应的平稳分布.

6. 设 $\{X(t), t \geqslant 0\}$ 是纯生耶洛过程 (即生灭过程中的纯生过程) $\{\lambda_n = n\lambda, \mu_n = 0, \lambda > 0\}$, 证明

$$P(X(t) \geqslant n \mid X(0) = N) = \sum_{k=n-N}^{n-1} \mathrm{C}_k^{n-1} p^k q^{n-1-k}, \quad n > N,$$

$$q = 1 - p = \mathrm{e}^{-\lambda t},$$

以及

$$E(X(t)) = \mathrm{e}^{\lambda t}, \quad \mathrm{Var} X(t) = \mathrm{e}^{2\lambda t}(1 - \mathrm{e}^{-\lambda t}).$$

7. 设 $\{X(t), t \geqslant 0\}$ 为纯灭过程 $(\lambda_n = 0, \mu_n = n\mu, \mu > 0, n \geqslant 1)$, $X(0) = i$. 求

$$P_n(t) = P(X(t) = n), \quad E(X(t)), \quad \mathrm{Var}(X(t)),$$

提示: $P_n(t) = \mathrm{C}_n^i \mathrm{e}^{-n\mu t}(1 - \mathrm{e}^{-\mu t})^{(i-n)}, E(X(t)) = i\mathrm{e}^{-\mu t}, \mathrm{Var}(X(t)) = i\mathrm{e}^{-\mu t}(1 - \mathrm{e}^{-\mu t})$.

8. 设 $\{X_i(t), t \geqslant 0\}(i = 1, 2)$ 是两个相互独立, 有相同参数 λ 的耶洛过程, $X_i(0) = n_i, N \geqslant n_1 + n_2$, 给定 $X_1(t) + X_2(t) = N$, 试求 $X_1(t)$ 的条件分布律.

9. 考虑 $M/M/s$ 排队系统, 顾客按照参数为 λ 的泊松流到达一个有 s 个服务员的服务站. 每个顾客一到来, 如果有服务员空闲, 则直接进入服务, 否则加入排队行列等待. 当一个服务员结束对一位顾客服务时, 顾客即离开系统, 排队中的下一位顾客立即被服务 (如有顾客等待). 假定相继的服务时间是相互独立, 且参数为 μ 的指数分布的随机变量, 如果以 $X(t)$ 表时刻 t 系统的顾客数, 则 $\{X(t), t \geqslant 0\}$ 是生灭过程.

$$\mu_n = \begin{cases} n\mu, & 1 \leqslant n \leqslant s, \\ s\mu, & n > s, \end{cases} \qquad \lambda_n = \lambda, \quad n \geqslant 0.$$

设 $\rho = \dfrac{\lambda}{\mu s} < 1, Q(t) = \max(X(t) - s, 0)$ 是 t 时等待的顾客数.

(1) 求系统的平稳分布;

(2) 证明在稳态下

$$r = P(Q(t) = 0)$$

$$= \left(\sum_{i=0}^{s} \frac{(s\rho)^i}{i!}\right)\left\{\sum_{i=0}^{s} \frac{(\rho s)^i}{i!} + \frac{(s\rho)^s \rho}{s!(1-\rho)}\right\},$$
$$E(Q(t)) = (1-r)(1-\rho)^{-1}.$$

10. 一家有一个理发员营业的小理发店, 至多能容纳两个顾客, 顾客到达是速率为每小时 3 人的泊松流, 相继服务时间是均值为 $\frac{1}{4}$ 小时的指数随机变量. 求

(1) 店中顾客的平均数是多少?

(2) 进店的顾客比例;

(3) 若理发员能加快一倍地工作, 他会多做多少生意?

11. 若 $\{X_i(t), t \geqslant 0\}(i=1,2)$ 是两个相互独立的可逆马尔可夫链, 证明 $\{X_1(t), X_2(t), t \geqslant 0\}$ 也是可逆链.

12. 考虑参数分别为 λ_i, μ_i 的两个 $M/M/1$ 排队系统, 其中 $\lambda_i < \mu_i (i=1,2)$. 假设它们共同使用一个容纳 n 个人的候客室 (即每当候客室占满时如再来客都自行离去消失), 计算在第一个系统中有 k 人 (当 $k > 0$ 时 1 人在接受服务而 $k-1$ 人在候客室等待) 而 l 人在第二个系统的极限概率 (提示: 利用习题 11 的结果.)

13. 考虑一个 $M/M/\infty$ 排队系统, 具有编号为 $1, 2, \cdots$ 的通道 (服务员) 顾客一来就挑选编号为最小的通道接受服务. 于是可以认为一些来到全部发生在 1 号通道, 当发现 1 号通道忙着的顾客就溢出而变成 2 号通道, 当发现 1 号与 2 号通道都忙着的顾客就溢出变成 3 号通道, 等等. 在稳态下

(1) 1 号通道忙时占多少比例?

(2) 通过考虑相应的 $M/M/2$ 消失系统, 确定 2 号通道忙时的比例;

(3) 对任意第 C 号通道忙时比例是多少?

(4) 从 C 号通道到 $C+1$ 号通道的溢出率是多少? 相应的溢出过程是泊松流? 并加以解释.

14. 一排队系统在任一时刻的工作量定义为该时刻系统中全体顾客的剩余服务时间之和, 试求稳态时的 $M/G/1$ 排队系统工作量的期望值与方差.

15. 设 $X = \{X(t), t \geqslant 0\}$ 为稳态下的遍历马尔可夫链, $Q = (q_{ij})$ $(P_j, j \geqslant 0)$ 为平稳分布, 把状态空间 S 分为两个子集 $S = B \cup B^c$, $B^c = G, \forall i \in B$, 令

$$T_i = \inf\{t : t > 0, X(0) = i, X(t) \in G\},$$

记

$$\tilde{F}_i(s) = E\{e^{-ST_i} \mid X(0) = i\}, \quad p_{ij} = \frac{q_{ij}}{\sum_{j \neq i} q_{ij}},$$
$$T_v = \inf\{s : s > 0, X(t) \in G, X(t) \in B, X(t+s) \notin B\},$$
$$T_v = \inf\{s : s > 0, X(t) \in B, X(t+s) \notin B\}.$$

(1) 求 $P\{X(t) = i \mid X(t) \in B\}, i \in B$.

(2) 求 $P\{X(t) = i \mid X(t) \in B, X(t^-) \in G\}$.

(3) 证明:
$$\tilde{F}_i(s) = q_i(q_i+s)^{-1}\left[\sum_{j \in B} \tilde{F}_j(s)p_{ij} + \sum_{j \in G} p_{ij}\right].$$

(4) 证明:
$$\sum_{i \in G}\sum_{j \in B} p_i q_{ij} = \sum_{i \in B}\sum_{j \in G} p_i q_{ij}.$$

(5) 利用 (3) 及 (4), 证明:
$$s\sum_{i\in B}p_i\tilde{F}_i(s) = \sum_{i\in G}\sum_{j\in B}p_iq_{ij}(1-\tilde{F}_j(s)).$$

(6) 利用 (2) 试推导:
$$E\left[e^{-ST_v}\mid X(t^-)\in G, X(t)\in B\right] = \left(\sum_{i\in B}\sum_{j\in G}\tilde{F}_i(s)p_iq_{ij}\right)\left[\sum_{j\in G}\sum_{k\in B}p_jq_{jk}\right]^{-1}.$$

(7) 利用 (5) 及 (6), 证明:
$$\sum_{j\in B}p_j = \left[\sum_{i\in G}\sum_{j\in B}p_iq_{ij}\right]E\{T_v\mid X(t^-)\in G, X(t)\in B\}.$$

(8) 利用 (1),(5),(6) 及 (7), 证明:
$$E\left\{e^{ST_v}\Big| X(t)\in B\right\} = [1 - E(e^{-ST_v}\mid X(t^-)\in G, X(t)\in B)]$$
$$\times \{sE[T_v\big| X(t)\in G, X(t)\in B]\}^{-1}.$$

(9) 利用 (8) 与拉普拉斯变换的唯一性, 证明:
$$P\{T_x\leqslant s\mid X(t)\in B\} = \left[\int_t^{t+s}P\{T_v>u\mid X(t^-)\in G, X(t)\in G\}\mathrm{d}u\right]$$
$$\times \{E[T_v\mid X(t^-)\in G, X(t)\in B]\}.$$

(10) 利用 (9) 证明:
$$E\{T_x\mid X(t)\in B\}$$
$$= E[T_v^2\mid X(t^-)\in G, X(t)\in B][2E(T_v\mid X(t^-)\in G, X(t)\in B)]^{-1}$$
$$\geqslant \frac{1}{2}E[T_v\mid X(t^-)\in G, X(t)\in B].$$

16. 设 $\{X(t), t\geqslant 0\}$ 是纯生过程, $\lambda_n = n\lambda + \delta$, $n\geqslant 0$, λ, $\delta > 0$, 求 $P(t) = (p_{ij}(t))$.

17. 设 $\{X(t), t\geqslant 0\}$ 是生灭过程, $\lambda_n = n\lambda + \delta$, $n\geqslant 0$, λ, $\delta > 0$, $\mu_0 = n\mu$, $n\geqslant 1$, $\mu > 0$, 证明:
(1) 当 $\lambda > \mu$ 或 $\lambda = \mu < \delta$ 时, 链为非常返的;
(2) 当 $\lambda = \mu \geqslant \delta$ 时, 链为零常返的;
(3) 当 $\lambda < \mu$ 时, 链为正常返的, 且这时平稳分布为
$$\pi_0 = \left(1 - \frac{\lambda}{\mu}\right)^{\frac{\delta}{\lambda}},$$
$$\pi_n = \frac{1}{n!}\frac{\delta}{\lambda}\left(\frac{\delta}{\lambda}+1\right)\cdots\left(\frac{\delta}{\lambda}+n-1\right)\left(\frac{\lambda}{\mu}\right)\left(1-\frac{\lambda}{\mu}\right)^{\frac{\delta}{\lambda}}, \quad n\geqslant 1.$$

18. 一个汽车加油站只能给一辆汽车加油, 加油时间服从参数为 μ 的指数分布, 各辆汽车的加油时间相互独立, 加油的汽车按参数为 λ 的泊松过程到达. 当一辆汽车来到加油站发现站中已有 n 辆汽车时, 以概率 $\frac{n}{n+1}$ 立即离去, 以概率 $\frac{1}{n+1}$ 留下来排队. 记 $X(t)$ 为时刻 t 加油站中汽车的数目, 证明 $\{X(t), t\geqslant 0\}$ 为正常返不可约链, 并求其平稳分布.

19. 一个系统由 n 个不同的部件串联构成, n 个部件的寿命分别服从参数为 λ_i 的指数分布, 失效后的修理时间分别服从参数为 μ_i 的指数分布. 若 n 个部件都正常工作, 则系统处于工作状态; 若有某个部件失效, 则系统失效, 这时修理工立即对失效部件进行处理, 其余部件停止工作, 若失效部件修复, 所有部件立即进入工作状态, 从而系统处于工作状态. 假设各部件的失效与否相互独立, 求系统处于工作状态的概率.

20. 设马尔可夫链 $\{X(t), t \geqslant 0\}$, $S = \{0,1,2\}$, $\pi(0) = (0, \alpha_1, \alpha_2)$, $\alpha_i \geqslant 0$, $\sum\limits_{i=1}^{2} \alpha_i = 1$,

$$Q = \begin{pmatrix} 0 & 0 & 0 \\ 1 & -4 & 3 \\ 1 & 2 & -3 \end{pmatrix},$$

$T = \inf\{t : t \geqslant 0, X(t) = 0\}$, 求:

(1) τ_2 的分布及 $E\tau_2$,

(2) T 的分布及 ET.

参 考 文 献

樊平毅. 2005. 随机过程理论与应用. 北京: 清华大学出版社.
龚光鲁, 钱敏平. 2016. 应用随机过程: 模型和方法. 北京: 机械工业出版社.
何声武. 1999. 随机过程引论. 北京: 高等教育出版社.
何书元. 2008. 随机过程. 北京大学教学系列丛书. 北京: 北京大学出版社.
胡必锦. 1997. 半鞅序列理论及应用. 武汉: 华中理工大学出版社.
胡迪鹤. 1984. 应用随机过程引论. 哈尔滨: 哈尔滨工业大学出版社.
雷奥奇·卡塞拉, 罗杰 L. 贝耶. 2009. 统计推断. 2 版. 张忠占, 傅莺莺译. 北京: 机械工业出版社.
李贤平. 2010. 概率论基础. 3 版. 北京: 高等教育出版社.
林元烈. 2008. 应用随机过程. 北京: 清华大学出版社.
刘次华. 2008. 随机过程. 4 版. 武汉: 华中科技大学出版社.
刘嘉焜. 2000. 应用随机过程. 北京: 科学出版社.
柳金甫, 孙洪祥, 王军. 2006. 应用随机过程. 北京: 北京交通大学出版社/清华大学出版社.
陆大绎, 张颢. 2012. 随机过程及其应用. 2 版. 北京: 清华大学出版社.
茆诗松, 程依明, 濮晓龙. 2011. 概率论与数理统计教程. 2 版. 北京: 高等教育出版社.
史及民. 1999. 离散鞅及其应用. 北京: 科学出版社.
王梓坤, 杨向群. 2005. 生灭过程与 Markov 链. 北京: 科学出版社.
张波, 商豪. 2009. 应用随机过程. 2 版. 北京: 中国人民大学出版社.
张波, 张景肖. 2004. 应用随机过程. 北京: 清华大学出版社.
Feller W. 1957. An Introduction to Probability Theory and Its Applications. New York: John Wiley.
Ross S M. 1997. 随机过程. 何声武, 谢盛荣, 程依明译. 北京: 中国统计出版社.
Ross S M. 2016a. 应用随机过程概率模型导论. 10 版. 龚光鲁译. 北京: 人民邮电出版社.
Ross S M. 2016b. 应用随机过程概率模型导论. 11 版. 龚光鲁译. 北京: 人民邮电出版社.
Ross S M. 2014. An Introduction to Probability Models. 11th ed. San Diego: Academic Press.
Stone C J. 1996. A Course in Probability and Statistics. San Francisco: Wadsworth Publishing Company.

索　引

B

白噪声 (white noise), 210
半马尔可夫过程 (semi-Markov process), 235
贝叶斯公式 (Bayes formula), 5
闭集 (closed set), 123
遍历状态 (ergodic state), 118
标准布朗运动 (standard Brownian motion), 189
不可约链 (irreducible chain), 117
布朗运动 (Brownian motion), 189

C

常返态 (recurrent state), 118
乘法公式 (multiplication formula), 5
存储模型 (storage model), 116

D

倒向随机微分方程 (backward stochastic differential equation), 198
到达时刻 (arrival time), 54
等待时间 (waiting time), 49
等价关系 (equivalence relation), 122
独立同分布 (independent identical distribution), 77
独立增量 (independent increment), 189
独立增量过程 (independent incremental process), 40
赌徒破产问题 (the gambler's ruin problem), 131
多项分布 (multinomial distribution), 9
多元超几何分布 (multivariate hypergeometric distribution), 9
多元正态分布 (multivariate normal distribution), 9

E

二项分布 (binomial distribution), 17
二元正态分布 (bivariate normal distribution), 10

F

方差 (variance), 16
非常返态 (transient state), 118
非负性 (nonnegativity), 3
非时齐泊松过程 (non-homogeneous Poisson process), 66
分布函数 (distribution function), 6
　单调性 (monotonicity), 6
　右连续性 (right continuity), 6
复合泊松过程 (compound Poisson process), 70
复合泊松恒等式 (compound Poisson identity), 72

G

伽马分布 (Gamma distribution), 19
概率 (probability), 1
概率的公理化定义 (axiomatic definition of probability), 3
概率的上连续性 (upper continuity of probability), 4
概率的下连续性 (lower continuity of probability), 4
概率分布 (probability distribution), 6
概率空间 (probability space), 1
高斯过程 (Gauss process), 212
更新报酬定理 (renewal reward theorem), 103
更新方程 (renewal equation), 87
　年龄 (age), 94
　剩余寿命 (residual life), 94
更新过程 (renewal process), 41, 77
更新函数 (renewal function), 78, 84
更新密度 (renewal density), 87
股票期权的定价 (pricing of stock options), 201
关键更新定理 (key renewal theorem), 93
规范性 (normalization), 3

H

互通 (communicate), 117

J

积分布朗运动 (integral Brown motion), 215
基本更新定理 (basic renewal theorem), 82
极大似然估计 (maximum likelihood estimation), 65
几何布朗运动 (geometric Brownian motion), 199
计数过程 (counting process), 41
加法公式 (addition formula), 3
检验 (test), 64
矩 (moment), 16
    原点矩 (origin moment), 16
    中心矩 (central moment), 16
矩的不唯一性 (non-uniqueness of moment), 20
矩母函数 (moment generating function), 18
卷积 (convolution), 78
均匀分布 (uniform distribution), 9

K

柯尔莫哥洛夫 (Kolmogorov), 1
柯尔莫哥洛夫向前向后微分方程 (Kolmogorov forward-backward differential equation), 225
可达 (accessible), 117
可列可加性 (countable additivity), 3
可逆马尔可夫链 (reversible Markov chain), 233
宽平稳过程 (wide stationary process), 40

L

拉普拉斯变换 (Laplace transform), 25
连续参数马尔可夫链 (continuous parameter Markov chain), 219
连续参数鞅 (martingale with continuous parameter), 182
零常返态 (zero recurrent state), 118

M

马尔可夫更新过程 (Markov renewal process), 235
马尔可夫过程 (Markov process), 40
马尔可夫链 (Markov chain), 109
    非时齐马尔可夫链 (nonhomogeneous Markov chain), 111
    时齐马尔可夫链 (homogeneous Markov chain), 111
    无限链 (infinite chain), 111
    有限链 (finite chain), 111
马尔可夫链–蒙特卡罗方法 (Markov Chain Monte Carlo Method), 139
模拟 (simulation), 60

N

年龄 (age), 99

P

泊松过程 (Poisson process), 45
排队系统 (queueing system), 113
漂移布朗运动 (Brownian motion with drift), 196
平衡分布 (equilibrium distribution), 102
平均回转时间 (mean recurrence time), 118
平稳分布 (stationary distribution), 127
平稳增量 (stationary increment), 189
平稳增量过程 (stationary incremental process), 40

Q

期望 (expectation), 13
嵌入马尔可夫链 (embedded Markov chain), 229
强马尔可夫性 (strong Markov property), 229
全概率公式 (total probability formula), 5

S

上极限 (upper limit), 4
上鞅 (upper martingale), 159
生灭过程 (birth and death process), 227
剩余寿命 (residual life), 99
时齐泊松过程 (homogeneous Poisson process), 45
事件 (event), 1
    必然事件 (certain event), 1
    不可能事件 (impossible event), 1
    德摩根对偶律 (De Morgan duality law), 3
    分配律 (distributive law), 3
    互不相容事件 (mutually exclusive events), 2
    基本事件 (elementary event), 1
    交换律 (commutative law), 2
    结合律 (associative law), 3
    事件 A 的逆事件 (inverse event of event A), 2
    事件的包含 (inclusion of events), 2

事件的并 (union of events), 2
事件的差 (difference of events), 2
事件的交 (intersection of events), 2
事件的相等 (equal of events), 2
完备事件组 (perfect incident group), 2
事件域 (field of events), 3
首达目标 (first arrival target), 237
首达目标模型 (first arrival target model), 150
首达时间 (first arrival time), 237
双期望公式 (double expectation formula), 30
顺序统计量 (order statistic), 54
算法有效性的一个模型 (a model for algorithmic efficiency), 133
随机变量 (random variable), 5
 分布函数 (distribution function), 6
 离散型随机变量 (discrete type random variable), 6
 连续型随机变量 (random variable of continuous type), 6
 密度函数 (density function), 6
随机变量的独立性 (independence of random variable), 12
随机过程 (stochastic process), 37
随机试验 (random trial), 1
随机现象 (stochastic phenomena), 1
随机向量 (random vector), 7
 边际分布 (marginal distribution), 8
随机游动 (random walk), 111

T

套利定理 (arbitrage theorem), 202
特征函数 (characteristic function), 21
条件泊松过程 (conditional Poisson process), 73
条件分布 (conditional distribution), 11
条件概率 (conditional probability), 4, 30
条件数学期望 (conditional mathematical expectation), 25
条件数学期望的平滑性 (smoothness of conditional mathematical expectation), 31
停时 (stopping time), 80, 168
统计规律性 (statistical regularity), 1

W

唯一性定理 (uniqueness theorem), 25
维纳过程 (Wiener process), 189
位相型分布 (phase-type distribution), 147
稳定更新过程 (stable renewal process), 102

X

下极限 (lower limit), 4
下鞅 (lower martingale), 159
向后扩散方程 (backward diffusion equation), 197
向前扩散方程 (forward diffusion equation), 197
协方差函数 (covariance function), 48

Y

延迟更新过程 (delayed renewal process), 97
严平稳过程 (strictly stationary process), 40
鞅 (martingale), 41, 159
鞅收敛定理 (martingale convergence theorem), 181
鞅停时定理 (martingale stopping time theorem), 171
样本点 (sample point), 1
样本空间 (sample space), 1
一步转移概率 (one-step transition probability), 109
一步转移概率矩阵 (one-step transition probability matrix), 109
一致可积性 (uniformly integrability), 179
隐马尔可夫链 (hidden Markov chain), 142
隐马尔可夫链模型 (hidden Markov chain model), 115
有限可加性 (finite additivity), 3
有限维分布 (finite dimensional distribution), 39

Z

正常返态 (positive recurrent state), 118
正态过程 (normal process), 212
指数分布 (exponential distribution), 16, 36
周期 (period), 118
状态的分类 (classification of states), 117
状态空间的分解 (decomposition of state space), 123

状态空间分解定理 (decomposition theorem of state space), 123
自相关函数 (autocorrelative function), 48
总寿命 (total life), 99
最优停止理论 (optimum stopping theory), 80

其 他

σ 域 (σ domain), 3
n 步转移概率 (n-step transition probability), 110
n 步转移概率矩阵 (n-step transition probability matrix), 110
$N(t)$ 的分布 (distribution of $N(t)$), 78
$P^{(n)}$ 的极限性态 (the limit behavior of $P^{(n)}$), 125
Black-Scholes 期权定价公式 (Black-Scholes option pricing formula), 205
Blackwell 定理 (Blackwell theorem), 91
C-K 方程 (Chapman-Kolmogorov equation), 117
Doob 极大不等式 (Doob maximal inequality), 173
Polya 坛子抽样模型 (Polya jar sampling model), 161
Wald 等式 (Wald equation), 80